필로칼리아 · 2

필로칼리아 2
The Philokalia

초판 발행	2002년 9월 31일
2쇄 발행	2011년 8월 15일
편찬	성산의 니코디모스 · 고린도의 마카리오스
옮긴이	엄성옥
발행처	도서출판 은성
등록	1974년 12월 9일 제9-66호

ⓒ 2002, 2011년 은성출판사

주소	서울시 강동구 성내동 538-9
전화	070) 8274-4404
팩스	02) 477-4405
홈페이지	http://www.eunsungpub.co.kr
전자우편	esp4404@hotmail.com

출판 및 판매에 관한 모든 권한은 본 출판사가 소유하고 있습니다.
출판사의 사전 서면 허락 없이 상업적인 목적으로 번역, 재제작, 인용, 촬영 등을 할 수 없음을 알려드립니다.

Printed in Korea
ISBN 978-89-7236-290-33230

THE PHILOKALIA

compiled by
St. Nikodimos of the Holy Mountain
&
St. Makarios of Corinth

translated by
Eum Sung Ok

필로칼리아 · 2

성산의 성 니코디모스 편찬
코린트의 성 마카리오스

엄성옥 옮김

차 례

위대한 수덕자 테오도로스 9
    100편의 신령한 본문 11
    테오레티곤 51

고백자 막시무스 65
    사랑에 관한 400편의 본문 69
        장로 엘피디오스에게 보낸 머리말 69
        1-100편 71
        101-200편 95
        201-300편 127
        301-400편 157
    신학과 하나님의 아들의 성육하신 섭리에 관한 200편의 본문 183
        1-100편 183
        101-200편 220
    신학, 하나님의 경륜, 덕과 악덕에 관한 본문 265
        1-100편 265
        101-200편 305
        201-300편 341

301-400편　382
401-500편　424
주님의 기도에 관하여　463

리비아인 성 탈라시오스　493
사랑, 절제, 지성과 일치하는 삶에 관하여　495
1-100편　495
101-200편　511
201-300편　526
301-400편　541

성 다마스커스의 요한　559
덕과 악덕에 관하여　560

사부 필레몬　571
사부 필레몬에 관한 이야기　572

성 테오그노스토스　593
덕의 실천, 관상, 사제직에 관하여　594

위대한 수덕자 성 테오도로스

독수도사 이사야

그리스어 "필로칼리아"에서는 다음에 수록된 두 개의 저서, 『100편의 영적 본문』(*A Century of Spiritual Texts*)과 『테오레티콘』(*Theoretikon*)[1]을 위대한 수덕자인 성 테오도로스의 것으로 간주한다. 성 테오도로스는 예루살렘 근처에 있는 성 사바스(St. Sabas) 수도원의 수도사였으며, 후일 에뎃사의 감독이 되었다. 에메사의 바질(Basil of Emesa)이 기록한 그의 『전기』는 그다지 신빙성이 없기 때문에, 역사적으로 그는 모호한 인물로 남아 있다. 성 니코데무스는 그를 7세기의 인물로 추정하지만, 그보다 2세기 후의 인물로 보는 것이 옳은 듯하다.

『100편의 신령한 본문』은 테오도로스의 저서일 수 있지만, 『테오레티콘』은 테오도로스의 것이 아님이 거의 확실하다. 대체로 『100편의 신령한 본문』은 에바그리우스의 글을 의역한 것으로서, 자애(自愛)

---

[1] J. Gouillard, 'Superchereles et méprises littéraires. L'oeuvre de saint Théodore d'Edesse', Revue des études byzantines v (1947), 00. 137-57.

에 관한 고백자(Confessor)의 가르침을 인용하고 있다는 점에서 7세기 이전의 것은 아니며, 1023년의 사본에서 발견되므로 11세기초 이후의 것도 아니다. 따라서 9세기의 것이라는 추정이 가능하다. 『테오레티콘』은 영성생활을 요약한 소중한 책이다. 그 책의 저술 연대를 확정하기는 어렵지만, 『100편의 신령한 본문』보다 훨씬 후대에 저술되었음이 분명하다. 글의 문체와 견해를 고려하면, 그것을 14세기의 것으로 추정할 수 있지만 17세기의 것일 수도 있으며, 그렇게 되면 그것은 『필로칼리아』에 수록된 것 중 가장 후대의 본문이 된다. 그 글은 서론과 결론이 부족한 불완전한 글이다.

100편의 신령한 본문

∽ 1 ∽

우리는 하나님의 은혜로 세례를 받을 때에 사탄과 그의 사역을 부인했고, 수도 서원을 통해서 다시 그것들을 부인했으므로 하나님의 계명을 지켜야 합니다. 그것은 두 가지 서원이 우리에게 요구하는 것일 뿐만 아니라, 우리의 본성적인 의무이기도 합니다. 원래 하나님께서 우리를 선하게 지으셨으므로(창 1:31), 우리는 선한 존재가 되어야 합니다. 비록 우리의 태만함 때문에 죄가 우리 안에 들어와 우리의 본성과 반대되는 것을 소개했지만, 우리는 하나님의 크신 자비로 말미암아 개심하였고, 공평무사하신 하나님의 열정에 의해서 새롭게 되었습니다. 우리는 그리스도의 피로 값 주고 사신 바 되었으며(고전 6:20), 옛 조상들의 죄에서 해방되었습니다. 그러므로 우리가 의롭게 된다 해도, 그것은 그리 대단한 일이 아니지만, 의로부터 실족하는 것은 안타까운 일이며 정죄 받을 일입니다.

∽ 2 ∽

깨끗한 믿음이 없이 행해진 선한 행동은 효과가 없는 죽은 행동입니다. 마찬가지로, 의로운 행위가 없는 믿음은 우리를 영원한 불에서 구원하지 못합니다. 왜냐하면 주님은 "너희가 나를 사랑하면 나의 계명을 지키리라"고 말씀하셨기 때문입니다(요 14:15, 23). 그러므로 주님을 사랑하고 믿는 사람은 영생을 얻기 위해 전력을 다해 주님의 계명을 지키려 노력할 것입니다. 만일 모든 피조물이 복종하는 주님의 명령을 지키는 일을 등한히 한다면, 그리고 비록 우리가 모든 피조물보다 영광스러운 존재이기는 하지만 우리를 지으신 창조주께 순종하지 않으며 우리에게 은혜를 베푸신 분에게 감사하지 않는다면, 어찌 자신을 신실하다고 할 수 있겠습니까?

∽ 3 ∾

그리스도는 모든 축복을 주시는 분이시며 부족한 것이 없으신 분이시기 때문에, 우리가 그리스도의 계명을 지킨다고 해서 그분에게 유익을 끼치는 것은 아닙니다. 유익을 얻는 것은 우리 자신입니다. 왜냐하면 우리는 영원한 생명을 얻으며, 말로 표현할 수 없는 축복을 누리기 때문입니다.

∽ 4 ∾

만일 우리가 하나님의 계명을 이행하는 것을 누군가가 반대한다면, 비록 그 사람이 아버지나 어머니라고 해도 우리는 그를 미워하고 혐오해야 합니다. 주님은 "아비나 어미를 나보다 더 사랑하는 자는 내게 합당치 아니하다"(마 10:37)라고 말씀하셨습니다.

∽ 5 ∾

우리는 주님의 계명을 지키기 위해서 전력을 다해야 합니다. 그렇지 않으면 악한 욕망과 영혼을 부패하게 만드는 쾌락이라는 밧줄에 굳게 묶일 것이며(잠 5:22 참조), 열매를 맺지 않은 무화과나무에게 임한 저주가 우리에게 임할 것입니다: "찍어 버리라 어찌 땅만 버리느냐"(눅 13:7). 그리스도께서 말씀하신 것처럼, "좋은 열매 맺지 아니하는 나무마다 찍어 불에 던지울 것입니다"(마 3:10).

∽ 6 ∽

욕망과 육욕적인 쾌락을 따르며 세상적으로 생활하는 사람은 곧 죄의 그물에 사로잡힐 것입니다. 우리가 한 번 죄를 범하는 것은 짚을 사르는 불과 같고, 언덕으로 굴러 내리는 돌과 같고, 둑을 없애는 거센 물줄기와 같이 됩니다. 그러므로 쾌락은 그것을 받아들이는 사람에게 완전한 멸망을 초래합니다.

∽ 7 ∽

본성과 어긋나는 상태에 있어 그 안에 육욕적인 쾌락의 잡초나 가시덤불이 자라고 있는 영혼은 이상한 짐승들의 거처입니다. 그 영혼에게 이사야의 말이 적용됩니다: 당아와 고슴도치가 그 땅을 차지하며 부엉이와 까마귀가 거기 거할 것입니다(사 34:11, 14). 이 짐승들은 여러 가지 부끄러운 정욕을 상징합니다. 그러나 육과 결합되어 있는 한, 영혼은 원하기만 하면 언제라도 자신의 본성적인 상태를 기억할 수 있습니다. 영혼이 그렇게 행하여 부지런히 노력하여 자신을 연단하며 하나님의 법에 일치하여 살 때, 그 안에 숨어 있는 사나운 짐승들은 도망칠 것이며, 우리의 생명을 지키는 천사들이 와서 도와줄 것이며, 영혼에게 기쁨의 낮이 돌아올 것입니다(눅 15:7). 그리고 그 안에 성령의 은혜가 현존하면서 신령한 지식을 가르쳐 주므로, 영혼은 선한 것 안에서 튼튼해지고 보다 높은 곳으로 올라가게 됩니다.

～ 8 ～

교부들은 기도를 영적인 무기라고 정의합니다. 기도로 무장하지 않는 사람은 전쟁에 참가할 수 없으며, 원수의 나라에 포로로 끌려갑니다. 또 의로운 마음으로 하나님께 매달리지 않으면, 깨끗한 기도를 획득할 수 없습니다. 하나님은 기도하는 자에게 기도를 주시며, 신령한 지식을 가르쳐 주시는 분이십니다.

～ 9 ～

우리에게는 정념들이 영혼을 방해하고 공격할 것인지 아닌지 판단할 능력이 없습니다. 그러나 정욕적인 생각들이 우리 안에 감돌며 정념들을 일으켜 행동하게 만드는 것을 막을 수 있습니다. 첫 번째 상태는 우리가 통제할 수 없는 것이므로 죄악된 것이 아닙니다. 두 번째 상태의 경우, 만일 우리가 정념들을 대적하여 싸워 그것들을 정복한다면 상을 받겠지만, 만일 게으름과 비겁함 때문에 그것들에게 정복된다면 벌을 받을 것입니다.

～ 10 ～

세 가지 주요한 정념들이 있는데 그것들을 통해서 다른 정념들이 생겨납니다. 그것은 육욕적인 쾌락을 사랑하는 것, 부를 사랑하는 것, 그리고 칭찬을 사랑하는 것입니다. 그것들 가까이에 다섯 가지 악한 영이 따르며, 이 다섯 가지 악한 영으로부터 엄청나게 많은 정념들과 온갖 종류의 악이 생겨납니다. 그러므로 이 세 가지 주요한 정념들을 물리치는 사람은 동시에 다른 다섯 가지 정념을 물리치며, 그럼으로써 모든 정념을 정복합니다.

∽ 11 ∾

우리가 행한 정념으로 오염된 행동에 대한 기억은 폭군처럼 영혼을 정념으로 물들입니다. 그러나 정념으로 오염된 생각들이 우리 마음에서 완전히 제거되면, 그것들은 더 이상 영혼에 영향을 미치지 못합니다. 그것은 우리가 과거에 범한 죄악된 행동들이 용서를 받았다는 표식입니다. 그러므로 마음이 정념의 자극을 받는 한, 죄가 마음을 지배합니다.

∽ 12 ∾

육욕적인 정념들이나 물질과 관련된 정념들은 육적인 어려움을 통해서 감소되거나 시듭니다. 그러나 눈에 보이지 않는 영적인 정념들은 겸손과 온유와 사랑을 통해서 제거됩니다.

∽ 13 ∾

겸손을 동반하는 절제는 정욕적인 욕망을 시들게 하며, 사랑은 타오르는 노염을 평온하게 만들며, 하나님을 기억하면서 드리는 뜨거운 기도는 산만해진 생각을 집중시켜 줍니다. 그럼으로써 세 부분으로 이루어진 영혼이 정화됩니다. 히브리서 기자가 "모든 사람으로 더불어 화평함과 거룩함을 좇으라 이것이 없이는 아무도 주를 보지 못하리라"(히 12:14)고 말한 것은 이것을 목적으로 한 말입니다.

∽ 14 ∾

사람들은 생각이 정념들을 자극하는 것인지, 아니면 정념들이 생각을 자극하는 것인지 알고 싶어 합니다. 생각이 정념을 자극한다고 생각하는 사람도 있고, 그 반대로 생각하는 사람도 있습니다. 나는 정념이 생각을 자극한다고 생각합니다. 만일 영혼 안에 정념들이 존재하지 않는다면, 그것들에 대한 생각이 영혼을 어지럽게 만들지 않을 것입니다.

∽ 15 ∽

마귀는 항상 우리를 공격하며, 우리가 행할 수 있으며 덕을 획득하는 데 도움이 되는 행동을 하지 못하게 방해하며, 실제로 불가능하거나 부적절한 일을 성취하는 방법을 제안합니다. 마귀는 순종의 길을 가는 사람들에게 헤시카스트들의 생활 방식을 따르라고 강요하며, 헤시카스트들과 은수사들의 내면에는 공주생활의 규칙을 원하는 마음을 심습니다. 그러므로 우리는 마귀의 의도를 염두에 두며, 적절한 시기에 적절하게 행해지는 일은 선한 것이며 그렇지 못한 것은 악한 것임을 알아야 합니다.

∽ 16 ∽

마귀는 세상에서 살면서 정념들을 육성하는 물질과 관계하는 사람들을 대할 때에는 실질적인 행동을 통해서 공격합니다. 반면에 물질이 드문 광야에서 사는 사람들과 싸울 때에는 악한 생각으로 그들을 괴롭힙니다. 두 번째 공격 방식을 대처하기가 훨씬 더 어렵습니다. 물건을 통해 이루어지는 싸움에는 특별한 때와 장소가 필요하지만, 지성의 싸움은 민첩하게 이루어지기 때문에 극복하기 어렵습니다. 그러나 우리에게는 이 무형의 싸움에 사용할 믿을 수 있는 무기인 기도가 주어졌습니다. 그렇기 때문에 우리는 쉬지 말고 기도해야 합니다(살전 5:17). 기도는 싸움에서 지성을 튼튼하게 해 줍니다. 왜냐하면 우리는 몸이 참여하지 않은 상태에서도 기도할 수 있기 때문입니다.

∽ 17 ∾

사도 바울은 정념들을 완전히 죽이는 것과 관련하여 "그리스도 예수의 사람들은 육체와 함께 그 정과 욕심을 십자가에 못박았느니라"(갈 5:24)고 말합니다. 우리는 정념들을 죽이고 욕망을 완전히 제거하고 육체의 소욕을 성령께 완전히 복종시킬 때에 십자가를 지고 그리스도를 따릅니다(마 16:24). 세상을 버린다는 것은 정념들을 죽이고 그리스도 안에 감추인 생명을 나타내는 것입니다(골 3:3-4).

∽ 18 ∾

"이 사망의 몸"이 반역하는 데서 오는 고통 때문에, 매순간의 싸움을 포기한 사람은 자기의 육체를 탓하지 말고 자기 자신을 탓해야 합니다(롬 7:24). 만일 그가 육체에 힘을 공급하여 욕망을 만족시킬 수 있게 하지 않았다면(롬 13:14), 육체에 의해 그처럼 큰 고통을 받지 않았을 것입니다. 육체와 함께 정념들과 욕망들을 십자가에 못박은 사람, 그리고 자기의 죽은 육체 안에서 예수의 죽음을 전파하는 사람은 육체를 온순하고 복종하게 만들어 거룩한 것을 향한 갈망을 반대하는 것이 아니라 그러한 갈망에 동참하게 만든 사람입니다. 우리도 그들처럼 행하면, 그들과 같은 평안을 누릴 것입니다.

∽ 19 ∾

수도사가 생각으로 금지된 욕망에 동의하는 것, 즉 방종함에 복종하는 것은 죄입니다. 그 생각은 처음에는 영혼의 가능한 측면을 통해서 지성을 어둡게 하기 시작하며, 그렇게 되면 영혼은 싸움에서 쾌락에 저항하지 않고 복종합니다. 욕망에 동의하는 것은 죄입니다. 욕망에 대한 동의가 지속되면, 그것은 문제의 정념을 자극합니다. 그 다음에는 점차 실질적으로 그 죄를 범하게 만듭니다. 그렇기 때문에 선지자는 바벨론의 자녀를 반석에 메어치는 자가 복이 있다고 말합니다(시 137:9). 이해력과 분별력이 있는 사람이라면, 이것이 어떤 의미인지 알 것입니다.

∽ 20 ∽

사랑과 평화의 종인 천사들은 우리가 회개하고 우리의 거룩이 진보할 때에 기뻐합니다(눅 15:7). 그렇기 때문에 그들은 우리 안에서 영적 관상을 발달시키려 하며, 우리와 협력하여 모든 형태의 복을 얻게 해 줍니다. 반대로, 분노와 악을 만들어 내는 마귀들은 우리 안에 거룩이 감소할 때에 기뻐하며, 부끄러운 망상으로 우리의 영혼을 유혹하려 합니다.

∽ 21 ∽

믿음은 우리의 본성 안에 내재하는 성품입니다. 그것은 우리 안에 하나님에 대한 경외심을 낳습니다. 그리고 하나님에 대한 경외심은 계명을 지키게 하는데, 계명을 지키는 것은 곧 덕을 실천하는 것입니다. 덕의 실천에서 무정념이라는 소중한 꽃이 자라납니다. 무정념에서 사랑이 생겨나며, 사랑은 모든 계명을 통일시켜 주고 완성시켜 줍니다.

∽ 22 ∽

우리 몸의 지각력이 건전할 때에는 어떤 질병이 몸을 괴롭게 하는

지 알 수 있습니다. 둔한 사람은 어떤 질병이 몸을 괴롭히는지 알지 못합니다. 마찬가지로 자신의 고유한 에너지를 인식하는 지성은 자신의 능력을 의식하며 사나운 정념들이 어디로 들어오는지 알고, 그것에 단호하게 저항합니다. 캄캄한 밤에 싸우는 사람처럼 자신이 대적하고 있는 악한 생각들을 보지 못한 채 망각의 상태에서 낮을 보내는 것은 끔찍한 일입니다.

~ 23 ~

우리의 지성이 확고하게 덕을 관상하는 데 몰두하며, 우리의 갈망이 덕, 그리고 덕을 주시는 그리스도께 초점을 두며, 영혼의 도발하는 능력이 마귀들에게 맞서 무장할 때에, 우리의 기능들은 본성에 따라서 행동할 것입니다.

~ 24 ~

신학자 그레고리[1]의 주장에 의하면, 신을 닮은 모든 영혼은 세 부분으로 이루어집니다. 그는 지성 안에 자리잡은 덕을 신중, 이해, 그리고 지혜라고 부르며, 자극하는 힘 안에 자리잡은 것을 용기와 인내라고 부릅니다. 그리고 갈망의 기능 안에 자리잡은 것을 사랑, 자제 그리고 극기라고 부릅니다. 정의나 올바른 판단은 영혼의 세 가지 측면 모두를 관통하여, 그것들이 조화롭게 기능할 수 있게 해 줍니다. 영혼은 신중을 통해서 적대적인 세력들과 싸우며 덕을 옹호합니다. 그리고 자제를 통해서 사물을 공평하게 바라봅니다. 또 사랑을 통해

---

1) St Gregory of Nazianzus, *Poems* II, i, 47[*P.G.* xxxvii, 138IA=1384A0].

서 사람들로 하여금 모든 사람을 제 몸처럼 사랑하라고 촉구합니다. 그리고 절제를 통해서 육욕적인 쾌락을 제거합니다. 마지막으로, 영혼은 용기와 인내를 통해서 눈에 보이지 않는 원수들에 맞서 무장합니다. 이것이 영혼의 조화로운 기관의 일치입니다.

~ 25 ~

절제를 배양하며 복된 정결(이것을 무정념이라고 부를 수 있을 것입니다)을 동경하는 사람은 하나님의 은혜를 구하는 겸손한 생각을 가지고 육체를 훈련하여 복종시켜야 합니다. 그리하면 바라던 목표를 성취할 것입니다. 그러나 무절제하게 육신을 기르는 사람은 부정(不貞)의 마귀에게 시달릴 것입니다. 물이 불을 끄듯이, 영혼의 겸손과 결합된 배고픔이나 자제는 육체와 부끄러운 망상의 불을 끌 것입니다.

~ 26 ~

당신이 그리스도를 사랑한다면, 당신의 영혼 속에 있는 깊은 원한이라는 정념을 제거해야 합니다. 어떤 경우에든지 적대감에 굴복해서는 안 됩니다. 마음속에 숨은 원한은 마른 짚단 속에 숨어 있는 불티와 같습니다. 당신은 자신을 노하게 만든 사람을 위해 기도해야 하며, 할 수 있으면 그 사람을 도와야 합니다. 이렇게 행동함으로써, 당신의 영혼은 사망에서 구원함을 받을 것이며(토빗 4:10), 그 무엇도 당신이 기도할 때에 당신과 하나님의 교제를 방해하지 않을 것입니다.

~ 27 ~

주님은 겸손한 사람의 영혼 안에 거하십니다. 그러나 교만한 사람의 마음에는 부끄러운 정념들이 채우십니다. 오만한 생각들은 이러한 정념들을 강하게 만듭니다. 영혼에게서 악한 풀의 뿌리는 뽑는 데 가장 효과적인 것은 겸손입니다. 이런 까닭에 겸손은 정념들을 죽이는 사형집행인이라고 불립니다.

28

당신의 영혼을 악한 망상에게서 해방시키며, 진정으로 고귀한 것에 대한 생각으로 조명하십시오. "영혼이 이 세상을 떠날 때에, 방종한 마음은 영혼의 감옥과 쇠사슬이 되지만, 부지런한 마음은 열린 문이 된다"는 말을 기억하십시오. 깨끗한 영혼이 육신을 떠날 때에는 천사들이 그를 인도하여 복된 생명으로 인도합니다. 그러나 회개하지 않은 더러운 영혼은 마귀들에게 맡겨집니다.

29

보석과 진주로 장식된 귀한 왕관을 쓴 머리는 아름답습니다. 그러나 가장 명료한 관상의 조명을 받고 내면에 성령이 거하시는 영혼, 하나님에 대한 풍성한 지식을 가진 영혼은 그것과는 비교할 수 없이 아름답습니다. 누가 이처럼 복된 영혼의 아름다움을 묘사할 수 있겠습니까?

30

당신의 내면에 노염과 분노가 자리잡지 못하게 하십시오. 성 내는 사람은 품위가 없습니다. 반면 온유한 사람의 마음에는 지혜가 거합니다. 만일 노염이라는 정념이 당신의 영혼을 지배한다면, 세상에 사는 사람들이 당신보다 더 선하다는 것이 증명될 것이며, 당신은 수도원의 독거 생활에 합당하지 못한 자로 부끄러움을 당하게 될 것입니다.

◈ 31 ◈

마귀를 대적하여 싸울 때나 시련을 당할 때에, 기도를 무기로 사용하십시오. 그러면 하나님의 은혜로 당신은 승리할 것입니다. 우리의 지혜로운 교사가 권고한 것처럼 당신의 기도가 깨끗한 기도가 되게 하십시오. 그분은 "각처에서 남자들이 분노와 다툼이 없이 거룩한 손을 들어 기도하기를 원하노라"(딤전 2:7)고 말씀하십니다. 그러한 기도를 등한히 하는 사람은 시련과 정념에 넘겨질 것입니다.

◈ 32 ◈

"포도주는 사람의 마음을 기쁘게 합니다"(시 104:15). 그러나 애통함과 비탄을 고백한 사람은 그러한 기쁨을 버리고 영적인 선물을 기뻐해야 합니다. 만일 당신이 포도주를 마시고 즐거워한다면, 당신은 부끄러운 생각과 더불어 살 것이며, 고통이 당신을 압도할 것입니다.

◈ 33 ◈

포도주를 마시면서 축일을 보내려 하지 말고, 당신의 지성을 새롭게 하고 영혼을 정화하면서 보낼 계획을 세우십시오. 만일 당신이 탐식하고 포도주를 마신다면, 그 축일의 주인이 되시는 분을 노하게 만들 것입니다.

◈ 34 ◈

우리는 항상 깨어 기도하고 성경과 시편을 읽으라는 가르침을 받아왔습니다. 깨어 기도하는 수도사는 관상을 할 수 있도록 정신을 정화합니다. 잠을 많이 자는 것은 지성을 거칠게 만듭니다. 철야를 하면서 공허한 한담이나 악한 생각을 하면서 시간을 보내지 않도록 조심하십시오. 헛된 말과 생각을 하면서 철야하는 것보다는 잠을 자는 편이 낫습니다.

⁓ 35 ⁓

가슴 속에 뱀을 품고 있는 사람과 마음속에 악한 생각을 품고 있는 사람은 죽을 것입니다. 전자는 뱀의 독니에 물려 죽고, 후자는 치명적인 독이 영혼에 주입되어 죽습니다. 그러므로 빨리 "독사의 자식들"(마 3:7)을 죽여야 합니다. 그리고 고통을 당하지 않으려면 마음에 악한 생각을 품지 말아야 합니다.

⁓ 36 ⁓

깨끗한 영혼은 "택한 그릇"(행 9:15), "잠근 동산", "봉한 샘"(아 4:12)이라고 부를 수 있습니다. 더러운 것으로 오염된 영혼은 하수구처럼 악취를 뿜습니다.

⁓ 37 ⁓

덕을 실천해 온 경험이 많은 원로들의 말에 의하면, 화려한 옷과 배부름과 나쁜 친구는 영혼 안에 악한 생각을 만들어 낸다고 합니다.

⁓ 38 ⁓

신령한 길을 구하는 사람의 영혼 안에는 물질적인 부에 대한 소원이 깃들어서는 안 됩니다. 재산을 많이 가진 수도사는 짐을 가득 실은 배와 같아서 근심의 폭풍에 시달리고 슬픔의 깊은 물속에 빠집니다. 부에 대한 욕망은 많은 정념을 낳으므로 "일만 악의 뿌리"라고 할 수 있습니다(딤전 6:10).

~ 39 ~

침묵과 결합된 완전한 가난은 수도생활이라는 밭에 감추어진 보물입니다(마 13:44). 가서 소유를 팔아 가난한 자들을 주십시오(마 19:21). 그렇게 하면 이 밭을 얻을 수 있습니다. 보물을 캐낸 후에는, 그것이 손상되지 않게 보관하십시오. 그리하면 당신은 말할 수 없을 정도의 부자가 될 것입니다.

~ 40 ~

영적 아버지와 함께 거하면서 그분이 당신에게 도움이 된다는 것을 깨닫는다면, 누구도 당신을 그분의 사랑에서 떼어내지 못하게 하며, 그분과 함께 사는 생활을 파괴하지 못하게 하십시오. 결코 그분을 판단하지 말며, 비록 그분이 당신을 비난하거나 때리더라도 그분을 욕하지 말며, 그분을 중상하는 사람의 말에 귀를 기울이지 말며, 그분을 비판하는 사람에게 동조하지 마십시오. 그렇지 않으면 주께서 당신에게 노하셔서 당신의 이름을 생명책에서 지워 버리실 것입니다(출 32:33 참조).

~ 41 ~

순종을 획득하기 위한 싸움에서는 체념에 의해서 승리할 수 있습니다. 순종하려는 사람은 세 가지 무기 – 믿음, 소망, 그리고 거룩한 사랑(고전 13:13) – 로 무장해야 합니다. 이렇게 무장을 한 사람은 선한 싸움을 싸우고 의의 면류관을 얻을 것입니다(딤후 4:7-8).

~ 42 ~

영적 아버지의 행동을 판단하지 말고 그의 명령에 복종하십시오.

마귀는 당신에게 그분의 단점들을 보여 주어 당신으로 하여금 그분의 말을 듣지 못하게 합니다. 마귀의 목표는 당신을 연약하고 비겁한 전사처럼 경기장에서 몰아내거나, 아니면 믿음을 잠식하는 악한 생각들로 당신을 위협하여 온갖 형태의 덕에 대해 게으르게 만드는 데 있습니다.

── 43 ──

영적 아버지의 명령에 순종하지 않는 사람은 특별한 신앙 서원을 범합니다. 그러나 명령에 순종하며 겸손의 칼로 자기의 뜻을 죽이는 사람은 많은 증인들 앞에서 그리스도께 한 약속을 성취한 사람입니다.

── 44 ──

우리의 생명을 위협하는 원수 마귀는 영적 아버지에게 순종하면서 수덕의 길을 추구하는 사람들을 질투합니다. 원수 마귀는 이를 갈고 온갖 종류의 계획을 세우며, 우리를 영적 아버지의 보호에서 떼어 내기 위해 온갖 제안을 합니다. 마귀는 그럴듯한 핑계를 제안하고, 노엽게 만들고, 영적 아버지를 미워하게 하고, 그분의 권고를 책망으로 받아들이게 하고, 잘못을 고쳐 주기 위해 하는 말을 예리한 화살처럼 느끼게 만듭니다. 마귀는 "자유인인 네가 어찌하여 무자비한 주인의 종이 되었느냐?, 언제까지 노예의 멍에를 메고 자유의 빛을 보지 못하는 상태로 머물려느냐"고 질문합니다. 그 다음에는 환대와 병자를 방문하고 가난한 사람을 보살피는 것에 대한 제안을 합니다. 그 다음에는 극단적인 침묵과 독거에 따르는 상을 극찬하며, 헌신적인 용사의 마음속에 온갖 종류의 악한 잡초의 씨를 뿌립니다. 이 모든 일은 그를 영적 아버지의 울타리에서 몰아내기 위한 것입니다. 마귀는 고

요한 항구에서 닻을 올리게 한 후에, 그를 바다로, 영혼을 죽이는 무서운 폭풍 속으로 몰아냅니다. 마지막으로, 마귀는 그를 자기의 노예로 만들고 자기의 악한 욕망에 따라 사용합니다.

∽ 45 ∾

영적 아버지께 순종하는 사람은 원수들과 대적들의 교활함을 경계해야 합니다. 하나님께 한 서원과 약속을 잊지 마십시오. 모욕에 굴복하지 마십시오. 책망과 조롱과 빈정거림을 두려워하지 마십시오. 악한 생각들이 증가하지 못하게 하십시오. 영적 아버지의 엄격함을 피하지 마십시오. 자만하고 주제넘게 행동함으로써 겸손의 멍에를 더럽히지 마십시오. "나중까지 견디는 자는 구원을 얻으리라"(마 10:22)는 주님의 말씀을 마음에 새기고, "믿음의 주요 또 온전케 하시는 이"를 바라보면서 인내하며 우리 앞에 놓인 경주에 임하십시오 (히 12:1-3).

∽ 46 ∾

금 세공인은 금덩이를 용광로에 녹여 깨끗하게 정련합니다. 초심자는 순종을 위한 싸움과 거룩한 생활의 불 같은 시련에 복종해야 하며, 수고하고 인내하면서 순종을 실천하는 법을 배워야 합니다. 과거의 습관과 방식들이 녹아서 제거된 후에, 그는 참된 겸손을 배워 찬란하게 됩니다. 그리고 불멸의 생명과 복된 안식에 적합하게 됩니다. 그곳은 슬픔과 탄식이 없고, 기쁨과 영원한 즐거움이 있는 곳입니다.

∽ 47 ∾

참된 내적인 믿음은 하나님에 대한 두려움을 낳습니다. 하나님에 대한 두려움은 우리를 가르쳐 계명을 지키게 합니다. 두려움이 있는 곳에서는 계명이 지켜집니다. 계명을 지키면, 관상적 덕의 선구자인 실질적인 덕이 세워집니다. 이런 것들의 열매가 무정념입니다. 무정념을 통해서 우리 안에 사랑이 탄생합니다. 사랑받는 제자 요한은 "하나님은 사랑이시라 사랑 안에 거하는 자는 하나님 안에 거하고 하나님도 그 안에 거하시느니라"(요일 4:16)고 말했습니다.

48

설립자와 지도자들이 입안하고 성령께서 가르쳐 주신 규칙에 따라 사는 수도사의 생활 방식은 가장 아름답고 훌륭한 것이 됩니다. 그리스도의 군사는 물질을 초월하며 온갖 세상적인 생각과 행위에서 벗어나야 합니다. 그렇기 때문에 사도 바울은 "군사로 다니는 자는 자기 생활에 얽매이는 자가 하나도 없나니 이는 군사로 모집한 자를 기쁘게 하려 함이라"(딤후 2:4)고 합니다.

49

그러므로 수도사는 물질에서 이탈해야 하며, 공평해야 하며, 온갖 악한 욕망에서 자유로워야 하며, 편안한 삶에 빠지지 말며, 술 취하지 말며, 게으르지 말며, 방탕하지 말며, 부귀와 칭찬과 쾌락을 사랑하지 말아야 합니다. 이 모든 것을 초월하지 못하면, 거룩한 생활 방식을 획득하지 못할 것입니다. 그것을 획득한 사람의 입장에서 보면, 거룩한 희망이 지탱해 주기 때문에 그 멍에는 쉽고 짐은 가볍습니다(마 11:30). 현세와 현세의 활동에는 즐거움이 가득하며, 이것을 획득한 영혼은 그 복된 운명을 빼앗기지 않을 것입니다(눅 10:42).

∽ 50 ∽

세상의 염려를 버리고 수덕적인 싸움을 시작한 사람은 가난한 사람들에게 나누어 주기 위해서 재산을 소유하기를 원해서는 안 됩니다. 그것은 당신의 지성을 근심과 부산함으로 채우기 위해서 당신의 내면에 자부심을 일으키는 마귀의 속임수입니다. 빵이나 물만 가지고도 환대를 행할 수 있습니다. 빵이나 물이 없어도 낯선 사람을 영접하며 격려의 말을 해 주는 것으로 충분히 환대를 행할 수 있습니다. 복음서에서 주님이 언급하신 과부를 생각해 보십시오. 그녀가 바친 두 렙돈이 부자들이 후히 바친 것을 능가했습니다(막 12:42-44).

∽ 51 ∽

이것은 고요한 생활을 추구하는 수도사들에게 적용됩니다. 그러나 영적 아버지에게 순종해야 하는 사람들은 오직 한 가지, 즉 무슨 일이 있어도 영적 아버지의 명령을 떠나지 않는 것만 생각해야 합니다. 이것을 획득한 사람은 모든 것을 획득합니다. 그러나 영적 아버지의 명령에 순종하지 않는 사람은 영성 생활과 온갖 형태의 덕에서 완전히 실패할 것입니다.

∽ 52 ∽

당신은 그리스도의 친구입니다. 그렇기 때문에 한 가지 충고를 하겠습니다. 당신은 조국의 상태와 방식에서 해방되어 유랑생활하기를 갈망해야 합니다. 부모님을 위한 근심이나 친척들에 대한 애정에 사로잡히지 마십시오. 도시에 머물지 말고 광야에서 살면서 선지자처럼 "내가 멀리 날아가서 광야에 거하리로다"(시 55:7)고 말하십시오.

～ 53 ～

세상에서 멀리 떨어진 한적한 장소를 찾으십시오. 당신이 택한 장소에 생필품이 부족해도 두려워하지 마십시오. 원수들이 벌떼처럼 당신을 에워싸고(시 118:12), 온갖 종류의 생각으로 당신을 공격하고 괴롭혀도 놀라지 말며, 그것들에 귀를 기울이지 말며, 싸움에서 물러나지 마십시오. 인내하면서 자신에게 "내가 여호와를 기다리고 기다렸더니 귀를 기울이사 나의 부르짖음을 들으셨도다"(시 41:1)라고 말하십시오. 그때에 당신은 하나님께서 행하시는 큰 일들, 당신의 구원을 위한 하나님의 도우심과 보살피심과 예지를 볼 것입니다.

～ 54 ～

당신이 하나님의 친구라면, 당신 자신에게 유익하고 당신의 생활 방식에 유익을 주는 사람들을 친구로 삼아야 합니다. 당신의 친구들은 평화의 사람, 영적인 형제, 거룩한 아버지가 되어야 합니다. 주님은 이런 의미에서 "누구든지 하늘에 계신 내 아버지의 뜻대로 하는 자가 내 형제요 자매요 모친이니라"(마 12:49-50)고 말씀하십니다.

～ 55 ～

여러 가지 비싼 음식이나 치명적인 쾌락을 갈망하지 마십시오. 성경은 "일락을 좋아하는 이는 살았으나 죽었으니라"고 말합니다(딤전 5:6). 가능한 한 평범한 음식이라도 배불리 먹는 것을 피하십시오.

～ 56 ～

침묵을 제대로 실천하려면 수실 밖에서 시간을 허비하지 마십시오. 그렇게 하는 것은 아주 해로운 것으로서, 당신에게서 은혜를 빼앗아가고 당신의 정신을 어둡게 하고, 당신의 열망을 악하게 만듭니다. 그렇기 때문에 "방종한 정욕은 깨끗한 마음을 빗나가게 한다"(지혜서 4:12)고 기록된 것입니다. 그러므로 당신의 정신이 산만해지지 않고 고요한 생활이 방해받지 않으려면 사람들과의 관계를 제한하십시오.

～ 57 ～

수실에 있을 때에 정신없이 행동하거나 게으르게 행동하지 마십시오. "나아갈 방향을 정하지 않고 여행하는 것은 헛수고입니다." 목적을 가지고, 정신을 집중하며, 당신의 마지막 날에 시선을 두십시오. 세상의 무상함, 세상이 얼마나 미혹된 것이며, 얼마나 병들고 무가치한 것인지 생각하십시오. 장차 정산(精算)해야 할 때의 무서움을 생각하십시오. 요금 징수소를 지키는 사람들은 자기들이 제안했지만, 우리가 받아들여 우리 것으로 만든 말과 행동과 생각을 하나씩 우리 앞에 가져옵니다. 지옥의 형벌을 생각하십시오. 그곳에 갇힌 영혼들의 상태를 생각해 보십시오. 또 우리가 하나님 앞에 설 일반적인 부활의 날, 크고 무서운 날을 생각하십시오. 실수가 없으신 재판관의 마지막 선고를 생각하십시오. 죄인들에게 임할 형벌, 책망, 양심의 가책을 생각해 보십시오. 하나님께서 그들을 거부하셔서 영원한 불, 죽지 않는 벌레, 슬피 울고 이를 갈게 될 무서운 어두움 속에 던져 넣으실 것을 생각해 보십시오(막 9:44; 마 8:12). 그 외의 다른 형벌들을 생각하면서 눈물을 흘리십시오. 눈물이 두 뺨으로 흐르고, 옷으로 흘러내리고, 당신이 앉은 곳에 흘러내리게 하십시오. 내가 아는 사람들 중에 그러한 생각을 하면서 하염없이 눈물을 흘리는 사람, 그렇게 함으로써 영혼의 모든 능력을 깨끗이 정화한 사람들이 있습니다.

～ 58 ～

의인을 기다리고 있는 축복들에 대해서도 생각해 보십시오. 그들이 그리스도의 오른편에 서게 될 것, 주님의 은혜로우신 음성, 하늘나라를 유업으로 받게 될 것, 우리의 정신으로는 이해할 수 없는 선물, 감미로운 빛, 슬픔에 의해 중단되지 않는 끝없는 기쁨, 하늘나라의 집, 천사들과 함께 하는 생활, 그리고 주님을 경외하는 사람들에게 주어진 약속 등을 생각해 보십시오.

～ 59 ～

그것들을 생각하면서 잠들고, 그것들을 생각하면서 잠에서 깨어나고, 그것들을 생각하면서 생활하십시오. 그것들을 항상 염두에 두고 기억하십시오. 그러면 악한 생각들이 당신에게서서 떠나고, 당신에게는 거룩한 위로가 가득 찰 것입니다. 이러한 생각들을 하면서 힘을 얻지 못한 영혼은 정적을 얻을 수 없습니다. 물이 없는 샘은 샘이라 할 수 없습니다.

～ 60 ～

고요하게 사는 사람들을 위해 정해진 생활 방식은 다음과 같습니다. 힘이 닿는 한도까지의 금식, 철야, 땅바닥에서 잠을 자는 것, 그 밖에 장래의 안식을 얻기 위해 여러 가지 형태의 고행을 하십시오. 사도 바울은 "현재의 고난은 장차 우리에게 나타날 영광과 족히 비교할 수 없도다"(롬 8:18)라고 말합니다. 특별히 중요한 것은 깨끗한 기도, 쉬지 않고 드리는 기도입니다. 그러한 기도는 안전한 요새요 비바람을 피할 수 있는 항구요, 덕의 보호자요, 정념을 죽이는 것입니다. 그것은 영혼에게 활력을 가져다 주며, 정신을 깨끗이 해 주고, 고난

받는 사람에게 안식을 주며, 슬퍼하는 사람에게 위로를 줍니다. 기도는 하나님과의 대화, 눈에 보이지 않는 것을 보는 것, 거룩한 생활 방식, 거룩한 것을 향하게 하는 자극, 갈망하는 것들에 대한 보증, "바라는 것들의 실상"(히 11:1)입니다. 당신은 덕을 수행하는 사람이므로 온 힘을 다해서 이 덕의 여왕을 받아들여야 합니다. 밤낮으로 기도하십시오. 낙심될 때에도 기도하고, 기분이 좋을 때에도 기도하십시오. 두렵고 떨림으로, 깨어 주의 깊게 기도하십시오. 그러면 주께서 당신의 기도를 받아주실 것입니다. 시편 기자는 "여호와의 눈을 의인을 향하시고 그 귀는 저희 부르짖음에 기울이시는도다"(시 34:15)고 말합니다.

～ 61 ～

옛 사람의 말에 의하면, 우리를 대적하는 마귀들 중에는 최전방에서 싸우는 세 무리가 있다고 합니다. 즉, 탐식의 욕망을 맡고 있는 마귀들, 탐욕스러운 생각을 제안하는 마귀들, 그리고 자만심을 부추기는 마귀들입니다. 그 밖의 다른 마귀들은 이 마귀들의 뒤를 따르며, 앞의 세 무리에 의해 상처를 입은 사람들을 공격합니다.

～ 62 ～

우리가 관찰한 바에 의하면, 이 세 무리의 마귀들 중 하나에 의해 상처를 입지 않은 사람은 죄에 빠지거나 특별한 정념에 굴복하지 않습니다. 그렇기 때문에 마귀는 이 세 가지 생각으로 우리 주님을 공격했습니다(마 4:1-10). 그러나 주님은 마귀에게 자기에게서 떠나가라고 명하셨고, 주님이 거두신 승리를 우리에게도 주십니다. 주님은 모든 면에서 우리와 같은 몸을 입으셨지만 죄가 없으셨고(히 4:15),

죄가 없는 확실한 길을 우리에게 보여 주셨습니다. 우리는 그 길을 따라감으로써 "자기를 창조하신 자의 형상을 좇아 새롭게 하심을 받은"(골 3:10) 새 사람이 됩니다.

∽ 63 ∾

다윗은 우리 구원의 원수인 마귀를 "심히 미워하라"고 가르칩니다(시 139:22). 거룩함을 얻는 일에도 이러한 미움이 필요합니다. 그렇다면, 이처럼 원수를 심히 미워하는 사람은 어떤 사람입니까? 생각으로나 행동으로 다시는 죄를 짓지 않는 사람입니다. 그러나 원수들과의 교제의 도구들, 즉 정념들을 일으키는 것들이 여전히 우리 안에 있는데, 우리가 어찌 그들을 심히 미워할 수 있겠습니까? 방종한 마음 안에서는 이러한 미움이 자랄 수 없습니다.

∽ 64 ∾

무정념은 세상의 쾌락과 잘못된 욕망을 버리고 오직 경건한 생각과 순수한 형태의 관상을 실천하는 데 전념하는 영혼, 하나님을 닮은 영혼이 입는 결혼 예복입니다. 그러나 영혼은 부끄러운 정념들과의 교제로 말미암아 자제라는 옷을 벗어버리고, 더러운 넝마와 누더기를 입음으로써 스스로를 비천하게 만듭니다. 복음서에서 손과 발을 묶여 바깥 어두운 데 내쫓긴 사람은 그러한 생각과 행동들로 짠 옷을 입고 있었습니다. 그렇기 때문에 로고스께서는 그 사람이 거룩하고 영원한

---

1) 아마 에바그리우스를 언급할 것이다. J. Muyldermans, in *Muséon* xiliv (1931), p. 55, §41을 보라. 그러나 이것은 성 막시무스를 언급하는 것일 수도 있다. cf. *Various Tests* i, 31-33. 또는 성 탈라시오스를 언급할 수도 있다. St Thalassios, *On Love* iii, 86-90을 보라.

혼인 잔치에 참석할 자격이 없다고 선포하셨습니다(마 22:11-13).

～ 65 ～

어느 지혜로운 사람[1]의 말에 의하면, 미움을 초래하는 원인인 자애(自愛)에서부터 사람의 내면에 있는 모든 악한 것이 생겨난다고 합니다. 이 무서운 원수인 자애는 모든 악한 성향에서 으뜸이 됩니다. 그것은 세 가지 주요한 정념들 및 그 뒤를 따르는 다섯 가지 정념의 도움을 받아 우리의 정신을 압도합니다.

～ 66 ～

음식을 배불리 먹는 사람이 무정념을 획득할 수 있을지 의심스럽습니다. 여기서 무정념이란 실제의 죄를 억제하는 것 - 이것은 절제라고 불립니다 - 을 의미하는 것이 아닙니다. 그것은 정신에서 정욕적인 생각들을 완전히 제거하는 것을 의미하며, 깨끗한 마음이라고 할 수 있습니다.

～ 67 ～

한 번 깨끗하게 되었다가 다시 상처를 입은 영혼의 건강을 회복시키는 것이 더러운 영혼을 깨끗하게 하는 것보다 더 어렵습니다. 과거에 어떤 잘못을 범했건 간에 최근에 무정념을 획득하기 위해서 세상의 혼란스러움을 포기한 사람보다 하나님의 복된 말씀을 맛보고 구원의 길을 걷다가 다시 죄에 빠진 사람을 다시 깨끗하게 하기가 더 어렵습니다. 그것은 나쁜 습관 때문이기도 하며, 또 낙심의 마귀가 항상 그들 앞에 죄의 이미지를 보여 주기 때문입니다. 그러나 부지런하고 근면한 영혼은 하나님의 은혜와 협력하여 쉽게 무정념을 되찾을 수 있습니다. 그리고 복음서에서 탕자의 비유를 통해서 가르친 것처럼 말할 수 없이 자비하게, 돌아오는 사람들을 받아들일 수 있습니다 (눅 15:11-32).

~ 68 ~

우리 중에 악한 자의 술책과 속임수를 자신의 힘으로 이길 수 있는 사람은 없습니다. 그리스도의 보이지 않는 능력을 통해서만 이길 수 있습니다. 자만심이 강한 사람은 자신이 금욕적인 행위와 자유 의지에 의해서 죄를 제거했다고 주장하면서 돌아다닙니다. 죄는 십자가의 신비를 통해서 죽었으므로, 하나님의 은혜를 통해서만 제거됩니다. 그렇기 때문에 존 크리소스톰(St. Chrysostom)은 "위로부터 오는 도움을 받지 않은 사람의 헌신과 자원하는 마음만으로는 충분하지 못하다. 또 우리에게 자원하는 마음과 헌신이 없으면 위로부터 오는 도움도 우리에게 유익을 주지 못한다"고 말합니다. 이 두 가지 사실은 유다와 베드로에 의해서 증명됩니다. 유다는 많은 도움을 받았지만, 그것을 원하지 않았고 스스로 아무런 노력도 기울이지 않았기 때문에, 그 도움이 그에게 유익이 되지 못했습니다. 베드로는 원하는 마음을 가지고 있었지만 위로부터 오는 도움을 활용하지 못했기 때문에 실족했습니다. 그러므로 거룩은 이 두 가지 요소로 이루어집니다. 따라서 모든 것을 하나님께 맡기고 잠이 들어서도 안 되고, 부지런히 노력하면서 자신의 노력에 의해서 모든 것을 성취하겠다고 생각해서도 안 됩니다.

~ 69 ~

"하나님은 우리가 한가하게 누워 지내는 것을 원하지 않는다. 그러므로 하나님은 스스로 모든 일을 성취하시는 것이 아니다. 또 하나님은 우리가 자랑하는 것을 원치 않으시므로, 우리에게 모든 것을 주시지는 않는다. 하나님은 이 두 가지 해로운 것들을 우리에게서 제거하신 후에 우리에게 유익한 것을 남겨 두셨다."[1]

시편 기자는 이렇게 말합니다: "여호와께서 집을 세우지 아니하시면 세우는 자의 수고가 헛되며 여호와께서 성을 지키지 아니하시면 파수꾼의 경성함이 허사로다"(시 127:1). 먼저 자신을 깨끗이 하고, "내가 너희에게 뱀과 전갈을 밟으며 원수의 모든 능력을 제어할 권세를 주었으니 너희를 해할 자가 결단코 없으리라"(눅 10:19)고 말씀하신 분께서 힘을 주시지 않으면 "사자와 독사와 젊은 사자와 뱀"(시 91:13)을 밟을 수 없습니다. 그렇기 때문에 우리는 "시험에 들게 하지 마옵시고 다만 악에서 구하옵소서"(마 6:13)라고 기도해야 합니다. 만일 우리가 그리스도의 능력과 도움을 받아 "악한 자의 화전"(엡 6:16)에서 구원을 받아 무정념을 획득할 자격을 갖추지 못한다면, 우리는 자신의 능력이나 노력으로 무엇을 성취할 수 있다고 생각하면서 헛수고를 하고 있는 것입니다. 그러므로 마귀의 궤계를 대적하여 무력하게 만들며 하나님의 영광에 참여하기를 원하는 사람은 밤낮으로 눈물을 흘리고 신음하면서, 영혼 안에 간절한 소원과 열정을 가지고서 하나님의 도움을 구해야 합니다. 이 영광에 참여하기를 원하는 사람은 영혼에게서 모든 세상적인 쾌락과 적대적인 정념과 욕망들을 깨끗이 제거해야 합니다. 하나님께서는 이러한 영혼들에

---

1) St John Chrysostom, *Homily 82 on Mathew*, §4 (*P.G.* lviii, 742-3).

대해서 "내가 저희 가운데 거하며 두로 행하리라"(고후 6:16)고 말씀하십니다. 또 주님은 제자들에게 "사람이 나를 사랑하면 내 말을 지키리니 내 아버지께서 저를 사랑하실 것이요 우리가 저에게 와서 거처를 저와 함께 하리라"(요 14:23)고 말씀하십니다.

∽ 70 ∽

옛 사람[1]이 생각에 대해서 지혜롭고 단순한 말을 했습니다. 그는 마음의 심판대 앞에서 생각들이 우리의 것인지 원수의 것인지 판단해 보아야 한다고 말했습니다. 원래 우리의 것인 선한 생각들은 영혼의 깊은 곳, 소중한 보물 창고 안에 보존하십시오. 그러나 적대적인 생각들은 영혼 안에 거하지 못하게 하며, 지성의 회초리로 때려 쫓아내십시오. 다시 말해서, 그것들을 기도와 거룩한 묵상의 칼로 완전히 죽이십시오. 그리하여 도둑들이 모두 죽임을 당하면, 두목이 도망칠 것입니다. 엄격하게 자신의 생각을 살피는 사람은 진실로 계명들을 사랑하는 사람입니다.

∽ 71 ∽

자신을 대적하고 방해하는 것을 몰아내기 위해서 싸우는 사람은 동맹군의 도움을 받아야 합니다. 즉 영혼의 겸손, 육체적인 수고 및 온갖 종류의 금욕적인 고난, 그리고 상한 마음에서 솟아나며 눈물을 동반하는 기도의 도움을 받아야 합니다. 그는 "나의 곤고와 환난을 보시고 내 모든 죄를 사하소서"(시 25:18), "내가 눈물 흘릴 때에 잠잠하지 마옵소서"(시 39:12), "내 눈물이 주야로 내 음식이 되었도다"

---

1) cf. Neilos (? Evagrios),*To the Monk Evagrios*, §12 (*P.G.* lxxix, 1108D).

(시 42:3), "나의 마심에는 눈물을 섞었사오니"(시 102:9)라고 말한 다윗처럼 되어야 합니다.

∽ 72 ∽

우리 생명의 대적인 마귀는 우리가 자신의 죄를 하찮게 여기게 만들려고 여러 가지 방법을 사용합니다. 종종 그는 우리의 죄를 망각으로 덮어 씌우므로, 우리는 잠시 고난을 당한 후에는 그것들로 인해 탄식하지 않게 됩니다. 형제여, 우리의 죄가 회개를 통해 사함을 받았다고 잘못 생각할지언정 죄를 망각해서는 안 됩니다. 항상 자신의 죄악된 행동들을 기억하며 그것으로 인해 슬퍼하는 일을 멈추지 마십시오. 그렇게 하면, 우리는 겸손을 동반자로 삼고 자만심과 교만의 올무에서 벗어날 수 있을 것입니다.

∽ 73 ∽

자신의 능력으로 고난을 견디고 거룩함을 얻는다고 생각하지 마십시오. 영혼을 속이는 마귀가 모든 악의 원인인 것처럼, 우리에게 오는 모든 선한 것의 원인은 하나님이십니다. 그러므로 당신이 행하는 모든 선한 행동의 원인이 되시는 분께 감사하십시오. 그리고 당신을 괴롭히는 악은 그것을 선동한 자에게 돌리십시오.

∽ 74 ∽

덕의 실천과 영적 지식을 연결하는 사람은 솜씨 좋은 농부입니다. 그는 두 개의 깨끗한 샘에서 나오는 물을 영혼의 밭에 줍니다. 영적 지식의 샘은 성숙하지 못한 영혼으로 하여금 성장하여 보다 고귀한 실체들을 보게 해 줍니다. 한편 수덕적인 수행의 샘은 우리의 땅에 있는 지체들 – 음란과 부정과 사욕과 악한 정욕 – 을 죽입니다(골 3:5). 이것들이 죽으면 덕이 꽃을 피우고 성령의 열매 – "사랑과 희락과 화평과 오래 참음과 자비와 양선과 충성과 절제"(갈 5:22-23) – 를 맺습니다. 그때 "육체와 함께 그 정과 욕심을 십자가에 못박은"(갈 5:24) 지혜로운 농부는 사도 바울처럼 "이제는 내가 산 것이 아니요 오직 내 안에 그리스도께서 사신 것이라…나를 위하여 자기 몸을 버리신 하나님의 아들을 믿는 믿음 안에서 사는 것이라"(갈 2:20)고 말할 것입니다.

～ 75 ～

당신은 그리스도의 선한 친구입니다. 그러므로 당신의 내면에 자리잡고 뿌리를 내린 정념은 다른 정념들을 그곳으로 안내한다는 것을 기억하십시오. 정념들을 선동하는 마귀들 및 그 정념들이 서로를 대적한다 해도, 그것들은 모두 당신의 멸망을 추구합니다.

～ 76 ～

수덕적인 노력에 의해서 육체의 꽃을 시들게 하고 그 모든 욕망을 꺾어 버린 사람은 자기의 죽을 육신 안에 주님의 흔적을 지닙니다(갈 6:17).

～ 77 ～

수덕 생활의 어려움들은 무정념의 안식으로 끝이 나며, 편안한 생활 방식은 부끄러운 정념들을 기릅니다.

～ 78 ～

오랫동안 수도생활을 했다는 사실에 만족하고 당신의 수덕적인 노력 때문에 교만해져서는 안 됩니다. 아직도 계명을 이행하지 못한 무익한 종이라는 주님의 말씀을 명심하십시오. 우리는 이 세상에 사는 한, 아직 유배 생활을 벗어나지 못하고 바벨론 강가에 앉아 있는 포로입니다. 우리는 아직 약속의 땅을 보지 못한 채 애굽에서 벽돌을 굽는 노예입니다. 우리는 아직 "유혹의 욕심을 따라 썩어져가는 구습을 좇는 옛사람을 벗어 버리지" 못하여(엡 4:22) "하늘에 속한 자의 형상"을 입지 못하고 "흙에 속한 자의 형상"을 입고 있습니다(고전 15:49). 따라서 우리에게는 자랑할 이유가 없습니다. 우리를 바로의 노예 생활에서 구해 주고 끔찍한 폭정에서 구원하여 약속의 땅의 축복으로 인도해 주어, 하나님의 거룩한 곳에서 안식을 발견하며 지극히 높으신 분의 오른편에 서게 해 주실 분께 눈물로 기도해야 합니다.

생각을 초월하는 이 복된 실체들은 우리의 노력을 통해서 얻을 수 있는 것이 아니라, 하나님의 측량할 수 없는 자비에 의존하는 것입니다. 그러므로 우리도 시편 기자처럼 밤낮으로 쉬지 말고 눈물을 흘려야 합니다. 시편 기자는 "눈물을 흘리며 씨를 뿌리는 자는 기쁨으로 거두리로다"(시 126:5), 그러므로 "내가 탄식함으로 곤핍하여 밤마다 눈물로 내 침상을 띄우며 내 요를 적시나이다"(시 6:6)라고 말합니다.

— 79 —

당신에게서 수다스러운 영을 쫓아내십시오. 그 안에 가장 무서운 정념들 - 거짓말, 수다스러움, 얼 빠진 잡담, 우스꽝스러운 말, 음탕한 말 - 이 숨어 있습니다. 간단히 말하자면, "말이 많으면 허물을 면키 어려우나"(잠 10:19), 슬기로운 자는 지식을 감추어 둡니다(잠 12:23). 주님은 우리가 장차 모든 무익한 말에 대해 심문을 받을 것이라고 말씀하셨습니다(마 12:36). 그러므로 침묵은 매우 필요하고 유익한 것입니다.

∽ 80 ∽

주님은 우리를 욕하거나 모욕한 사람에게 그가 행한 대로 갚아 주지 말고 오히려 그들을 칭찬하고 복을 빌어 주라고 명하셨습니다(마 5:44). 우리가 사람들과 화목하게 지낼 때에는 마귀들과 대적하여 싸웁니다. 그러나 형제에게 원한을 품고 그들을 대적하여 싸울 때에, 우리는 거꾸로 미워하며 무자비하게 대적해야 할 마귀들과 화목하게 됩니다.

∽ 81 ∽

당신이 죽이는 자에게 속아 넘어지지 않으려면, 당신도 속이는 말로 이웃을 넘어지게 하지 마십시오. 선지자는 "주는 모든 행악자를 미워하신다"(시 5:6), "여호와께서 모든 아첨하는 입술과 자랑하는 혀를 끊으시리라"(시 12:3)고 다짐합니다. 마찬가지로, 당신이 사랑과 자비를 잃지 않으려면, 형제의 허물을 욕하지 마십시오. 형제에게 사랑과 자비를 나타내지 않은 사람은 하나님을 알지 못합니다. 우레의 아들이요 그리스도의 사랑받는 제자인 요한이 선포한 것처럼, 하나님은 사랑이시기 때문입니다(요일 4:8). 요한은 모든 사람의 구주이신 그리스도께서 "우리를 위하여 목숨을 버리셨으니 우리도 형제들을 위하여 목숨을 버리는 것이 마땅하니라"(요일 3:16)고 말합니다.

∽ 82 ∽

사랑은 덕의 요새, 율법과 선지자의 강령이라고 불립니다(마 22:15; 롬 13:10). 그러므로 우리는 그것을 얻기 위해 노력해야 합니다. 우리는 사랑을 통해서 정념들의 억압에서 벗어나 덕의 날개를 타고 하늘로 올라갈 것입니다. 그리고 인간의 본성에게 가능한 한도 내에서 하나님을 볼 것입니다.

～ 83 ～

하나님이 사랑이라면, 사랑하는 사람은 내면에 하나님을 소유합니다. 사랑이 없으면 아무것도 우리에게 유익을 주지 못합니다(고전 13:3). 또 사람들을 사랑하지 않으면서 하나님을 사랑한다고 말할 수 없습니다. 요한은 "누구든지 하나님을 사랑하노라 하고 그 형제를 미워하면 이는 거짓말하는 자라"(요일 4:20)고 말합니다. 또 "어느 때나 하나님을 본 사람이 없으되 만일 우리가 서로 사랑하면 하나님이 우리 안에 거하시고 그의 사랑이 우리 안에 온전히 이루느니라"(요일 4:12)고 말합니다. 이로 보건대, 성경에서 말한 모든 축복 중에서 가장 포괄적이고 고귀한 것이 사랑입니다. 인간이 하나님처럼 되며 하나님과 연합할 때에 사용되는 모든 덕은 사랑에 의존하며 사랑에 포함됩니다. 그러므로 사랑은 표현할 수 없는 방법으로 덕들을 결합하고 보호합니다.

～ 84 ～

사랑의 법에서 끊어지지 않으려면, 형제가 찾아오는 것을 성가시게 여기거나 우리의 침묵을 방해하는 것으로 여기지 말아야 합니다. 또 그들에게 호의를 베푼다고 생각하지 말고, 우리가 호의를 받는다고 생각하십시오. 그리고 우리가 그들에게 은혜를 입고 있기 때문에, 족장 아브라함이 행한 것처럼 우리의 환대를 기분 좋게 받아들이라고 간청해야 합니다. 이런 이유로, 사도 요한은 "자녀들아 우리가 말과 혀로만 사랑하지 말고 오직 행함과 진실함으로 하자 이로써 우리가 진리에 속한 줄을 알고"라고 말합니다(요일 3:18-19).

∽ 85 ∽

아브라함은 환대의 직무를 받아들이면서 자기의 장막 입구에 앉아서 지나가는 사람들을 초대하곤 했으며(창 18:1), 그의 식탁에는 경건하지 않은 사람과 야만인들을 포함하여 온갖 사람들이 모였습니다. 이런 까닭에 그는 천사들과 만군의 주를 손님으로 영접할 자격이 있다고 판단되었습니다. 우리도 적극적으로 열심히 환대하는 습관을 길러야 합니다. 그렇게 함으로써 천사들뿐만 아니라 하나님을 영접할 수 있습니다. 주님은 "너희가 여기 내 형제 중에 지극히 작은 자 하나에게 한 것이 곧 내게 한 것이니라"고 말씀하십니다(마 25:40). 모든 사람, 특히 보답할 수 없는 사람을 후히 대접하는 것이 좋습니다.

∽ 86 ∽

하나님의 명령을 거부하거나 등한히 하거나 좋지 않은 생각을 받아들인 것으로 인해 마음에 책망할 것이 없는 사람은 마음이 깨끗한 사람이며, "마음이 청결한 자는 복이 있나니 저희가 하나님을 볼 것임이요"(마 5:8)라는 그리스도의 말씀을 받을 자격이 있는 사람입니다.

∽ 87 ∽

당신의 감각, 특히 눈과 귀와 혀가 정욕적인 방법으로 보거나 듣거나 말하지 않고 우리에게 유익을 주도록 훈련할 때에 정신을 사용하십시오. 이러한 기관들이 정신에 의해 훈련되지 않을 때에 죄는 매우 쉽게 우리 안에 들어옵니다. 또 정신은 아주 안전하게 그 기관들을 보호합니다. 정신은 그것들을 인도하고 규제하며, 필요한 것을 향해 인도합니다. 정신을 거역할 때에 후각은 나약해지고, 촉각은 난잡해지고, 무수한 정념들이 떼지어 들어옵니다. 그러나 그것들이 정신에 복종할 때에 전인(全人) 안에는 깊은 평화와 평안이 자리잡습니다.

88

값비싼 향유의 향기는 집안 전체에 스며들며, 가까이에 있는 사람뿐만 아니라 인근에 있는 사람들까지도 즐겁게 해 줍니다. 마찬가지로 하나님의 사랑을 받는 거룩한 영혼의 향기가 육신의 모든 감각을 통해서 전달될 때, 그것을 감지하는 모든 사람에게 내면에 있는 거룩함을 전달합니다. 거칠고 불화하게 하는 말을 하지 않고 듣는 사람에게 유익하고 복된 말만 하는 사람, 겸손한 눈을 가진 사람, 좋지 않은 말이나 음악을 듣지 않는 사람, 신중하게 행동하는 사람, 방탕하게 웃기보다는 슬퍼하며 눈물을 흘리는 사람의 영혼 안에는 거룩함의 향기가 가득한 것을 느낄 것입니다. 그렇기 때문에 주님은 "이같이 너희 빛을 사람 앞에 비춰게 하여 저희로 너희 착한 행실을 보고 하늘에 계신 너희 아버지께 영광을 돌리게 하라"(마 5:16)고 말씀하십니다.

89

그리스도는 "좁은 길"(마 7:14)을 "쉬운 멍에"와 "가벼운 짐"이라고 부르셨습니다(마 11:30). 어찌하여 서로 반대가 되는 것처럼 보이는 것을 동일시하셨을까요? 우리의 본성에서 보면, 이 길은 험하고 가파른 길입니다. 그러나 선한 희망을 가지고 마음을 다하여 이 길을 추구하는 사람, 거룩함을 갈망하는 사람들이 볼 때에 그 길은 매력적이고 기쁨이 가득한 길입니다. 왜냐하면 그것은 그들에게 고통이 아니라 즐거움을 가져다 주기 때문입니다. 이런 까닭에, 그들은 넓고 큰 길보다는 좁고 험한 길을 택하여 열심히 걸어갑니다. 누가는 사도들이 채찍으로 맞은 후에 기뻐하면서 공회를 떠났다고 말합니다(행 5:41). 그것은 채찍으로 맞은 데 따른 자연스러운 결과가 아닙니다. 정상적이라면, 채찍은 기쁨과 즐거움이 아니라 고통과 아픔을 가져다 줍니다. 그런데 그리스도 때문에 그들이 채찍으로 맞고도 기뻐했다면, 다른 형태의 육체적인 어려움과 학대도 동일한 결과를 낳지 않겠습니까?

∽ 90 ∾

우리는 정념들에게 갇혀 억압을 받고 있는 동안에는 종종 그것들 때문에 고난 받는 이유를 알지 못해 당황합니다. 우리가 그런 식으로 정념들의 포로가 되는 것은 하나님에 대한 관상에서 벗어나는 것을 허락했기 때문임을 깨달아야 합니다. 그러나 만일 우리가 분심이 없이 정신을 우리 주 하나님에게 집중하면, 만민의 구주께서 그 영혼을 정욕의 노예가 된 상태에서 구원해 주실 것입니다. 선지자가 "내가 여호와를 항상 내 앞에 모심이여 그가 내 우편에 계시므로 내가 요동치 아니하리로다"(시 16:8)가 말한 것은 이것을 언급하는 것입니다. 주께서 우리의 우편에 계시면서 우리를 보호하고 지켜 주시며 요동치 않게 하시는 것보다 더 기분 좋고 안전한 일은 없을 것입니다. 우리의 능력으로 이것을 획득할 수 있습니다.

∽ 91 ∾

인간은 하나님과 자신만이 존재한다는 생각을 획득함에 의해서만 안식을 발견한다는 교부들의 주장에 사람들은 반대하지 않습니다.[1] 그는 정신이 조금이라도 다른 곳을 향해 배회하는 것을 허락하지 않고 오직 하나님만 갈망하며 하나님께만 매달립니다. 그러한 사람은 참된 안식과 정념들의 폭정으로부터의 자유를 발견할 것입니다. 다윗은 "나의 영혼이 주를 가까이 따르니 주의 오른손이 나를 붙드시거니와"라고 말합니다(시 63:8).

~ 92 ~

자애, 쾌락욕, 명예욕 등은 영혼에게서 하나님에 대한 기억을 몰아냅니다. 자애는 상상할 수 없는 악들을 낳습니다. 우리의 내면에 하나님에 대한 기억이 부재할 때에 정념들이 소용돌이칩니다.

~ 93 ~

마음에서 자애의 뿌리를 완전히 제거한 사람은 하나님의 도움을 받아 쉽게 다른 모든 정념들을 정복할 것입니다. 자애의 지배를 받는 사람은 다른 정념들의 지배도 받습니다. 왜냐하면 자애는 분노, 성냄, 원한, 쾌락욕, 방탕함 등을 일으키기 때문입니다. 자애란 육신을 향하고 사랑하며 육적인 욕망을 성취하려는 정욕적인 성향을 의미합니다.

~ 94 ~

사람은 어떤 대가를 치르더라도 방해를 받지 않고 계속 사랑하는 것 가까이에 있으려 하며, 사랑하는 것과 접촉하고 함께 거하는 것을

---

1) *Apophthgmata*, alphabetical collection, Alonios 1: trans. Sister Benedicta Ward, *The Sayings of the Desert Fathers* (London, 1975). p. 30.

방해하는 것을 피합니다. 그러므로 하나님을 사랑하는 사람도 항상 하나님과 함께 거하며 대화하기를 원합니다. 그것은 순수한 기도를 통해서 우리 안에 실현됩니다. 그러므로 우리는 온 힘을 다해 기도해야 합니다. 그것은 우리로 하여금 하나님을 닮을 수 있게 해 줍니다. "하나님이여 주는 나의 하나님이시라 내가 간절히 주를 찾되 물이 없어 마르고 곤핍한 땅에서 내 영혼이 주를 갈망합니다"(시 63:1)라고 말한 사람이 이러한 사람이었습니다. 간절히 하나님을 찾는 사람은 자기의 정신에서 모든 악덕을 물리치며, 하나님의 사랑에 의해 상처를 입은 사람입니다.

≈ 95 ≈

무정념은 절제와 겸손에서 태어나며, 신령한 지식은 믿음에서 태어난다고 합니다. 영혼은 이것들을 통해서 분별력과 사랑을 기릅니다. 거룩한 사랑을 맛본 영혼은 깨끗한 기도의 날개를 타고 높이 올라가서, 마침내 "하나님의 아들을 믿는 것과 아는 일에 하나가 되어 온전한 사람을 이루어 그리스도의 장성한 분량이 충만한 데까지" 이릅니다(엡 4:13).

≈ 96 ≈

적극적인 덕을 통해서 욕망이 제어되고 분이 억제됩니다. 정신은 신령한 지식과 관상을 통해서 영적으로 상승하며, 물질을 초월하여 하나님을 향해 출발하여 참된 축복을 얻습니다.

≈ 97 ≈

우리가 우선적으로 해야 할 일은 정념들을 감소시키고 완전히 정복하기 위해 노력하는 것입니다. 두 번째로 할 일은 덕을 획득하며, 영혼이 게으르게 지내는 것을 허락하지 않는 것입니다. 영적 여정의 세 번째 단계는 우리의 덕과 수고의 열매를 보존하기 위해 깨어 지키는 것입니다. 우리는 부지런히 일할 뿐만 아니라 깨어 지키라는 명령을 받았습니다(창 2:15).

∽ 98 ∾

"허리에 띠를 띠고 등불을 켜고 서 있으라"(눅 12:35). 우리로 하여금 방해를 받지 않고 민첩하게 해 주는 훌륭한 허리띠는 마음의 겸손과 결합된 절제입니다. 여기서 절제란 모든 정념들을 억제하는 것입니다. 우리는 깨끗한 기도와 완전한 사랑으로 등잔에 불을 붙여야 합니다. 이런 식으로 예비한 사람은 준비하고 주님을 기다리는 사람입니다. 그들은 주님이 오셔서 문을 두드리시면 즉시 문을 엽니다. 그때에 주님은 아버지와 성령과 함께 들어오셔서 그들과 거처를 함께 하실 것입니다(요 14:23). 장차 주님이 오실 때에 이렇게 행하고 있다는 판단을 받는 종들은 복 받은 사람입니다(눅 12:37).

∽ 99 ∾

우리는 아들이 아버지를 사랑하듯이 마음과 정신을 다하여 하나님을 사랑해야 하며(신 6:5; 막 12:30), 종이 주인에게 하듯이 하나님께 순종하고 공경하여 "두렵고 떨림으로"(빌 2:12) 계명을 지켜야 합니다. 우리는 "열심을 품고"(롬 12:11) 성령의 "전신갑주"를 입어야 합니다(엡 6:11). 또 영생을 소유하기 위해 노력하며 규정된 모든 일을 행해야 합니다. 또 내적으로 깨어 악한 생각으로부터 마음을 지키며, 선한 생각을 통해서 항상 거룩한 묵상을 실천해야 합니다. 또 날마다 자신에게 악한 생각과 행동이 없는지 살펴보며 모든 결점을 고쳐야 합니다. 자신이 성취한 것으로 인해 교만해지지 말고, 자신을 의무를 행하는 데 더딘 무익한 종이라고 불러야 합니다(눅 17:10).

우리는 하나님께 감사하며, 자신이 성취한 것들의 영광을 하나님께 돌리며, 무슨 일을 하든지 자만심이나 인기를 얻기 위해서 하지 말고 모든 일을 은밀하게 행하며 하나님의 칭찬만 구해야 합니다(롬 2:29). 무엇보다도 하나님의 메시지를 전달하는 사람들, 사도들, 그리고 거룩한 교부들이 가르친 거룩한 공교회의 교의에 따라 바른 믿음으로 영혼을 튼튼히 해야 합니다. 그렇게 생활하는 사람은 큰 상을 받습니다. 그는 영생을 얻고, 그리고 세 위격 안에 계시는 공동 본질의 신성이신 성부와 성자와 성령과 함께 거할 것입니다.

～ 100 ～

"일의 결국을 다 들었으니 하나님을 경외하고 그 명령을 지킬지어다 이것이 사람의 본분이니라"(전 12:13). 여기서 전도자는 이렇게 말합니다: "나는 너희에게 구원에 이르는 가장 좋은 길을 요약하여 보여 준다: 하나님을 두려워하고 그의 명령을 지키라." 두려워하라는 것은 형벌에 대한 두려움이 아니라, 완전하며 완전하게 하는 두려움입니다. 그것은 우리에게 계명을 주신 하나님에 대한 사랑에서 우러나는 것이어야 합니다.

만일 우리가 단순히 형벌을 두려워하여 죄를 삼간다면, 우리에게는 범죄하는 성향이 있으므로 형벌이 우리를 기다리고 있지 않으면 벌 받을 일을 행할 것입니다. 그러나 만일 우리가 형벌의 위협 때문이 아니라 악한 행동을 미워하기 때문에 삼간다면, 우리가 덕을 실천하는 것은 하나님으로부터 떨어지는 것을 두려워하는 마음, 하나님에 대한 사랑에서 비롯된 것입니다. 우리에게 명령하신 것을 등한히 하지 않으려 할 때에, 우리가 느끼는 두려움은 선 자체를 위하는 마음에서 우러난 깨끗한 두려움입니다. 이 두려움은 우리 영성을 깨끗하게 하며, 완전한 사랑과 동일한 능력을 지닙니다. 이러한 두려움을 가지고 있으며 계명을 지키는 사람은 "온전한 사람", 다시 말해서 완전하고 완벽한 사람입니다.

이것을 알기 때문에 우리는 모든 덕에 있어서 완전한 사람이 되기 위해서 하나님을 두려워하고 그의 계명을 지켜야 합니다. 우리는 겸손한 영과 통회하는 마음을 가지고, 거룩한 아르세니우스가 드린 기도를 쉬지 말고 드려야 합니다: "나의 하나님이여, 나를 버리지 마십시오. 나는 당신 앞에서 선한 일을 하나도 행한 적이 없지만, 당신의 사랑으로 선한 일을 시작할 수 있는 능력을 주십시오."[1] 우리의 구원은 온전히 하나님의 사랑과 자비 안에 놓여 있습니다. 성부와 성자와 성령께 이제부터 영원토록 영광과 찬송을 드립니다. 아멘.

---

1) 5세기초에 이집트의 스케티스에서 생활한 교부. *Apophathegmata*, alphabetical collection, Arsenios 3: trans. Ward, *op. cit.*, p. 8을 보라.

테오레티콘
Theoretikon

 우리를 물질적인 것에 굳게 묶어 두는 족쇄를 깨뜨리며 그것들을 숭배하던 일을 중지하고 그 대신에 거룩한 상태를 획득하기 위해서는 엄청난 싸움을 해야 합니다. 고귀하고 담대하지 않은 영혼은 그러한 일을 할 수 없습니다. 우리의 목표는 단순히 정념들을 정화하는 것이 아닙니다. 정념들을 정화하는 것은 실질적인 덕이 아니라 덕을 위한 준비에 불과합니다. 악한 습관들을 정화하는 데 그치지 말고 덕을 획득해야 합니다.

 지적인 측면을 고려해 볼 때, 영혼을 정화한다는 것은 모든 일그러지고 저급한 특징들, 세상의 염려, 소란함, 악한 성향, 분별 없는 선입견 등을 영혼에게서 완전히 제거하는 것입니다. 바람직한 측면에서 보면, 그것은 물질적인 것을 향한 충동을 몰아내고, 감각에 의해서 사물을 보는 태도를 버리며, 지성에 순종하는 것을 의미합니다. 또 영혼의 도발하는 측면에서 보면, 정화란 무슨 일이 일어나도 동요하지 않는 것입니다.

 이러한 정화와 고행, 또는 추한 측면들을 바로잡은 결과로서 영적인 상승과 신화(神化)가 따라야 합니다. 악한 것을 버린 후에 선한 것을 실천해야 합니다. 먼저 자신을 부인한 후에 십자가를 지고 주님을 따라 탁월한 신화의 상태를 향해 나아가야 합니다.

영적 상승과 신화란 무엇입니까? 지적인 면에서 볼 때, 그것은 피조물에 대한 인간의 본성의 능력으로 가능한 최대한의 완전한 지식이며, 피조물을 초월하시는 분에 대한 완전한 지식입니다. 의지와 관련해서 보면, 그것은 원초적인 선을 얻기 위한 지속적이고 철저한 노력입니다. 도발하는 힘과 관련해서 보면, 그것은 갈망의 대상을 향한 정력적이고 효과적인 충동, 끈질기고 무자비하며 어떠한 실질적인 난관에도 굴하지 않고 곁길로 빠지지 않고 맹렬하게 추진하는 힘입니다.

지적인 아름다움이 감각적인 아름다움을 능가하듯이, 아름다움을 향한 영혼의 충동도 저급한 것을 향한 충동을 능가해야 합니다. 육체에게는 적절히 기능을 발휘하는 데 필요한 만큼만 공급해 주어야 합니다. 이것은 생각하기는 쉽지만, 실제로 행동하기는 어렵습니다. 크게 노력하지 않으면, 깊이 숨어 있는 영혼의 습관을 근절할 수 없습니다.

또 노력하지 않고서는 지식을 얻을 수 없습니다. 시선을 거룩한 것에만 고정시킴으로써 의지가 그렇게 행하는 습관을 형성하게 만들려면, 오랫동안 크게 노력해야 합니다. 지성은 밑으로 끌어당기는 감각에 대적하기 위해 노력해야 합니다. 비록 노염과 욕망이 감소되는 것처럼 보이며 감각이 지성의 초월적 지식에 복종하는 것처럼 보여도, 육체를 대적하는 싸움을 죽을 때까지 계속 되어야 합니다.

그러나 조명(세례의 조명)을 받지 못한 영혼은 하나님의 도움을 소유하지 못하므로, 진정으로 정화될 수 없으며, 거룩한 빛을 향해 올라갈 수도 없습니다. 위에서 말한 것은 세례받은 사람을 언급합니다.

또한 여러 종류의 지식을 구분해야 합니다. 이 세상의 지식에는 두 종류가 있습니다. 즉 자연적인 지식과 초자연적인 지식이 있습니다. 초자연적인 지식은 자연적인 지식을 언급함으로써 이해될 수 있습니다. 자연적인 지식이란 영혼이 창조 및 창조의 원인을 탐구할 때에 자신의 자연적인 기능과 능력을 사용함으로써 획득할 수 있는 지식입니다. 감각과 상상력과 지성에 대해서 말할 때에 지성의 에너지가 육체와 결합하거나 혼합하면 무디어지며, 그 결과 지성적인 형태들과 직접 접촉할 수 없게 되며, 그것들을 이해하려면 상상을 필요로 하게 됩니다. 한편 상상은 본질적으로 심상들을 사용하며, 유형적인 형태와 밀도를 소유합니다. 따라서 육체 안에 있는 한 지성이 지성적인 형태들을 이해하려면, 유형적인 심상들을 사용해야 합니다. 그러므로 지성이 그러한 상태에서 자체의 자연적인 수단에 의해서 획득한 지식을 자연적인 지식이라고 부릅니다.

초자연적인 지식이란 지성 자체의 수단과 능력을 초월하는 방식으로 지성 안에 들어온 것을 말합니다. 그러한 지식을 구성하는 지적인 대상들은 몸과 결합된 지성의 능력을 초월하며, 따라서 그것들에 대한 지식은 자연히 몸에서 해방된 지성에 관한 것이 됩니다. 그러한 지식은 하나님께서 모든 물질적인 애착이 깨끗이 제거되고 거룩한 사랑의 감화를 받은 지성을 발견하실 때에 주입해 주시는 것입니다.

지식뿐만 아니라 덕도 이런 식으로 구분됩니다. 자연을 초월하지 않는 덕, 자연적인 덕이라고 부를 수 있는 덕이 있습니다. 또 아름다움의 원초적 근원에 의해 활력을 얻는 덕, 우리의 본성적인 능력과 상태를 초월하는 덕이 있습니다. 이러한 종류의 덕은 초자연적인 덕이라고 불러야 합니다.

지식과 덕은 이런 식으로 구분됩니다. 조명을 받지 않은 사람은 본성적인 지식과 덕을 소유할 수 있지만 초자연적인 덕과 지식은 소유하지 못합니다. 활력을 주는 원인에 참여하지 못하는 사람이 어찌 초자연적인 덕과 지식을 소유할 수 있겠습니까? 그러나 조명된 사람은 두 가지를 모두 소유할 수 있습니다. 또 비록 자연적인 덕을 획득하지 않는 한 초자연적인 덕을 획득할 수 없지만, 먼저 자연적인 지식을 획득하지 않고서도 초자연적인 지식에 참여할 수 있습니다. 게다가 인간의 감각과 상상력이 동물의 것보다 훨씬 우수하고 고귀하듯이, 조명된 사람의 자연적인 덕과 지식은 조명되지 않은 사람의 것보다 훨씬 고귀하고 우수합니다.

또 덕 및 덕을 대적하는 습관들과 관련된 자연적인 지식도 두 종류가 있습니다. 그 중 하나는 이론적인 지식입니다. 그것은 사람이 이러한 것들에 대해서 생각하지만 그에 대한 경험이 부족하며 자신이 말하는 것에 대한 확신이 없는 경우의 지식입니다. 나머지 하나는 실질적이고 살아 있는 지식입니다. 이 지식은 경험에 의해 확인되며 신뢰할 수 있으며 전혀 불확실하거나 의심스러운 것이 아닙니다.

이것들을 고려해 보면, 지성이 덕을 획득하지 못하게 방해하는 네 가지 장애물이 있는 듯합니다. 첫째는 선입견, 즉 덕을 거스르는 습관들의 뿌리 깊은 영향력입니다. 이것은 오랫동안 작용하면서 지성으로 하여금 세상의 것을 향하게 합니다. 둘째는 감각적인 아름다움의 자극을 받아 지성으로 하여금 그것을 추구하게 만드는 감각의 작용입니다. 셋째는 지적 에너지의 둔화입니다. 이것은 지성이 몸과 연결되어 있는 데서 기인하는 것입니다. 몸과 결합되어 영혼의 지성과 지적인 대상의 관계는, 시력과 가시적인 대상의 관계 또는 감각과 감각적인 대상의 관계와 다릅니다. 지성은 시각이 가시적인 대상을 이해하는 것보다 더 효과적으로 지적인 대상을 이해합니다. 그러나 불완전한 시각이 자연적인 대상물의 영상을 흐릿하고 희미하게 그려내듯이, 몸과 결합되어 있는 지성도 지적인 대상을 흐릿하고 희미하게 이해합니다. 지성은 지적인 아름다움을 분명하게 식별할 수 없으므로 그것들을 갈망하지도 못합니다. 사람이 어떤 사물에 대해 소유하는 갈망은 그것에 대해 지니고 있는 지식에 비례합니다. 지성은 아름다운 것처럼 보이는 것에 이끌릴 수밖에 없으므로, 분명한 인상을 주는 감각적인 아름다움에 끌립니다.

지성이 덕을 획득하는 것을 방해하는 네 번째 장애물은 부정하고 적대적인 마귀들의 영향력입니다. 마귀들이 감각과 이성과 지성 등 존재하는 모든 것을 사용하여 영적인 길에 설치하는 함정에 대해서 모두 말할 수는 없습니다. 그러나 잃어버린 양을 찾아 어깨에 메신 분께서 자기를 의지하는 영혼들을 보호하시고 보살피신다면, 한 영혼도 도망치지 않을 것입니다.

이러한 장애물들을 극복하려면 세 가지가 필요합니다. 첫째, 하나님의 도움이 없으면 우리가 불가피하게 그분에게서 떨어져 나갈 것을 알고서, 우리의 혼을 다하여 하나님의 바라보며 그분의 도움을 구하고 신뢰하는 것입니다. 둘째는 끊임없이 지식으로 지성을 양육하는 것입니다. 여기서 지식이란 감각적인 것과 지성적인 것 등 모든 피조물에 대한 지식입니다. 그것들은 원초적인 근원(primal Source)에서 파생되었고 또 그것과 관련되어 있으므로 그것에 대해 언급합니다. 그리고 모든 피조물의 원인(Cause)과 관련된 속성을 통해서 그 원인을 관상하는 것이 필요합니다. 피조물의 본성에 관심을 갖는 것은 정화하는 효과를 가지고 있습니다. 그것은 피조물에 대한 정욕적인 애착과 그것들에 대한 망상에서 해방시켜 주고, 우리 영혼을 만물의 근원(Source)에게 들어올려 줍니다. 모든 아름다움과 기적과 장엄함은 지극히 아름답고 기적적이고 장엄한 것, 보다 정확히 말하자면 아름다움과 기적과 장엄함을 초월하는 근원(Source)을 반영합니다.

만일 정신이 항상 이러한 사물에 몰두해 있다면, 어떻게 거룩한 선을 갈망할 수 있겠습니까? 정신이 이질적인 것에 이끌릴 수 있다면, 동질적인 것에는 한층 강력하게 이끌리지 않겠습니까? 자신과 비슷한 것에 매달려 있는 영혼이 어찌 그가 사랑하는 것을 버리고 열등한 것을 사랑할 수 있겠습니까? 정신은 자신의 성육한 삶이 아름다운 것을 획득하는 데 방해가 되는 것을 발견하고서 분개할 것입니다. 육체 안에 있는 지성은 지적인 아름다움을 희미하게 보지만, 그 넘쳐 흐르는 아름다움에서 방사되는 아주 작은 부분을 희미하게 보기만 해도 지적인 영역 밖에 있는 모든 것 위로 날아오를 수 있으며, 어떤 슬픔이 와도 그것이 제공하는 즐거움에서 떨어지지 않고 그것만 갈망할 수 있습니다.

이미 언급한 장애물들을 극복할 수 있는 세 번째 방법은 우리의 동반자인 몸을 죽이는 것입니다. 그렇지 않으면 지적인 세계를 분명하게 볼 수 없습니다. 금식, 철야, 바닥에서 자는 것, 거친 옷을 입는 것, 고통과 수고 등을 통해서 육을 죽여 그리스도와 함께 십자가에 못박아야 합니다. 그렇게 함으로써 그것은 정화되고, 가볍고 섬세하게 되며, 거역하지 않고 쉽게 지성의 안내를 따르며 지성과 함께 위로 날아오릅니다. 이러한 극기가 없는 수고는 헛수고입니다.

이 세 가지 거룩한 방법이 서로 조화를 이루면서 확립되면, 영혼 안에서 덕들의 합창이 이루어집니다. 그것들이 찬양하는 대상은 죄의 흔적이 전혀 없으며 모든 덕을 받은 사람들입니다. 그러나 아직 물질적인 부나 명예의 속박을 받고 있는 영혼은 많은 정념들의 공격을 받기 때문에 물질적인 부나 명예를 거부하는 것이 지성을 괴롭힐 수도 있습니다. 부와 명예에 애착하는 영혼은 위로 올라갈 수 없습니다. 그러나 이 세 가지 방법을 실천하여 습관이 되게 만든 영혼은 단번에 이런 것들에 대한 애착을 버립니다. 만일 영혼이 모든 것을 초월하는 아름다움만이 참으로 아름다운 것으로 간주되어야 한다고 믿는다면, 지고한 아름다움과 가장 흡사한 것이 가장 아름다운 것이라면, 어찌 금이나 은이나 명예, 그 밖에 다른 저급한 것들을 좋아할 수 있겠습니까?

우리를 크게 방해하는 것 – 근심과 걱정 – 도 예외가 아닙니다. 세상적인 것에 애착하지도 않고 관계를 갖지도 않는 사람은 무엇을 염려합니까? 주요한 정념들 – 방종, 탐욕, 명예욕 – 이라는 수증기에서 염려의 구름이 생겨납니다. 이러한 정념들에서 해방되는 사람은 염려도 벗어버릴 것입니다.

건전한 도덕적 판단은 지혜와 동일한 효과를 지니며, 우리를 위로 올라가게 하는 강력한 요인입니다. 그러므로 그것도 나름의 역할을 합니다. 덕에 대한 지식에는 선과 악을 구분하는 가장 신중한 일이 포함되는데, 여기에는 건전한 도덕적 판단이 필요합니다. 경험과 육신과의 싸움은 우리가 싸울 때에 그러한 판단을 어떻게 사용해야 하는지를 가르쳐 줍니다.

　두려움도 중요한 요인입니다. 하나님을 향한 갈망이 클수록 하나님에 대한 두려움도 커집니다. 그리고 우리는 하나님께 도달하기를 바라는 만큼 하나님을 두려워합니다. 만일 우리가 하나님의 사랑에 의해 상처를 입었다면, 두려움의 고통은 수천 가지의 형벌의 위협을 능가합니다. 하나님께 가까이 가는 것보다 복된 것이 없듯이, 하나님을 잃는 데 대한 두려움보다 무서운 것은 없습니다.

　이제 다른 요인에 대해 이야기하겠습니다. 모든 것은 그 목적에 따라 이해될 수 있습니다. 하나의 물건을 그것을 구성하고 있는 부품들로 구분하고 그것들의 상호관계를 결정할 때에 이것이 적용됩니다. 우리의 삶의 목적은 축복 또는 하늘나라, 또는 하나님의 나라를 소유하는 것입니다. 이것은 삼위일체를 보는 것뿐만 아니라, 신적인 것의 유입을 받아들이는 것, 그리고 신화(神化)되는 것입니다. 이 유입에 의해서 우리 안에 부족한 것이 공급되고 불완전한 것이 완전해집니다. 이처럼 필요한 것의 거룩한 유입에 의해 공급되는 것은 영적 존재의 양식입니다. 처음 시작된 곳에서 끝이 나는 일종의 영원한 원이 있습니다. 우리는 지적 인식력이 클수록, 그만큼 더 인식하기를 갈망합니다. 그리고 갈망이 클수록 우리의 즐거움도 커지고, 즐거움이 클수록 우리의 인식이 깊어집니다. 그리하여 움직임이 없는 움직임, 또는 움직임이 없는 부동성이 다시 시작됩니다. 그것이 우리의 목적입니다. 그것을 획득하는 방법을 알아야 합니다.

　지적인 존재이지만 천사들의 지성보다 약간 저급한 영혼들에게 있어서, 이 세상에서의 생활은 하나의 싸움이며 성육한 삶은 미완성의 경쟁입니다. 승리한 사람이 받을 상은 앞에서 묘사한 상태, 하나님의 선과 공의에 합당한 선물입니다. 공의에 합당하다는 것은, 이러한 축복들은 우리의 수고가 없이 획득되는 것이 아니기 때문입니다. 선에 합당하다는 것은 하나님의 무한한 관대하심은 우리의 수고를 능가하기 때문입니다. 특히 선을 행하는 능력과 실제로 선을 행하는 것 자체는 하나님의 선물이기 때문입니다.

그렇다면 이 세상에서 우리가 행하는 경쟁의 본질은 무엇입니까? 지적인 영혼은 동물과 같은 몸과 결합되어 있습니다. 그런데 이 몸은 흙에서 존재를 취하며 아랫쪽을 향합니다. 지적인 영혼은 몸과 혼합되어 있기 때문에, 그 둘이 완전히 반대가 되는 것인데도 불구하고 하나의 존재를 형성합니다. 둘 중 어느 쪽에도 변화나 혼동이 없고, 각기 자신의 본성에 일치하여 행동하면서, 그것들은 두 개의 완전한 본성을 가진 하나의 인격을 구성합니다. 이렇게 두 본성을 지닌 복합적인 존재인 인간 안에서, 두 본성은 각기 자체의 특별한 능력에 따라 기능합니다. 몸은 자기와 닮은 것을 동경합니다.

자기와 닮은 것을 동경하는 것은 피조물로서는 자연스러운 일입니다. 왜냐하면 그들의 존재는 비슷한 것들과의 교제, 그리고 감각을 통해서 물질적인 것들을 향유하는 것을 의존하기 때문입니다. 피곤해진 몸은 휴식을 환영합니다. 이것들은 우리의 동물과 같은 본성에 상응하는 바람직한 것입니다. 그러나 이지적인 완전체인 지적인 영혼에게 자연스럽고 바람직한 것은 지적인 실체들의 영역이며 그것들을 그의 특징적인 방법으로 즐기는 것입니다. 지성의 특징보다 하나님에 대한 뜨거운 갈망이 우선합니다. 지성은 장애물을 만나더라도 하나님 및 다른 지성적인 실체들을 향유하기를 갈망합니다.

최초의 인간(아담)은 아무런 방해를 받지 않고 감각에 의해서 감각적인 것들을 이해하고 즐길 수 있었고, 지성을 가지고 지적인 것들을 이해하고 즐길 수 있었습니다. 그는 감각을 통해서 감각적인 것들과 교제할 수 있듯이 지성을 통해서 지적인 것들과 교제할 수 있었으므로, 저급한 것보다는 고등한 것에 관심을 기울였어야 했습니다. 이것은 아담이 감각을 사용하지 말았어야 했다는 의미가 아닙니다. 왜냐하면 이유 없이 그에게 몸이 주어진 것이 아니기 때문입니다. 그러나 그는 감각적인 것들에 빠지지 말았어야 했습니다. 그는 피조물의 아름다움을 감지할 때에는 그것을 그 근원에게 돌리고, 그럼으로써 자신의 즐거움과 놀라움이 그 안에서 성취됨으로써 창조주에 대해 놀라야 할 두 가지 이유를 발견해야 했습니다. 그는 감각적인 것에 애착하고 그것들에게 정신을 빼앗겨 지적인 아름다움의 창조주를 등한시하지 말았어야 했습니다.

이처럼 아담은 감각을 옳지 않게 사용했고 감각적인 아름다움에 사로잡혔습니다. 그는 선악과의 열매가 아름답고 먹음직스럽게 보였기 때문에(창 3:6), 그것을 맛보고 지적인 것들에 대한 즐거움을 포기했습니다. 그러므로 의로우신 재판관께서는 그가 거부했던 것 – 하나님에 대한 관상과 피조물에 대한 관상 – 을 받을 자격이 없다고 판단하시고, 그에게서 하나님 자신과 영적인 실체들을 빼앗으셨습니다. 거룩한 것을 부정한 데 사용해서는 안 됩니다. 그가 사랑에 빠졌을 때에 하나님은 그가 사랑을 누리는 것을 허락하셨고, 지적 인식의 희미한 흔적을 가지고 감각에 따라 사는 것을 허락하셨습니다.

이후로 이 세상 것들과 우리의 싸움은 한층 더 어려워졌습니다. 왜냐하면 비록 우리를 정화시켜 주고 고양시켜 주는 세례의 도움을 받고 있지만, 이제 우리는 감각을 가지고 감각적인 실체를 즐기는 방법과 상응한 방법으로 지적인 실체들을 즐길 수 없기 때문입니다. 우리는 힘이 닿는 한 감각적인 세계가 아니라 지적인 세계에 주의를 기울여야 합니다. 우리는 그 세계를 존중하고 갈망해야 합니다. 그러나 감각적인 대상을 존중하거나, 그런 방식으로 그것을 즐기려 해서는 안 됩니다. 감각적인 것은 지적인 것과 비교할 수 없기 때문입니다. 지적인 것의 본질이 감각적인 것의 본질을 크게 능가하듯이, 지적인 것의 아름다움은 감각적인 것의 아름다움을 능가합니다. 아름다운 것이 아니라 추한 것을 갈망하는 것, 고귀한 것이 아니라 혐오스러운 것을 갈망하는 것은 미친 짓입니다. 감각적인 세계와 지적인 세계에서도 그럴진대, 우리가 하나님 대신에 일정치 않은 추한 물질을 선호하는 것은 얼마나 미친 짓이겠습니까?

그러므로 우리는 자신을 지킴으로써 항상 지적인 실체들을 즐기기 위해 노력하며 지성과 욕망을 그러한 목적을 향하게 하며, 그것들이 감각에 미혹되어 감각적인 것들을 존중하지 못하게 하기 위해서 경주하고 싸워야 합니다. 만일 감각을 사용해야 한다면, 창조를 통해서 창조주를 이해하기 위해서 사용하며, 태양이 물에 반영되듯이 피조물 안에 반영된 창조주를 보아야 합니다. 왜냐하면 그것들은 각기 분량은 다르지만 내면적으로는 만물의 제1원인이신 분의 형상이기 때문입니다.

이것이 우리의 목표입니다. 이것을 획득하려면 어떻게 해야 합니까? 앞에서 말한 것처럼, 몸은 감각을 통해서 자신과 비슷한 것을 누리려 합니다. 몸이 강하면 욕망도 강합니다. 그러나 이것은 영혼의 목적과 충돌합니다. 그러므로 우리가 감각적인 실체들에게 빠지지 않으려면 감각을 억제하기 위해 노력해야 합니다. 그러나 몸이 강하면 그 욕망도 강하고, 욕망이 강하면 그만큼 억제하기 어려우므로, 몸의 힘을 감소시키고 영혼의 지적인 활동에 순종할 수 있게 만들려면, 영혼은 금식, 철야, 앉지 않고 서서 지냄, 땅바닥에서 잠을 잠, 몸을 씻지 않고 지냄, 그 밖의 여러 가지 어려움을 통해서 몸을 죽여야 합니다. 이것이 목표입니다. 그러나 이러한 소원을 품기는 쉽지만, 실천하기는 어려우며, 성공하기보다는 실패하기가 쉽습니다. 왜냐하면 우리가 주의를 집중하고 있을 때에도 감각은 우리를 속이기 때문입니다. 그렇기 때문에 세 번째 치료 방법이 고안되었습니다.

그것은 눈물과 기도입니다. 기도는 받은 축복에 대해 감사하며, 잘못에 대한 용서를 구하며, 장래를 위해 우리를 튼튼하게 해 줄 능력을 구하는 것입니다. 하나님의 도움이 없으면, 영혼은 아무것도 할 수 없기 때문입니다. 그럼에도 불구하고 우리의 의지를 설득하여 그것이 동경하는 분과의 연합과 즐거움에 대한 가장 강력한 갈망을 갖게 하는 것이 우리의 목표를 성취하는 데 있어서 주요한 부분입니다. 눈물도 큰 힘을 가지고 있습니다. 눈물은 우리의 잘못에 대한 하나님의 자비를 확보해 주며, 감각적인 쾌락으로 말미암아 생긴 더러움을 제거하여 깨끗하게 해 주며, 우리로 하여금 위엣것을 갈망하게 해 줍니다.

그러므로 우리의 목표는 지적인 실체들을 관상하는 것, 그리고 그것들을 철저히 동경하는 것입니다. 모든 사람이 이 목적을 성취하기 위한 수단으로 실천하는 것이 금식이나 절제, 그리고 육을 죽이는 것입니다. 거기에 기도가 병행합니다. 이것들은 각기 여러 가지 측면을 가지고 있으며 또한 유익을 줍니다.

명예욕과 물질적인 부를 사랑하는 것을 몸과 관련된 것으로 간주하지 마십시오. 정욕적인 쾌락을 사랑하는 것만이 몸과 관련된 것입니다. 그것을 치료하는 적합한 방법은 육체적인 고난입니다. 명예욕과 물질적인 부를 사랑하는 것은 무지의 결과입니다. 참된 축복을 경험하지 못했고 지성적인 실체들을 알지 못하는 영혼은 부가 자신의 궁핍함을 충족시켜 줄 수 있다고 생각하고서 그처럼 좋지 않은 결과를 낳습니다. 또 그것은 쾌락욕과 명예욕을 충족시키기 위해서, 마치 물질적인 부가 축복이라도 되는 듯이 그것을 향해 돌진합니다. 이것들은 참된 축복을 알지 못한 데 따른 결과입니다.

명예욕은 몸의 어느 부분에 부족한 것이 있어서 생기는 것이 아니며, 어떤 육체적인 욕구도 충족시키지 못합니다. 그것은 중요한 선과 참된 영광을 경험하지 못하고 알지 못하는 데서 생기는 것입니다. 실제로 무지는 모든 악의 뿌리입니다. 사물의 참된 본질 ─ 각각의 사물이 어디에서 오며, 얼마나 일그러져 있는지 ─ 을 파악하고서도 자신의 목적을 철저히 무시하고 세상적인 것에 끌려 내려가는 사람은 없습니다. 영혼은 겉으로만 선한 것은 원하지 않습니다. 만일 영혼이 어떤 습관의 지배를 받고 있다면, 그 습관을 극복할 수도 있을 것입니다. 그러나 영혼은 그 습관이 형성되기 전에도 무지 때문에 속고 있었습니다. 이런 까닭에 우리는 피조물에 대한 참된 지식을 얻기 위해 노력해야 하며, 그 후에 모든 세속적인 것들의 헛됨을 깨닫고 멸시하면서 근본적인 선을 원해야 합니다.

간단히 요약해 보겠습니다. 몸 안에 있는 지적인 영혼이 해야 할 일은 단 한 가지, 즉 자신의 목적을 깨닫는 것입니다. 그러나 지적인 작용이 없으면 의지의 에너지가 자극을 받지 못하므로, 우리는 지적으로 활력을 주려고 노력하는 데서부터 시작합니다. 지적인 활동은 그 자체를 위한 것일 수도 있고, 의지를 위한 것일 수도 있습니다.

복 – 세상에서의 모든 삶은 이것의 서곡일 뿐만 아니라, 예현입니다 – 은 지성과 의지라는 두 가지 에너지, 즉 사랑과 영적인 기쁨을 지닙니다. 이 두 가지 에너지가 동등하게 탁월한지, 아니면 그중 하나가 나머지 하나보다 더 탁월한지는 논의해야 할 문제입니다. 당분간 우리는 그 두 가지 모두가 탁월하다고 간주할 것입니다. 그 중 하나를 관상적인 것이라고 부르고, 나머지 하나를 실천적인 것이라고 부릅니다.

　이 탁월한 에너지들이 관련된 곳에서는 두 가지가 함께 발견됩니다. 이 두 에너지의 결과로서 생겨나는 저급한 에너지들은 각기 단독으로 발견되기도 합니다. 이 두 에너지를 방해하거나 대적하는 것을 악이라고 부릅니다. 그것들을 육성하거나 그것들을 장애물로부터 해방시켜 주는 것을 덕이라고 부릅니다. 덕에서 생겨나는 에너지들은 선한 것이며, 그와 반대되는 것에서 생겨나는 것은 일그러지고 죄악된 것입니다. 지성과 의지의 복합체인 에너지를 소유하는 목표는 각각의 에너지에게 특수한 형태를 부여하는데, 그것은 선하게 사용될 수도 있고 악하게 사용될 수도 있습니다.

고백자 막시무스

St. Maximos the Confessor

정교회의 영적 전통에서 고백자 막시무스(580-662)의 중요성은 『필로칼리아』에서 그가 가장 방대하게 다루어지고 있다는 사실에 의해 입증된다. 막시무스는 귀족 출신으로서 훌륭한 교육을 받은 후 처음에는 문관으로 근무했다. 아마 그는 헤라클리오스 황제의 비서였던 듯하다. 그는 614년경에 콘스탄티노플 근처 크리소폴리스(Chrysopolis)에 있는 필리피코스(Phillippikos) 수도원의 수도사가 되었고, 그 후 그곳에서 그리 멀지 않은 키지코스(Cyzikos) 수도원으로 옮겼다. 626년에 페르시아가 침입했을 때에, 그는 크레테를 거쳐 아프리카로 도피하여 그곳에서 몇 년 동안 머물었다.

633년부터 634년까지 Monoenergism과 Monotheletism이라는 이단을 대적하는 데 주요한 역할을 했다. 그는 653년에 체포되어 콘스탄티노플에서 재판을 받고 추방되었다. 그 후에도 여러 번 재판과 정죄를 받았는데, 마지막 재판은 662년에 콘스탄티노플에서였다. 그 재판을 받은 후 그는 채찍질을 당하고 혀를 뽑히고 오른손을 절단당했다. 그로부터 얼마 후에 유배지인 코카서스에서 사망했다. 정교회에서는 1월 21일, 그리고 그가 사망한 8월 13일을 기념한다.

성 막시무스는 많은 저술에서 성경 해석, 성육신의 교리, 수덕적 수행, 거룩한 전례 등을 포함하여 기독교의 진리의 거의 모든 측면에 대해 논한다. 그는 교의와 기도가 밀접하게 연결되어 있다고 주장한다. 그가 Monotheletism을 반대한 것은 몇 가지 전문적인 조목들 때문이 아니라, 그러한 견해가 그리스도 안에 있는 인간의 구원과 신화의 완전한 실체에 대한 이해를 파괴했기 때문이었다. Monotheletism을 신봉하는 사람들은 성육하신 그리스도에게 두 가지 본성이 있다고 주장한 칼케돈 공의회(451) 지지자들과 그리스도가 하나의 본성만 가지고 있다고 믿는 단성론자들을 화해시키려 했다. 그리하여 그들은 타협안으로서 그리스도가 인성과 신성이라는 두 개의 본성을 소유하지만 의지는 하나뿐이라는 이론을 제안했다.

이에 맞서서 막시무스는 인간적인 의지가 없는 인간적 본성은 실재하지 않는 추상적인 개념에 불과하다고 주장했다. 그리스도가 신적 의지뿐만 아니라 인간적 의지도 소유하지 않는다면, 그는 참된 인간이 아니다. 또 만일 그가 참된 인간이 아니라면, 기독교의 구원의 메시지는 효력이 없게 된다. 우리가 구주이신 그리스도 안에서 보는 것은 인간적인 의지, 진정으로 자유하지만 그의 신적 의지에 확실히 순종하는 의지이다. 그리고 그리스도 안에 있는 인간됨과 신성의 자발적인 협력 – 이것이 인간 본성의 고결함을 회복해 주었다 – 덕분에 우리는 자유로이 자신의 의지를 하나님의 의지에 복종시키고 구원을 획득할 수 있다. 막시무스의 가르침은 그의 사후에 콘스탄티노플에서 개최된 제6차 에큐메니칼 공의회(680-681)에서 인정을 받았다.

『필로칼리아』에는 막시무스의 이름으로 된 네 편의 글이 수록되

어 있다:

(1) 『사랑에 관한 400편의 본문』. 이것은 그의 저서들 중에서 가장 매력적인 동시에 가장 이해하기 쉬운 글이다. 이것은 626년에 그가 키지코스에 있을 때에 저술된 초기의 작품에 속한다.[1]

(2) 『하나님의 아들의 성육하신 섭리와 신학에 관한 200편의 본문』. 이것은 630년부터 634년 사이에 아프리카에서 저술된 듯하며, 그 논거가 훨씬 더 복잡하다. 막시무스는 오리겐, 에바그리우스, 아레오파고의 디오니시우스 등에게서 취한 사상들을 매우 능숙하게 번안하고 종합했다.[2] 종종 의심이 제기되기도 하지만, 이 글을 막시무스의 것이 아니라고 생각할 이유가 없는 듯하다.

(3) 『신학, 신의 경륜, 덕과 악 등에 관한 여러 가지 본문(500편)』. 그리스어 『필로칼리아』에서는 이것을 『200편의 본문』의 속편으로 취급한다. 그러나 실제로 이 두 글은 완전히 상이한 것이며, 여기에서도 상이한 것으로 취급한다. 현재 형태의 『여러 가지 본문』은 막시무스의 것이 아니라, 11세기나 12세기경에 어느 편찬자가 그의 저술들 중에서 발췌한 글들을 수집한 일종의 '막시무스 선집'이다. 이 선집의 전거는 다음과 같다:

---

1) Dom Policarp Sherwood, *St. Maximus the Confessor: The Ascetic Life, The Four Centuries on Charity* (Ancient Christian Writers 21: Westminster, Maryland, 1955).
2) French translation in Riou, op. cit., pp. 214-39.

『여러 가지 본문』 제1권의 1-25편은 현재 알려져 있는 막시무스의 글에서는 발견할 수 없는 것들이다. 1-15편은 막시무스의 글이고, 16-25편은 막시무스가 저술한 것인지 확실하지 않다.

제1권 26-27편은 그의 서신들 중에서 발췌된 것들이다. 제1권 48편부터 제5권 61편까지는 630-634년에 아프리카에서 저술한 『탈라시오스에게: 성경에 관한 여러 가지 질문에 관하여』(*To Thalassios: On Various Questions relating to Holy Scripture*)에서 발췌한 것들이다. 편찬자는 막시무스의 글 외에 『스콜리아』(*scholia*) 또는 『탈라시오스』의 주석에서 발췌한 글들도 수록했다. 『스콜리아』는 막시무스의 글이 아니며 10세기의 것이라고 추정된다.

제5권 62-100편은 『암비구아』(*Ambigua*)에서 취한 것이다. 『암비구아』는 나지안주스의 그레고리의 저술들 안에 있는 논란이 되는 본문들에 대한 논한 것으로서, 막시무스가 628-34년에 아프리카에서 저술한 것이다. 편찬자는 여기에 아레오파고의 디오니시우스의 글 일부를 삽입했다.

(4) 『주님의 기도에 관하여』. 일반적으로 이것은 628-30년에 막시무스가 저술한 것으로 인정된다.

사랑에 관한 4ㅁㅁ편의 본문

장로 엘피디오스에게 보낸 머리말

　수덕생활에 관한 논문 외에, 사복음서를 모방하여 100편씩 네 권으로 이루어진 사랑에 관한 이 논문을 당신에게 보냅니다. 이 글이 당신의 기대에 미치지 못할 수도 있겠지만, 나로서는 최선을 다해 쓴 것입니다. 여기에 실린 글들이 나 자신의 정신의 선물이 아니라는 것을 알아야 합니다. 나는 거룩한 교부들의 저술을 섭렵하면서 그 중에서 나의 주제와 관련된 구절들을 취하여 문장을 간단히 정리하여 기억하기 쉽게 만들었습니다.

　이 글을 읽을 때에 세련되지 못한 표현은 염두에 두지 마시고, 당신에게 공감이 되고 유익한 내용을 찾으시기를 바랍니다. 그리고 영적 축복을 완전히 빼앗긴 부끄러운 나를 위해서 기도해 주십시오. 또 이 글을 읽고 불쾌해 하지 마시기를 바랍니다. 나는 단지 명령을 받은 대로 행했을 뿐입니다. 이렇게 말하는 것은, 오늘날 많은 사람들이 말을 사용하여 사람들을 성가시게 하지만, 행동으로 가르치거나 가르침을 받는 사람은 거의 없기 때문입니다.

각 장을 주의 깊게 읽으시기 바랍니다. 왜냐하면 여기에는 모든 사람들이 이해할 수 있을 만큼 쉬운 내용만 수록된 것이 아니기 때문입니다. 어떤 장은 겉보기에는 매우 단순한 것처럼 보이지만 면밀하게 연구해야 합니다. 만일 여기에 수록된 것들 중에서 영혼에게 유익한 것이 있다면, 호기심 때문이 아니라 하나님에 대한 사랑과 두려움을 가지고 읽는 독자에게는 하나님의 은혜로 말미암아 그것이 드러날 것입니다. 영적 유익을 얻으려는 목적이 아니라 저자를 비방할 자료를 확보함으로써 자신이 유식하다는 것을 나타내려는 생각을 가지고 글을 읽는 사람은 결코 유익을 얻지 못할 것입니다.

1-100편

~ 1 ~

사랑이란 피조물보다 하나님을 아는 지식을 소중히 여기는 영혼의 거룩한 상태입니다. 조금이라도 세상적인 것에 애착하는 동안에는 그러한 사랑을 지속적으로 소유할 수 없습니다.

~ 2 ~

무정념은 사랑을 낳고, 하나님에 대한 소망은 무정념을 낳으며, 인내와 견인은 하나님에 대한 소망을 낳습니다. 이것들은 각기 완전한 절제의 산물이며, 절제는 하나님에 대한 두려움에서 생겨납니다. 하나님에 대한 두려움은 하나님에 대한 믿음의 산물입니다.

~ 3 ~

주님에 대한 믿음이 있으면 형벌을 두려워할 것이며, 형벌에 대한 두려움이 있으면 정념들을 억제할 것입니다. 정념들을 억제하면 인내하면서 고통을 받아들일 것이며, 고통을 받아들임으로써 하나님에 대한 소망을 획득할 것입니다. 하나님에 대한 소망은 지성을 모든 세상적인 애착에서 벗어나게 해 주며, 세상적인 애착에서 이탈한 지성은 하나님을 사랑하게 될 것입니다.

~ 4 ~

하나님을 사랑하는 사람은 하나님이 지으신 것보다 하나님을 아는 지식을 소중히 여기며, 쉬지 않고 열심히 그러한 지식을 추구합니다.

5

존재하는 모든 것이 하나님이 지으신 것이며 하나님을 위해 존재한다면, 그리고 하나님은 그 지으신 것들보다 탁월하신 분이시라면, 이 탁월하신 분을 포기하고 열등한 것에 몰두하는 것은 하나님 자신보다 하나님이 지으신 것들을 소중히 여기는 것입니다.

6

당신의 지성이 하나님의 사랑에 집중되어 있을 때에, 당신은 눈에 보이는 것들에게 주의를 기울이지 않을 것이며, 심지어 당신의 몸까지도 이질적인 것으로 여길 것입니다.

7

영혼이 몸보다 고귀하며, 하나님은 자신이 지으신 세상보다 고귀하므로, 영혼보다 몸을 소중히 여기며 창조주보다 하나님이 지으신 세상을 소중히 여기는 사람은 우상을 숭배하는 사람입니다.

8

만일 당신이 지성을 하나님을 향한 사랑에서 떼어내어, 하나님이 아닌 감각적인 대상에 집중하게 한다면, 당신은 그럼으로써 영혼보다 몸을, 하나님보다 하나님이 지으신 것들을 소중히 여긴다는 것을 드러내는 것입니다.

9

영적 지식의 빛은 지성의 생명이며, 이 빛은 하나님을 향한 사랑에 의해서 발생합니다. 그러므로 거룩한 사랑보다 더 위대한 것이 없습니다(고전 13:13).

10

하나님을 향한 뜨거운 사랑 안에서 자신을 초월하는 지성은 자신이나 피조물을 의식하지 않습니다. 하나님의 무한한 빛의 조명을 받는 지성은 하나님이 지으신 모든 것에 대해 무감각하게 됩니다. 이것은 태양이 떠오르면 우리가 별을 보지 못하는 것과 같습니다.

11

모든 덕은 지성과 협력하여 하나님을 향한 뜨거운 갈망, 특히 순수한 기도를 만들어 냅니다. 지성은 이 기도를 통해서 하나님께로 날아오름으로써 피조물의 영역을 벗어납니다.

12

사랑을 통해서 거룩한 지식에 도취되어 피조물의 영역을 벗어난 지성은 하나님의 무한하심을 의식합니다. 그때에 지성은 자신의 비천함을 의식하고 이사야 선지자와 같은 말을 합니다: "화로다 나여 망하게 되었도다 나는 입술이 부정한 사람이요 입술이 부정한 백성 중에 거하면서 만군의 여호와이신 왕을 뵈었음이라"(사 6:5).

13

하나님을 사랑하는 사람은 비록 아직 정화되지 않은 사람들의 정념들 때문에 슬퍼하겠지만, 모든 사람을 내 몸처럼 사랑하지 않을 수 없습니다. 그리고 정화되지 않은 사람들이 개심할 때에 그는 말할 수 없이 기뻐합니다.

14

육욕적인 욕망과 미워하는 생각으로 가득한 영혼은 정화되지 못한 영혼입니다.

∽ 15 ∽

우리에게 잘못을 범한 사람에 대한 미움이 마음에 있으면, 우리는 하나님을 향한 사랑에서 완전히 멀어집니다. 왜냐하면 하나님을 향한 사랑은 우리에게서 사람들에 대한 미움을 완전히 제거하기 때문입니다.

∽ 16 ∽

주님은 "너희가 나를 사랑하면 나의 계명을 지키리라"(요 14:15, 23), "내 계명은 곧 내가 너희를 사랑한 것같이 너희도 서로 사랑하라 하는 이것이니라"(요 15:12)고 말씀하십니다. 그러므로 이웃을 사랑하지 않는 사람은 계명을 지키지 못한 사람이며, 그렇기 때문에 주님을 사랑할 수 없습니다.

∽ 17 ∽

모든 사람을 동일하게 사랑할 수 있는 사람은 복 받은 사람입니다.

∽ 18 ∽

썩어질 것이나 사라질 무상한 것에 애착하지 않는 사람은 복 받은 사람입니다.

∽ 19 ∽

감각적인 것들을 모두 초월하며 항상 거룩한 아름다움을 기뻐하는 지성은 복된 지성입니다.

◈ 20 ◈

만일 당신이 육적인 욕망을 도모하며 덧없는 것 때문에 이웃에게 불평을 한다면, 당신은 창조주 하나님을 섬기는 것이 아니라 피조물을 섬기는 사람입니다.

◈ 21 ◈

우리가 몸을 질병으로부터 지키고 정욕적인 즐거움에 빠지지 않게 하면, 고귀한 것을 섬기는 데 도움이 될 것입니다.

◈ 22 ◈

세상적인 욕망을 완전히 버리는 사람은 모든 세상의 고통을 초월합니다.

◈ 23 ◈

하나님을 사랑하는 사람은 분명히 이웃을 사랑할 것입니다. 그런 사람은 돈을 간직하지 못하며, 그것을 하나님께 합당한 방법으로 나누어 주며, 가난한 사람들을 후히 대합니다.

◈ 24 ◈

하나님을 본받아 구제하는 사람은, 육체적으로 궁핍한 사람들을 구제할 때에 악한 사람과 고결한 사람, 의로운 사람과 불의한 사람을 차별하지 않습니다. 그는 악한 사람보다는 고결한 사람을 더 좋아하지만, 구제할 때에는 모든 사람을 그 궁핍의 정도에 따라서 구제합니다.

◈ 25 ◈

본질상 선하고 공평하신 하나님은 자기의 솜씨인 모든 사람들을 동등하게 사랑하십니다. 그러나 고결한 사람의 뜻은 하나님과 연합되어 있기 때문에, 하나님은 고결한 사람을 칭찬하십니다. 또 선하신 하나님은 죄인에게 자비를 베푸시며 이 세상에서 그를 징계하심으로써 덕의 길로 돌아오게 하십니다. 마찬가지로 선하고 공평하게 판단하는 사람은 모든 사람을 동등하게 사랑합니다. 그는 자신의 본성과 의도 때문에 고결한 사람을 사랑하며, 또 어두움 속에서 비틀거리고 있는 어리석은 죄인을 불쌍히 여기기 때문에 죄인을 사랑합니다.

∽ 26 ∽

돈으로 구제하는 것, 그리고 영적인 조언을 해 주고 궁핍한 사람들을 보살피는 것을 통해서 사랑의 상태를 확인할 수 있습니다.

∽ 27 ∽

진심으로 세상의 것을 부인하고 사랑하는 마음으로 성실하게 이웃을 섬기는 사람은 모든 정욕에서 해방되며 하나님의 사랑과 지식을 소유하게 됩니다.

∽ 28 ∽

마음속에 하나님에 대한 사랑을 가지고 있는 사람은 하나님을 찾을 때에 피곤하지 않으며, 모든 고난과 비난과 모욕을 참고 견디며, 어떤 사람에 대해서도 나쁘게 생각하지 않습니다.

∽ 29 ∽

누가 당신을 욕하거나 모욕을 줄 때에 기분 나쁘게 생각하지 마십시오. 그런 생각이 노여움을 일으켜, 당신을 사랑에서 끌어내어 미움의 영역으로 끌어갈 것입니다.

~ 30 ~

당신이 모욕이나 치욕 때문에 크게 고난을 당할 때에는 그로 인해 크게 유익을 얻었음을 알아야 합니다. 왜냐하면 그러한 치욕 때문에 당신에게서 자만심이 제거되었기 때문입니다.

~ 31 ~

단지 불을 생각한다고 해서 몸이 따뜻해지지 않듯이, 사랑이 없는 믿음은 영혼 안에 영적인 빛을 비추게 하지 못합니다.

~ 32 ~

태양의 빛이 건강한 사람의 시선을 끄는 것처럼, 하나님에 대한 지식은 사랑을 통해서 깨끗한 지성에게 이끌립니다.

~ 33 ~

깨끗한 지성은 무지에서 벗어나 신적인 빛의 조명을 받습니다.

~ 34 ~

깨끗한 영혼은 정념들에게서 해방되어 항상 거룩한 사랑의 빛을 받습니다.

~ 35 ~

비난받아야 할 정념은 본성에 어긋나는 영혼의 충동입니다.

~ 36 ~

무정념이란 영혼이 쉽게 악으로 이동하지 않는 평화로운 상태입니다.

∽ 37 ∾

사랑의 열매를 얻기 위해 부지런히 노력해 온 사람은 수천 가지 재앙을 당해도 사랑하기를 멈추지 않을 것입니다. 그리스도의 제자 스데반 및 그와 비슷한 사람들을 보고 이 진리를 확인하십시오(행 7:60). 우리 주님은 자기를 죽이는 자들을 위해 기도하시면서, 그들이 자기가 무슨 일을 하는지 알지 못하므로 용서해 달라고 아버지께 부탁하셨습니다(눅 23:34).

∽ 38 ∾

사랑이 온유하고 오래 참는 것이라면(고전 13:4), 다투기를 좋아하고 심술궂은 사람은 스스로 사랑을 멀리합니다. 그리고 사랑을 멀리하는 사람은 하나님으로부터 멀어집니다. 왜냐하면 하나님은 사랑이시기 때문입니다.

∽ 39 ∾

당신 자신을 여호와의 전(殿)이라고 하지 말라고 예레미야는 말했습니다(렘 7:4). 우리 주 예수 그리스도에 대한 믿음만이 당신을 구원할 수 있다고 말하지 마십시오. 왜냐하면 행위를 통해서 하나님을 향한 사랑을 획득하지 않는 한 그것은 불가능하기 때문입니다. 하나님을 믿는 믿음 앞에서는 "귀신들도 믿고 떱니다"(약 2:19).

∽ 40 ∾

우리는 진정으로 이웃의 행복을 바라고, 물질을 올바르게 사용하며, 이웃을 향해 참고 인내함으로써 적극적으로 사랑을 나타냅니다.

～ 41 ～

하나님을 사랑하는 사람은 덧없는 것들 때문에 괴로워하거나 다른 사람을 괴롭히지 않습니다. 하나님을 사랑하므로 겪는 괴로움은 한 가지 종류입니다. 그것은 사도 바울이 당한 괴로움이며, 그가 고린도 교인들에게 가한 괴로움입니다(고후 7:8-11).

～ 42 ～

하나님을 사랑하는 사람은 세상에서 금식하고 철야하고, 기도하고 시편을 낭송하고, 항상 모든 사람의 유익을 생각하면서 거룩한 생활을 합니다.

～ 43 ～

사람은 원하는 것을 얻기 위해서 힘써 노력합니다. 그런데 선하고 바람직한 모든 것 중에서 가장 바람직하고 가장 선한 것은 거룩한 것입니다. 그러므로 우리는 본질적으로 선하고 바람직한 것을 얻기 위해서 부지런히 노력해야 합니다.

～ 44 ～

부끄러운 행위로 당신의 육체를 더럽히고 사악한 생각으로 영혼을 물들이는 일을 멈추십시오. 그렇게 하면 당신에게 하나님의 평화가 임하여 사랑을 가져다 줄 것입니다.

～ 45 ～

금식하고 철야하며 열심히 찬송하고 기도하십시오. 그러면 절제라는 성화의 은사가 당신에게 임하여 사랑을 가져다 줄 것입니다.

~ 46 ~

거룩한 지식을 부여받았으며, 사랑을 통해서 그 지식의 조명을 획득한 사람은 자만심이라는 마귀에게 휘둘리지 않을 것입니다. 그러나 아직 거룩한 지식을 얻지 못한 사람은 이 마귀에게 쉽게 굴복할 것입니다. 그러나 항상 하나님께 시선을 두고 모든 일을 하나님을 위해서 행하는 사람은 하나님의 도움을 받아 곧 그 마귀에게서 도망칠 수 있을 것입니다.

~ 47 ~

사랑에 의해 활력을 얻는 거룩한 지식을 획득하지 못한 사람은 자신의 영적 진보를 자랑합니다. 그러나 그러한 지식을 얻은 사람은 아브라함처럼 자신있게 자신을 티끌이라고 말합니다(창 18:27).

~ 48 ~

주님을 두려워하는 사람은 항상 겸손을 동반자로 삼으며, 겸손이 고취하는 생각들을 통해서 거룩한 사랑과 감사의 상태에 이릅니다. 왜냐하면 그는 자신이 젊었을 때부터 영위해 온 세상적인 생활 방식, 자신이 범한 여러 가지 죄와 자신이 당한 시험들을 기억하며, 주께서 그것들로부터 자신을 구원해 주신 것, 정념들의 지배를 받는 생활에서 벗어나 하나님의 지배를 받는 생활로 인도해 주신 것을 기억하기 때문입니다. 그때에 그는 두려움과 함께 사랑을 받으며, 겸손하게 생명의 은인이요 인도자이신 하나님께 감사를 드립니다.

~ 49 ~

노염과 육욕적인 욕망으로 가득한 생각에 매달림으로써 당신의 지성을 더럽히지 마십시오. 그렇지 않으면, 깨끗한 기도를 행할 능력을 잃고, 게으름의 마귀에게 붙잡힐 것입니다.

∽ 50 ∽

악하고 더러운 생각과 결합된 지성은 하나님과의 친밀한 교제를 상실합니다.

∽ 51 ∽

정념들의 공격을 받는 어리석은 사람은 자극을 받아 노염이 발하면, 분별 없이 형제들을 몰아냅니다. 그러나 욕망이 뜨겁게 타오르면, 즉시 마음을 바꾸어 그들과 함께 있으려 합니다. 반면에, 지적인 사람은 그렇게 행동하지 않습니다. 그는 노염이 타오르면 그 근원을 제거함으로써 형제에 대한 노염의 감정에서 해방됩니다. 또 욕망이 강해지면, 그는 모든 무절제한 충동을 억제하고 대화를 시도합니다.

∽ 52 ∽

시련을 당할 때에는 수도원을 떠나지 말고 밀려 오는 생각들, 특히 게으름과 노염의 생각들과 담대히 맞서십시오. 하나님의 섭리에 따라서 이러한 고통으로 시험을 받을 때에, 하나님에 대한 당신의 소망이 확고해집니다. 그러나 만일 당신이 수도원을 떠난다면, 당신은 자신이 무가치하고 비겁하고 변덕스러운 사람이라는 것을 드러낼 것입니다.

∽ 53 ∽

만일 하나님의 사랑에서 떨어지는 것을 원하지 않는다면, 형제가 당신에게 대해 노한 감정을 품은 채 잠들지 않게 하십시오. 그리고 당신도 형제에 대한 노여운 감정을 품은 채 잠들지 마십시오. 형제와 화해한 후에 깨끗한 양심을 가지고 그리스도께 가서 진지하게 기도하면서 당신의 사랑을 바치십시오(마 5:24).

～ 54 ～

바울은 성령의 은사를 모두 가지고 있어도 사랑이 없으면 아무것도 아니라고 말합니다(고전 13:12). 그러므로 이 사랑을 얻기 위해서 부지런히 노력해야 합니다.

～ 55 ～

"사랑은 이웃에게 악을 행치 않습니다"(롬 13:10). 그렇다면 형제를 질투하거나 험담을 하거나 해를 끼칠 음모를 꾀하는 사람은 사랑에서 멀어지며, 영원한 심판을 받을 때에 유죄로 인정될 것입니다.

～ 56 ～

"사랑이 율법의 완성"이라면(롬 13:10), 이웃에게 앙심을 품고, 그를 잡으려고 덫을 놓고 서주하며, 그가 실족할 때에 기뻐하는 사람은 영원한 형벌을 받아야 할 죄인입니다.

～ 57 ～

"형제를 비방하는 자나 형제를 판단하는 자는 곧 율법을 비방하고 판단하는 것"이라면(약 4:11), 그리고 그리스도의 법이 사랑이라면, 그리스도의 사랑을 비방하는 사람은 그 사랑에서 멀어지며 영원히 멸망할 것입니다.

~ 58 ~

이웃이 입은 손해에 대한 이야기를 들을 때에 기뻐하지 말며, 흉보기를 좋아하는 사람과 잡담하지 마십시오. 그렇지 않으면, 당신은 하나님의 사랑과 영원한 생명에서 멀어질 것입니다.

~ 59 ~

사람들이 당신의 영적 아버지를 욕하거나 비방하는 것을 허락하지 마십시오. 그렇지 않으면, 주께서 당신의 행동에 대해 노하셔서 당신을 생명의 땅에서 멸절시키실 것입니다(신 6:15).

~ 60 ~

당신이 있는 곳에서 비방하는 말을 하는 사람을 잠잠하게 하십시오. 그렇지 않으면, 당신은 두 번 범죄하게 됩니다. 첫째, 당신은 이 치명적인 정념에 익숙하게 된 것입니다. 둘째, 그 사람이 이웃을 비방하는 것을 막지 못한 것입니다.

~ 61 ~

주님은 "나는 너희에게 이르노니 너희 원수를 사랑하며 너희를 핍박하는 자를 위하여 기도하라"(마 5:44)고 말씀하십니다. 이렇게 명령하신 이유는 무엇입니까? 당신을 미움, 성냄, 노염, 앙심 등에서 자유하게 하며, 완전한 사랑의 선물을 받을 자격이 있게 하기 위해서입니다. 하나님을 본받아 모든 사람을 동일하게 사랑하지 않으면, 그러한 사랑을 얻을 수 없습니다. 하나님은 모든 사람을 동일하게 사랑하시며, 그들이 "구원을 받으며 진리를 아는 데 이르기를" 원하십니다(딤전 2:4).

∽ 62 ∽

"나는 너희에게 이르노니 악한 자를 대적지 말라 누구든지 네 오른편 **뺨**을 치거든 왼편도 돌려 대며 또 너를 송사하여 속옷을 가지고자 하는 자에게 겉옷까지도 가지게 하며 또 누구든지 너로 억지로 오리를 가게 하거든 그 사람과 십리를 동행하고"(마 5:39-41). 주님이 이렇게 말씀하신 이유는 무엇입니까? 당신을 노염과 성냄에서 자유하게 하고, 당신의 인내에 의해서 상대방의 잘못을 고쳐주며, 그럼으로써 선하신 아버지처럼 당신들 두 사람을 사랑의 멍에 아래 두기 위해서입니다.

∽ 63 ∽

우리는 자신이 경험한 사물들에 대한 정념에 물든 심상들을 가지고 다닙니다. 우리가 이러한 심상들을 극복한다면, 그것들이 반영하는 사물들에 대해 무관심해질 것입니다. 표면적인 행동으로 범죄하는 것보다 마음으로 범죄하는 것이 더 쉽듯이, 사물들 자체를 대적하여 싸우는 것보다 사물들에 대한 생각과 싸우는 일이 더 어렵습니다.

∽ 64 ∽

몸과 관련된 정념이 있고, 영혼과 관련된 정념이 있습니다. 전자의 원인은 몸이며, 후자의 원인은 외적인 대상들입니다. 사랑과 절제는 이 두 종류의 정념을 극복합니다. 사랑은 영혼의 정념들을 제어하며, 절제는 몸의 정념들을 제어합니다.

∽ 65 ∽

영혼의 도발하는 힘과 관련된 정념이 있고, 갈망하는 측면과 관련된 정념이 있습니다. 두 종류의 정념 모두 감각을 통해서 일어납니다. 영혼에게 사랑과 절제가 부족할 때에 그러한 정념들이 생겨납니다.

～ 66 ～

영혼의 도발하는 힘과 관련된 정념들과 싸우는 것이 갈망하는 측면과 관련된 정념들을 대적하는 것보다 어렵습니다. 그렇기 때문에 주님은 그것들을 대적하는 강력한 치료책, 즉 사랑의 계명을 주셨습니다.

～ 67 ～

망각이나 무지와 같은 정념들은 영혼이 지닌 세 가지 측면 – 도발하는 측면, 갈망하는 측면, 지적인 측면 – 중의 하나에만 영향을 미치지만, 냉담은 영혼의 능력 전체를 지배하여 거의 모든 정념들을 함께 일으킵니다. 그렇기 때문에 이 정념은 어떤 정념보다 심각한 것입니다. 이런 까닭에 우리 주님은 그것을 대적하는 훌륭한 치료책을 주시면서 "너희 인내로 너희 영혼을 얻으리라"(눅 21:19)고 말씀하십니다.

～ 68 ～

이유 없이 형제를 때리지 마십시오. 그럴 경우에 그는 고통을 견디지 못하여 수도원을 떠날 것이며, 당신은 양심의 가책을 피하지 못할 것입니다. 그 일은 기도하는 당신에게 괴로움을 가져다 줄 것이며, 당신의 정신을 산만하게 하여 하나님과 친밀한 교제를 하지 못하게 할 것입니다.

～ 69 ～

당신을 성나게 만들 사람이나 의심스러운 일을 피하십시오. 의도적으로든 그렇지 않든 간에, 당신이 어떤 일로 인해 성을 낸다면, 당신은 화평의 길을 알지 못하는 사람입니다. 화평의 길은 거룩한 지식을 사랑하는 사람들을 사랑을 통해서 인도하여 하나님에 대한 지식에 이르게 합니다.

∽ 70 ∾

만일 사람들의 성품에 따라 그들을 대하는 당신의 태도가 달라진다면, 예를 들어 어떤 특별한 이유 때문에 당신이 한 사람은 사랑하고 다른 사람은 미워한다면, 또는 동일한 이유 때문에 동일한 사람을 어떤 때는 미워하고 어떤 때는 사랑한다면, 당신은 아직 완전한 사랑에 이르지 못한 것입니다.

∽ 71 ∾

완전한 사랑은 모든 사람이 공통적으로 지니고 있는 인간적인 본성을 각 사람의 다양한 특성에 따라 구분하지 않습니다. 그 사랑은 이 하나의 본성에 관심을 집중하며, 모든 사람을 동일하게 사랑합니다. 그것은 선한 사람은 친구로서 사랑하고 나쁜 사람은 원수로서 사랑하며, 인내하며 그들을 도와주고, 그들이 행하는 모든 일을 참고 받아들이며, 악을 전혀 염두에 두지 않으며 기회가 주어진다면 그들을 위해서 고난을 받습니다. 그리하여 가능하다면 그들도 친구가 됩니다. 만일 완전한 사랑이 이것을 성취하지 못한다면, 그 자체의 태도를 변화시키지 않습니다. 그것은 계속 모든 사람에게 동일하게 사랑의 열매를 보여 줍니다. 이런 까닭에 우리 주 예수 그리스도께서는 우리를 향한 사랑을 보여 주시면서 인류 전체를 위해 고난 받으시고 모든 사람에게 동일한 부활의 희망을 주셨습니다. 물론 각 사람이 영광을 받을 것인지 형벌을 받을 것인지는 그들 자신이 결정합니다.

◈ 72 ◈

명예와 불명예, 부유함과 가난, 즐거움과 고통 등에 대해 무관심하지 못하다면, 당신은 아직 완전한 사랑을 획득하지 못한 것입니다. 완전한 사랑은 이런 것들뿐만 아니라, 무상한 인생과 죽음에 대해서까지 무관심합니다.

◈ 73 ◈

완전한 사랑을 획득한 사람들의 말을 들어 보십시오: "누가 우리를 그리스도의 사랑에서 끊으리요 환난이나 곤고나 핍박이나 기근이나 적신이나 위험이나 칼이랴 기록된 바 우리가 종일 주를 위하여 죽임을 당케 되며 도살할 양같이 여김을 받았나이다 함과 같으니라 그러나 이 모든 일에 우리를 사랑하시는 이로 말미암아 우리가 넉넉히 이기느니라 내가 확신하노니 사망이나 생명이나 천사들이나 권세자들이나 현재 일이나 장래 일이나 능력이나 높음이나 깊음이나 다른 아무 피조물이라도 우리를 우리 주 그리스도 예수 안에 있는 하나님의 사랑에서 끊을 수 없으리라"(롬 8:35-39). 하나님의 사랑에 대해서 이렇게 말하고 행동하는 사람은 성인입니다.

◈ 74 ◈

이제 그들이 이웃 사랑에 대해서 무엇이라고 말하는지 들어 보십시오: "내가 그리스도 안에서 참 말을 하고 거짓말을 아니하노라 내게 큰 근심이 있는 것과 마음에 그치지 않는 고통이 있는 것을 내 양심이 성령 안에서 나로 더불어 증거하노니 나의 형제 곧 골육의 친척을 위하여 내 자신이 저주를 받아 그리스도에게서 끊어질지라도 원하는 바로라 저희는 이스라엘 사람이라"(롬 9:1-3). 모세와 다른 성인들도 이와 비슷하게 말합니다.

75

명예와 쾌락, 그리고 그것들 때문에 존재하며 그것들을 증가시키는 부에 대한 욕구에 대해 무관심하지 못한 사람은 노염을 일으키는 원인들을 제거하지 못합니다. 이러한 원인들을 제거하지 않는 사람은 완전한 사랑에 이르지 못합니다.

76

겸손과 수덕적인 고행은 우리를 모든 죄에서 자유하게 해 줍니다. 겸손은 영혼의 정념들을 잘라내며, 수덕적인 고행은 몸의 정념들을 잘라냅니다. 복된 다윗은 하나님께 "나의 곤고와 환난을 보시고 내 모든 죄를 사하소서"(시 25:18)라고 기도하면서 이러한 사실을 지적했습니다.

77

우리가 계명을 지키면, 주님은 우리를 정념에서 벗어나게 해 주십니다. 그리고 주님 자신의 거룩한 가르침을 통해서 우리에게 영적 지식의 빛을 주십니다.

78

그러한 가르침은 하나님에 관한 것이거나, 보이는 것과 보이지 않는 것에 관한 것이거나, 또는 그것들과 관련된 섭리와 판단에 관한 것입니다.

~ 79 ~

구제는 영혼의 도발하는 측면을 치료합니다. 금식은 육욕적인 욕망을 시들게 합니다. 기도는 지성을 정화해 주고 피조물을 관상할 수 있게 해 줍니다. 주님은 영혼의 여러 가지 힘에 상응하는 계명을 주셨습니다.

~ 80 ~

주님은 "나는 마음이 온유하고 겸손하니 나의 멍에를 메고 내게 배우라"(마 11:29)고 말씀하셨습니다. 온유는 영혼의 도발력을 평온하게 유지해 줍니다. 겸손은 지성에게서 자만과 자부심을 제거해 줍니다.

~ 81 ~

하나님에 대한 두려움에는 두 종류가 있습니다. 하나는 형벌의 위협 때문에 우리 안에서 생겨납니다. 그러한 두려움을 통해서 우리는 절제, 인내, 하나님 안에 있는 소망, 그리고 무정념 등을 발달시킵니다. 그리고 무정념에서 사랑이 나옵니다. 두 번째 두려움은 사랑과 연결되어 있으며, 영혼 안에서 끊임없이 경외심을 일으킵니다. 영혼은 그 사랑의 친밀한 교제 때문에 하나님에 대해 무관심하지 못합니다.

~ 82 ~

영혼이 완전한 사랑을 획득하여 더 이상 형벌을 두려워하지 않게 될 때에, 완전한 사랑이 첫째 종류의 두려움을 몰아냅니다(요일 4:18). 둘째 종류의 두려움은 항상 완전한 사랑과 결합되어 발견됩니다. 첫째 종류의 두려움은 다음과 같은 두 구절에서 언급됩니다: "여호와를 경외함으로 인하여 악에서 떠나게 되니라"(잠 16:6), "여호와를 경외함이 곧 지혜의 근본이라"(시 111:10). 둘째 종류의 두려움은 다음의 두 구절에서 언급됩니다: "여호와를 경외하는 도는 정결하여 영원까지 이르고"(시 19:9), "여호와를 찾는 자는 모든 좋은 것에 부족함이 없으리로다"(시 34:10).

~ 83 ~

"그러므로 땅에 있는 지체를 죽이라 곧 음란과 부정과 사욕과 악한 정욕과 탐심이니"(골 3:5). 사도 바울은 육체의 의지를 땅이라고 부릅니다. 음란이란 실제로 죄를 범하는 것을 가리킵니다. 부정은 죄에 동의하는 것을 의미하며, 사욕은 정념에 물든 생각을 의미합니다. 악한 정욕이란 그러한 생각과 욕망을 받아들이는 단순한 행동을 의미합니다. 탐심은 정념을 일으키고 촉진하는 것을 가리킵니다. 사도 바울은 이 모든 것이 육체의 의지를 표현하는 측면이므로 그것들을 죽이라고 명합니다.

~ 84 ~

기억은 정신 안에 정념에 물들지 않은 생각을 가져옵니다. 그 생각이 정신 안에 머물면 정념이 일어납니다. 정념을 제거하지 않으면, 그 생각은 정신을 설득하여 정념에 동의하게 만듭니다. 정신이 정념에 동의할 때에 실질적인 죄를 범하게 됩니다. 그렇기 때문에 사도 바울은 개종한 사람들에게 편지하면서 먼저 실질적인 죄를 제거한 후에 체계적으로 그 원인을 제거하라고 말합니다. 그 원인은 탐심입니다. 탐심은 정념을 만들어 내고 촉진합니다. 이 경우에 탐심은 탐식이라고 생각됩니다. 왜냐하면 그것이 음란을 일으키고 자라게 하기 때문입니다. 탐심은 소유와 관련된 죄일 뿐만 아니라, 음식과 관련된 죄이기도 합니다. 한편 절제는 음식과 소유와 관련된 덕입니다.

~ 85 ~

다리를 묶인 참새는 날으려 해도 묶인 끈 때문에 날아오르지 못합니다. 마찬가지로 무정념을 획득하지 못한 지성은 거룩한 지식을 향해 날아오르려 하지만, 정념들 때문에 다시 땅으로 끌려 내려옵니다.

~ 86 ~

정념에서 완전히 해방된 지성은 분심(分心)이 없이 피조물을 관상하며, 거룩한 삼위일체에 대한 지식을 향해 나아갑니다.

~ 87 ~

순수한 상태에 있는 지성은 사물에 대한 개념과 관련된 심상들을 부여받는 순간 그것들을 영적으로 관상하기 시작합니다. 비록 정념에 물들지 않은 개념적인 심상을 가지고 있지만 나태한 지성 안에서, 사람들과 관련된 심상들은 지성 안에 부끄럽거나 사악한 생각들을 만들어 냅니다.

~ 88 ~

기도 시에 세상적인 것에 대한 개념적인 심상이 당신의 지성을 어지럽게 하지 않는다면, 당신은 무정념의 영역에 있는 것입니다.

~ 89 ~

영혼이 자신이 건강하다고 느끼기 시작하면, 영혼의 꿈 속에 등장하는 심상들 역시 평온하며 정념에서 해방될 것입니다.

～ 90 ～

우리 몸의 눈이 보이는 사물의 아름다움에 끌리는 것처럼, 깨끗해진 지성은 보이지 않는 것에 대한 지식에 끌립니다. 보이지 않는 것이란 영적인 것을 말합니다.

～ 91 ～

물질적인 것에 의해 정념이 전혀 일어나지 않게 하는 것이 중요합니다. 그러한 사물에 대한 정신적인 심상들이 주어질 때에 무정념의 상태로 머무는 것은 한층 더 중요합니다. 마귀가 생각을 사용하여 우리에게 걸어오는 싸움은 물질에 의해 걸어오는 싸움보다 훨씬 치열한 싸움입니다.

～ 92 ～

덕을 획득하여 풍부한 영적 지식을 소유한 사람은 사물의 참된 본질을 분명히 파악합니다. 따라서 그는 모든 일에 있어서 결코 미혹되지 않으며 적절하게 말하고 행동합니다. 우리는 사물을 바르게 사용하는지 그르게 사용하는지에 따라서 선하게 되기도 하고 악하게 되기도 합니다.

～ 93 ～

깨어 있을 때나 잠잘 때에 마음속에서 끊임없이 생겨나는 개념과 관련된 심상이 정념에서 해방된 것이라면, 우리는 가장 높은 무정념의 상태에 이른 것입니다.

～ 94 ～

계명을 성취함을 통해서, 지성은 정념들을 벗어버립니다. 지성은 눈에 보이는 것들을 영적으로 바라봄으로써, 그것들에 대한 정념에 물든 개념들을 벗어 버립니다. 지성은 보이지 않은 것에 대한 지식을 통해서 보이는 것들에 대한 관상을 벗어버립니다. 마지막으로, 지성은 성 삼위일체에 대한 지식을 통해서 지성 자체를 벗어버립니다.

～ 95 ～

태양이 떠올라 온 세상을 비출 때, 태양은 그 자체 및 자신이 비추는 사물들을 드러냅니다. 마찬가지로 의의 태양이 깨끗한 지성 안에 떠오르면, 그분은 자기 자신 및 자신에 의해 존재해온 것들 및 앞으로 존재하게 될 모든 것의 내적 원리들을 드러내십니다.

～ 96 ～

우리는 하나님의 본질을 알지 못합니다. 그러나 우리는 하나님의 창조의 영광 및 모든 피조물을 향한 섭리적 돌보심을 통해서 하나님을 압니다. 마치 거울을 통해서 사물을 보듯이, 이것들을 통해서 우리는 하나님의 무한한 선과 지혜와 능력에 대한 통찰을 얻습니다.

～ 97 ～

깨끗한 지성은 인간사에 대한 정념에 물들지 않는 개념적 심상들, 또는 눈에 보이거나 보이지 않는 것들에 대한 본성적인 관상, 또는 성 삼위일체의 빛에 점령됩니다.

～ 98 ～

보이는 것에 대한 관상에 몰두한 지성은 그것들의 자연적인 원리나 그것들이 반영하는 영적 원리를 추구하거나, 그것들의 원래의 원인을 추구합니다.

∾ 99 ∾

보이지 않는 것들에 대한 관상에 몰두한 지성은 그것들의 자연적인 원리들, 그것들의 발생의 원인 및 그 뒤에 따르는 것들, 그리고 그것들과 관련된 섭리적 질서와 판단을 추구합니다.

∾ 100 ∾

하나님 안에 자리잡은 지성은 먼저 하나님의 본질과 관련된 원리를 발견하기를 갈망합니다. 그러나 그렇게 조사하는 것으로는 하나님의 심오한 본성을 발견하지 못합니다. 하나님의 본성은 모든 피조된 것의 능력을 초월합니다. 그러나 지성은 하나님의 본성에 관한 특성들을 발견하기를 원할 수 있습니다. 여기서 특성이란 영원하심, 무한하심, 선하심, 지혜, 창조하시는 능력, 피조물을 보존하시고 판단하심 등을 말합니다. 그러나 이것들 중에서 완전하게 파악할 수 있는 것은 무한하심이라는 특성뿐입니다. 그리고 나지안주스의 그레고리와 디오니시우스와 같은 신학자들이 말한 것처럼, 아무것도 알지 못한다는 사실은 지성을 초월하는 지식입니다.[1]

---

1) Gregory of Nazianzos, *Orations* 38, 7 and 45, 3 (*P.G.* xxxvi, 317BC, 628A); Dionysios the Areopagite, *Mystical Theology* i, c (*P.G.* iii, 1001을 보라).

101-200편

~ 1 ~

진실로 하나님을 사랑하는 사람은 분심함이 없이 기도합니다. 그리고 분심함이 없이 기도하는 사람은 진실로 하나님을 사랑합니다. 그러나 지성이 세상적인 것에 집중된 사람은 분심 없이 기도하지 못하며, 그렇기 때문에 하나님을 사랑하지 못합니다.

~ 2 ~

감각적인 사물을 가지고 노는 지성은 욕망, 성냄, 노염 또는 앙심 등과 같은 정념에 의해서 그것에 애착합니다. 그러한 사물에서 벗어나지 않는 한, 지성은 그에게 영향을 미치는 정념에서 해방될 수 없습니다.

~ 3 ~

정념들은 지성을 지배하면, 지성을 하나님에게서 분리시키고, 물질에 묶어 두며, 정념들에 몰두하게 만듭니다. 그러나 하나님의 사랑이 지성을 지배하면, 지성은 그 속박에서 해방되며, 감각적인 것들뿐만 아니라 이 무상한 인생을 초월합니다.

~ 4 ~

계명을 준행하면, 사물에 대한 우리의 개념적인 이미지들이 정념에서 해방됩니다. 영적 독서와 관상은 지성을 물질과 형태로부터 이탈하게 해 줍니다. 이것이 분심되지 않은 기도를 일으킵니다.

∽ 5 ∾

지성이 연속적인 다양한 영적 관상에 참여하지 않는 한, 덕의 실천만으로는 지성이 정념들로부터 안전히 해방되어 분심함이 없이 기도할 수 없습니다. 덕의 실천은 지성을 단지 방탕과 미움에서 해방시킬 뿐입니다. 영적 관상은 지성을 망각과 무지에서 해방시키며, 그럼으로써 지성은 합당한 방법으로 기도할 수 있습니다.

∽ 6 ∾

깨끗한 기도의 상태 중 두 가지는 다른 모든 상태보다 우월하게 여겨집니다. 하나는 덕의 실천의 차원을 넘어서지 못한 사람들에게서 발견되며, 나머지 하나는 관상생활을 하는 사람들에게서 발견됩니다. 첫째 상태는 하나님에 대한 두려움 및 하나님에 대한 굳은 희망에 의해 영혼 안에 생겨납니다. 둘째 상태는 하나님을 향한 강한 갈망과 완전한 정화에 의해서 생겨납니다. 첫째 상태의 표식은 지성이 세상의 모든 개념적인 심상들을 버리고 분심이나 혼란이 없이 기도에 집중하는 것입니다. 둘째 상태의 표식은 기도를 시작할 때에 지성이 거룩하고 무한한 빛에 도취되어 자신이나 다른 피조물들을 의식하지 못하며, 오직 사랑을 통해서 그러한 빛을 비추어 주시는 분만 의식하는 것입니다. 그때에 지성은 하나님의 성품들을 알게 되었으므로 분명하고 명확한 하나님의 영상을 받습니다.

∽ 7 ∾

사람은 자신이 사랑하는 것에 집착하며, 그것을 잃지 않기 위해서는 그것을 가로막는 모든 것을 거부합니다. 그러므로 하나님을 사랑하는 사람은 깨끗한 기도를 발달시키며, 그것을 방해하는 모든 정념을 몰아냅니다.

8

모든 정념의 근원인 자애를 몰아내는 사람은 하나님의 도움을 받아 다른 정념들 – 노염, 성냄, 앙심 등 – 도 제거할 수 있을 것입니다. 그러나 자애의 지배를 받는 사람은 자기의 의도와는 상관 없이 다른 정념들에게 압도됩니다. 자애는 몸에 집착하는 정념입니다.

9

좋게든 나쁘게든 사람들은 다음과 같은 다섯 가지 이유에서 서로 사랑합니다. 고결한 사람이 모든 사람을 사랑하며, 아직 고결하지 못한 사람이 고결한 사람을 사랑하는 것처럼, 하나님 때문에 사랑합니다: 부모가 자녀를 사랑하고 자녀가 부모를 사랑하는 것처럼 본성적으로 사랑합니다: 칭찬을 받는 사람이 칭찬하는 사람을 사랑하는 경우처럼, 자부심 때문에 사랑합니다: 유익을 얻을 수 있기 때문에 부자를 사랑하는 사람의 경우처럼, 탐심 때문에 사랑합니다: 자기의 배와 생식기를 만족시키는 사람처럼 방종함 때문에 사랑합니다. 이것들 중 처음 것은 좋은 것이며, 두 번째 것은 중간 상태의 것이며, 나머지 세 가지는 정념의 지배를 받는 것입니다.

10

만일 당신이 미워하는 사람이 있고, 미워하지도 않고 사랑하지도 않는 사람이 있고, 매우 사랑하는 사람들이 있고, 보통으로 사랑하는 사람이 있다면, 당신은 완전한 사랑과는 거리가 먼 사람입니다. 완전한 사랑을 하려면 모든 사람을 동일하게 사랑해야 합니다.

◈ 11 ◈

악을 버리고 선을 행하십시오(시 34:14). 다시 말해서, 정념을 감소시키려면 원수와 싸우십시오. 그리고 정념들이 다시 증가하지 않게 하려면 깨어 지켜야 합니다. 또 덕을 얻기 위해 싸우며, 깨어 덕을 지키십시오. 이것이 다스리고 지킨다는 말의 의미입니다(창 2:15).

◈ 12 ◈

하나님의 허락을 받아 우리를 시험하는 자들은 영혼의 갈망하는 측면에 불을 붙이거나 도발하는 힘을 자극하거나 지성을 어둡게 만들거나 몸에 고통을 주거나 육체에 필요한 것을 박탈합니다.

◈ 13 ◈

마귀는 직접 우리를 시험하거나 하나님을 경외하지 않는 사람들을 무장시켜 우리를 대적하게 합니다. 마귀는 광야에서 주님을 시험했던 것처럼, 우리가 인간 사회를 멀리할 때에 우리를 시험합니다. 마귀는 바리새인들을 통해서 우리 주님을 시험했던 것처럼, 우리가 사람들과 교제하면서 시간을 보낼 때에 사람들을 통해서 우리를 시험합니다. 마귀가 어떤 방법으로 우리를 공격하든지 간에, 우리는 주님이 보이신 본보기에 시선을 집중함으로써 그것을 물리쳐야 합니다.

◈ 14 ◈

하나님에 대한 지성의 사랑이 진보하기 시작하면, 신을 모독하는 마귀가 지성을 유혹하기 시작하여, 마귀가 아니면 만들어 낼 수 없는 생각들을 제시합니다. 마귀가 이렇게 하는 것은 시기심 때문입니다.

하나님의 사람이 그러한 생각을 하면서 낙심하면, 더 이상 친숙한 기도를 통해서 하나님께 올라가지 못합니다. 그러나 마귀는 더 이상 이러한 방법에 의해서 자신의 목적을 추진하지 않으며, 오히려 우리를 한층 더 견고하게 만듭니다. 왜냐하면 마귀의 공격과 우리의 보복을 통해서, 하나님을 향한 우리의 사랑이 한층 참된 것이 되면 그 사랑의 경험이 한층 풍부해지기 때문입니다. 마귀의 칼이 자기를 찌르고 그 활이 부러지기를 바랍니다(시 37:15).

∽ 15 ∽

지성이 눈에 보이는 세상에 시선을 돌리면, 본성에 따라 감각의 중개를 통해서 사물을 인식합니다. 지성은 악하지 않으며, 사물에 대한 개념적인 이미지를 형성하는 본성적인 능력도 악하지 않습니다. 사물들 자체도 악하지 않으며 감각도 악하지 않습니다. 왜냐하면 이 모든 것이 하나님의 솜씨이기 때문입니다. 그렇다면 무엇이 악합니까? 지성에 의해 본성에 따라 형성된 개념적 심상 안에 들어오는 정념은 악합니다. 그러나 지성이 깨어 있으면, 이런 일은 일어나지 않습니다.

∽ 16 ∽

정념이란 어떤 사람이나 감각적인 사물에 대한 분별 없는 사랑이나 미움처럼 본성과 반대되는 영혼의 충동입니다. 그것은 불필요한 음식이나 여인이나 금전이나 덧없는 영광이나 감각적인 사물들에 대한 사랑일 수도 있습니다. 또 위에서 언급된 물건에 대한 미움, 또는 그러한 물건 때문에 어떤 사람을 미워하는 것일 수도 있습니다.

17

악덕은 사물에 대한 개념적인 심상을 잘못 사용하는 것이며, 그것은 우리로 하여금 사물 자체를 남용하게 만듭니다. 예를 들어, 여인의 입장에서 올바르게 사용된 성적인 관계의 목적은 자녀를 낳는 것입니다. 그러므로 성 관계에서 정욕적인 쾌락만 추구하는 남자는 그것을 그릇되게 사용합니다. 그렇기 때문에 그는 선하지 않은 것을 선하다고 생각합니다. 그런 사람은 여인과 교제할 때에 여인을 학대합니다. 이것은 사물 및 그것들의 개념적 심상에도 적용됩니다.

18

마귀가 당신의 지성에서 절제를 몰아내고 음란한 생각으로 공격한다면, 눈물을 흘리면서 주님께 기도하십시오: "우리의 걸어가는 것을 저희가 에워싸며 주목하고 땅에 넘어뜨리려 하나이다"(시 17:11), "환난에서 나를 보호하시고 구원의 노래로 나를 에우시리로다"(시 32:7). 그렇게 기도하면 당신은 안전할 것입니다.

19

음란의 마귀는 힘이 셉니다. 그것은 정념과 싸우는 사람들, 특히 음식이나 여인의 문제에 있어서 엄격하지 않은 사람들을 사납게 공격합니다. 마귀는 음란하고 정욕적인 쾌락을 가지고 은밀하게 지성 안에 스며들어 와서 기억에 의해 그 사람을 박해하며 그의 몸을 뜨겁게 하고 여러 가지 형태를 지성에 제시합니다. 그리하여 그 사람으로 하여금 죄에 동의하게 만듭니다. 만일 이런 것들이 당신의 내면에 머뭇거리는 것을 원하지 않는다면, 금식과 노동과 철야, 그리고 뜨거운 기도를 동반하는 침묵을 의지하십시오.

◈ 20 ◈

마귀는 항상 정념에 물든 생각을 가지고 우리 영혼을 장악하여, 영혼으로 하여금 마음으로나 행동으로 범죄하게 만듭니다. 따라서 우리의 지성이 그것들을 받아들이지 않으면, 마귀는 부끄러움을 당할 것입니다. 지성이 영적 관상에 몰두한 것을 보면, 마귀는 부끄러워 물러갈 것입니다(시 6:10).

◈ 21 ◈

영적 경주를 위해 지성에 기름을 바르며 정념에 물든 온갖 생각들을 몰아내는 사람은 부제(副祭)의 성품을 소유합니다. 피조물에 대한 지식으로 지성을 조명하며 거짓된 지식을 완전히 파괴한 사람은 사제의 성품을 소유합니다. 또 거룩한 지식의 몰약으로 지성을 완전하게 하고 성 삼위일체를 예배하는 사람은 감독의 성품을 소유합니다.

◈ 22 ◈

우리가 꾸준히 계명을 지킴으로써 우리 안에 정념들이 감소할 때에 마귀들은 약해집니다. 그리고 무정념에 의해서 정념이 완전히 근절될 때에 마귀들은 패배합니다. 왜냐하면 그들은 영혼 안에 들어가 싸우는 데 사용될 통로를 발견하지 못하기 때문입니다. 이것이 "내 원수들이 물러갈 때에 주의 앞에서 넘어져 망함이니이다"(시 9:3)의 의미입니다.

◈ 23 ◈

인간적인 두려움 때문에 정념들을 삼가는 사람들이 있고, 자부심 때문에 삼가는 사람들이 있고, 절제를 통해서 삼가는 사람들이 있습니다. 그러나 어떤 사람들은 하나님의 섭리에 의해서 정념들로부터 구원을 받습니다.

◈ 24 ◈

우리 주님의 설교 안에는 네 가지 요소가 담겨 있습니다: 계명, 교리, 위협, 그리고 약속. 우리는 이것들의 도움을 받아 인내하면서 모든 종류의 어려움, 즉 금식, 철야, 땅바닥에서 잠을 잠, 힘써 수고하면서 봉사하는 것, 모욕, 수치, 고문, 죽음 등을 받아들입니다. 시편 기자는 "나는 주의 입술의 말씀을 좇아 스스로 삼가서 강포한 자의 길에 행치 아니하였사오며"(시 17:4)라고 말합니다.

◈ 25 ◈

절제에 대해 주어지는 상은 무정념이며, 믿음에 대해 주어지는 상은 신령한 지식입니다. 무정념은 분별을 낳고, 신령한 지식은 하나님에 대한 사랑을 낳습니다.

◈ 26 ◈

지성이 바르게 덕을 실천할 때에 그것의 도덕적인 이해가 진보합니다. 관상을 실천할 때에 지성의 신령한 지식이 진보합니다. 전자는 영적 경주자를 인도하여 덕과 악덕을 분별하게 하며, 후자는 관상을 실천하는 사람으로 하여금 영적인 것과 물질적인 것의 내적 특성들에게로 인도합니다. 마지막으로, 지성이 사랑의 날개를 타고 이 두 단계를 초월하여 하나님에게로 올라가며 성령의 도움을 받아 하나님의 성품들을 식별하게 될 때에 신학의 은혜가 주어집니다.

27

만일 당신이 바야흐로 신학의 영역에 들어가려 한다면, 하나님의 가장 깊은 본성을 찾으려 하지 마십시오. 인간의 지성이나 하나님 아래 있는 존재의 지성으로는 이것을 경험할 수 없습니다. 다만 하나님의 본성에 관한 성품들 – 영원하심, 무한하심, 선하심, 지혜, 창조하시는 능력, 피조물을 보존하시고 심판하심 등 – 을 분별하려고 노력하십시오. 이러한 성품들을 조금이라도 발견하는 사람은 위대한 신학자입니다.

28

덕의 실천과 신령한 지식을 결합하는 사람은 능력 있는 사람입니다. 그는 덕의 실천을 통해서 욕망을 죽이고 도발하는 성품을 길들입니다. 그리고 신령한 지식으로 지성에게 날개를 달아 주어 자신에게서 벗어나 하나님을 향하게 해 줍니다.

29

주님이 "나와 아버지는 하나이니라"(요 10:30)고 말씀하신 것은 그분의 본질의 동일성을 지적하신 것입니다. 또 주님은 "내가 아버지 안에 있고 아버지께서 내 안에 계시다"(요 14:11)고 말씀하심으로써, 두 위격이 분리될 수 없음을 보여 주십니다. 그러므로 아들을 아버지에게서 구분하는 삼신론자들은 딜레마에 빠집니다. 그들은 아들이 아버지와 함께 영원하시다고 말하면서도 아들을 아버지로부터 구분합니다. 그리하여 그들은 아들이 아버지에게서 태어나지 않는다고 말하게 되며, 그럼으로써 세 분의 하나님과 세 개의 제1원리가 있다고 말하는 오류에 빠집니다. 또는 아들이 아버지에게서 나셨다고 말하면서도 아들을 아버지로부터 나눔으로써 아들이 아버지와 함께 영원하신 것이 아니라고 말하며, 그럼으로써 주님을 시간의 지배 하에 둡니다. 나지안주스의 그레고리[1]의 말처럼, 하나님은 한 분이시며 나름의 개성을 지닌 세 위격이 계시다는 믿음을 고백해야 할 필요가 있습니다. 그레고리의 견해에 의하면, 신성은 구분이 없이 나뉘며, 특징들을 가지고서 연합됩니다. 이 때문에 구분과 연합은 역설적입니다. 만일 아들이 아버지에게 연합되며, 인간이 다른 사람과 연합하며 다른 사람과 나누이는 것과 동일한 방식으로 아버지에게서 나뉜다면, 여기에는 역설이 있을 수 없을 것입니다.

∽ 30 ∽

사랑 안에서 완전하여 무정념의 정상에 도달한 사람에게는 자기 자신과 다른 사람, 기독교인과 불신자, 종과 자유인, 또 남자와 여자의 구분이 없습니다. 그는 정념들의 억압에서 벗어나 인간의 단순한 본성에 주의를 집중했기 때문에, 모두를 동일한 방식으로 보며 모두에게 동일한 성향을 나타냅니다. 그의 안에는 헬라인이나 유대인, 남자와 여자, 종이나 자유인 등이 없고 오직 만유시요 만유 안에 계시는 그리스도만 존재합니다(골 3:11; cf. 갈 3:28).

∽ 31 ∽

영혼 안에 숨어 있는 정념들은 우리 안에서 정념에 물든 생각을 일으킬 수 있는 수단을 마귀에게 제공합니다. 그때에 마귀는 이러한 생

---

[1] *Orations* 20, 6 (*P.G.* xxxv, 1072D); 25, 17(1221C); 28, I (*P.G.* xxxvi, 28A). 31, 14 (149A).

각들을 통해서 지성과 싸우면서 영혼으로 하여금 죄에 동의하게 만듭니다. 영혼을 정복한 마귀는 영혼으로 하여금 마음 안에서 범죄하게 하며, 그 후에는 행동으로 범죄하게 만듭니다. 마귀는 이처럼 더러운 생각으로 영혼을 황폐하게 만든 후에는 생각들을 가지고 퇴거하며, 지성 안에는 죄의 우상이나 홀(笏)만 남습니다. 주님은 이것을 언급하시면서 "멸망의 가증한 것이 거룩한 곳에 선 것을 보거든(읽는 자는 깨달을진저)…"라고 말씀하십니다(마 24:15). 인간의 지성은 거룩한 곳이요 하나님의 성전입니다. 그런데 더러운 생각으로 영혼을 황폐하게 만든 마귀들은 그 안에 죄의 우상을 세웁니다. 요세푸스[1]의 글을 읽은 사람이라면 이런 일들이 역사 안에서 실제로 발생했음을 의심하지 않을 것입니다. 물론 어떤 사람들은 그런 일이 적그리스도의 때에 실현될 것이라고 말하기도 합니다.

32

우리로 하여금 거룩한 것을 향하도록 강요하는 것이 세 가지가 있습니다. 그것은 본성적인 직관, 거룩한 능력, 그리고 성실한 의도입니다. 우리가 대접을 받고자 하는 대로 남에게 행할 때(눅 6:31), 또는 궁핍하여 고통하는 사람을 보고서 연민을 느낄 때에, 본성적인 직관이 우리를 자극합니다. 우리가 가치 있는 일을 행하려는 자극을 받으면서 자신이 섭리적으로 도움과 인도하심을 받고 있음을 발견할 때에 거룩한 능력이 작용합니다. 또 우리가 선과 악을 식별하여 선을 택할 때에 성실한 의도가 작용합니다.

---

1) Josephus, *Jewish War* VI, iv, 3-5; VII, i, 3.

33

우리로 하여금 악을 향하게 자극하는 것에도 세 가지가 있습니다. 즉 정념, 마귀, 그리고 죄악된 의도입니다. 필요 없이 아무 때나 음식을 먹으려 하거나, 아내가 아닌 여인을 원하는 등 이성적이지 못한 일을 원할 때, 또는 우리에게 상처를 입히거나 모욕한 사람 때문에 지나치게 성을 낼 때에, 정념이 작용합니다. 마귀는 우리의 경계를 뚫고 갑자기 사납게 공격하여 이미 언급했던 정념들이나 그와 비슷한 본질을 가진 것들을 일으킵니다. 우리에게 죄악된 의도가 작용하면, 우리는 선을 알면서도 악을 선택합니다.

34

덕을 위해 수고한 데 따르는 상은 무정념과 신령한 지식입니다. 정념과 무지가 영원한 형벌의 중개자인 것처럼, 무정념과 신령한 지식은 천국의 중개자입니다. 그렇기 때문에 성경에서는 덕이 본질적으로 선한 것이기 때문에 덕을 행하는 것이 아니라 인간적인 영광을 얻기 위해 덕을 행하는 사람을 책망합니다: "구하여도 받지 못함은 정욕으로 쓰려고 잘못 구함이니라"(약 4:3).

35

인간의 행동 중에는 본질적으로는 선한 것이지만 그것을 행하는 동기가 좋지 않기 때문에 선하지 못한 행동들이 많습니다. 예를 들어, 금식과 철야, 기도와 시편 영창, 사랑과 환대의 행동 등은 본질적으로 선한 것이지만, 자만심을 가지고 행해진다면 선한 것이 아닙니다.

∽ 36 ∽

하나님은 우리가 행하는 모든 일이 하나님을 위한 것인지, 아니면 다른 동기에서 행한 것인지를 살피십니다.

∽ 37 ∽

"주께서 각 사람이 행한 대로 갚으심이니이다"(시 62:12)는 말씀을 들을 때에, 겉으로는 선한 것처럼 보이지만 좋지 않은 목적을 위해 어떤 일을 행해도 하나님께서 복을 주신다고 생각하지 마십시오. 올바른 목적을 위해 일을 행했을 때에만, 하나님은 복을 주십시다. 하나님의 심판은 행동을 보시는 것이 아니라 그 행동의 배후에 있는 목적을 보시기 때문입니다.

∽ 38 ∽

교만이라는 마귀는 두 가지 형태를 취합니다. 그는 우리로 하여금 자신이 행한 업적의 공로를 모든 선을 주시며 모든 일을 행하도록 도와 주시는 하나님께 돌리지 않고 자기 자신에게 돌리게 합니다. 만일 이 일에 실패하면, 아직 우리보다 완전하지 못한 형제들의 업적을 하찮게 여겨야 한다고 속삭입니다. 이런 식으로 마귀의 영향을 받는 사람은, 마귀가 하나님의 도움을 부인하라고 설득하고 있다는 것을 깨닫지 못합니다. 형제가 성취한 것이 부족하다고 해서 그 형제를 무시하는 사람은 자신이 성취한 일을 자신의 능력 때문이라고 생각합니다. 그러나 우리 주님은 "나를 떠나서는 너희가 아무것도 할 수 없음이라"(요 15:5)고 말씀하셨습니다. 모든 선을 주시는 분이 없으면, 우리가 선한 것을 행하려는 충동을 느껴도 결실을 맺을 수 없습니다.

~ 39 ~

인간의 본성의 연약함을 깨달은 사람은 하나님의 능력을 경험한 사람입니다. 그런 사람은 이 능력을 통해서 어떤 일들을 성취했으며 또 다른 일들을 성취하려고 노력하기 때문에, 누구도 하찮게 여기지 않습니다. 그는 하나님께서 지금까지 자신을 도와 주셨으며 많은 정념들과 어려움에서 구해 주신 것같이, 앞으로도 하나님이 원하실 때에 모든 사람들, 특히 하나님을 위해 영적인 길을 가는 사람들을 도와 주실 것을 압니다. 하나님께서는 섭리하셔서 모든 사람들을 정념에서 완전히 구해 주시지 않는다 해도, 선하고 인자한 의사처럼 영적으로 진보하려고 노력하는 사람들 하나 하나를 치료해 주실 것입니다.

~ 40 ~

우리 안에서 정념들의 원인이 제거되었기 때문이거나, 아니면 마귀들이 우리를 속이기 위해서 의도적으로 우리 안에서 물러갔기 때문이거나, 또는 정념들이 활동을 멈출 때에 우리는 교만해지기 시작합니다.

~ 41 ~

우리는 육욕적인 쾌락 때문에 거의 모든 죄를 범합니다. 육욕적인 쾌락은 회개를 통해서 자발적으로 일어나거나, 유익하고 섭리적인 반전의 결과로서 일어나는 비탄과 어려움에 의해 정복됩니다. "우리가 우리를 살폈으면 판단을 받지 아니하려니와 우리가 판단을 받는 것은 주께 징계를 받는 것이니 이는 우리로 세상과 함께 죄 정함을 받지 않게 하려 하심이라"(고전 11:31-32).

~ 42 ~

예기치 않게 시련이 임할 때에, 시련이 임하는 통로가 된 사람을 탓하지 말고, 시련이 임한 원인을 찾으려고 노력하십시오. 그러면 그에 대처하는 방법을 발견할 것입니다. 누구를 통해서 시련이 임했건 간에, 당신은 하나님의 심판의 쓴 물을 마시는 것입니다.

~ 43 ~

당신에게 나쁜 습관이 있다면, 곤경을 거부하지 마십시오. 당신은 곤경을 통해서 겸손해지고 교만을 버릴 수 있을 것입니다.

~ 44 ~

사람들은 어떤 때는 쾌락에 의해 시험을 받고, 어떤 때는 비탄이나 육체적인 고난에 의해 시험을 받습니다. 영혼의 의원은 자신의 처방에 의해 영혼 안에 숨어 있는 정념들을 그 원인에 따라 치료하십니다.

~ 45 ~

어떤 사람에게는 과거의 죄들을 제거하기 위해서 시련이 임하고, 어떤 사람에게는 현재 범하고 있는 죄를 제거하기 위해서 시련이 임하며, 또 어떤 사람에게는 장래에 범할 수도 있는 죄들을 예방하기 위해서 시련이 임합니다. 이러한 시련들은 욥이 당한 것과 같은 방식으로 사람들을 시험하기 위해서 생겨나는 시련과는 다른 것입니다.

~ 46 ~

하나님의 처방이 지닌 치료의 효과를 고려하는 분별 있는 사람은 그 처방에 따라 임하는 고난을 감수합니다. 왜냐하면 그는 고난의 원인이 자기의 죄라는 것을 알기 때문입니다. 그러나 하나님의 지혜로운 섭리를 알지 못하는 어리석은 사람은 자신이 범한 죄를 바로잡기 위해 고난이 임할 때에, 그 고난의 책임을 하나님이나 다른 사람들에게로 돌립니다.

∽ 47 ∾

정념들을 움직임을 중지시키고 더 이상 자라지 못하게 하는 것들이 있고, 또 그것들을 정복하여 쇠퇴하게 하는 것들이 있습니다. 예를 들어, 금식과 노동과 철야는 정념들이 성장하는 것을 허락하지 않지만, 은둔과 관상과 기도와 하나님을 향한 뜨거운 갈망은 정념들을 정복하여 사라지게 만듭니다. 이것은 노염이라는 정념에게도 적용됩니다. 인내, 앙심으로부터의 자유, 온유 등은 그것의 움직임을 억제하여 성장하지 못하게 하지만, 사랑, 자선, 인자, 긍휼 등은 그것이 쇠퇴하게 만듭니다.

∽ 48 ∾

끊임없이 하나님과 함께 거하는 지성을 가진 사람의 갈망은 하나님을 향한 뜨거운 동경으로 성장하며, 그의 도발성은 거룩한 사랑으로 완전히 변화됩니다. 그리고 그의 지성은 계속 하나님의 광채에 참여함으로써 완전히 빛으로 가득하게 됩니다. 자신의 감수성과 관련된 측면과 재결합된 지성은 이 측면을 하나님을 향하게 만들며, 하나님을 향한 뜨거운 갈망과 중단 없는 사랑으로 가득 채우며, 그럼으로써 그것을 세속적인 것에서 끌어내어 신적인 것을 향하게 만듭니다.

∽ 49 ∾

사람이 자기에게 해를 끼친 사람을 시기하거나 화를 내지 않으며 불평을 품지 않는다고 해서, 그 사람을 사랑하는 것은 아닙니다. 사랑이 없어도 계명에 따라 악을 악으로 갚지 않을 수 있습니다(롬 12:17). 자발적으로 원수를 사랑하는 것만이 완전한 영적 사랑에 속합니다.

❧ 50 ❧

어떤 사람을 사랑하지 않는 것이 곧 그를 미워하는 것은 아닙니다. 반대로, 사람을 미워하지 않는다고 해서 그를 사랑하는 것도 아닙니다. 왜냐하면 그 사람에 대해 중립적인 태도를 취할 수 있기 때문입니다. 다시 말해서, 그 사람을 사랑하지도 않고 미워하지도 않을 수 있습니다. 사랑하려는 성향은 이 장 아홉 번째 본문에 열거된 다섯 가지 방법에 의해서만 만들어집니다. 한 가지 방법은 훌륭한 방법이고, 또 하나의 방법은 중간 등급의 방법이고, 나머지 세 가지는 책망 받을 방법입니다.

❧ 51 ❧

당신의 지성이 물질에 몰두하여 그것에 대한 개념적인 심상에 애착한다면, 당신은 하나님보다 물질을 더 사랑하는 사람입니다. "네 보물이 있는 그곳에는 네 마음도 있느니라"(마 6:21).

❧ 52 ❧

오랫동안 기도와 사랑을 통해서 하나님과 결합된 지성은 지혜롭고 선하고 강력하고 긍휼하고 자비하며 오래 참게 됩니다. 간단히 말해서, 지성은 하나님의 성품들을 모두 포함하게 됩니다. 그러나 하나님을 떠나 물질에 집착하는 지성은 물질 때문에 사람들에게 대항하는 가축이나 야생 짐승처럼 제멋대로 행하게 됩니다.

∽ 53 ∽

성경에서는 물질을 "세상"이라고 부릅니다. 세상적인 사람이란 그 지성이 물질에 몰두한 사람입니다. 성경은 그런 사람을 책망하면서 이렇게 말합니다: "이 세상이나 세상에 있는 것들을 사랑치 말라 누구든지 세상을 사랑하면 아버지의 사랑이 그 속에 있지 아니하니 이는 세상에 있는 모든 것이 육신의 정욕과 안목의 정욕과 이생의 자랑이니 다 아버지께로 좇아온 것이 아니요 세상으로 좇아 온 것이라"(요일 2:15-16).

∽ 54 ∽

수도사는 물질에 대한 애착에서 해방되었으며, 절제와 사랑과 시편과 기도에 의해서 하나님께 매달리는 사람입니다.

∽ 55 ∽

목자는 덕을 실천하는 사람을 의미하며, 소떼는 도덕적인 업적들을 나타냅니다. 그렇기 때문에 야곱은 "주의 종들은 어렸을 때부터 지금까지 목축하는 자입니다"(창 46:34)라고 말했습니다. 양떼는 지성이 관상의 산 위에서 기르는 생각들을 나타내며, 목자는 영지자(靈知者)를 의미합니다. 그렇기 때문에 "애굽 사람들은 다 목축을 가증히 여깁니다"(창 46:34). 즉, 귀신의 세력들은 목축을 가증히 여깁니다.

∽ 56 ∽

몸이 감각에 이끌려 육체적인 욕망과 쾌락에 몰두하면, 타락한 지성은 정념에 물든 망상과 충동에 쉽게 굴복하고 동의합니다. 그러나 새롭게 된 지성은 자제력을 발휘하며 그것들을 삼가며, 참된 철학자로서 그러한 충동들을 바로잡는 방법을 연구합니다.

∽ 57 ∽

몸과 관련된 덕이 있고, 영혼과 관련된 덕이 있습니다. 몸에 속한 덕에는 금식, 철야, 땅바닥에서 잠을 자는 것, 사람들의 필요에 따라 봉사하는 것, 사람들을 구제하거나 다른 사람의 짐이 되지 않기 위해서 직접 일을 하는 것 등이 있습니다(살전 2:9; 엡 4:28). 영혼과 관련된 덕에는 사랑, 오래 참음, 온유, 절제, 기도 등이 있습니다(갈 5:22). 질병과 같은 육체적인 상태 때문에 육체적인 덕을 실천할 수 없는 사람을 주님은 용서해 주십니다. 왜냐하면 주님은 그 이유를 아시기 때문입니다. 그러나 영혼의 덕을 실천할 능력이 있으면서도 실천하지 않은 사람에게는 핑계거리가 없습니다.

∽ 58 ∽

하나님의 사랑에 동참하는 사람은 모든 무상한 즐거움과 모든 수고와 슬픔에 대해 무관심하게 됩니다. 그리스도를 위해서 고난을 받으면서도 기뻐한 성도들에게서 이 사실을 확인하십시오.

∽ 59 ∽

모든 악덕의 근원인 자애, 즉 몸에 대한 분별없는 사랑을 경계하십시오. 그것은 정념에 물든 세 가지의 매우 일반적인 생각을 정당화하기 때문입니다. 그것들은 탐식과 탐욕과 자만심으로서, 소위 몸에 필요하다는 것을 구실로 내세웁니다. 다른 모든 악덕이 이 세 가지에 의해 생겨납니다. 그러므로 경계해야 하며 부지런히 자애를 대적하여 이겨야 합니다.

60

자애라는 정념은 수도사에게 자기의 몸을 불쌍히 여겨야 하며, 또 몸을 적절히 보살핀다는 구실 하에 분량 이상의 음식을 취해야 한다고 속삭입니다. 이런 식으로 자애는 그를 한 걸음씩 방종의 구덩이에 빠지게 만듭니다. 반면에 자애는 수도사가 아닌 사람들을 부추겨 단번에 몸의 욕망들을 성취하라고 자극합니다.

61

지성은 세상과 육을 초월할 때에 가장 고귀한 상태의 기도에 이르며, 기도하는 동안에 물질과 외형적인 것들로부터 완전히 해방됩니다. 이러한 상태를 유지하는 사람은 쉬지 않고 드리는 기도를 획득한 사람입니다.

62

몸은 임종할 때에 이 세상 것들로부터 완전히 분리됩니다. 마찬가지로, 이 탁월한 상태의 기도를 하는 동안에 죽은 지성은 이 세상의 모든 개념적 심상들로부터 분리됩니다. 그러한 죽음을 맞지 않는다면, 지성은 하나님과 함께 거하며 함께 살 수 없습니다.

63

당신이 육욕적인 쾌락과 자만심의 노예가 되어 지내면서도 구원을 받을 수 있다는 생각에 속지 마십시오.

64

몸이 물질로 말미암아 범죄할 때에 절제를 가르쳐 주는 육체적인 덕목들이 있습니다. 마찬가지로, 지성이 정념에 물든 개념적인 심상들을 통해서 범죄할 때에 지성으로 하여금 깨끗하고 공평한 방법으로 사물을 봄으로써 절제를 배우게 해 주는 영혼의 덕이 있습니다.

～ 65 ～

밤이 지나면 낮이 되고, 겨울이 지나면 여름이 오듯이, 슬픔과 고통에는 자만심과 육욕적인 쾌락이 따릅니다.

～ 66 ～

이 세상에서 자발적으로 어려움을 경험하거나 자신이 선택하지 않은 고통을 경험하지 않은 죄인은 장래의 심판을 피할 수 없습니다.

～ 67 ～

우리가 마귀의 공격을 받는 것을 하나님께서 허락하시는 데에는 다섯 가지 이유가 있다고 합니다. 첫째, 우리가 공격을 받고 공격을 함으로써 선과 악을 구별하는 법을 배우게 하기 위해서입니다. 둘째, 갈등과 수고를 통해서 덕을 획득한 후에 그것을 안전하게 보존하게 하기 위해서입니다. 셋째, 덕이 진보한다고 해서 오만하지 않으며 겸손을 배우기 위해서입니다. 넷째, 악을 경험한 후에 악을 심히 미워하게 하기 위해서입니다(시 139:22). 다섯째, 무정념을 획득한 후에 우리 자신의 연약함이나 우리를 도와주신 하나님의 능력을 잊지 않게 하기 위해서입니다.

～ 68 ～

굶주린 사람은 빵을 상상하며, 목마른 사람은 물을 상상하듯이, 폭식하는 사람은 풍성한 음식을 상상하고, 호색적인 사람은 여인의 모습을 상상하고, 허영심이 강한 사람은 세상의 명예를 상상하며, 탐욕적인 사람은 경제적인 이익을 상상하고, 원한을 품은 사람은 자기를 해치는 모든 사람들에게 복수할 것을 생각하며, 시기하는 사람은 시기하는 대상에게 해를 끼칠 방법을 생각합니다. 몸이 깨어 있거나 잠들어 있거나, 정념들의 선동을 받는 지성은 정념에 물든 개념적인 심상들에 의해 시달립니다.

∽ 69 ∽

욕망이 강해지면, 지성은 잠자는 동안에도 정욕적인 즐거움을 제공하는 것들을 상상합니다. 도발하는 힘이 강해지면, 지성은 두려움을 초래하는 것들을 상상합니다. 더러운 마귀들은 우리의 태만함 안에서 힘을 얻어 정념들을 자극하고 강화합니다. 그러나 거룩한 천사들은 우리로 하여금 덕을 행하게 함으로써 정념들을 연약하게 만듭니다.

∽ 70 ∽

영혼의 갈망하는 측면이 자주 자극을 받으면, 그것은 방종이라는 습관을 영혼 안에 심습니다. 그런데 그 습관은 제거하기 어렵습니다. 영혼의 도발하는 힘을 꾸준히 자극하면, 그것은 결국 비겁하고 나약하게 됩니다. 전자는 오랫동안 금식과 철야와 기도를 실천함으로써 치유되며, 후자는 친절과 사랑과 긍휼과 자비에 의해서 치유됩니다.

∽ 71 ∽

마귀는 사물을 통해서, 또는 사물에 대한 정념에 물든 개념적인 심상들로 우리를 공격합니다. 사물에 몰두한 사람들을 공격할 때에는 사물로, 사물에 애착하지 않은 사람들을 공격할 때에는 개념적인 심상들을 통해서 공격합니다.

∽ 72 ∽

행동으로 범죄하는 것보다 생각으로 범죄하는 것이 쉬운 것처럼, 사물을 통한 싸움보다는 사물에 대한 정념에 물든 개념적 심상들을 통한 싸움이 더 어렵습니다.

∽ 73 ∽

사물은 지성의 외부에 있지만, 사물에 대한 개념적인 심상들은 지성 안에서 형성됩니다. 따라서 이러한 개념적인 심상들을 선용하거나 악용하는 것은 지성의 능력에 달려 있습니다.

∽ 74 ∽

지성은 정념에 물든 개념적인 심상을 다음과 같은 세 가지 방법으로 받아들입니다: 감각을 통해서, 몸의 상태를 통해서, 그리고 기억을 통해서. 우리가 정념을 획득한 것과 관련된 사물로부터 감각이 어떠한 인상을 받을 때, 그리고 이러한 사람들이 지성 안에 정념에 물든 생각들을 일으킬 때에, 지성은 감각을 통해서 개념적인 심상들을 받아들입니다. 규모 없는 생활 방식이나 마귀의 활동, 또는 어떤 질병의 결과로서 몸 안에 있는 요소들의 균형이 깨지고, 지성이 정념에 물든 생각이나 섭리에 어긋나는 생각을 일으킬 때에, 몸을 통해서 개념적인 심상들이 들어옵니다. 우리를 정욕적으로 만드는 것과 관련된 사물들의 개념직인 심상들을 기억할 때에, 그리고 비슷한 방법으로 정념에 물든 생각들이 일어날 때에, 이것을 통해서 개념적인 심상들이 들어옵니다.

◈ 75 ◈

하나님께서 우리에게 주어 사용하게 하신 것들 중 어떤 것은 영혼 안에 있고, 어떤 것은 몸 안에 있고, 어떤 것은 몸과 관계가 있습니다. 영혼 안에는 영혼의 능력들이 있으며, 몸 안에는 감각 기관을 비롯해 여러 가지 지체가 있습니다. 몸과 관련된 것으로는 음식, 돈, 재산 등이 있습니다. 하나님께서 우리에게 주신 이런 것들을 선용하거나 악용하는 것에 따라 우리가 고결한 사람인지 악한 사람인지 드러납니다.

◈ 76 ◈

하나님께서 주신 것들 중에서 어떤 것은 영혼 안에 있고, 어떤 것은 몸 안에 있고, 어떤 것은 몸과 관계가 있습니다. 영혼 안에 있는 것은 지식과 무지, 망각과 기억, 사랑과 미움, 두려움과 용기, 비탄과 즐거움 등입니다. 몸 안에 있는 것은 쾌락과 고통, 감동과 마비, 건강과 질병, 생명과 죽음 등이 있습니다. 몸과 관계가 있는 것으로는 자녀를 낳는 것과 낳지 못하는 것, 부와 가난, 명성과 무명 등이 있습니다. 이것들 중에서 어떤 것은 선한 것으로 간주되고, 어떤 것은 악한 것으로 간주됩니다. 그러나 그것들 중에는 본질적으로 악한 것은 하나도 없습니다. 그것들은 어떻게 사용되느냐에 따라서 선하다고 불리기도 하고 악하다고 불리기도 합니다.

◈ 77 ◈

신령한 지식과 건강은 본질적으로 선한 것입니다. 그러나 그것과 반대되는 것들이 많은 사람들에게 더 많은 유익을 주어 왔습니다. 그러한 지식은 본질적으로 선하지만, 악인들과 관련된 곳에서는 선한 목적에 이바지하지 못할 수도 있습니다. 건강, 부, 즐거움 등에 대해서도 같은 말을 할 수 있습니다. 왜냐하면 악인들은 그것들을 유익하게 사용하지 못하기 때문입니다. 그러나 그것들과 반대되는 것은 분명히 그들에게 유익을 줍니다. 그러므로 그것들 중에는 겉으로는 악한 것처럼 보일 수도 있지만 본질적으로 악한 것은 없습니다.

78

사물들을 잘못 사용하지 않으려면, 사물에 대한 개념적인 심상들을 잘못 사용하지 마십시오. 왜냐하면 먼저 정신적으로 범죄하지 않는 사람은 결코 행동으로 범죄하지 않을 것이기 때문입니다.

79

기본적인 악덕들 – 어리석음, 비겁함, 방탕함, 불의 – 은 땅에 속한 사람의 형상입니다. 기본적인 덕목들 – 지성, 용기, 절제, 정의 – 은 하늘에 속한 사람의 형상입니다. 우리는 땅에 속한 자의 형상을 품고 있으므로, 하늘에 속한 것의 형상도 품어야 합니다.

80

당신이 생명으로 인도하는 길을 발견하기를 원한다면, "내가 곧 길이요 문이요 진리요 생명이라"(요 10:7; 14:6)고 말씀하시는 길 안에서 그것을 찾으십시오. 그러면 그것을 발견할 것입니다. 그것을 찾는 자가 적으므로 부지런히 수고하여 찾아야 합니다(마 7:14). 만일 당신이 그 적은 자에 속하지 않는다면, 당신은 넓은 길을 가는 많은 사람들 가운데서 자신을 발견하게 될 것입니다.

◈ 81 ◈

영혼을 죄와 결별하게 만드는 것은 다섯 가지가 있습니다: 사람들에 대한 두려움, 심판에 대한 두려움, 장래의 상급에 대한 희망, 하나님에 대한 사랑, 그리고 양심의 자극.

◈ 82 ◈

이 세상 밖에 우리를 악으로 끌고 가는 세력이 있지 않는 한, 피조세계 안에는 악이 없을 것이라고 말하는 사람이 있습니다. 그러나 이러한 세력은 실제로는 우리가 지성의 본성적인 에너지를 등한히 하는 것입니다. 이러한 에너지를 육성하는 사람들은 결코 악을 행하지 않고 항상 선을 행합니다. 당신이 행하고자 하는 것이 이것이라면, 등한히 하는 태도를 제거하십시오. 그러면 악을 몰아낼 수 있을 것입니다. 악이란 사물에 대한 개념적인 심상들을 그릇되게 사용하는 것으로서, 그 다음에는 사물 자체를 그릇되게 사용하게 됩니다.

◈ 83 ◈

본성적인 상태의 인간의 지성은 하나님의 지성에 복종하며, 우리 안에 있는 비지성적인 요소를 다스립니다. 모든 사물 안에 이러한 질서가 유지되어야 합니다. 그렇게 되면 피조물 가운데 악이 없을 것이며 우리를 악으로 향하게 하는 것도 없을 것입니다.

◈ 84 ◈

단순한 생각이 있고 복잡한 생각이 있습니다. 정념에 물들지 않은 생각들은 단순합니다. 정념으로 가득 찬 생각들은 복잡하며, 정념과 결합된 개념적 심상으로 이루어집니다. 따라서 복잡한 생각들이 정신 안에서 죄악된 개념을 일으킬 때에, 많은 단순한 생각들이 그것들을 따르는 것처럼 보일 수도 있습니다. 예를 들면, 어떤 사람의 마음속에 황금에 대한 정욕적인 생각이 떠오릅니다. 그는 정신적으로 금을 훔치려는 욕구를 소유하며 지성 안에서 죄를 범합니다. 그때 지갑, 금고, 방 등에 대한 생각은 단순합니다. 왜냐하면 이런 것들과 관련하여 지성이 아무런 정념도 소유하지 않기 때문입니다. 악한 생각 – 자만하는 생각, 여인에 대한 생각 등 – 도 마찬가지입니다. 더러운 생각에 이어지는 모든 생각이 본질적으로 더러운 것이 아닙니다. 그러므로 우리는 개념적인 심상들 중에서 정념에 물든 더러운 것과 그렇지 않은 것을 알 수 있을 것입니다.

∽ 85 ∽

어떤 사람들은 마귀들이 잠자는 동안에 생식기를 건드리면 음란의 정념이 생긴다고 말합니다. 그렇게 생긴 정념은 기억에 의해서 지성 안에 여인의 모습을 가져옵니다. 그러나 다른 사람들은 먼저 마귀가 여인의 모습으로 가장하고 지성에게 모습을 나타내며, 그 다음에 생식기를 건드려 욕망을 자극함으로써 환상이 일어난다고 말합니다. 또 어떤 사람들은 마귀에게 접근하는 데 있어서 지배적인 그 정념이 우리 안에 그와 상응하는 정념을 자극하므로, 영혼이 죄악된 생각을 하게 되고, 기억에 의해 지성 안에 이러한 여성의 모습을 가져온다고 합니다. 그 밖의 다른 더러운 환상들에 관해서도 같은 말을 할 수 있습니다. 그러나 만일 영혼 안에 사랑과 절제가 존재한다면, 우리의 몸이 깨어 있든지 잠들어 있든지, 마귀는 위에 묘사한 어떤 방법으로도 정념을 일으킬 힘을 갖지 못합니다.

~ 86 ~

모세의 율법 중에는 육체적으로 지키고 영적으로도 지켜야 할 계명이 있고, 영적으로만 지켜야 하는 계명도 있습니다. 예를 들어 "살인하지 말지니라, 간음하지 말지니라, 도적질하지 말지니라"(출 20:13-15) 등의 계명은 육체적으로도 지키고 영적으로도 지켜야 합니다. 할례를 받는 것(레 12:3), 안식일을 지키는 것(출 31:13), 양을 죽이고 누룩을 넣지 않은 떡을 먹는 것 등의 명령은 영적으로만 지켜야 합니다.

~ 87 ~

수도사 생활의 특징을 이루는 내적 상태는 세 가지입니다. 첫째는 행동으로 범죄하지 않는 것입니다. 둘째는 영혼이 정욕적인 생각을 하는 것을 허락하지 않는 것입니다. 셋째는 정신 안에 떠오르는 여인의 모습이나 자신에게 범죄한 사람들의 모습을 공평한 마음으로 관상할 수 있는 상태입니다.

~ 88 ~

진실로 무소유를 실천하는 사람은 세상의 물건을 모두 포기하고 세상에서는 자기의 몸 외에 다른 것을 소유하지 않은 사람입니다. 그리고 몸에 대한 애착을 끊고 자신을 하나님과 경건한 사람의 보살핌에 맡기는 사람입니다.

~ 89 ~

어떤 사람은 사심이 없이 재산을 소유하므로, 재산을 빼앗겨도 낙심하지 않으며 산업을 빼앗기는 것도 기쁘게 당하는 사람처럼 됩니다(히 10:34). 그러나 어떤 사람들은 욕심을 가지고 소유하므로, 그것들을 빼앗길 위험에 처하면 복음서에서 근심하며 돌아간 부자처럼 크게 낙심합니다(마 19:22). 그리고 실제로 재산을 모두 잃으면 죽을 때까지 낙심합니다. 그러므로 재산을 잃는 것은 그 사람의 내면의 상태가 정념의 지배를 받는지 아닌지를 드러내 줍니다.

∽ 90 ∾

마귀는 기도의 정상에 도달한 사람을 공격하여 그 사람이 지닌 바 감각적인 사물에 대한 개념적인 심상들이 정념에서 해방되지 못하게 하려 합니다. 마귀는 지혜 있는 자를 공격하여 그로 하여금 정욕적이고 더러운 생각을 하게 만들 것입니다. 또 아직 덕을 실천하는 수준에 머물고 있는 사람을 공격하여 행동으로 범죄하게 만듭니다. 마귀는 사람들을 하나님으로부터 분리하기 위해서 가능한 모든 수단을 동원합니다.

∽ 91 ∾

하나님의 섭리에 의해 이 세상에서 거룩함을 향해 나아가는 사람들은 다음과 같은 세 가지 시험을 받습니다: 건강, 아름다움, 훌륭한 자녀, 돈, 명성 등 바람직한 선물들에 의해서; 자녀나 돈이나 명성을 잃는 것과 같이 슬픔을 야기하는 고통에 의해서; 그리고 질병이나 고문과 같은 육체적인 고통에 의해서. 첫 번째 범주에 속한 사람들에게 주님은 "누구든지 가지의 모든 소유를 버리지 아니하면 능히 내 제자가 되지 못하리라"고 말씀하시며(눅 14:33), 두 번째 범주에 속한 사람과 세 번째 범주에 속한 사람들에게는 "너희의 인내로 너희 영혼을 얻으리라"(눅 21:19)고 말씀하십니다.

~ 92 ~

몸의 기질을 변화시키며, 몸의 기질을 통해서 지성 안에 정욕적인 생각이나 그렇지 않은 생각을 일으키는 것에는 네 가지가 있습니다: 천사들, 마귀들, 바람들, 그리고 음식. 천사들은 생각에 의해서 기질을 변화시키며, 마귀는 접촉에 의해서, 바람은 변덕에 의해서, 음식은 우리가 먹고 마시는 것이나 먹는 분량에 의해서 기질을 변화시킵니다. 기억, 청각, 시각 등에 의해 이루어지는 변화도 있습니다. 즉 영혼이 이 세 가지 수단 중 하나의 결과로서 즐거운 경험이나 슬픈 경험을 하면, 몸의 기질이 변화됩니다. 이렇게 변화된 기질은 지성 안에 그에 상응하는 생각들을 일으킵니다.

~ 93 ~

진정한 의미의 죽음은 하나님으로부터의 분리요, "사망의 쏘는 것이 죄"입니다(고전 15:56). 사망의 쏘임을 받은 아담은 동시에 생명나무, 낙원, 그리고 하나님으로부터 추방되었고(창 3장), 그 다음에는 몸의 죽음이 임했습니다. 참된 의미에서의 생명은 "나는 생명이라"라고 말씀하신 분(요 11:25)이요, 사망 안에 들어가셨다기 죽은 자들에게 생명을 주기 위해 부활하신 분이십니다.

~ 94 ~

사람은 기억을 돕기 위해서, 또는 다른 사람을 돕기 위해서 기록하며, 또는 이 두 가지 목적 모두를 가지고 기록합니다. 또는 어떤 사람에게 해를 끼치기 위해서, 자기를 나타내기 위해서, 또는 필요에 의해서 기록을 합니다.

~ 95 ~

시편 23 편에서 "푸른 초장"은 덕의 실천을 나타내며, "쉴 만한 물"은 피조물의 영적 지식을 나타냅니다.

~ 96 ~

"사망의 골짜기"는 인간 생활입니다. 그러므로 어떤 사람이 하나님과 함께 거하며 하나님이 그와 함께 거하신다면, 그는 "내가 사망의 음침한 골짜기로 다닐지라도 해를 두려워하지 않을 것은 주께서 나와 함께 하심이라"고 말할 수 있습니다.

~ 97 ~

깨끗한 지성은 사물을 바르게 봅니다. 훈련된 지성은 사물들을 질서있게 배치합니다. 예리한 청각은 말해지는 것을 받아들입니다. 이 세 가지 특성이 부족한 사람은 발언한 사람을 모욕합니다.

~ 98 ~

성 삼위일체와 하나님의 창조와 섭리를 아는 사람, 그리고 자기 영혼의 감각적인 측면을 무정념의 상태로 만든 사람은 하나님과 함께 거합니다.

~ 99 ~

시편 23 편에서 "막대기"는 하나님의 심판을 의미하며, "지팡이"는 하나님의 섭리를 의미합니다. 그러므로 이러한 일들에 대한 영적 지식을 받은 사람은 "주의 지팡이와 막대기가 나를 안위하시나이다"라고 말할 수 있습니다.

∽ 100 ∽

지성에게서 정념들이 제거되고, 피조물에 대한 관상의 조명이 주어지면, 지성은 하나님께 들어가며 바르게 기도할 수 있습니다.

201-300편

~ 1 ~

개념적인 심상들 및 그에 상응하는 유형적인 대상들을 지혜롭게 사용하면, 절제와 사랑과 신령한 지식이 만들어집니다. 그것들을 지혜롭지 못하게 사용하면, 방탕과 미움과 무지가 형성됩니다.

~ 2 ~

"주께서 내게 상을 베푸시고"(시 23:5). 여기서 "상"은 덕의 실천을 의미합니다. 왜냐하면 그것은 "괴롭히는 자들에 맞서" 사용하기 위해서 그리스도께서 우리를 위해 마련하신 것이기 때문입니다. 지성에게 바른 "기름"은 피조물에 대한 관상입니다. 하나님의 "잔"은 하나님에 대한 지식입니다. 하나님의 "인자하심"은 그의 거룩한 로고스이십니다. 로고스는 성육신을 통해서 "평생" 우리를 따르셔서 구원받아야 할 모든 사람을 따라잡으십니다. "집"은 모든 성도들이 거할 나라입니다. "영원"은 영생을 의미합니다.

~ 3 ~

우리가 영혼의 능력을 잘못 사용하면, 그것의 악한 측면이 우리를 지배합니다. 예를 들어, 지성의 능력을 잘못 사용한 결과는 무지와 어리석음입니다. 도발하는 힘이나 갈망하는 힘을 잘못 사용한 데 따르는 결과는 방탕과 미움입니다. 이러한 능력들을 바르게 사용하면 신령한 지식, 도덕적 판단, 사랑, 절제 등이 형성됩니다. 그러므로 하나님이 지으신 것 중에는 악한 것이 하나도 없습니다.

～ 4 ～

악한 것은 음식이 아니라 탐식이며, 자녀를 잉태하는 것이 아니라 음란이며, 물질이 아니라 탐심이며, 존경심이 아니라 자부심입니다. 그러므로 악한 것은 사물을 잘못 사용하는 것이며, 본성적인 능력을 제대로 계발하지 못한 지성은 그 능력을 잘못 사용하게 됩니다.

～ 5 ～

복된 디오니시우스[1]의 말에 의하면, 악은 조심성 없는 분노, 지성의 통제를 받지 않는 욕망, 그리고 조급한 상상력을 사로잡는다고 합니다. 그러나 지적인 존재가 조심성이 없고 지적인 통제력이 부족하고 조급한 것은 지성과 사고력과 신중함이 없기 때문입니다. 마귀가 지성과 사고력과 신중함을 소유할 때가 있었습니다. 그러므로 마귀도 본성적으로 악한 것이 아니라, 본성적인 능력을 잘못 사용하였기 때문에 악해진 것입니다.

～ 6 ～

어떤 정념은 방종을 낳고, 어떤 정념은 미움을 낳으며, 또 어떤 정념들은 미움과 방탕을 낳습니다.

～ 7 ～

과식과 탐식은 방탕의 원인이 됩니다. 탐욕과 자만심은 이웃을 미워하게 만듭니다. 모든 악의 근원인 자애는 이 모든 것의 원인입니다.

---

1) Dionysios the Areopagite, *On the Divine Names* iv, 23(*P.G.* iii, 725B).

～ 8 ～

자애는 자신의 몸을 분별없이 사랑하는 것입니다. 그것과 반대되는 것은 사랑과 절제입니다. 자애의 지배를 받는 사람은 모든 정념의 지배를 받습니다.

～ 9 ～

바울은 항상 자기 육체를 미워하지 않고(엡 5:29), 몸을 쳐서 복종하게 하며(고전 9:27), 단지 먹을 것과 입을 것(딤전 6:8)과 목숨을 부지하는 데 필요한 것만 허락해야 한다고 말합니다. 이런 식으로, 감정에 따라 움직이지 않고 자기의 몸을 사랑하고 양육하며, 거룩한 것의 종으로 여겨 보살피며, 기본적인 욕구를 충족시키는 것만 공급해야 합니다.

～ 10 ～

우리가 누군가를 사랑한다면, 자연히 그 사람을 섬기기 위해 노력합니다. 그러므로 하나님을 사랑하는 사람은 당연히 하나님의 뜻과 일치하기 위해 노력합니다. 그러나 육체를 사랑하는 사람은 육체의 비위를 맞춥니다.

～ 11 ～

사랑, 절제, 관상, 그리고 기도는 하나님의 뜻과 조화를 이룹니다. 반면에 탐식과 방종, 그리고 그것들을 증가시키는 것들은 육체에 영합합니다. 그렇기 때문에 "육신에 있는 자들은 하나님을 기쁘시게 할 수 없습니다"(롬 8:8). 그러나 "그리스도 예수의 사람들은 육체와 함께 그 정과 욕심을 십자가에 못박았습니다"(갈 5:24).

～ 12 ～

하나님을 향하는 지성은 몸을 종처럼 다루며 목숨을 부지하는 데 필요한 것 외에 다른 것은 공급하지 않습니다. 그러나 육신을 향하는 지성은 정념들의 노예가 되며 항상 그 욕망을 충족시킬 방법을 생각합니다.

～ 13 ～

당신의 생각을 다스리기를 원한다면, 정념들에 관심을 집중하십시오. 그러면 정념들에서 생겨나는 생각들을 당신의 지성에서 쉽게 몰아낼 것입니다. 예를 들어, 음란한 생각을 몰아내려면 금식하고 철야하고 노동하며 사람들을 만나는 일을 피해야 합니다. 노염과 분노를 몰아내려면, 명예와 수치와 물질 등에 무관심해야 합니다.

～ 14 ～

당신을 당신보다 약한 사람과 비교하지 말고, 사랑의 계명을 성취하는 일에 전념하십시오. 당신 자신을 연약한 사람들과 비교함으로써 자만이라는 함정에 빠질 것입니다. 그러나 사랑의 계명 성취에 전념함으로써, 당신은 겸손의 절정에 이를 것입니다.

～ 15 ～

당신이 이웃을 사랑하라는 계명을 완전히 성취한다면, 이웃이 어떤 일을 행해도 노하거나 쓰라림을 느끼지 않을 것입니다. 그렇지 않을 경우에, 당신은 덧없는 사물을 추구하며 사랑의 계명보다 물질을 사랑하기 때문에 이웃과 싸우게 됩니다.

~ 16 ~

사람들은 황금이 필요하기 때문에 원하는 것이 아니라, 황금이 관능적인 즐거움에 몰두할 수 있는 힘을 주기 때문에 원합니다.

~ 17 ~

방종, 자만심, 그리고 믿음의 부족은 물질적인 부를 사랑하게 만듭니다. 그 중에서도 믿음의 부족은 나머지 두 가지보다 더 위험합니다.

~ 18 ~

부(富)는 편안히 살 수 있게 해 주기 때문에 방종한 사람은 부를 원합니다. 부를 통해서 사람들의 존경을 받을 수 있기 때문에 자만심이 가득한 사람은 부를 사랑합니다. 믿음이 부족하여 굶주림, 늙음, 질병, 추방 등을 두려워하는 사람은 부를 저장하고 비축할 수 있기 때문에 부를 사랑합니다. 그는 모든 피조물에게 필요한 것을 공급해 주시는 창조주 하나님보다 부를 신뢰합니다.

~ 19 ~

부를 저장하는 사람에는 네 종류가 있습니다: 앞에서 언급한 세 종류의 사람들 외에 회계 담당자가 있습니다. 선한 목적으로, 다시 말해서 각 사람의 기본적인 욕구를 충족시키기 위해서 부를 비축하는 사람은 회계 담당자뿐입니다.

~ 20 ~

정념에 물든 생각들은 영혼의 갈망하는 힘을 자극하거나 도발하는 힘을 혼란하게 만들거나 사고력을 어둡게 만듭니다. 그리하여 지성의 영적 관상 능력과 기도의 엑스타시가 둔해집니다. 이런 까닭에 수도사, 특히 헤시카스트는 그러한 생각에 주목하며, 그것들의 원인을 찾아 제거해야 합니다. 예를 들어, 여인에 대한 정욕적인 생각은 영혼의 갈망하는 힘을 자극합니다. 그러한 생각의 원인은 무절제하게 먹고 마시는 것, 문제의 여인들과 무분별하게 자주 대화하는 것입니다. 따라서 그것은 금식, 철야, 인간 사회를 멀리함 등에 의해서 제거됩니다. 또 우리의 기분을 상하게 만든 사람들에 대한 좋지 못한 생각은 지성의 도발하는 힘을 혼란하게 만듭니다. 이것은 방종, 자만심, 그리고 물질에 대한 사랑에 의해 야기됩니다. 정욕의 지배를 받는 사람은 그러한 악덕 때문에 분노하거나 좌절하거나, 자신이 원하는 것을 얻지 못합니다. 그러한 생각들의 원인이 되는 악덕들이 하나님의 사랑을 통해서 거부되고 무력하게 될 때에 그러한 생각들이 근절됩니다.

∽ 21 ∽

하나님은 자신을 아시며 자신이 지으신 것들을 아십니다. 천사들도 하나님을 알며 하나님이 지으신 것들을 압니다. 그러나 천사들이 하나님이 자신과 지으신 것들을 아는 방법은 하나님의 방법과는 다릅니다.

∽ 22 ∽

하나님은 자신의 본질을 통해서 자신을 아십니다. 또 하나님 자신의 지혜를 앎으로써 자신이 지으신 것들을 아십니다. 하나님은 지혜에 의해서 만물을 지으셨습니다. 그러나 천사들은 참여함에 의해서 하나님을 알며, 영적으로 관상되는 것을 이해함으로써 피조물을 압니다.

～ 23 ～

지성은 자체 안에서 피조물들의 영상을 이해하지만, 피조물은 실질적으로는 지성의 외부에 존재합니다. 그러나 피조물에 대한 하나님의 지식은 그렇지 않습니다. 왜냐하면 하나님은 영원하시고 무한하시며, 존재하는 모든 것에게 존재와 행복과 영원한 존재를 수여하셨기 때문입니다.

～ 24 ～

지성과 사고력을 부여받은 자연적인 존재들은 자신의 존재를 통해서, 선과 지혜를 위한 능력을 통해서, 그리고 영원한 존재를 부여해 주는 은혜를 통해서 하나님 안에 참여합니다. 이것이 그들이 하나님을 아는 방법입니다. 그들은 피조물 안에서 관상되는 조화로운 지혜를 이해함으로써 하나님의 창조를 압니다. 지성은 영적인 방법으로 이 지혜를 이해합니다. 이 지혜는 독립하여 존재하지 않습니다.

～ 25 ～

하나님께서는 지성과 사고력을 지닌 피조물을 존재하게 하실 때에 하나님의 거룩한 속성 중 네 가지가 피조물들을 보호하고 보존하게 하셨습니다. 이 속성들은 존재, 영원한 존재, 선, 그리고 지혜입니다. 네 가지 중에서 존재와 영원한 존재는 그들의 본질에게 부여하셨고, 선과 지혜는 의지력에 부여해 주셨습니다. 따라서 피조물은 하나님의 본질에 참여함으로써 하나님처럼 될 수 있습니다. 이것이 인간이 하나님의 모양과 형상으로 지음을 받았다고 하는 이유입니다(창 1:26). 인간은 하나님의 형상으로 지음을 받았기 때문에, 인간의 존재는 하나님의 존재의 형상 안에 있으며 인간의 영원한 존재는 하나님의 영원한 존재의 형상 안에 있습니다. 또 인간은 하나님의 모양으로 지음을 받았기 때문에 하나님의 선하심을 닮아서 선하며 하나님의 지혜를 닮아서 지혜롭습니다. 하나님은 본성적으로 선하고 지혜로우며, 인간은 은혜로 말미암아 선하고 지혜롭습니다. 모든 지성적인 자연은 하나님의 형상 안에 있지만, 선하고 지혜로운 것들만이 하나님의 모양을 획득합니다.

∽ 26 ∽

지성과 사고력을 지닌 존재는 천사가 아니면 인간입니다. 천사들은 두 개의 도덕적인 범주 – 거룩한 천사와 저주받은 천사 – 즉 거룩한 세력들과 더러운 마귀들로 나뉩니다. 인간도 두 가지 도덕적인 범주, 즉 경건한 사람과 경건하지 못한 사람으로 나뉩니다.

∽ 27 ∽

하나님은 절대적인 존재요, 절대적인 선이요, 절대적인 지혜이시므로 보다 정확하게 표현하자면, 하나님은 그러한 존재들을 완전히 초월하시는 분이시므로 하나님과 반대되는 것이 없습니다. 반면에 지성과 사고력을 부여받은 피조물들 역시 선과 지혜의 능력을 소유하지만, 모든 피조물은 참여와 은혜를 통해서 존재합니다. 그렇기 때문에 피조물은 상반되는 것들을 소유합니다. 그들은 존재와 반대되는 것으로서 비존재를 소유하며, 선과 지혜의 능력과 반대되는 것으로서 악과 무지를 소유합니다. 피조물이 영원히 존재하거나 존재하지 못하는 것은 그들을 지으신 분의 능력 안에 있습니다. 그러나 지적인 피조물이 하나님의 선하심과 지혜 안에 참여하거나 참여하지 않는 것은 그들 자신의 의지에 달려 있습니다.

～ 28 ～

고대 그리스 철학자들은 피조물의 존재는 영원 전부터 하나님과 공존해 왔으며 하나님께서는 그것의 특성들을 주셨을 뿐이라고 말합니다. 그들의 말에 의하면, 이 존재 자체는 반대되는 것을 가지지 않으며, 반대되는 것은 그 특성들 안에 있다고 합니다. 그러나 우리는 반대되는 것을 소유하지 않는 것은 신적 본질뿐이라고 주장합니다. 신적 본질은 영원하고 무한하며, 다른 것들에게 영원성을 수여해 주기 때문입니다.

반면에 피조물의 존재는 반대되는 것으로서 비존재를 소유합니다. 그것이 영원히 존재하거나 존재하지 않는 것은 실질적인 의미에서 홀로 존재하시는 분의 능력에 달려 있습니다. 그러나 "하나님의 은사에는 후회하심이 없으므로"(롬 11:29), 비록 피조물의 존재는 반대되는 것을 소유하지만, 그것은 항상 하나님의 전능하신 힘에 의해 유지되며 앞으로도 유지될 것입니다. 피조물은 무에서부터 존재하게 되었으며, 그것의 존재 여부는 하나님의 뜻에 의존합니다.

～ 29 ～

악은 선의 부재이며, 무지는 지식의 부재입니다. 마찬가지로 비존재는 존재의 부재입니다. 그것은 반대되는 것을 소유하지 않기 때문에 실질적인 의미에서 존재의 부재가 아니라, 실질적인 존재에 참여함으로써 존재하는 존재의 부재입니다. 처음 두 가지 부재는 피조물의 의지에 의존합니다. 세 번째 부재는 창조주의 의지에 의존하며, 선하신 창조주는 피조물들이 항상 존재하며 항상 그의 축복을 받기를 원하십니다.

~ 30 ~

모든 피조물에게는 지성과 사고력이 부여되어 있어서 덕과 악, 지식과 무지처럼 상반되는 것을 지닌 능력을 소유합니다. 아니면 피조물은 상반되는 것들 - 흙, 대기, 불, 그리고 물 - 로 이루어진 다양한 육체적인 몸들입니다. 전자 중에는 몸과 결합된 것들도 있지만, 전자는 완전히 영적이고 비물질적인 것들입니다. 후자는 물질과 형태로 이루어져 있습니다.

~ 31 ~

육체는 본질적으로 움직이는 능력이 부족합니다. 육은 영혼에 의해서, 지적인 영혼이나 사고력이 없는 영혼이나, 감각이 없는 영혼에 의해서 움직임을 부여받습니다.

~ 32 ~

영혼에게는 세 가지 능력이 있습니다. 첫째는 양육과 성장의 능력이며, 둘째는 상상과 직관의 능력이며, 셋째는 지성과 사고력의 능력입니다. 식물들은 첫째 능력만 소유하며, 동물들은 첫째 능력과 둘째 능력을 소유하고, 인간은 세 가지 능력을 모두 소유합니다. 처음 두 가지 능력은 사라지는 것들이며, 세 번째 능력은 영원한 능력입니다.

~ 33 ~

천사들은 서로를 조명해 주며, 또 자기들의 덕이나 지식을 인간의 본성에 전달합니다. 그들은 하나님의 선을 닮은 선을 전해 주며, 이 선을 통해서 그들 자신에게는 축복을 주고 자기들보다 열등한 것들을 하나님처럼 되게 만듭니다. 그들은 하나님에 대한 고귀한 지식이나 구체화된 존재에 대한 심오한 지식, 또는 영적 존재에 대한 정확한 지식, 또는 하나님의 섭리에 대한 독특한 지식, 또는 하나님의 심판에 대한 정확한 지식을 전해 줍니다.

※ 34 ※

지성이 더러워지는 이유는 첫째는 거짓 지식을 소유하는 데 있으며, 둘째는 보편적인 것에 대해 무지한 데 있으며, 셋째는 정욕적인 생각을 소유하는 데 있으며, 넷째는 죄에 동의하는 데 있습니다.

※ 35 ※

영혼이 부정(不淨)한 이유는 본성에 따라서 기능하지 않는 데 있습니다. 그 때문에 지성 안에서 정욕적이고 더러운 생각이 일어납니다. 사물의 도발이나 사물에 대한 개념적인 이미지들의 도발에 직면하여 영혼의 감각적인 측면들 – 즉 영혼의 도발하는 힘과 갈망 – 이 침착함을 유지할 때에, 영혼은 본성에 따라 기능합니다.

※ 36 ※

몸의 부정은 실제로 죄를 범하는 것 안에 존재합니다.

※ 37 ※

세상적인 것에 매력을 느끼지 않는 사람은 침묵을 소중히 여깁니다. 인간적인 것을 사랑하지 않는 사람은 모든 사람을 사랑합니다. 잘못을 범한 사람에게 화를 내지 않고 자신의 의심스러운 생각 때문에 화를 내지 않는 사람은 하나님 및 거룩한 것에 대한 지식을 소유합니다.

◈ 38 ◈

사물에 매력을 느끼지 않는 것은 큰 성취입니다. 그러나 사물 및 그것들로부터 유래된 개념적인 심상들에게 이끌리지 않는 것은 더욱 큰 성취입니다.

◈ 39 ◈

사물 및 사물에 대한 개념적인 이미지에 직면했을 때에, 사랑과 절제는 지성이 정념에 휘둘리지 않게 해 줍니다.

◈ 40 ◈

하나님의 사랑을 누리는 사람의 지성은 사물 및 사물에 대한 개념적인 심상들과 싸우는 것이 아니라 이러한 심상들과 연결된 정념들과 싸웁니다. 예를 들어 그러한 사람의 지성은 여인, 또는 자기의 기분을 상하게 한 사람과 싸우거나 그들에 대해 자신이 형성한 심상들과 싸우는 것이 아니라, 그러한 심상들과 연결되어 있는 정념들과 싸웁니다.

◈ 41 ◈

우리가 마귀들을 대적하여 싸우는 목적은 개념적인 심상들로부터 정념들을 떼어내기 위해서입니다. 그렇지 않으면, 우리는 사물을 공정하게 보지 못할 것입니다.

◈ 42 ◈

하나의 사물, 개념적인 심상, 그리고 정념은 서로 아주 다릅니다. 예를 들어 남자, 여자, 금 등은 사물입니다. 이것들에 대해 정념의 지배를 받지 않은 생각은 개념적인 심상입니다. 정념은 이러한 사물에 대한 분별없는 애착이나 무분별한 미움입니다.

◈ 43 ◈

정념에 물든 개념적 심상이란 정념과 개념적 심상이 복합된 생각입니다. 우리가 개념적인 심상에서 그 정념을 떼어낸다면, 정념의 지배를 받지 않는 생각이 남을 것입니다. 하고자 하는 의지만 있으면, 우리는 신령한 사랑과 절제에 의해서 정념과 개념적 심상을 분리할 수 있습니다.

◈ 44 ◈

덕은 지성을 정념들로부터 분리하며, 영적 관상은 정념의 지배를 받지 않는 개념적 심상들로부터 지성을 분리하며, 순수한 기도는 지성을 하나님 앞으로 가져갑니다.

◈ 45 ◈

덕은 피조물의 지식을 위해 존재하며, 지식은 이해하는 사람을 위해 존재하며, 이해하는 사람은 무지를 통해서 알려지며 모든 지식을 초월하여 아시는 분을 위해서 존재합니다.

◈ 46 ◈

하나님은 무엇이 필요하셨기 때문에 피조물을 존재하게 하신 것이 아니라, 피조물이 능력에 비례하여 하나님 안에 참여하며 하나님은 지으신 것들이 즐거워하며 다함이 없는 하나님의 선물들로 차고 넘치는 것을 보고 기뻐하시기 위해서 피조물을 지으셨습니다.

~ 47 ~

세상에는 영적으로 가난하지만 그 방식이 올바르지 못한 사람들이 많습니다. 또 경제적인 손해나 자녀의 죽음 때문에 슬퍼하는 사람이 많습니다. 온유하지만 더러운 정념들을 향하는 사람들이 많습니다. 굶주리고 목이 마르지만, 불의한 목적으로 자기의 것이 아닌 것을 취하려는 사람들이 많습니다. 자비하지만 자기의 몸과 몸에 소용이 되는 물건들에 대해 자비한 사람들이 많습니다.

자부심 때문에 마음을 깨끗하게 하는 사람들이 많습니다. 영혼을 육체에 복종시킴으로써 평화를 이루는 사람들이 많습니다. 악을 행했기 때문에 박해를 받는 사람들이 많습니다. 부끄러운 죄 때문에 비방을 받는 사람들이 많습니다. 그리스도를 본받아서, 그리스도를 위해서 이러한 일을 당하는 사람들만이 복을 받습니다. 그 이유는 무엇입니까? 그들은 하나님의 나라를 차지하며 하나님을 볼 것이기 때문입니다(마 5:3-12). 그들이 복 받은 사람이기 때문에 이러한 일을 행하거나 당하는 것이 아닙니다. 그들은 그리스도를 위해서, 그리스도를 본받아 이러한 일을 행하거나 당합니다.

~ 48 ~

하나님은 우리가 행하는 모든 일의 동기를 살피십니다. 우리가 하나님을 위해서 행하는지, 다른 목적을 위해서 행하는지를 보십니다. 그러므로 우리는 인기를 얻으려고 선을 행해서는 안 됩니다. 우리는 하나님을 목표로 삼고, 시선을 하나님께 두며, 모든 일을 하나님을 위해서 해야 합니다. 그렇지 않으면 애써 노력하여 행동하여도 상을 받지 못할 것입니다.

~ 49 ~

기도할 때에, 당신의 지성에서 인간적인 것에 대한 개념적인 심상들과 피조물에 대한 관상을 제거하십시오. 그렇지 않으면, 저급한 것들을 상상하는 동안에 모든 피조물보다 무한히 위대하신 분에게서 멀어질 것입니다.

~ 50 ~

하나님을 향한 참 사랑을 통해서 정념들을 몰아낼 수 있습니다. 하나님을 향한 사랑이란 이 세상에 속한 것들을 멸시하고 항상 절제와 사랑과 기도와 찬송을 통해서 하나님께 헌신함으로써 세상보다는 하나님을 택하며 육체보다 영혼을 선택하는 것입니다.

~ 51 ~

우리가 끈질기게 하나님께 헌신하며 영혼의 감각적인 측면을 주의 깊게 지킨다면, 생각들의 도발에 밀려 가지 않을 것입니다. 우리가 생각들의 원인을 정확하게 이해하고 그것들을 끊어버리면, 우리는 더 많은 통찰력을 소유하게 될 것입니다. 그리하면 "내 원수의 보응 받는 것을 내 눈으로 보며 일어나 나를 치는 행악자에게 보응하심을 내 귀로 들었도다"(시 92:11)라는 말씀이 우리에게 적용됩니다.

~ 52 ~

당신의 지성이 세상에 속한 개념적인 심상들을 존중하며 공정하게 생각한다면, 당신의 몸도 계속 죄가 없이 깨끗할 것입니다. 그러나 당신의 지성이 죄에 대한 생각에 몰두하는 데 당신이 그것을 억제하지 않는다면, 머지않아 당신의 몸도 그러한 죄에 빠질 것입니다.

◈ 53 ◈

몸의 세계는 사물들로 구성되며, 지성의 세계는 개념적인 심상들로 이루어집니다. 몸이 여인의 몸과 더불어 간음하듯이, 지성은 여인에 대한 개념적인 심상을 가지고 간음합니다. 지성은 정신 안에서 자기의 몸의 형태가 여인의 형태와 교제하는 것을 봅니다. 마찬가지로 지성은 자체의 몸의 형태를 통해서 자기를 공격한 사람의 형태를 공격합니다. 다른 죄들과 관련해서도 동일한 말을 적용할 수 있습니다. 몸이 사물의 세계에서 행하는 것들을, 지성은 개념적 심상들의 세계에서 행합니다.

◈ 54 ◈

하나님 아버지께서 아무도 심판하지 아니하시고 심판을 다 아들에게 맡기셨다고 해서 놀라지 마십시오(요 5:22). 아들은 "비판을 받지 아니하려거든 비판하지 말라"(마 7:1), "정죄하지 말라 그리하면 너희가 정죄를 받지 않을 것이요"(눅 6:37)고 가르치십니다. 사도 바울도 "때가 이르기 전 곧 주께서 오시기까지 아무것도 판단치 말라"(고전 4:5), "남을 판단하는 것으로 네가 너를 정죄함이라"(롬 2:1)고 말합니다. 그러나 사람들은 자기의 죄 때문에 우는 것을 포기하고 아들에게서 심판을 가져갔습니다. 그들은 마치 자기에게는 죄가 없는 듯이 서로를 판단하고 정죄합니다. "하늘이 이 일을 인하여 놀라고"(렘 2:12) 땅이 두려워 떨지만, 완고한 사람들은 부끄러움을 모릅니다.

◈ 55 ◈

다른 사람들의 죄 때문에 바쁘거나 의심스러운 형제를 판단하는 사람은 아직 회개하거나 자신을 성찰하여 큰 납덩이보다 무거운 자기의 죄를 발견하지 못한 사람입니다. 또 그는 허영을 사랑하고 거짓을 찾는 사람의 마음이 무거운 이유를 알지 못합니다(시 4:2). 그렇기 때문에 그는 어두운 곳을 다니는 바보처럼 자신의 죄에 관심을 기울이지 않고 다른 사람의 죄에 대해 상상하고 거기에 관심을 둡니다.

~ 56 ~

정념의 지배를 받는 모든 생각의 원인은 자애입니다. 여기에서부터 욕망과 관련된 세 가지 중요한 생각이 생겨납니다: 탐식, 탐욕, 그리고 자만심. 탐식에서 음란한 생각이 생기며, 탐욕에서 탐심이 생기며, 자만심에서 교만한 생각이 나옵니다. 그 밖의 것들 – 노염, 분노, 앙심, 방탕, 시기, 험담 등과 관련된 생각들 – 은 이 세 가지 중 하나의 결과입니다. 이 정념들은 지성을 물질에 묶어 땅으로 끌어내리며, 무거운 돌이 내리누르듯이 지성을 압박합니다.

~ 57 ~

모든 정념의 근원은 자애이고 그것들의 절정은 교만입니다. 자애란 몸에 대한 분별없는 사랑입니다. 이것을 제거하는 사람은 이것에서 생겨난 모든 정욕들을 동시에 제거합니다.

~ 58 ~

부모가 자기 몸의 열매인 자녀들을 특별히 사랑하는 것처럼, 지성도 자신의 생각에 매달립니다. 사랑하는 부모의 눈에는 자기 자녀가 가장 아름답고 가장 유능한 것처럼 보이듯이, 어리석은 지성은 자체의 생각이 모든 생각 중에서 가장 지혜로운 생각인 것처럼 보입니다. 지혜로운 사람은 자신의 생각을 이런 식으로 보지 않습니다. 그는 자기의 생각이 참되고 선하다고 확신할 때에, 자신의 판단을 불신합니다. 그는 자신이 헛되이 달음질하지 않기 위해서(갈 2:2) 다른 지혜로운 사람들로 하여금 자신의 생각과 논거를 판단하게 함으로써 확신을 얻습니다.

59

당신이 탐식이나 음란 또는 노염과 같은 천박한 정념을 정복할 때에, 자만하는 생각이 당신을 공격합니다. 당신이 이 생각을 물리치면, 교만이라는 생각이 뒤를 이어 당신을 공격합니다.

60

영혼을 지배하는 모든 천박한 정념들은 영혼에서 자만심이라는 생각을 끌어냅니다. 이러한 정념들이 정복되어도 자만심은 제어되지 않습니다.

61

자만심은 교만을 낳습니다. 자만심이 제거되면 자부심이 생기며, 그대로 남아 있으면 거만함이 생깁니다.

62

은밀하게 덕을 실천할 때에 자만심이 제거되며, 우리가 성취한 것들을 하나님께 돌릴 때에 교만이 제거됩니다.

63

하나님에 대한 지식을 선물로 받았으며, 거기서 오는 즐거움을 충분히 누리는 사람은 영혼의 갈망하는 능력에 의해 형성되는 모든 쾌락을 무시합니다.

― 64 ―

땅에 속한 것을 원하는 사람은 음식, 성욕을 만족시켜 주는 것, 인간적인 명성, 부귀 또는 이런 것들의 결과로서 생기는 것들을 원합니다. 이런 것들보다 더 고귀한 것을 발견하지 못한 지성은 이것들을 완전히 무시하지 못할 것입니다. 하나님 및 거룩한 것들에 대한 지식은 이처럼 땅에 속한 것들보다 무한히 고귀합니다.

― 65 ―

사람이 육욕적인 쾌락을 멸시하는 것은 두려움이나 희망, 또는 하나님에 대한 지식과 사랑 때문입니다.

― 66 ―

거룩한 것에 대한 정념에 물들지 않은 지식은 지성을 설득하여 물질을 완전히 멸시하게 하지 않습니다. 그것은 감각적인 것에 대한 정념이 없는 생각과 흡사합니다. 그러므로 지식이 많으면서도 시궁창에서 딩구는 돼지처럼 육체의 정념들 속에서 딩구는 사람들을 많이 발견할 수 있습니다. 그들은 일시적으로는 자신을 깨끗이 하여 지식을 얻은 후에는 태만해집니다. 이런 면에서 그들은 사울과 비슷합니다. 사울은 이스라엘의 왕이 되었지만 합당하지 못하게 행동하여 진노를 받아 왕위에서 쫓겨났습니다(삼상 10-15).

― 67 ―

인간적인 것들에 대한 정념이 없는 생각들이 지성을 강요하여 거룩한 것을 멸시하게 하지 못하듯이, 거룩한 것에 대한 깨끗한 생각이 지성을 설득하여 인간적인 것들을 멸시하게 하지 못합니다. 이 세상에서 진리는 그림자와 추측 안에 존재합니다. 그렇기 때문에 거룩한 사랑이라는 복된 정념이 필요합니다. 그것은 지성을 영적 관상과 결합시키며, 물질적인 것보다 영적인 것을, 감각으로 이해되는 것보다는 지적이고 거룩한 것을 선택하게 만듭니다.

68

어떤 사람이 정념들을 제거하여 생각들을 정념에서 해방시켰다고 해서 그의 생각들이 이미 거룩한 것을 향하고 있다는 의미는 아닙니다. 그는 인간적인 것이나 신적인 것에 대해 전혀 끌리는 것을 느끼지 않을 수도 있습니다. 이런 일은 영적 지식을 선물로 받지 못한 상태에서 수덕 생활을 하는 사람들에게서 발생합니다. 그러한 사람들은 형벌에 대한 두려움이나 하늘나라의 소망 때문에 정념들을 저지합니다.

69

"우리는 믿음으로 행하고 보는 것으로 하지 아니하며"(고후 5:7), 거울로 희미하게 보듯이 상징들을 통해서 영적 지식을 얻습니다(고전 13:12). 그러므로 우리는 이런 종류의 지식에 많은 시간을 바쳐야 합니다. 그리하면 오랫동안 연구하고 적용함으로써 지속적인 관상의 상태에 이를 수 있습니다.

70

우리가 잠시 동안만 정념들의 원인을 제거하며, 영적 관상을 하면서도 그것을 유익하고 지속적인 관심사로 삼지 않는다면, 쉽게 육체의 정념들에게로 돌아갈 것이며, 우리의 수고로부터 아무런 유익을 얻지 못하고 다만 자만심과 이론적 지식을 얻을 것입니다. 그 결과 이 지식은 점차 어두워지고, 지성은 완전히 물질적인 것을 향하게 됩니다.

~ 71 ~

사랑이라는 정념이 잘못 작용하면 물질적인 것으로 지성을 점령하지만, 그 방향이 올바른 것일 때에는 지성과 거룩한 것과 연합합니다. 지성은 자신이 관심을 기울이는 것들 가운데서 능력을 발달시키는 경향이 있습니다. 그리고 지성은 자체의 능력들을 발달시키는 곳에 자신의 갈망과 사랑을 기울입니다. 지성은 거룩하고 지성적이고 본성에 합당한 것을 갈망하거나 사랑하며, 아니면 육에 속한 것들과 정념들에게 사랑하고 갈망할 것입니다.

~ 72 ~

하나님은 보이는 세계와 보이지 않는 세계를 지으셨으며, 또 영혼과 몸을 지으셨습니다. 보이는 세상이 아름답다면, 보이지 않는 세상은 무엇을 닮았겠습니까? 보이지 않는 세상이 보이는 세상보다 우월하다면, 보이는 세상과 보이지 않는 세상을 지으신 하나님은 이 두 세상보다 얼마나 우월하겠습니까? 모든 아름다운 것을 만드신 분이 자신의 피조물보다 우월하다면, 지성은 무슨 근거에서 모든 것보다 우월한 것을 포기하며 가장 좋지 않은 것, 즉 육체의 정념들에 몰두합니까? 이런 일은 지성이 태어나면서부터 이러한 정념들과 더불어 살아왔으며 그것들에 익숙해졌으면서도 만물을 초월하시며 만물보다 우월하신 하나님에 대한 완전한 경험이 없기 때문입니다. 그러므로 우리가 오랫동안 쾌락에 빠져 지내는 것을 제어하며 거룩한 것에 대해 꾸준히 묵상함으로써 이러한 관계로부터 지성을 조금씩 분리시킨다면, 지성은 점차 이러한 실체들에게 헌신하며 자신의 권위를 깨달을 것이며, 마지막에는 신적인 것만 갈망할 것입니다.

◈ 73 ◈

어떤 사람이 형제의 죄에 대해 공평무사하게 말하는 것은 그의 잘못을 고쳐 주거나 유익을 주기 위함입니다. 만일 다른 이유 때문에 그 형제나 다른 사람에게 말을 거는 것은, 그 사람을 욕하거나 조롱하기 위한 것입니다. 이런 경우에, 그는 하나님의 버림을 받을 것입니다. 그는 동일한 죄나 다른 죄에 빠질 것이며, 다른 사람들의 비난과 책망을 받아 수치를 당할 것입니다.

◈ 74 ◈

죄인들이 항상 동일한 이유에서 동일한 죄를 범하는 것은 아닙니다. 범죄하는 이유는 다양합니다. 예를 들어, 습관적으로 범죄하는 것과 갑작스런 충동에 휩쓸려 범죄하는 것은 다른 것입니다. 후자의 경우에, 범죄하는 사람은 범죄하기 전이나 후에 의도적으로 죄를 선택한 것이 아닙니다. 그는 죄가 발생했다는 사실 때문에 매우 슬퍼합니다. 습관 때문에 범죄하는 사람의 경우는 아주 다릅니다. 그는 행동하기 전에 이미 생각으로 범죄하고 있으며, 범죄한 후에도 동일한 정신 상태에 머뭅니다.

◈ 75 ◈

자만심 때문에 덕을 계발하는 사람은 동일한 이유 때문에 신령한 지식을 추구합니다. 그런 사람은 다른 사람의 덕을 세우기 위해 무슨 일을 하거나 무엇을 논하지 않습니다. 그는 항상 자기를 보는 사람이나 자기의 말을 듣는 사람들로부터 칭찬을 받으려 합니다. 사람들이 자기의 행동이나 말을 비난할 때에 그의 정념이 겉으로 드러납니다. 그는 사람들의 덕을 세우지 못했기 때문이 아니라, 수치를 당했기 때문에 크게 슬퍼합니다.

～ 76 ～

사람이 받을 때에는 즐거워하지만, 주어야 할 때에 화를 내는 것은 그의 내면에 탐욕이 존재한다는 증거입니다. 그러한 사람은 출납 담당자나 회계원의 직무에 합당하지 못합니다.

～ 77 ～

사람이 고난을 참고 견디는 것은 하나님에 대한 사랑 때문이거나, 받을 상에 대한 희망이나 형벌에 대한 두려움, 또는 사람들에 대한 두려움 때문입니다. 아니면 그의 본성 때문이거나, 즐거움 때문이거나 유익 때문이거나 자만심 때문이거나, 어쩔 수 없기 때문입니다.

～ 78 ～

죄악된 생각들로부터 구원을 받은 것과 정념들로부터 해방되는 것은 다른 것입니다. 종종 사람은 정념들을 일으키는 사물이 존재하지 않을 때 죄악된 생각들로부터 구원을 받습니다. 그러나 정념들은 영혼 안에 숨어 있으며, 사물이 존재할 때에 모습을 드러냅니다. 그런 까닭에 우리는 사물이 존재할 때에 지성을 깨어 지켜야 하며, 지성이 그러한 사물들 중 무엇과 관련된 정념을 나타내는지 분별해야 합니다.

～ 79 ～

참된 친구란 이웃의 불행과 재앙을 자기의 것처럼 여겨 동참하는 사람입니다.

～ 80 ～

당신의 양심을 멸시하지 마십시오. 양심은 항상 가장 선한 것을 행하라고 충고해 줍니다. 그것은 당신 앞에 하나님과 천사들의 뜻을 제시합니다. 그것은 마음의 은밀한 더러운 것들로부터 당신을 해방시켜 줍니다. 그리고 당신이 이 세상을 떠날 때에 하나님과의 친밀함을 선물로 줍니다.

～ 81 ～

당신이 자만이라는 정념의 노예가 되지 않고 이해와 중용을 지닌 사람이 되기를 원한다면, 피조물 가운데서 당신이 알지 못하는 감추인 것을 꾸준히 찾으십시오. 당신이 주목하지 못한 많은 다양한 사물이 있다는 것을 발견할 때에, 당신은 자신의 무지에 놀라며 주제넘음을 버릴 것입니다. 당신 자신을 알고 나면, 많은 크고 놀라운 일들을 이해할 것입니다. 왜냐하면 자신이 안다고 생각하는 것이 지식의 발전을 방해하기 때문입니다.

～ 82 ～

진심으로 치유를 원하는 사람은 치료를 거부하지 않습니다. 이 치료는 다양한 불행에 의해 초래되는 고통과 슬픔으로 이루어집니다. 그것들이 이 세상에서 성취하는 것 또는 장차 그가 세상을 떠날 때 그것들로부터 얻을 유익을 깨닫지 못하는 사람은 그것들을 거부합니다.

∞ 83 ∞

자만심은 탐욕을, 탐욕은 자만심을 만들어 냅니다. 자만심이 가득한 사람은 부를 획득하며, 부유한 사람은 자만심으로 가득하게 됩니다. 세상에서 사는 사람들에게 이런 일이 발생합니다. 그러나 재산을 포기한 수도사는 더 큰 자만심으로 가득 차지만, 만일 돈이 생기면 부끄러워하며 그것을 수도복을 입은 사람에게 합당하지 않은 것으로 여겨 감춥니다.

∞ 84 ∞

수도적 자만심의 표식은 덕과 그에 따른 결과를 자랑하는 것입니다. 수도적 교만의 표식은 자신이 성취한 것으로 인해 자만하며, 그 공로를 하나님께 돌리지 않고 자신에게 돌리며, 다른 사람들을 멸시하는 것입니다. 세상적인 자만과 교만의 표식은 자신의 아름다움이나 부유함이나 능력이나 도덕적 판단에 대해 의기양양하고 자만하는 것입니다.

∞ 85 ∞

세상적인 사람의 성공은 수도사에게는 실패요, 수도사의 성공은 세상적인 사람의 실패입니다. 예를 들어, 세상적인 사람의 성공은 부, 명성, 권력, 사치, 위로, 자녀, 그리고 이 모든 것에 따르는 것들입니다. 그러나 만일 수도사가 이런 것들 중 하나를 얻는다면, 그는 멸망합니다. 수도사의 성공은 소유를 완전히 나누어 주는 것, 존경과 권력을 거부하는 것, 절제, 곤경, 그리고 이것들에 따르는 것들입니다. 세상을 사랑하는 사람이 자기의 뜻과는 상관없이 이런 것들을 얻는다면, 그는 이것을 큰 재앙으로 간주하며, 종종 자살하려는 위험에 처할 것입니다. 실제로 어떤 사람은 그렇게 행동합니다.

～ 86 ～

음식은 영양 공급과 치료를 위해 만들어졌습니다. 이 두 가지 목적이 아닌 다른 목적으로 음식을 먹는 사람은 방종한 사람입니다. 왜냐하면 그는 하나님께서 우리에게 주신 선물을 남용하기 때문입니다. 모든 물건을 남용하는 것은 죄입니다.

～ 87 ～

겸손은 눈물과 고난과 결합된 꾸준한 기도 안에 존재합니다. 이렇게 쉬지 않고 하나님께 도움을 구함으로써 우리는 어리석게도 자신의 힘과 지혜를 자랑하지 않으며 자기 자신을 다른 사람들보다 우월하게 여기지 않습니다. 자신의 힘과 지혜를 자랑하는 것과 자신을 다른 사람보다 우월하게 여기는 것은 교만이라는 정념에서 나오는 위험한 병입니다.

～ 88 ～

정념과 관련이 없는 생각과 싸워 그것이 정념을 자극하지 못하게 하는 것과 정념에 물든 생각과 싸워 정념에 동의하지 못하게 하는 것은 다른 것입니다. 이 두 가지 형태의 반격은 생각들이 살아 남지 못하게 합니다.

～ 89 ～

분개는 심한 증오와 연결되어 있습니다. 지성이 분개의 감정을 가지고서 형제의 얼굴을 연상할 때에는 형제에 대한 증오심이 포함됩니다. 형제에 대해 증오심을 지니는 것은 범죄하는 것이요, 사망에 이릅니다.

～ 90 ～

만일 당신이 누군가에 대해서 증오심을 가지고 있다면, 그를 위해 기도하십시오. 그리하면 정념이 일어나지 않게 할 수 있을 것입니다. 왜냐하면 기도를 함으로써 그 사람이 행한 부당한 일에 대한 분개하는 생각을 제거할 수 있기 때문입니다. 당신이 그를 사랑하고 긍휼히 여긴다면, 당신의 영혼에 분개라는 정념을 완전히 제거할 수 있을 것입니다. 만일 누군가가 당신을 증오한다면, 그 사람과 함께 있을 때에 기분 좋게 대해 주고 겸손하게 행동하십시오. 그러면 그 사람은 당신에 대한 증오심에서 벗어날 것입니다.

～ 91 ～

당신을 질투하는 사람의 분노를 억제하기는 어려울 것입니다. 왜냐하면 그 사람은 당신이 가지고 있는 것을 질투하며, 그것을 자기의 불행이라고 생각하기 때문입니다. 그 사람에게서 질투심을 발하게 만드는 물건을 감추지 않는 한 그의 질투심을 억제할 수 없을 것입니다. 만일 그 물건이 많은 사람에게 유익을 주지만 그 사람에게는 분개심을 채워 준다면, 당신은 어느 편을 중시하겠습니까? 가능하면 그를 무시하지 않으면서, 그리고 분개라는 정념의 교활함에 미혹되지 않으면서 많은 사람에게 도움을 주어야 합니다. 당신은 그 정념을 옹호하는 것이 아니라 그 정념의 희생자를 옹호하는 것입니다. 당신은 겸손하게 그 사람이 당신보다 우월하다고 생각해야 하며, 언제 어디서 어떤 방식으로든지 당신의 이익보다 그 사람의 이익을 우선적으로 고려해야 합니다. 만일 당신이 질투하는 어떤 사람이 기뻐할 때에 당신도 기뻐하고, 그가 슬퍼할 때에 당신도 슬퍼한다면, 당신의 질투심을 억제할 수 있을 것이며, "즐거워하는 자들로 함께 즐거워하고 우는 자들로 함께 울라"(롬 12:15)는 사도 바울의 말을 이행하게 됩니다.

 92

우리의 지성은 천사와 마귀 사이에 있습니다. 천사와 마귀는 각기 자기의 목적을 위해 일합니다. 천사는 덕을 장려하고, 마귀는 악을 장려합니다. 지성은 자신이 원하는 것을 따르거나 거부할 권위와 능력을 가지고 있습니다.

 93

천사들은 우리로 하여금 거룩한 것을 향하도록 하며, 우리의 본능과 성실한 의도가 우리를 도와줍니다. 그러나 정념들과 죄악된 의도는 마귀들의 도발을 강화해 줍니다.

 94

지성이 깨끗하면, 때때로 하나님께서 친히 지성에게 가까이 오시고 가르쳐 주십니다. 때로 천사들, 또는 지성이 관상하는 피조물의 본성이 거룩한 것을 암시해 줍니다.

 95

신령한 지식을 부여받는 지성은 개념적인 심상들을 정념들로부터 자유하게 하고, 관상을 확고하게 하며, 기도의 상태를 어지럽히지 말아야 합니다. 그러나 지성은 마귀의 책략에 의해 흐려지기 때문에, 육의 공격으로부터 항상 보호를 받을 수는 없습니다.

~ 96 ~

우리를 슬프게 하는 것들과 성나게 하는 것들이 항상 동일한 것은 아닙니다. 우리를 슬프게 하는 것이 성나게 하는 것보다 훨씬 더 많습니다. 예를 들어, 어떤 물건이 깨졌거나 분실되었다는 사실, 또는 어떤 사람이 죽었다는 사실은 우리를 슬프게 할 따름입니다. 그러나 우리에게 거룩한 철학의 정신이 부족할 때에, 우리를 슬프게 하며 동시에 성나게 하는 것들이 있습니다.

~ 97 ~

유형적인 대상의 개념적 심상에 주의를 집중하는 지성은 그 심상의 형태와 동화됩니다. 이러한 사물들을 영적으로 관상하는 지성은 자신이 관상하는 다양한 방법으로 변화됩니다. 그러나 하나님 안에 자리를 잡은 지성은 형태를 완전히 상실합니다. 왜냐하면 단순하신 하나님을 관상함에 의해서 지성도 단순해지고 영적인 빛으로 가득 차기 때문입니다.

~ 98 ~

영혼의 감정적인 측면이 완전히 하나님을 향한다면, 그 영혼은 완전한 영혼입니다.

~ 99 ~

완전한 지성이란, 지극히 불가지하신 분을 참된 믿음에 의해서, 그리고 모든 무지를 초월하는 방법으로 아는 것을 말합니다. 그것은 하나님의 창조 전체를 바라보면서 하나님으로부터 그것을 다스리는 섭리와 심판에 대한 포괄적인 지식을 받습니다.

∽ 100 ∽

시간은 셋으로 구분됩니다. 믿음은 세 가지 모두와 공존하며, 희망은 그 중 하나와 공존하며, 사랑은 나머지 둘과 공존합니다. 게다가 믿음과 희망은 어느 지점까지 지속되지만, 무한하신 하나님과의 연합을 초월하여 연합된 사랑은 영원토록 지속되면서 계속 증가될 것입니다. 그렇기 때문에 "그 중에 제일은 사랑"(고전 13:13)입니다.

301-400편

～ 1 ～

첫째, 지성은 자신이 매우 동경하는 끝없는 바다, 하나님의 절대적인 무한함을 반영할 때에 크게 놀랍니다. 다음으로, 하나님께서 무로부터 사물을 존재하게 하신 방법에 놀랍니다. 그러나 "여호와의 광대하심을 측량할 수 없듯이"(시 145:3), 그 명철이 한이 없으십니다(사 40:28).

～ 2 ～

지성이 무한히 크고 놀라운 선의 바다를 바라볼 때에 어찌 놀라지 않겠습니까? 또 지성과 사고력을 부여받은 자연과 유형적인 몸을 구성하는 네 가지 요소가 어떻게, 그리고 어떤 근원에서부터 존재하게 되었는지에 대해 숙고할 때에, 지성이 어찌 놀라지 않을 수 있겠습니까? 이것들을 존재하게 만든 잠재력은 어떤 것이었습니까? 인간의 지성을 초월하는 전능한 선과 그에 따르는 지성과 지식을 알지 못하는 이교도인 그리스 철학자들을 따르는 사람들은 이것을 받아들이지 않습니다.

～ 3 ～

하나님은 영원 전부터 창조주이십니다. 하나님은 원하시는 때에 무한한 선 안에서 자신의 공동본질인 로고스와 성령을 통해서 창조하십니다. "하나님이 영원 전부터 선하시다면 왜 어느 특별한 순간에 세상을 창조하셨느냐?"라고 반문하지 마십시오. 무한한 본질을 지닌 헤아릴 수 없는 지혜는 인간적 지식의 한계 안에 포함되지 않기 때문입니다.

∽ 4 ∽

창조주 하나님은 원하시는 때에 이미 자기 안에 영원 전부터 존재해 왔던 피조물에 대한 지식을 존재하게 하시고 표현하셨습니다. 전능하신 하나님이 볼 때에, 하나님께서 원하시는 것을 존재하게 하실 수 있는지를 의심하는 것은 우스꽝스러운 일입니다.

∽ 5 ∽

하나님께서 창조하신 이유를 배우십시오. 왜냐하면 그것은 참 지식이기 때문입니다. 그러나 하나님께서 창조하신 방법, 또는 비교적 최근에 창조하신 이유를 알려 하지 마십시오. 왜냐하면 그것은 우리의 지성으로는 이해할 수 없는 것이기 때문입니다. 거룩한 실체들 중에는 인간이 이해할 수 있는 것도 있지만, 그렇지 못한 것들도 있습니다. 어느 성인이 말했듯이, 억제할 수 없는 생각은 우리를 절벽으로 곧바로 몰아갈 수 있기 때문입니다.

∽ 6 ∽

어떤 사람은 피조된 질서는 영원 전부터 하나님과 함께 공존해왔다고 말하지만, 이것은 불가능한 일입니다. 모든 면에서 유한한 사물이 어찌 지극히 무한하신 분과 영원 전부터 공존할 수 있습니까? 또 만일 그것들이 창조주와 함께 영원하다면, 그것이 어찌 피조물이겠습니까? 이 개념은 이교도인 그리스 철학자들에게서 유래된 것입니다. 그들은 하나님은 존재를 창조하신 분이 아니라 속성들을 창조하신 분이라고 주장합니다. 그렇다면 피조물은 영원 전부터 하나님과 함께 공존해 오지 않았습니다.

~ 7 ~

신성과 신적 실체들은 어떤 면에서는 알 수 있고 어떤 면에서는 알 수 없습니다. 하나님의 본질에 관한 것을 관상할 때에는 알 수 있고, 하나님의 본질 자체는 알 수 없습니다.

~ 8 ~

성 삼위일체의 단순하고 무한한 본질 안에 있는 상태들과 속성들을 바라보지 마십시오. 자칫하면 그것을 피조물의 복합체로 만들 것입니다.

~ 9 ~

무한하신 분, 전능하시며 만물을 창조하시는 분은 단순하시고 독특하시고 제한을 받지 않으시며, 평화로우시고 안정되신 분입니다. 우연한 존재인 모든 피조물은 복합적이고 무상한 존재이므로 항상 하나님의 섭리를 필요로 합니다.

~ 10 ~

하나님에 의해 존재하게 된 지성적이고 감성적인 본성은 피조물을 이해할 수 있는 능력을 받았습니다. 지성적인 본성은 지적 작용의 능력을 받았고, 감성적인 본성은 감각-지각의 능력을 받았습니다.

~ 11 ~

인간은 하나님 안에 참여하는 것만이 가능합니다. 창조는 참여하고 전달합니다. 그것은 존재와 행복에 참여하지만, 전달할 수 있는 것은 행복뿐입니다. 그러나 유형적인 본성과 영적인 본성이 이것을 전달하는 방법은 다릅니다.

∽ 12 ∽

영적인 본성은 발언, 행동, 그리고 관상되어짐에 의해서 행복을 전하며, 유형적인 본성은 오로지 관상되어짐에 의해서 전합니다.

∽ 13 ∽

지성과 사고력을 부여받은 본성이 영원히 존재하는지 아닌지의 여부는 모든 선한 것을 지으신 창조주 하나님의 의지에 달려 있습니다. 그러나 그러한 본성이 선한 것인지 나쁜 것인지는 본성 자체의 의지에 달려 있습니다.

∽ 14 ∽

악은 피조물의 본질이 아니라, 피조물의 분별없고 잘못된 동기에 기인하는 것입니다.

∽ 15 ∽

영혼의 갈망하는 힘이 절제에 종속될 때, 그것의 도발하는 힘이 미움을 거부하고 사랑에 매달릴 때, 그리고 그것의 사고력이 기도와 영적 관상을 통해서 하나님을 향해 나아갈 때에, 영혼의 동기는 올바르게 규제됩니다.

∽ 16 ∽

시련이 임했을 때에 인내하지 않고 고난을 참지 않으며 영적 형제들의 사랑에서 떨어져 나가는 사람은 완전한 사랑이나 하나님의 섭리에 대한 깊은 지식을 소유한 사람이 아닙니다.

17

하나님의 섭리의 목표는 악덕에 의해서 분리되었던 사람들을 참 믿음과 영적 사랑에 의해서 연합하는 것입니다. 주님은 "흩어진 하나님의 자녀를 모아 하나가 되게 하기 위하여"(요 11:52) 고난을 받으셨습니다. 그러므로 환난과 고통과 어려움을 단호하게 참고 인내하지 않는 사람은 거룩한 사랑의 길에서 벗어나며 하나님의 섭리의 목적에서도 벗어납니다.

18

만일 사랑이 오래 참고 온유한 것이라면(고전 13:4), 고난이 임할 때에 두려워하고 자기에게 해를 가한 사람을 악하게 대하며 사랑하지 않는 사람은 분명히 하나님의 섭리의 목적에서 벗어난 사람입니다.

19

당신 자신을 깨어 지키십시오. 그렇지 않으면 당신을 형제에게서 분리시키는 악이 형제에게 있는 것이 아니라 당신 자신에게 거할 것입니다. 지체하지 말고 형제와 화해하십시오. 그리하면 사랑의 계명에서 벗어나지 않을 것입니다.

20

사랑의 계명을 멸시하지 마십시오. 왜냐하면 당신은 그 계명을 통해서 하나님의 아들이 될 것이기 때문입니다. 만일 당신이 그 계명을 범한다면, 당신은 지옥의 아들이 될 것입니다.

21

시기하는 것과 시기를 받는 것, 해를 가하는 것과 해를 받는 것, 욕을 하는 것과 욕을 먹는 것, 그리고 의심하는 생각들 등은 우리를 친구들의 사랑에서 벗어나게 합니다. 당신이 이런 종류의 일을 행하거나 경험하여 친구의 사랑에서 벗어난 적이 없기를 바랍니다.

∽ 22 ∽

당신이 형제 때문에 시련을 당하여 그에 대해 분개하고 미워한 적이 있습니까? 이 미움에 굴복하지 말고 사랑으로 그것을 정복하십시오. 형제를 위해 진지하게 기도하며 그의 사과를 받아들임으로써, 또는 당신이 직접 사과하여 형제와 화해함으로써, 이 시련의 책임이 당신에게 있다고 생각함으로써, 그리고 구름이 지나갈 때까지 인내하고 기다림으로써 미움을 극복할 수 있습니다.

∽ 23 ∽

오래 참는 사람은 시련이 끝날 때까지 인내하면서 기다리며, 자신의 인내에 대한 상이 주어지기를 바랍니다.

∽ 24 ∽

노하기를 더디 하는 사람은 모든 일에 있어서 끝까지 참으며, 동시에 고난을 참고 견디기 때문에 크게 명철합니다(잠 14:29). 사도 바울은 이 끝이 영생이라고 말합니다(롬 6:22). "영생은 곧 유일하신 참 하나님과 그의 보내신 자 예수 그리스도를 아는 것입니다"(요 17:3).

∽ 25 ∽

신령한 사랑을 무시하지 마십시오. 사람들이 구원에 이르는 길은 이것밖에 없습니다.

~ 26 ~

오늘 마귀의 공격으로 당신의 내면에 미움이 일어났다고 해서, 어제 신령하고 고결하다고 여겼던 형제를 천박하고 악하다고 판단해서는 안 됩니다. 오래 참는 사랑을 가지고 당신이 어제 느꼈던 선을 생각하며 오늘 느낀 미움을 영혼에게서 몰아내십시오.

~ 27 ~

형제가 당신을 비판했다고 해서, 사랑을 미움으로 바꾸어 어제는 선하고 고결하다고 칭찬했던 사람을 오늘은 천박하고 악하다고 정죄하지 마십시오. 그에 대해 분개하는 마음이 가득하더라도 전처럼 그를 칭찬하십시오. 그리하면 곧 어제의 사랑을 회복할 수 있을 것입니다.

~ 28 ~

당신이 어떤 형제에 대해 은밀하게 분을 품고 있기 때문에, 다른 형제들과 함께 대화할 때에 은밀하게 그 형제를 비방하지 마십시오. 다른 사람들과 함께 있을 때에 그 사람을 칭찬하고 그를 위해 기도하십시오. 그러면 당신은 이 파괴적인 미움에서 곧 해방될 것입니다.

~ 29 ~

단지 당신의 정신에서 형제에 대한 생각을 제거하는 상태에 있으면서 "나는 내 형제를 미워하지 않는다"라고 말하지 마십시오. 모세의 말에 귀를 기울이십시오: "너는 네 형제를 마음으로 미워하지 말며 이웃을 인하여 죄를 당치 않도록 그를 반드시 책선하라"(레 19:17).

30

형제가 시험을 받아 계속 당신을 모욕하고, 당신도 역시 동일한 시험을 받는다 해도, 사랑의 상태를 잃지 말아야 합니다. 만일 당신을 욕하는 형제를 축복한다면, 당신은 사랑의 상태를 잃지 않을 것입니다. 당신을 비방하는 형제를 칭찬하고, 당신을 속이는 형제를 사랑하십시오. 이것이 그리스도의 길입니다. 당신이 이 길을 따르지 않는다면, 그리스도의 교제에 동참할 수 없습니다.

31

겉보기에는 진실을 말하는 것 같지만, 당신을 분개하게 만들고 형제를 미워하게 만드는 이야기를 전하는 사람들이 당신을 사랑한다고 생각하지 마십시오. 독사를 피하듯이 그들을 피하십시오. 그리하면 그들로 하여금 비방하지 못하게 할 수 있고, 또 당신 자신의 영혼을 악에서 구할 수 있을 것입니다.

32

애매한 말을 하여 형제를 노하게 하지 마십시오. 그렇지 않으면 그도 당신을 똑같이 대할 것이며, 당신의 사랑과 그 형제의 사랑이 모두 식어버릴 것입니다. 그보다는 솔직하면서도 애정을 가지고 형제를 책망하며, 그럼으로써 분개의 근거를 제거하며, 당신 자신과 형제를 노염과 고민으로부터 해방시키십시오.

33

형제가 적대적인 태도를 취하는 원인이 당신의 잘못 때문일 경우에는 당신의 양심을 자세히 살펴보십시오. 양심을 속이지 마십시오. 양심은 당신의 비밀들을 알고 있으며, 당신이 죽을 때에 당신을 책망하며, 기도할 때에 그것이 걸림돌이 될 것입니다.

∽ 34 ∾

형제와 당신 사이에 좋지 않은 감정이 있을 때에 형제가 한 말, 또는 다른 사람이 당신에 대해 한 말을 전한 것이 있어도, 형제와의 관계가 평안할 때에 그러한 것들을 기억하지 마십시오. 그렇지 않으면 당신은 미워하는 생각들을 품게 되고, 다시 형제를 미워하게 될 것입니다.

∽ 35 ∾

하나님의 형상을 지닌 영혼은 어떤 사람에 대해 미움을 품고 있으면 계명을 주신 하나님과 화목할 수 없습니다. 주님은 "너희가 사람의 과실을 용서하면 너희 천부께서도 너희 과실을 용서하시려니와 너희가 사람의 과실을 용서하지 아니하면 너희 아버지께서도 너희 과실을 용서하지 아니하시리라"(마 6:14-15)고 말씀하십니다. 당신의 형제가 당신과 화목하게 살기를 원하지 않더라도, 당신은 미움을 품지 않도록 경계하고 진지하게 그를 위해 기도하며 누구에게라도 그를 욕하지 마십시오.

∽ 36 ∾

거룩한 천사들의 완전한 평화는 하나님을 향한 사랑과 그들 서로 간의 사랑 안에 있습니다. 모든 성인들의 경우도 동일합니다. 그러므로 "이 두 계명이 온 율법과 선지자의 강령이니라"는 말은 참입니다.

∽ 37 ∾

자신을 만족시키지 마십시오. 그러면 형제를 미워하지 않을 것입니다. 자신을 사랑하지 마십시오. 그러면 하나님을 사랑하게 될 것입니다.

~ 38 ~

당신이 영적 형제와 함께 살기로 결정했다면, 처음부터 당신 자신의 소원은 포기하십시오. 그렇지 않으면, 하나님이나 형제와 화목하게 살 수 없을 것입니다.

~ 39 ~

완전한 사랑을 획득했으며, 삶 전체를 그에 합당하게 조정한 사람은 성령 안에서 "예수를 주시라"고 말합니다(고전 12:3).

~ 40 ~

하나님을 향한 사랑은 항상 하나님과 교제하면서 지성에게 날개를 달아주기를 원합니다. 이웃을 향한 사랑은 항상 이웃에 대해 선한 생각을 하게 합니다.

~ 41 ~

헛된 명예를 사랑하는 사람, 또는 물질에 애착하는 사람은 무상한 것 때문에 사람들에게 화를 내거나, 미워하거나 증오하거나, 부끄러운 생각을 합니다. 하나님을 사랑하는 영혼은 그런 것과는 전혀 상관이 없습니다.

~ 42 ~

당신의 마음속에 부끄러운 말이나 행동에 대한 생각이 전혀 없으며, 당신을 욕하거나 해를 끼친 사람을 미워하지 않으며, 기도하는 동안 당신의 지성이 물질로부터 자유하다면, 당신은 완전한 사랑과 무정념을 충분히 획득한 사람입니다.

∽ 43 ∽

자만심에서 해방되기 위한 싸움은 결코 작은 싸움이 아닙니다. 자만심으로부터의 자유는 내적인 덕의 실천과 빈번한 기도에 의해서 획득되어야 합니다. 그리고 당신을 학대한 사람에 대해서 증오심을 품지 않는 것은, 당신이 그러한 자유를 획득했다는 표식입니다.

∽ 44 ∽

당신이 공정한 사람이 되기를 원한다면, 당신의 각각의 측면 – 당신의 영혼과 몸 – 에 어울리는 일을 배정하십시오. 영혼의 지성적인 측면에는 영적 독서와 관상과 기도를 맡기십시오. 도발하는 측면에는 미움과 반대가 되는 영적 사랑을 배정하십시오. 그리고 갈망하는 측면에는 중용과 절제를, 육체적인 측면에는 음식과 의복을 배정하십시오(딤전 6:8).

∽ 45 ∽

지성은 정념들을 제어하고 피조물의 내적 본질들을 관상하며 하나님과 함께 거할 때에 본성과 일치하게 작용합니다.

∽ 46 ∽

건강과 질병은 생명체의 몸에 관련된 것이며, 빛과 어두움은 눈과 관련된 것이듯이, 덕과 악은 영혼에 관련된 것이며, 지식과 무지는 지성에 관련된 것입니다.

∽ 47 ∽

계명과 교리와 믿음은 기독교인의 철학의 대상입니다. 계명은 지성을 정념들로부터 분리하고, 교리는 지성을 피조물에 대한 영적 지식으로 이끌어 주며, 믿음은 성 삼위일체의 관상으로 인도합니다.

~ 48 ~

영적인 길을 사는 사람들 중에는 정념에 물든 생각들을 거부하기만 하는 사람이 있고, 정념들 자체를 완전히 잘라내는 사람들도 있습니다. 그러한 생각들은 시편낭송이나 기도, 정신을 하나님께로 들어올림, 또는 비슷한 방법으로 주의를 집중함으로써 물리칩니다. 정념들은 그것들이 발생한 근원이 되는 사물들로부터 적절히 이탈함을 통해서 근절됩니다.

~ 49 ~

예를 들어 여인, 부, 명성 등에 의해서 우리 안에 정념들이 일어납니다. 우리가 세상으로부터 이탈한 후에 절제를 통해서 몸을 억제하면 여인들로부터 이탈할 수 있습니다. 모든 일에 검소하게 생활하기로 결심하면 부로부터 이탈할 수 있습니다. 하나님만 아시는 방법으로 내적으로 덕을 실천함으로써 명성에 대해서도 무관심할 수 있습니다. 다른 것들에 대해서도 동일하게 행동할 수 있습니다. 이와 같은 이탈을 성취한 사람은 누구도 미워하지 않을 것입니다.

~ 50 ~

결혼, 재산, 기타 다른 세상적인 추구를 포기한 사람은 겉으로는 수도사이지만, 내면적으로는 아직 수도사가 아닐 수도 있습니다. 이러한 것들에 대한 정념에 물든 개념적 심상들을 포기한 사람만이 속사람, 즉 지성을 수도사로 만듭니다. 우리는 원하기만 하면 겉사람을 수도사로 만들 수 있습니다. 그러나 속사람이 수도사가 되려면 적지 않은 싸움을 해야 합니다.

― 51 ―

이 세대에 정념에 물든 개념적 심상들로부터 완전히 해방되었으며 항상 깨끗하고 신령한 기도를 부여받은 사람이 있습니까? 그러한 상태는 내적 수도사의 표식입니다.

― 52 ―

우리의 영혼 안에는 많은 정념들이 숨어 있습니다. 그것들을 일으키는 대상이 존재할 때에만, 그것들은 겉으로 드러납니다.

― 53 ―

정념들을 일으킨 대상이 부재할 때에, 사람은 정념들로 인해 혼란을 느끼지 않고 부분적인 무정념의 상태를 누릴 수 있습니다. 그러나 그러한 대상이 존재할 때에는 정념들은 재빨리 지성을 어지럽힙니다.

― 54 ―

당신의 정념을 일으키는 대상이 존재하지 않을 때에 당신이 완전한 무정념을 누린다고 상상하지 마십시오. 그것이 존재할 때에 당신이 그러한 대상이나 그에 따르는 생각에 동요되지 않는다면, 무정념의 영역에 들어섰다고 확신할 수 있습니다. 그러나 그런 경우에라도 과신하지 마십시오. 상습적으로 행하는 덕은 정념들을 죽이지만, 덕의 실천을 게을리하면 정념들이 다시 살아납니다.

― 55 ―

그리스도를 사랑하는 사람은 힘이 닿는 데까지 그분을 본받아야 합니다. 예를 들어 그리스도는 항상 사람들에게 복을 주셨습니다; 사람들이 감사하지 않고 하나님을 모독할 때에 주님은 오래 참으셨습니다; 사람들이 주님을 때리고 죽일 때에 주님은 참으셨으며 그 악을 누구에게도 전가하지 않으셨습니다. 이것들은 이웃 사랑을 나타내는 세 가지 방법입니다.

그리스도를 사랑한다고 말하지만 이 세 가지 일을 하지 못하는 사람은 스스로 속이는 사람입니다. "나더러 주여 주여 하는 자마다 천국에 다 들어갈 것이 아니요 다만 하늘에 계신 내 아버지의 뜻대로 행하는 자라야 들어가리라(마 7:21); "너희가 나를 사랑하면 나의 계명을 지키리라"(요 14:15, 23).

∽ 56 ∽

주님의 계명의 목적은 방탕과 미움에서 지성을 자유롭게 하며, 하나님 사랑과 이웃 사랑으로 인도하는 것입니다. 이 사랑에서부터 적극적이고 거룩한 지식의 빛이 솟아납니다.

∽ 57 ∽

하나님께서 당신에게 어느 정도의 영적 지식을 주실 때에, 사랑과 절제를 소홀히 하지 마십시오. 영적 지식과 절제는 영혼의 감성적인 측면을 깨끗하게 한 후에는 당신을 위해 그러한 지식에 이르는 길을 열어놓기 때문입니다.

∽ 58 ∽

무정념과 겸손은 영적 지식으로 이어집니다. 그것들이 없으면 주님을 보지 못할 것입니다.

～ 59 ～

"지식은 교만하게 하며 사랑은 덕을 세웁니다"(고전 8:3). 그러므로 사랑에 지식을 결합하십시오. 그러면 당신은 오만함에서 해방되며, 영적 지도자가 되어 당신 자신과 당신에게 오는 모든 사람들의 덕을 세워줄 수 있을 것입니다.

～ 60 ～

사랑은 시기하지 않으며, 시기하는 사람 때문에 슬픔을 느끼지 않으며, 시기심을 일으킬 만한 것을 과시하지 않으며, 자신의 목표를 달성했다고 생각하지 않으며, 자신이 알지 못하는 것에 대한 무지를 서슴치 않고 고백합니다. 이런 까닭에 사랑은 지성을 오만에서 해방시키며, 지식 안에서 진보할 수 있게 해 줍니다.

～ 61 ～

초기 단계의 영적 지식은 자부심과 시기심을 낳습니다. 자부심은 내면에서부터 오는 것이지만, 시기심은 내면과 외면에서 옵니다. 지식을 가진 사람들을 시기하는 것은 내면으로부터 오는 것이고, 지식을 사랑하는 사람이 우리 중 한 사람을 시기하는 것은 외부로부터 오는 것입니다. 사랑은 이 세 가지 종류의 잘못을 모두 죽입니다: 사랑은 교만하지 않으므로 자부심을 죽이며, 사랑은 시기하지 않으므로 내면으로부터 오는 시기심을 죽이며, 사랑은 오래 참고 자비하므로 외부로부터 오는 시기심을 죽입니다(고전 13:4). 영적 지식을 가진 사람이 지성을 건강한 상태로 유지하려면 사랑을 획득해야 합니다.

～ 62 ～

영적 지식의 은혜를 받았으면서도 누군가에 대한 미움과 증오와 분을 품고 있는 사람은, 마치 가시와 엉겅퀴로 자기 눈을 찌르는 사람과 같습니다. 그러므로 지식에는 반드시 사랑이 동반되어야 합니다.

∽ 63 ∽

시간을 모조리 몸에 사용하지 말고 적절히 몸을 연단하는 데 사용하십시오. 그 다음에는 지성으로 하여금 내면에 있는 것을 향하게 하십시오. "육체의 연습은 약간의 유익이 있으나 경건은 범사에 유익하니"(딤전 4:8).

∽ 64 ∽

항상 내면생활에 집중하는 사람은 자제하고 오래 참고 자비하고 겸손합니다. 그는 관상하고 신학을 연구하고 기도할 수 있을 것입니다. 사도 바울이 "성령을 좇아 행하라"고 말한 것의 의미입니다.

∽ 65 ∽

영적인 길에 대해 알지 못하는 사람은 정념에 물든 개념적인 심상들을 경계하지 않고 육에만 몰두합니다. 그는 탐식하거나, 방탕하거나, 분이나 노염이나 증오가 가득합니다. 따라서 그는 자기의 지성을 어둡게 하거나, 지나친 금욕을 행하거나, 자기의 정신을 혼란스럽게 만듭니다.

∽ 66 ∽

성경은 하나님께서 우리에게 사용하라고 주신 것을 금하지 않습니다. 다만 무절제와 분별 없는 행동을 정죄합니다. 예를 들어, 성경은 우리가 음식을 먹는 것이나 자녀를 낳는 것이나 물질을 소유하거나 물질을 올바르게 사용하는 것을 금하지 않습니다. 그러나 탐식하거나 간음하는 것 등은 금합니다. 또 이런 일에 대해 생각하는 것은 금하지 않지만 정념을 가지고 그것들에 대해 생각하는 것은 금지합니다.

∽ 67 ∾

우리가 하나님을 위해서 행하는 일들 중에는 계명에 순종하여 행하는 것이 있고 계명에 순종하는 것이 아니라 자발적인 봉헌으로서 행하는 것이 있습니다. 예를 들어 계명은 하나님과 이웃을 사랑하고 원수를 사랑하며 간음이나 살인하지 말라고 요구합니다. 우리가 이러한 계명을 범하면 정죄를 받습니다. 그러나 우리는 처녀로 살라거나 재산을 포기하라거나 홀로 은둔생활을 하라는 명령을 받지 않습니다. 이것들은 본질상 은사에 속한 것입니다. 우리가 연약하여 계명들 중 일부를 이행하지 못할 때에는, 이러한 은사들에 의해서 우리 주님의 마음을 달랠 수 있을 것입니다.

∽ 68 ∾

독신생활과 동정을 존중하는 사람은 허리띠를 띠고 등잔에 불을 꺼지지 않게 해야 합니다(눅 12:35). 그는 절제를 통해서 허리띠를 띠며, 기도와 관상과 신령한 사랑을 통해서 등불을 밝혀야 합니다.

∽ 69 ∾

어떤 형제들은 자기들이 성령의 은혜의 선물들을 받지 못하고 있다고 생각합니다. 그들은 계명의 실천을 소홀히 하기 때문에, 그리스도에 대한 순수한 믿음을 가진 사람은 내면에 모든 거룩한 은사들을 소유한다는 것을 알지 못합니다. 우리는 게으름 때문에 그리스도를 향한 적극적인 사랑, 우리 안에 있는 거룩한 보물들을 보여 주는 사랑을 소유하지 못하므로, 자신이 이러한 선물들을 받지 못했다고 생각합니다.

～ 70 ～

사도 바울이 말한 것처럼 그리스도께서 믿음으로 말미암아 우리 마음에 거하시며(엡 3:17), 모든 지혜와 영적 지식의 보물이 그리스도 안에 감추어져 있다면(골 2:3), 우리의 마음에도 모든 지혜와 영적 지식의 보물이 감추어져 있습니다. 그것들은 계명에 의해서 우리가 정화되는 데 비례하여 마음에 계시됩니다.

～ 71 ～

당신은 게으름 때문에 마음 밭에 감추어져 있는 보물을 발견하지 못하고 있습니다(마 13:44). 만일 당신이 그것을 발견했다면, 모든 것을 팔아서 그 밭을 샀을 것입니다. 그러나 지금 당신은 그 밭을 방치해 두고 근처에 있는 땅에만 관심을 기울이고 있습니다. 그러나 그 땅에는 가시와 엉겅퀴만 자라고 있습니다.

～ 72 ～

이것이 주님이 "마음이 청결한 자는 복이 있나니 저희가 하나님을 볼 것임이요"(마 5:8)라고 말씀하신 이유입니다. 하나님은 자기를 믿는 사람들의 마음속에 숨어 계십니다. 그들이 사랑과 정체를 통해서 자신을 깨끗하게 하면 하나님을 볼 것이며, 하나님 안에 있는 보화를 볼 것입니다. 자신을 깨끗하게 하는 데 비례하여 하나님을 보는 분량도 증가할 것입니다.

◈ 73 ◈

그것은 주님이 "너희 소유를 팔아 구제하라"(눅 12:33), "그리하면 모든 것이 너희에게 깨끗하리라"(눅 11:41)고 말씀하신 이유이기도 합니다. 이것은 더 이상 몸과 관련된 일에 시간을 보내지 않고 오직 지성에서 미움과 방탕을 없애는 데 사용하는 사람에게 적용됩니다. 이것들은 지성을 더럽히며, 거룩한 세례의 은혜에 의해서 지성 안에 거하시는 그리스도를 보는 것을 허락하지 않습니다.

◈ 74 ◈

성경에서는 덕을 "길"이라고 부릅니다. 덕 중에 가장 큰 덕은 사랑입니다. 그렇기 때문에 바울은 "내가 또한 가장 좋은 길을 너희에게 보이리라"(고전 12:31)고 말했습니다. 즉 우리로 하여금 물질을 멸시하고 영원한 것보다 무상한 것을 더 소중히 여기지 말라고 권면합니다.

◈ 75 ◈

하나님의 사랑은 욕망과 반대됩니다. 하나님의 사랑은 지성으로 하여금 육욕적인 즐거움과 관련하여 자신을 제어하게 합니다. 이웃 사랑은 노염에 반대가 됩니다. 이웃 사랑은 우리로 하여금 부와 명예를 멸시하게 만듭니다. 이것들은 우리 주님이 여관 주인에게 우리를 보살펴 달라고 지불하신 두 데나리온입니다(눅 10:35). 생각이 없이 강도들과 어울리지 마십시오. 자칫하면 당신은 또다시 그들에게 매를 맞고 의식을 잃고 죽게 될 것입니다.

◈ 76 ◈

당신의 지성에서 노염, 깊은 증오, 부끄러운 생각들을 깨끗이 제거하십시오. 그리하면 그리스도의 내주하심을 감지할 수 있을 것입니다.

∽ 77 ∽

거룩하시며 공동본질을 지니신 찬양받으실 삼위일체에 대한 믿음으로 당신을 조명해 준 분은 누구입니까? 성 삼위일체 중 한 위격의 성육의 섭리를 당신에게 알려준 분은 누구입니까? 영적 존재들의 내적 본질들, 또는 보이는 세상의 기원과 완성, 또는 죽은 자들로부터의 부활과 영생, 또는 천국의 영광과 두려운 심판 등에 대해 가르쳐 주신 분은 누구입니까? 성령의 보증은 당신의 내면에 거주하시는 그리스도의 은혜가 아닙니까? 이 은혜보다 더 큰 것이 무엇입니까? 이 지혜와 지식보다 더 고귀한 것이 무엇입니까? 이 약속들보다 더 고귀한 것이 무엇입니까? 그러나 만일 우리가 게으르고 태만하다면, 그리고 우리를 더럽게 하고 지성의 눈을 멀게 하여 이러한 실체들의 내적 본질을 태양보다 더 분명하게 보는 것을 방해하는 정념들을 깨끗이 제거하지 않았다면, 우리 안에 거하시는 은혜를 부인하지 말고 우리 자신을 탓해야 합니다.

∽ 78 ∽

하나님께서는 당신에게 영원한 축복을 약속하시고(딛 1:2) 당신의 마음에 성령의 보증을 주셨으며(고후 1:22), 속사람이 정념들로부터 해방되며 이 세상에서 이 축복들을 누리려면 사는 방법에 주의를 기울이라고 명하셨습니다.

∽ 79 ∽

거룩한 실체들에 대한 보다 높은 형태의 관상을 선물로 받은 사람은 사랑과 절제에 최대한의 관심을 기울여야 합니다. 그리하면 영혼의 감정적인 면이 동요치 않으며 영혼의 빛의 광채가 감소되지 않을 것입니다.

～ 80 ～

당신의 영혼의 도발하는 힘에 사랑의 굴레를 씌우며, 절제로 그 욕망을 소멸하며, 지성에 기도의 날개를 달아주십시오. 그리하면 당신의 지성의 빛이 결코 어두워지지 않을 것입니다.

～ 81 ～

우리 자신이 당하거나 우리의 친척이나 친구가 당하건 간에, 수치, 상처, 믿음이나 생활 방식에 대한 비방, 매맞음 등은 사랑을 몰아냅니다. 이런 일들 때문에 사랑을 잃는 사람은 그리스도의 계명의 목적을 이해하지 못한 사람입니다.

～ 82 ～

힘이 닿는 한 모든 사람을 사랑하려고 노력하십시오. 만일 그렇게 할 수 없으면, 최소한 누구를 미워하지는 마십시오. 당신이 세상의 것들을 멸시하지 않으면, 이것조차도 할 수 없을 것입니다.

～ 83 ～

어떤 사람이 당신을 비방했습니까? 그를 미워하지 말고, 그로 하여금 욕을 하게 만든 마귀와 욕 자체를 미워하십시오. 만일 당신을 욕한 사람을 미워한다면 그것은 사람을 미워하는 것이 되며, 따라서 계명을 범한 것입니다. 그 사람이 말로 행한 것을 당신은 행동으로 행하십시오. 계명을 지키려면 사랑의 특성들을 나타내며, 당신이 할 수 있는 모든 방법으로 그 사람을 도우십시오. 그리하면 그 사람을 악에서 구할 수 있습니다.

～ 84 ～

그리스도께서는 우리가 조금이라도 이 세상의 하찮은 것들 때문에 사람들에게 미움이나 분노나 노염이나 증오를 품는 것을 원하지 않습니다. 사복음서 모두에 이 메시지가 선포되어 있습니다.

～ 85 ～

우리 중에는 말을 하는 사람은 많지만 행동을 하는 사람은 거의 없습니다. 그러나 우리가 태만함 때문에 하나님의 말씀을 왜곡해서는 안 됩니다. 우리는 자신의 연약함을 고백해야 하며, 하나님의 진리를 감추어서는 안 됩니다. 그렇지 않으면, 계명을 범할 뿐만 아니라 하나님의 말씀을 왜곡하는 죄를 범하게 될 것입니다.

～ 86 ～

사랑과 절제는 영혼을 정념에서 해방시켜 줍니다. 그리고 영적 독서와 관상은 지성을 무지에서 해방시켜 주며, 기도하는 상태는 영혼을 하나님 앞으로 가져갑니다.

～ 87 ～

우리가 이 세상에 속한 것들 때문에 사람들을 미워하여 사랑을 잃지 않으려고 그것들을 멸시하는 것을 마귀들이 보면, 마귀들은 우리를 대적한 중상을 선동합니다. 그리하여 우리로 하여금 중상하는 사람들에 대해 분개하고 그들을 미워하게 만듭니다.

～ 88 ～

우리의 믿음에 대한 것이든지 생활방식에 대한 것이든지, 우리에 대한 중상만큼 영혼을 아프게 하는 것은 없습니다. 하나님께 시선을 집중하는 사람이 아닌 한 이러한 비방에 대해 무관심할 수 없을 것입니다. 하나님만이 우리를 위험에서 구해 주시며 진리를 확신하게 해 주시며 영혼에게 희망을 주실 수 있습니다.

~ 89 ~

우리를 비방하는 사람을 위해 힘껏 기도하면, 하나님께서는 그러한 비방을 받아 분개하는 사람들에게 진리를 알려 주실 것입니다.

~ 90 ~

본질상 선하신 분은 하나님뿐이며(마 19:17), 하나님을 본받는 사람의 뜻과 목적은 선합니다. 그러한 사람은 악인을 본질상 선하신 분과 연합시키며 그럼으로써 자신도 선하게 되려는 의도를 지닙니다. 그렇기 때문에 그들은 후욕을 당한즉 축복하고, 핍박을 당한즉 참고, 비방을 당한즉 권면하며(고전 4:12-23), 자기를 죽이는 사람을 위해 기도합니다. 그는 무슨 일을 하든지 사랑의 목적, 즉 하나님 자신으로부터 떨어지지 않기 위해서 합니다.

~ 91 ~

주님의 계명은 우리에게 사물을 지혜롭게 사용하라고 가르칩니다. 그렇게 사용함으로써 영혼의 상태가 깨끗해집니다. 깨끗한 상태는 분별력을 낳으며, 분별력은 무정념을 낳으며, 무정념은 완전한 사랑을 낳습니다.

~ 92 ~

시련이 닥쳤을 때에 당신이 친구의 허물을 덮지 못한다면, 당신은 아직 무정념을 획득하지 못한 사람입니다. 영혼 안에 깊이 숨어 있던 정념들이 요동하게 되면, 그것들은 정신의 눈을 어둡게 하여 진리의 빛을 감지하지 못하게 하며 선과 악을 구분하지 못하게 합니다. 만일 당신이 이러한 상태에 있다면, 당신은 아직 완전한 사랑, 심판의 두려움을 몰아내는 사랑을 획득하지 못한 것입니다(요일 4:18).

~ 93 ~

"성실한 친구는 무엇과도 비길 수 없습니다"(집회서 6:15). 그는 친구의 불행을 자기의 불행처럼 여겨 친구와 함께 고난을 받으며 죽기까지 그의 시련에 동참합니다.

~ 94 ~

형통할 때에는 친구들이 많지만, 어려움을 당할 때에는 단 한 명의 친구도 찾기 어렵습니다.

~ 95 ~

우리는 모든 사람을 진심으로 사랑해야 합니다. 그러나 우리의 소망은 오로지 하나님 안에 두어야 하면 온 힘을 다해 하나님을 섬겨야 합니다. 하나님께서 우리를 다치지 않게 보호해 주시는 한, 친구들은 우리를 존중할 것이며, 원수들은 무력해져서 우리를 다치게 하지 못할 것입니다. 그러나 하나님께서 우리를 버리시면, 친구들은 우리에게서 떠나가며, 원수들은 우리에게 승리할 것입니다.

~ 96 ~

하나님께서는 주로 네 가지 방법에 의해서 우리를 버리십니다. 첫째는 신적 섭리의 길로서, 우리가 분명히 버림을 받음으로 말미암아 버림을 받은 다른 사람들이 구원을 받을 것입니다. 이것을 보여 주는 예는 우리 주님입니다(마 27:46). 둘째는 욥과 요셉의 경우처럼 시련과 시험의 길입니다. 그것은 욥을 담대함의 기둥으로 만들고, 요셉을 절제의 기둥으로 만들었습니다(창 39:8). 세 번째는 사도 바울의 경우처럼 아버지가 자식의 잘못을 고쳐주는 것과 같은 방법으로서, 비천하게 됨으로써 풍성한 은혜를 보존할 수 있게 됩니다(고후 12:7). 네 번째는 유대인들의 경우처럼 거부의 길입니다. 이것은 벌을 받음으로써 회개하게 하기 위한 것입니다. 이것들은 모두 하나님의 축복과 지혜가 가득한 구원의 길입니다.

~ 97 ~

신중하게 계명을 지키며 진실로 하나님의 심판에 대해 배우는 사람들은, 하나님의 허락하에 시험을 받는 친구들을 버리지 않습니다. 계명을 멸시하며 하나님의 심판에 대해 알지 못하는 사람은 형통함을 누리는 친구는 좋아하지만, 어려움을 당하는 친구는 버리며, 심지어 친구를 공격하는 사람들의 편에 서기도 합니다.

~ 98 ~

그리스도의 친구들은 모든 사람을 진실로 사랑하지만, 그들 자신은 모든 사람들의 사랑을 받지는 못합니다. 세상의 친구들은 모든 사람들을 사랑하는 것도 아니고 모든 사람들의 사랑을 받는 것도 아닙니다. 그리스도의 친구들은 끝까지 인내하며 사랑합니다. 그러나 세상의 친구들은 인내하지만 결국은 세상적인 것으로 인해 다투게 됩니다.

~ 99 ~

"성실한 친구는 안전한 피난처이다"(집회서 6:14). 모든 일이 순조

로울 때에 성실한 친구는 훌륭한 상담자요 공감하는 동역자가 되며, 순조롭지 못할 때에는 가장 진실한 조력자요 가장 사랑이 많은 지원자입니다.

~ 100 ~

많은 사람들이 사랑에 대해서 많은 말을 합니다. 그러나 당신이 그리스도의 제자들 가운데서 사랑을 찾으면, 사랑을 발견할 수 있을 것입니다. 왜냐하면 그리스도의 제자들만이 참 사랑이신 분을 사랑의 교사로 소유하고 있기 때문입니다. 바울은 "내가 예언하는 능이 있어 모든 비밀과 모든 지식을 알지라도…사랑이 없으면 내게 아무것도 아니요"(고전 13:2-3)라고 말합니다. 하나님은 사랑이시므로(요일 4:8), 사랑을 소유하는 사람은 하나님 자신을 소유합니다. 하나님께 세세토록 영광이 있을지어다. 아멘.

신학과 하나님의 아들의
성육하신 섭리에 관한 2ᵐᵐ편의 본문

탈라시오스를 위해 저술함

1-100편

∽ 1 ∽

하나님은 한 분이시며, 근원을 갖지 않으시며, 우리가 이해할 수 없으며, 존재의 모든 잠재력을 완전하게 소유하고 계시며, 언제·어떻게와 관련된 개념을 완전히 배제하시며, 접근할 수 없는 분이시며 피조물이 본성적인 이미지를 통해서 알 수 없는 분이십니다.

∽ 2 ∽

우리가 이해할 수 있는 바에 의하면, 하나님은 어떤 근원이나 중간적인 상태나 절정 또는 하나님께 종속되는 것들의 특성을 정의하는 것으로 간주되는 어떤 것도 지니지 않습니다. 하나님은 모든 존재와 잠재력과 현실화를 무한히 초월하시는 분이시므로 불변하시고 무한하십니다.

3

본성적으로 자아의 한계를 소유하는 모든 존재는 내면에 잠재적으로 존재하는 것으로 감지되는 활동의 근원이 있습니다. 실현되는 과정에 있는 모든 본성적인 활동은 본질상 그것이 잠재적으로 현존하는 존재와 그 자체의 실현 사이에 놓이므로, 하나의 중간 상태입니다. 모든 실현은 자체의 내적 원리의 제한을 받으며, 존재에 근원을 두며 실현에 선행하는 활동의 절정입니다.

4

하나님은 일반적인 의미에서나 특수한 의미에서나 하나의 존재가 아니며, 그렇기 때문에 하나의 근원일 수 없습니다. 또 하나님은 일반적인 의미에서나 특수한 의미에서 하나의 잠재력일 수 없으며, 그렇기 때문에 하나의 중간 상태가 아닙니다. 또 하나님은 일반적인 의미에서나 특수한 의미에서 하나의 실현이 아니며, 그렇기 때문에 하나의 잠재력으로서 선재한다고 감지되는 존재로부터 발현하는 활동의 완성일 수 없습니다. 하나님은 존재를 지으신 분이시며, 동시에 존재를 초월하는 실재이십니다. 그분은 잠재력을 지으신 분이시며, 동시에 잠재력을 초월하시는 근저이십니다. 그리고 그분은 적극적이고 다함이 없는 실현의 상태이십니다. 간단히 말해서, 하나님은 모든 존재와 잠재력과 실현, 그리고 모든 근원과 중간 상태와 완성을 지으신 분이십니다.

5

근원과 중간 상태와 완성은 영원(aeon) 안에 존재하는 것들의 특징을 묘사하듯이, 시간에 의해 구분된 사물의 특징을 묘사합니다.

변화를 측량하는 기준이 되는 시간은 수적으로 정의됩니다. 반면에 영원의 존재는 하나의 근원을 소유하므로 용적(dimensionality)을 소유합니다. 만일 시간과 영원이 근원을 지닌다면, 그것들 안에 존재하는 것들은 말할 것도 없이 근원을 소유할 것입니다.

∽ 6 ∽

하나님은 본질상 항상 한 분이시며, 절대적으로 실질적으로 한 분이시며, 실질적인 존재의 완전함을 포함하고 계십니다. 그분은 심지어 실체성조차도 초월하십니다. 그렇다면 모든 사물 중에는 실질적인 존재를 소유하고 있다고 간주할 수 있는 것이 없습니다. 그러므로 본질상 하나님과 다른 것이 영원 전부터 하나님과 공존하고 있다고 생각할 수 없습니다. 영원(aeon)이나 시간, 또 그것들 안에 존재하는 어느 것도 하나님과 공존하지 않습니다. 왜냐하면 실질적인 존재와 실질적이지 않은 존재는 결코 일치할 수 없기 때문입니다.

∽ 7 ∽

근원, 중간상태 또는 완성 등은 모두 관계라는 범주에서 완전히 자유할 수 없습니다. 모든 종류의 관계를 무한히 초월하시는 하나님은 본성적으로 근원도 아니고 중간 상태도 아니고 완성도 아니며, 관계의 범주를 적용할 수 있는 사물들 중의 하나도 아닙니다.

∽ 8 ∽

피조물들은 각기 이성적으로 파악할 수 있는 근원을 가지기 때문에 지적인 존재라고 불립니다. 그러나 하나님은 지적인 존재라고 정의할 수 없습니다. 지적인 존재인 우리의 이해력으로 보면 우리는 다만 하나님이 존재하신다는 것을 믿을 수밖에 없습니다. 이런 까닭에,

지적인 존재는 결코 하나님과 비교될 수 없습니다.

9

피조물은 고유의 본성에 의해서 존재하는 내적 원리, 그리고 그 자체가 정의되는 기준이 되는 내적 원리들에 의해서 이성적으로 알려질 수 있습니다. 그러나 피조물 안에 내재하는 이러한 원리들에 대한 이해를 기준으로 할 때, 우리는 하나님이 존재하신다는 것을 믿을 수밖에 없습니다. 하나님은 경건한 신자에게는 어떤 증거보다 더 확실한 것, 즉 하나님이 실질적으로 존재하신다는 인식과 믿음을 주십니다. 믿음은 참된 지식, 이성적인 증명을 초월하는 원리들입니다. 믿음은 지성과 이성을 초월하는 것들을 구체화해 줍니다.

10

하나님은 모든 피조물의 근원이요 중간 상태요 완성이십니다. 그러나 피조물이 하나님에게 영향을 미치는 것이 아니라 하나님께서 피조물에게 영향을 미치십니다. 하나님은 창조주로서 근원이시며, 섭리하시는 통치자로서 중간 상태이시며, 궁극적인 종착점으로서 완성이 되십니다. 성경이 말한 것처럼 "만물이 주에게서 나오고 주로 말미암고 주에게로 돌아갑니다"(롬 11:36).

11

하나님의 형상을 한 영혼들은 본질적으로 동등하게 귀중합니다. 하나님께서는 크신 선하심으로 모든 영혼을 자기의 형상으로 지으실 때에 각각의 영혼에게 자발적인 결정 능력을 부여해 주셨습니다. 각각의 영혼은 이러한 선택의 자유를 발휘함으로써 자신의 참된 고귀함을 재확인하거나, 자신의 행동을 통해서 비열한 것을 의도적으로 받아들입니다.

~ 12 ~

하나님은 의의 태양이시며(마 4:2), 하나님의 선하심의 빛은 모든 사람에게 동일하게 비추십니다. 하나님께 매달리는 영혼은 밀랍이요, 물질에 집착하는 영혼은 진흙입니다. 영혼의 행동은 자신의 의지와 목적에 달려 있습니다. 태양이 비추면 진흙은 단단해지지만, 밀랍은 부드러워집니다. 마찬가지로 하나님의 권면에도 불구하고 의도적으로 물질 세계에 매달리는 영혼은 진흙처럼 단단해지며, 바로처럼 자신을 멸망으로 몰아갑니다(출 7:13). 그러나 하나님께 매달리는 영혼은 밀랍처럼 부드러워지며, 거룩한 실체들의 특징과 흔적을 받아 "성령 안에서 하나님의 거하실 처소"(엡 2:22)가 됩니다.

~ 13 ~

어떤 사람의 지성이 거룩한 것의 지적 작용의 조명을 받는다면, 만일 그가 쉬지 않고 창조주 하나님을 찬양한다면, 그리고 만일 그의 감각이 더럽혀지지 않은 심상들에 의해 거룩해진다면, 그는 하나님의 형상으로 지음을 받았기 때문에 본성적으로 자신의 것인 성성(聖性)에 그의 자유의지를 발휘함으로써 획득되는 하나님의 모양의 성성을 추가함으로써 그 성성을 강화한 사람입니다.

~ 14 ~

하나님과 그의 선하심만을 묵상하는 사람은 하나님 앞에서 자기 영혼을 더럽히지 않게 보존하며, 자기의 생각을 이 선의 참된 해석자로 만들며, 감각을 가르쳐 보이는 세계와 그 안에 있는 모든 사람에 대한 거룩한 심상들을 형성하며 만물 안에 있는 내적 원리의 장대함을 영혼에게 전달하게 합니다.

15

하나님은 포악한 마귀들에게 시달리는 노예 상태에서 우리를 해방시키셨고, 경건의 멍에로서 겸손을 주셨습니다. 겸손은 모든 마귀의 권세를 길들이며, 겸손을 받아들이는 사람들의 내면에서 모든 종류의 성성을 만들어 내며, 그 성성이 침범당하지 않게 보존해 줍니다.

16

믿는 사람은 두려워합니다. 두려워하는 사람은 겸손합니다. 겸손한 사람은 온유하며, 본성과 반대되는 욕망과 도발이라는 충동을 무력하게 만듭니다. 온유한 사람은 계명을 지킵니다. 계명을 지키는 사람은 정화됩니다. 정화된 사람은 조명을 받습니다. 조명을 받은 사람은 신비의 성소에서 거룩한 신랑이신 로고스의 신부가 됩니다.

17

때때로 농부는 나무를 이식할 장소를 찾다가 예기치 않게 보물을 발견합니다. 이와 비슷한 일이 하나님을 찾는 사람에게 발생할 수도 있습니다. 만일 그가 겸손하고 진실한 사람이라면, 그리고 그의 영혼이 야곱처럼 털이 많지 않고 매끄럽다면(창 27:11), 그가 수고하지 않아도 하나님께서는 그에게 거룩한 지혜의 관상을 허락해 주실 것입니다. 그러나 만일 그때에 하나님께서 그에게 어떻게 이 지식을 획득했느냐고 물으시면서 "내 아들아, 네가 어떻게 이같이 빨리 잡았느냐?"라고 질문하신다면, 그는 야곱처럼 "여호와께서 나로 순격히 만나게 하셨음이니이다"라고 대답해야 합니다(창 27:20). 이 경우에 그가 발견한 것이 영적인 보물임을 깨달아야 합니다. 헌신적으로 하나님을 찾는 사람은 가시적이고 감각적인 사물에 대한 관상을 영적 실체들의 밭에 옮겨 심는 영적 농부입니다. 그는 그렇게 하는 도중에 보물을 발견합니다. 다시 말해서, 은혜로 주어지는 바 피조물 안에 있는 지혜의 계시를 발견합니다.

18

하나님을 찾는 사람이 겸손하여 거룩한 관상에 대한 영적 지식을 기대하지 않았더라도, 그가 갑자기 그것을 받을 수도 있습니다. 그러나 자기 과시를 위해서 그러한 지식을 얻으려고 수고하였으나 얻지 못한 사람은 자신의 정신을 크게 황폐하게 만들 수도 있습니다. 그리하여 그는 질투심으로 달아올라 형제를 죽이려는 음모를 세우며, 칭찬받는 데서 오는 의기양양함을 경험하지 못했기 때문에 분노의 화신이 됩니다.

19

사람들이 크게 수고하면서 영적 지식을 찾지만 발견하지 못하는 것은 믿음이 부족하거나, 아니면 과거에 이스라엘 백성들이 모세를 공격했던 것처럼 그들이 어리석게도 그러한 지식을 소유한 사람들을 공격하려는 생각을 가지고 있기 때문입니다. 이런 경우에, 옛날 어떤 사람들이 산지로 올라갔을 때에 그 산에 거하는 아모리 족속이 나와서 그들에게 상처를 입혔다고 말하는 성경 구절을 적용할 수 있습니다(신 1:43-44). 자기 과시를 위해서 겉으로 거룩한 체하는 사람들은 자신의 거짓된 경건을 통해서 아무것도 성취하지 못할 뿐만 아니라, 자기 양심에 의해 상처를 입습니다.

20

과시를 위해서 영적 지식을 추구하였으나 얻지 못한 사람은 이웃을 시기하거나 낙심하지 말고, 근처에서 안식일을 준비해야 합니다. 그는 덕의 실천을 통해서, 그리고 몸으로 열심히 일함으로써 영혼으로 하여금 그러한 지식을 얻을 수 있는 준비를 할 것입니다.

21

자기를 과시하려는 생각을 하지 않고 참되고 경건하게 피조물에 대한 이해를 갈망하는 사람은 자기가 피조물에 대한 분명한 통찰을 부여받았다는 것, 그리고 이 통찰을 통해서 자신이 찾는 지식을 획득한다는 것을 발견할 것입니다. 그러한 사람들에게 율법은 "네가 건축하지 아니한 크고 아름다운 성읍을 얻게 하시며 네가 채우지 아니한 아름다운 물건이 가득한 집을 얻게 하시며 네가 파지 아니한 우물을 얻게 하시며 네가 심지 아니한 포도원과 감람나무를 얻게 하실 것이다"(신 6:10-11)라고 말합니다. 자신을 위해 살지 않고 하나님을 위해 사는 사람은 온갖 은혜의 선물들로 가득 찹니다. 그것들은 과거에는 정념들이 만들어 내는 혼란 때문에 그의 안에 분명히 나타나지 않았던 것들입니다.

22

감각 인식에는 두 가지 형태가 있다고 합니다. 하나는 습관적인 상태로서 우리가 잠들어 있는 동안에도 지속됩니다. 그것은 특별한 세상을 파악하지 않으며, 어떠한 행위를 지향하는 것이 아니기 때문에 어떤 목적에 기여하지도 않습니다. 두 번째 형태는 우리가 감각적인 대상을 이해하는 통로가 되는 적극적인 감각인식입니다. 이와 비슷하게 지식에도 두 가지 형태가 있습니다. 첫째, 학문적인 지식이 있습니다. 그것은 습관에 의해서 수집된 피조물의 내적 원리에 대한 이론적인 정보이며, 계명의 실질적인 집행을 지향하지 않기 때문에 어떠한 목적에도 이바지하지 않습니다. 둘째로, 적극적으로 유효한 지식이 있습니다. 그것은 피조물에 대한 참되고 경험적인 이해를 제공해 줍니다.

23

겉치레의 의에서 나오는 영광을 추구하는 위선자는 사람들의 비평을 피할 수만 있으면 결코 동요하지 않습니다. 그러나 자신의 위선이 감지되면, 그는 자신이 다른 사람들을 욕함으로써 자신의 잘못을 감출 수 있다고 생각하고서 연속적으로 저주를 쏟아 놓습니다. 성경은 그런 사람을 독사의 자식으로 비유하며, 그에게 적절한 회개의 열매를 맺으라고 명령합니다(마 3:7-8). 다시 말해서 그의 마음이 표면적인 행위와 일치하도록 감추어진 마음의 상태를 새롭게 조성하라고 명령합니다.

24

어떤 사람들은 하늘과 땅과 바다에 사는 모든 생물 중에서 하나님께서 깨끗하다고 판단하시지 않은 것들은(레 11:1-43) 그 행동이 유순한 것처럼 보이더라도 실제로는 사납다고 말합니다. 동일한 원리에 의해서, 어떤 정념에 예속된 사람은 그가 행하는 표면적인 행동과는 관계가 없이 사나운 사람입니다.

25

우정을 가장하고서 이웃에게 해를 가하려는 사람은 양의 옷을 입은 이리입니다. 그는 진정으로 기독교적인 관습이나 말을 발견할 때마다 그것을 포위하여 공격합니다. 그는 형제들이 그리스도 안에서 소유하는 자유를 엿보면서 이러한 말이나 관습을 비방합니다(갈 2:4).

26

악한 목적을 위해 위선적으로 침묵하는 사람은 이웃을 위해 덫을 마련합니다. 그는 자기의 계획이 실패하면, 자신의 정념 때문에 자신에게 재앙을 초래했으므로 도망칩니다. 그러나 선한 목적을 위해 침묵하는 사람은 우정을 기르며, 어두움을 몰아내는 빛의 조명을 받았기 때문에 계속 즐거워합니다.

27

공적인 모임에서 성급하게 발언을 방해하는 사람은 자신의 허영심을 드러냅니다. 이 정념의 지배를 받기 때문에, 그는 끝없이 복잡한 제안들을 하면서 토론을 방해하려 합니다.

28

지혜로운 사람은 가르칠 때나 배울 때나 유익한 것들을 배우고 가르치기를 원합니다. 겉으로만 지혜로운 사람은 질문을 할 때나 대답할 때에 비교적 하찮은 것들만 다룹니다.

29

하나님의 은혜로 말미암아 거룩한 축복을 받은 사람은 불평하지 말고 그 축복을 다른 사람들과 나누어 가져야 합니다. 성경은 "너희가 거저 받았으니 거저 주어라"고 말합니다(마 10:8). 받은 은사를 땅

속에 감추어 두는 사람은 주님의 마음이 완악하고 야비하다고 비난하며(마 25:24), 육을 살리기 위해서 거룩에 대해 전혀 알지 못하는 체 합니다. 한편 진리를 원수에게 팔며 자기의 영광을 탐하는 사람은 수치를 감당하지 못합니다(마 26:16; 27:5).

~ 30 ~

아직도 정념과의 전쟁을 두려워하며 보이지 않는 원수의 공격을 무서워하는 사람은 침묵해야 합니다. 그는 덕을 얻기 위해 노력하면서 원수들과 논쟁을 벌여서는 안 되며, 모든 근심을 기도를 통해서 하나님께 맡겨야 합니다. 그들에게는 출애굽기의 말씀이 적용됩니다: "여호와께서 너희를 위하여 싸우시리니 너희는 가만히 있을지니라"(출 14:14). 둘째, 원수의 공격에서 해방되었으며 진정으로 덕을 획득하는 방법에 대한 가르침을 찾는 사람은 정신의 귀를 열어놓기만 하면 됩니다. 성경은 그들에게 "이스라엘아 들으라"(신 6:4)고 말합니다. 셋째, 정화되어 거룩한 지식을 간절히 원하는 사람은 자유로이 하나님과 교제할 것입니다.

성경은 그들에게 "너는 어찌하여 내게 부르짖느냐"(출 14:15)라고 말할 것입니다. 그러므로 두려움 때문에 침묵하라는 명령을 받은 사람은 하나님 안에서 피난처를 찾아야 합니다. 들으라는 명령을 받은 사람은 계명에 순종할 준비를 해야 합니다. 그리고 영적 지식을 추구하는 사람은 쉬지 말고 하나님께 부르짖으며 악으로부터 구해 주심을 구하고 그의 축복에 참여하게 해 주심에 감사해야 합니다.

~ 31 ~

하나님께서 자기를 낮추시어 영혼을 붙드셔서 하나님께서 끌어올리시지 않는 한, 영혼은 결코 하나님에 대한 지식을 얻을 수 없습니다. 하나님께서 인간의 지성을 끌어올리시고 거룩한 빛으로 조명해 주시지 않는 한, 인간의 지성은 하나님께 올라가 신적 조명에 참여할 수 없습니다.

~ 32 ~

주님의 제자를 본받는 사람은 바리새인들을 두려워하여 안식일에 밀밭으로 지나가며 이삭을 따는 것을 거부하지 않습니다(마 12:1-2). 그는 덕을 실천한 후에 무정념의 상태에 이르면, 피조물의 내적 원리들을 선별하며, 그것들 안에 담겨 있는 거룩한 지식으로 자신을 양육합니다.

~ 33 ~

복음에 의하면, 믿음의 사람은 덕을 실천함으로써 자기가 지은 죄의 산을 제거할 수 있으며(마 17:20), 그럼으로써 감각적인 것들의 부산한 회전에 집착하던 데서 해방되는 것을 느낍니다. 만일 그에게 제자가 될 능력이 있다면, 그는 로고스에게서 영적 지식의 떡 조각을 받아서 수천 명을 먹이며(마 14:19-20), 덕의 실천에 의해서 로고스의 능력이 얼마나 증가되고 배가되는지를 자신의 행동으로 증명할 것입니다. 또 만일 그에게 사도가 될 능력이 있다면, 그는 모든 질병과 허약함을 고칠 것입니다. 그는 귀신을 내어쫓습니다(마 10:8; 눅 10:17). 다시 말해서 정념들의 활동을 추방합니다. 그는 헌신의 상태를 상실했던 사람에게 희망을 통해서 그 상태를 회복시켜 줌으로써, 그리고 심판에 대한 가르침을 통해서 나태함 때문에 해이해진 사람의 결심을 굳게 해 줌으로써 병자들을 고쳐 줍니다. 그는 "뱀과 전갈을 밝으라"는 명령을 받았으므로(눅 10:19), 죄를 처음부터 끝까지 파괴합니다.

∽ 34 ∽

사도는 반드시 제자요 믿음의 사람입니다. 제자는 반드시 사도일 필요가 없지만, 믿음의 사람임은 분명합니다. 단순한 믿음의 사람은 제자도 아니고 사도도 아닙니다. 그러나 그는 자신의 생활 방식과 관상을 통해서 제자의 지위와 권위로 올라갈 수 있으며, 제자는 사도의 권위와 지위로 올라갈 수 있습니다.

∽ 35 ∽

피조된 것은 때가 되어 시간의 질서에 따라 성숙함에 이르면 성장을 멈춥니다. 그러나 덕의 실천을 통해서 하나님에 대한 지식에 의해 초래된 것은 성숙함에 이르면, 새롭게 성장하기 시작합니다. 한 단계의 마지막은 다음 단계의 출발점이 됩니다. 덕을 실천함으로써 자기 내면에 있는 부패의 근원을 제거한 사람은 한층 더 거룩한 경험 속으로 인도됩니다. 하나님이 행하시는 선에는 시작이 없듯이 끝도 없습니다. 빛의 속성이 조명해 주는 것이듯이, 하나님의 속성은 선을 행하는 것입니다. 따라서 썩어짐에 예속된 일시적인 것들의 구조에 관한 법에서 안식일은 일을 멈추고 쉼으로써 지켜지며(출 31:14), 우리를 영적 실재들의 영역으로 안내하는 복음에서는, 선한 행동들에 의해 안식일에 빛이 비춰집니다(눅 6:9; 요 5:16-17). 물론 "안식일은 사람을 위하여 있는 것이요 사람이 안식일을 위하여 있는 것이 아니며…인자는 안식일에도 주인이라"(막 2:27-28)는 것을 이해하지 못하는 사람들은 분노할 것입니다.

◈ 36 ◈

율법과 선지서에서는 매안식일(사 66:23)과 안식일(출 31:13)과 큰 안식일(레 16:31), 할례(창 17:10-13), 추수(레 23:10)를 언급합니다. 안식일에 관한 본문들은 분명히 실천적이고 자연적이고 신학적인 철학의 완전한 획득을 언급하며, 할례에 관한 본문들은 사라질 것들 및 그것들의 내적 원리로부터의 분리를 언급하며, 수확에 관한 본문들은 감각과 지성이 고양된 영적 원리들을 거둬들여 누리는 것을 언급합니다. 이 세 가지 종류의 본문들을 연구함으로써 신령한 지식을 가진 사람은 모세가 죽으면서 거룩한 땅 밖에서 자기의 안식을 누린 이유(신 34:5), 여호수아가 요단 강을 건넌 후에 할례를 행한 이유(수 5:3), 그리고 약속의 땅을 물려받은 사람들이 두 번의 수확의 풍성한 열매를 하나님께 가져간 이유를 발견할 것입니다.

◈ 37 ◈

매안식일이란 덕의 실천을 통해서 죄의 흔적을 완전히 벗어버린 하나님의 형상을 지닌 영혼의 무정념을 의미합니다.

◈ 38 ◈

안식일이란 피조된 자연에 대한 영적 관상을 통해서 감각 인식의 자연적 활동까지 소멸시킨 하나님의 형상을 지닌 영혼의 자유를 의미합니다.

◈ 39 ◈

대 안식일은 지성이 피조물 안에 있는 모든 거룩한 원리들에 대한 관상으로부터까지 물러난 하나님의 형상을 지닌 영혼, 사랑의 엑스타시를 통해서 완전히 하나님으로 옷 입은 영혼, 그리고 신비 신학을 통해서 완전히 하나님 안에 안식하게 된 영혼의 영적인 평온함을 의미합니다.

~ 40 ~

정념에 물든 영혼의 할례는 사라질 것들에 대한 애착을 죽이는 것을 의미합니다.

~ 41 ~

할례 중의 할례는 사라질 것들에 대한 영혼의 자연적인 감정들까지도 완전히 무시하고 벗어버리는 것을 의미합니다.

~ 42 ~

수확은 하나님의 형상을 지닌 영혼이 덕과 자연에 일치하는 방식으로 피조물에 대한 보다 영적인 원리들을 수집하고 아는 것을 의미합니다.

~ 43 ~

추수 중의 추수는 영적 실체에 대한 신비적 관상 뒤에 따르며, 이해를 초월하는 방식으로 지성 안에서 완성되는 하나님에 대한 이해를 의미합니다. 보이는 것이든 보이지 않는 것이든 하나님께서 지으신 것 때문에 창조주를 기리는 사람은 그러한 이해를 거둘 수 있습니다.

~ 44 ~

하나님께 속하는 보다 영적인 추수가 있습니다. 또 보다 신비한 할례가 있습니다. 또 하나님께서 수고를 마치고 쉬실 때에 누리시는 보다 은밀한 안식이 있습니다. 이것은 다음의 본문에서 나타납니다: "추수할 것은 많되 일꾼은 적으니"(마 9:37); "할례는 마음에 할지니

신령에 있고"(롬 2:29); "하나님께서 일곱째 날을 복 주사 거룩하게 하셨으니 이는 하나님이 그 창조하시며 만드시던 모든 일을 마치시고 이날에 안식하셨음이더라"(창 2:3).

∽ 45 ∽

하나님의 추수는 세대들이 완성될 때에 성도들이 하나님 안에서 완전히 거하며 안정을 누리는 것을 의미합니다.

∽ 46 ∽

영적으로 행하는 마음의 할례는 감각과 지성이 감각적이고 지적인 사물들과 관련된 자연적인 활동을 완전히 벗어버리는 것을 의미합니다. 이처럼 벗어버리는 일은 성령의 직접적인 임재에 의해서 성취됩니다. 성령의 임재는 몸과 영혼을 완전히 변화시켜 보다 거룩하게 만들어 줍니다.

∽ 47 ∽

하나님의 안식은 피조물이 완전히 하나님께 돌아오는 것을 의미합니다. 그때에 하나님은 피조물들 안에서 자신의 거룩한 에너지를 활성화함으로써 그것들의 자연적 에너지의 작용을 정지시키십니다. 각각의 피조물은 이 자연적 에너지에 의해서 활동합니다. 그리고 하나님은 각각의 피조물이 하나님의 거룩한 에너지에 참여하는 데 비례하여 자연적 에너지의 작용을 정지시키며, 그럼으로써 그 에너지를 하나님 안에 자리잡게 하십니다.

∽ 48 ∽

우리는 하나님께서 시작하신 일에 의해서 이해되어야 하는 영적 지식, 그리고 하나님께서 시작하지 않은 것들에 의해 이해되어야 하는 영적 지식에 고취된 사람들에게서 배워야 합니다. 만일 하나님께서 자신이 시작하신 일들을 마치고 안식하셨다면, 하나님은 자신이 시작하시지 않은 일들을 멈추고 쉬시지는 않으셨을 것입니다. 그때에 피조물의 다양한 본질들처럼 존재에 참여하는 모든 것은 시간 속에서 존재하기 시작한 하나님의 작품들입니다. 참여하는 존재들은 항상 존재해 온 것이 아니므로, 그것들은 존재하기 전에는 무(無)였습니다. 참여하는 존재들이 은혜에 의해서 참여하는 참여 가능한 존재들, 예를 들면 선 및 선의 원리에 포함된 모든 것들은 시간 속에서 존재하기 시작한 것이 아닌 하나님의 작품들일 것입니다.

간단히 말해서, 여기에는 모든 생명, 불멸, 단순성, 불변성, 무한함, 그리고 관성적 시작이 하나님과 관련된 것으로 인식하는 모든 속성들이 포함되어 있습니다. 이것들은 아직 시간 속에서 시작되지 않았지만 하나님의 솜씨입니다. 비록 앞에서 열거한 것들 안에 참여하는 것들은 시간 속에서 출발점을 소유하지만, 무(無)는 결코 선보다 선행하는 것이 아니며, 우리가 열거한 어느 것보다 선행하지 않습니다. 시간이 선보다 선행하지 않으므로 모든 선에는 시작이 없습니다. 하나님은 영원히 그 존재의 독특한 창시자이십니다.

~ 49 ~

하나님은 참여하는 존재든지 참여 가능한 존재든지 모든 존재들을 무한히 초월하십니다. 비록 참여하는 존재들은 일시적인 근원을 가지는 데 반해, 참여가능한 존재들은 은혜에 의해서 시간 안에 존재하게 된 것들 사이에 심겨졌지만, 존재의 범주에 속하는 것들은 하나님의 솜씨입니다. 그러므로 참여가능한 존재들은 만물 안에서 하나님의 임재를 분명하게 선포하는 선천적인 능력입니다.

50

모든 불멸하는 것들과 불멸성, 모든 생물과 생명, 모든 거룩한 것들과 거룩, 모든 선한 것들과 선, 모든 축복들과 축복됨, 모든 존재들과 존재 자체 등은 분명히 하나님의 솜씨들입니다. 어떤 것들은 항상 존재해 온 것은 아니므로 시간 안에 존재하기 시작했습니다. 선, 축복, 거룩, 불멸 등은 항상 존재해 왔으므로, 시간 안에서 존재하기 시작한 것이 아닙니다. 시간 안에서 존재하기 시작한 것들은 시간 안에서 시작된 것이 아닌 것들 안에 참여함으로써 존재한다고 합니다. 하나님은 모든 생명, 불멸, 거룩, 선의 창조자이시며, 지적으로 이해되고 묘사할 수 있는 모든 존재들의 존재를 초월하십니다.

51

성경에 의하면, 창조의 여섯째 날은 자연에 예속되는 존재들의 완성을 나타냅니다. 일곱째 날은 일시적인 실존의 흐름의 한계를 나타냅니다. 여덟째 날은 자연과 시간을 초월하는 상태의 특성을 나타냅니다.

52

영혼을 괴롭히는 적극적인 정념들의 지배에서 벗어나서 율법에 따라서 여섯째 날을 지키는 사람은 두려움 없이 바다를 통과하여 광야로 갑니다(출 16:1). 그의 안식은 단순히 정념들부터의 안식입니다. 그러나 이 단순히 정념들로부터의 안식이라는 상태를 남겨 두고 요단 강을 건넌 후에(수 3:17) 그는 덕을 소유합니다.

~ 53 ~

　덕을 배양함으로써 이미 죄의 충동들을 죽이고 복음서에 따라서 여섯째 날을 지키는 사람은 사막처럼 악이 없는 무정념의 상태를 획득합니다. 그의 안식은 지성이 정념들에 속삭이는 심상들로부터 해방되어 누리는 안식입니다. 그러나 그는 요단 강을 건넌 후에는 영적 지식의 땅으로 들어가며, 그곳에서 평화에 의해 신비하게 건축된 성전인 지성은 영적으로 하나님의 거처가 됩니다.

~ 54 ~

　하나님을 본받아 여섯째 날을 적절한 행동과 생각으로 완성하며, 하나님의 도움을 받아 자기의 행동을 성공적으로 마치는 사람은 자연과 시간에 예속되는 만물의 상태를 주의 깊게 고찰하며 그것들 안에 내재하는 영원한 것들에 대한 신비적 관상에 들어간 사람입니다. 그의 안식은 지성이 불가해하게 피조물을 완전히 포기하고 초월하는 것입니다. 그러나 만일 그가 여덟째 날을 누릴 자격이 있다고 여겨지면, 그는 죽은 자들 - 즉 감각적인 것이든지 지적인 것이든지, 표현할 수 있는 것이든지 감지할 수 있는 것이든지 하나님을 따라 발생하는 모든 것 - 로부터 살아납니다. 그는 유일한 참 생명이신 하나님의 복된 생명을 경험하며, 신화(神化)에 의해서 그 자신이 하나님처럼 됩니다.

~ 55 ~

　수덕 생활을 실천하는 사람의 편에서 보면, 여섯째 날은 덕에 이르는 자연적인 활동들의 완성입니다. 관상생활을 하는 사람들에게 있어서 일곱째 날은 표현할 수 없는 영적 지식에 대한 자연적인 생각들의 결론이요 정지입니다. 여덟째 날은 신화의 상태에 합당하다고 여겨지는 사람들의 이동이요 변화입니다. 주님은 일곱째 날과 여덟째 날에 대한 신비한 힌트를 주시면서 만물의 내적 본질들과 신비들을 포함하는 완성의 날과 시간에 대해 말씀하셨습니다. 만물을 지으신 하나님 외에는 그날과 시간을 알 수 있는 사람이 없습니다(마 24:36).

∽ 56 ∽

여섯째 날은 피조물들의 존재의 내적 본질을 나타냅니다. 일곱째 날은 피조물들의 행복의 질을 나타냅니다. 여덟째 날은 피조물들의 영원한 행복의 말로 표현할 수 없는 신비를 나타냅니다.

∽ 57 ∽

우리는 여섯째 날이 실질적인 활동의 상징이라고 알고 있으므로, 이 날 하루는 덕을 행하려는 빚을 완전히 내려놓아야 합니다. 그러면 "하나님께서 그 지으신 모든 것을 보시니 보시기에 심히 좋았더라"(창 1:31)는 말씀이 우리에게 적용될 수 있습니다.

∽ 58 ∽

여러 가지 덕으로 영혼을 치장하기 위해서 육체적으로 노력하는 사람은 자기에게 요구되는 선행의 빚을 하나님께 갚습니다.

∽ 59 ∽

준비의 날인 여섯째 날을 의로운 행위로 마치는 사람은 영적 관상의 휴식으로 들어간 사람입니다. 그러한 관상을 하는 동안에 그의 지성은 거룩한 방법으로 피조물의 내적 본질들을 파악하며 모든 움직임을 멈춥니다.

～ 60 ～

우리를 위해서 일곱째 날의 하나님의 안식에 동참하는 사람은 우리를 위해서 여덟째 날에 작용하는 하나님의 신화하는 에너지, 즉 신비한 부활에 참여하고 머리를 쌌던 수건과 세마포는 무덤에 남겨 둡니다(요 20:6-7). 베드로와 요한처럼 이것을 인식하는 사람은 주님이 부활하셨다고 확신합니다.

～ 61 ～

주님의 무덤은 이 세상을 상징하기도 하고 각각의 신실한 신자의 마음을 상징하기도 합니다. 세마포는 감각적인 것들의 내적 본질 및 그것들이 지닌 선한 특성들입니다. 수건은 지성적인 실체들의 단순한 동질의 지식 및 하나님에 대한 시각입니다. 로고스는 이것들을 통해서 처음으로 인식됩니다. 이것들이 없으면 우리는 하나님이 어떤 분이신지 이해할 수 없을 것입니다.

～ 62 ～

예를 갖추어 주님을 매장하는 사람들은 부활하신 영광의 주님을 보겠지만, 다른 사람은 보지 못할 것입니다. 이제 주님은 자기를 찾던 사람들에게 붙잡히실 때에 입었던 것들을 입지 않으셨으므로, 더 이상 원수들에게 체포되지 않습니다.

～ 63 ～

예를 갖추어 주님을 매장하는 사람은 하나님을 사랑하는 모든 사람들로부터 존경을 받습니다. 그는 십자가에 달리신 주님의 몸이 불신자들의 모독을 받는 것을 허락하지 않고 적절히 조롱과 모욕으로부터 구했기 때문입니다. 무덤을 봉인하고 군사들을 배치하여 지키게 한 사람들(마 27:66)은 그 음모 때문에 미움을 받습니다. 로고스께서 부활하셨을 때에, 그들은 그의 시신을 도둑맞았다고 말하면서 그분을 비방했습니다. 그들은 거짓 제자 – 거짓 제자란 겉으로 드러내기 위해서 거룩한 체하는 것을 말합니다 – 를 은으로 매수하여 주님을 배반하게 한 것과 동일한 방법으로 군사들을 매수하여 부활하신 주님을 거짓으로 비방하게 했습니다. 영적 지식을 지닌 사람이라면 지금까지 말한 것의 중요성을 알 것입니다. 왜냐하면 그는 주님이 어떻게 십자가에 달리시고 매장되시고 부활하셨는지 모르지 않기 때문입니다. 그런 사람은 마귀들이 그의 마음속에서 선동한 정욕적인 생각들, 그리고 마귀들이 유혹을 통해서 제안하는 생각들을 죽이고, 도덕적인 아름다움의 속성들을 여러 조각으로 찢으며(마 27:35), 선입견의 죄에 의해서 그의 영혼이 깊이 박힌 인상들을 마치 봉인을 떼는 것처럼 제거합니다.

～ 64 ～

부를 사랑하면서도 표면적으로 경건한 체함으로써 덕을 가장하는 사람은 바라던 물질적인 재산을 확보할 때마다 사람들로 하여금 그를 로고스의 제자라고 생각하게 만든 생활 방식을 거부합니다.

～ 65 ～

다른 사람이 자기보다 낫다고 칭찬받는 것을 보면 참지 못하여 비열한 비방을 하면서 그것을 부인하여 진리를 억누르려 하는 오만한 사람을 보면, 당신은 주님이 그 사람에 의해 다시 십자가에 달리시고 무덤에 묻히시고 군사들에 의해 감시를 받으신다고 생각해야 합니다. 로고스는 공격을 당하실수록 더욱 분명하게 자기를 계시하십니다. 로고스는 다른 어떤 것보다 강하십니다. 그분은 진리라고 불릴 뿐만 아니라 진리이십니다.

～ 66 ～

로고스의 성육의 신비는 성경에 있는 모든 불가해한 상징과 예표를 해결하는 열쇠입니다. 게다가 가시적인 피조물과 지성적인 피조물에 대한 지식을 우리에게 제공합니다. 십자가의 신비를 이해하는 사람은 피조물의 내적 본질들을 이해합니다. 한편 부활의 능력에 입문하는 사람은 하나님께서 처음으로 만물을 지으신 목적을 이해합니다.

～ 67 ～

모든 가시적인 실체들에게는 십자가가 필요합니다. 다시 말해서 감각을 통해서 그들에게 작용하는 것들과의 분리된 상태가 필요합니다. 모든 지성적인 실체들에게는 매장이 필요합니다. 즉 지성을 통해서 그들에게 작용하는 것들의 완전한 정지가 필요합니다. 그런 것들과의 관계가 단절될 때에, 그리고 본성적인 활동과 자극이 제거될 때에 본질상 홀로 존재하시는 로고스는 마치 죽은 자들로부터 부활하듯이 모습을 나타내십니다. 그분은 자기에게서 나오는 모든 것을 포함하지만, 어떤 사물도 본성적인 관계에 의해서 로고스와의 혈연 관계를 누리지 못합니다. 구원받은 자의 구원은 본성에 의한 것이 아니라 은혜에 의한 것입니다(엡 2:5).

～ 68 ～

시대와 시간과 장소는 관계의 범주에 속합니다. 따라서 이것들과 제휴된 사물은 관계적인 것일 수밖에 없습니다. 그러나 하나님은 관계의 범주를 초월하십니다. 그러므로 그 무엇도 하나님과 제휴되지 않습니다. 따라서 성도들이 받을 유업이 하나님 자신이라면, 이 은혜에 합당하다고 여겨지는 사람은 모든 시대와 시간과 장소를 초월할 것입니다. 그는 "주께서 나의 반석이요 나의 산성이심이니이다"(시 71:3)라는 말씀에 따라서 하나님을 자기의 처소로 소유할 것입니다.

69

완성의 상태는 결코 중간 상태와 비슷하지 않습니다. 그렇지 않으면 완성의 상태가 될 수 없을 것입니다. 중간 상태는 근원에서 나오는 모든 것들로 구성되지만 완성의 상태보다는 부족합니다. 그러나 만일 모든 시대와 시간과 장소, 그리고 그것들과 필연적으로 제휴된 모든 것들이 하나님에게서 나오는 것이라면 – 왜냐하면 하나님은 근원을 갖지 않는 근원이시므로, 그것들은 분명히 중간 상태에 속합니다. 구원받은 사람들의 완성은 하나님이십니다. 이 최고의 완성 상태에 이른 구원받은 사람들에게서는 결코 중간 상태의 흔적이 발견되지 않을 것입니다.

70

자체의 내적 원리들의 제한을 받는 세상은 그 안에 거하는 것들의 장소요 시대라고 불립니다. 거기에는 피조물로 하여금 만물을 다스리시는 하나님의 지혜를 부분적으로 이해할 수 있게 해 주는 관상의 방식들이 있습니다. 피조물이 이해를 획득하기 위해서 그러한 방식들을 이용한다면, 그것들은 간접적이고 부분적인 이해 이상을 소유하지 못합니다. 그러나 완전한 것이 나타나면, 부분적인 것은 소용이 없게 됩니다. 진리를 대면하여 만날 때에는 모든 거울과 분명치 않은 형상들은 사라집니다(고전 13:10-12). 구원받은 사람이 하나님 안에서 완전해지면, 그는 지금까지 어린아이로서 훈련을 받아온 모든 세상과 시대와 장소를 초월합니다.

∽ 71 ∽

빌라도는 자연법의 예표요, 유대인들의 무리는 성문법의 예표입니다. 믿음을 통해서 이 두 가지 법을 초월하지 못한 사람은 자연과 표현을 초월하는 진리를 받을 수 없습니다. 그런 사람은 오히려 로고스를 십자가에 못박습니다. 그는 유대인처럼 복음을 걸림돌로 보거나 헬라인처럼 어리석은 것으로 봅니다(고전 1:23).

∽ 72 ∽

헤롯과 빌라도가 예수를 죽이기 위해서 서로를 자기 편으로 삼는 것 안에서(눅 23:12), 당신은 음란과 자부심의 마귀가 동시에 발생하는 것을 식별할 수 있을 것입니다. 그것들은 덕과 영적 지식의 로고스를 죽이기 위해 서로 결합합니다. 자부심의 마귀는 영적 지식을 구실로 삼으면서 음란의 마귀를 의지하고, 음란의 마귀는 가식적으로 정결한 체하면서 자부심의 마귀를 의지합니다. 그렇기 때문에 "헤롯이 예수를 업신여기며 희롱하고 빛난 옷을 입혀 빌라도에게 도로 보내니"라고 기록된 것입니다(눅 23:11).

∽ 73 ∽

지성은 육에게 복종하거나 정념에 매달려서는 안 됩니다. 성경에는 "가시나무에서 포도를, 또는 엉겅퀴에서 무화과를 따겠느냐"(마 7:16)라고 말합니다. 다시 말해서, 정념들로부터 덕을 거두지 못하며, 육에게서는 마음을 즐겁게 하는 영적 지식을 거두지 못합니다.

～ 74 ～

유혹과 시련을 인내하면서 받아들임으로써 시험을 받고, 육체적 훈련에 의해서 정화되며, 고귀한 형태의 관상에 주의를 집중함으로써 완전해진 수덕자는 하나님의 은혜의 축복들을 받습니다. 모세는 "여호와께서 시내에서 오시고", 다시 말해 유혹과 시련으로부터 오시며, "세일 산에서 일어나시고", 즉 육체적인 곤경으로부터 일어나시며, "바산 산에서 일만 성도 가운데서 강림하셨고", 즉 무수히 많은 거룩한 지식을 가지고 믿음의 산에서 오셨다고 말합니다(신 33:2).

～ 75 ～

헤롯은 육체의 의지를 상징하며, 빌라도는 감각을, 가이사는 감각적인 것들을, 유대인은 영혼의 생각들을 상징합니다. 무지로 인하여 감각적인 것들과 제휴한 영혼은 로고스를 감각의 수중에 넘겨 주어 죽게 하며, 멸망한 것들의 왕권을 선포합니다. 그렇기 때문에 유대인들은 "가이사 외에는 우리에게 왕이 없나이다"라고 소리쳤습니다 (요 19:15).

～ 76 ～

헤롯은 정념들의 활동을 상징하며, 빌라도는 정념들에게 미혹된 성향을 상징하며, 가이사는 어두움의 세계의 통치자를 상징하고 유대인은 영혼을 상징합니다. 정념들에게 복종하여 덕을 악한 성향에게 넘기는 영혼은 분명히 하나님의 나라를 부인하며 스스로 마귀의 파괴적인 폭정에게 맡깁니다.

～ 77 ～

영혼이 계명을 지킴으로써 덕을 획득하지 않는 한, 정념들의 정복만으로는 영적 행복을 확보하기에 부족합니다. 덕을 통해서 얻는 아들됨의 은혜에 의해서 무정념의 자리로 옮겨 간 후에, 성경은 "귀신들이 너희에게 항복하는 것으로 기뻐하지 말고 너희 이름이 하늘에 기록된 것으로 기뻐하라"고 말합니다(눅 10:20).

78

영적 지식을 가진 사람은 항상 자기의 행동을 통해서 획득한 풍부한 덕을 소유해야 합니다. 성경에서는 "전대 있는 자는 가질 것이요 주머니도 그리하고"라고 말합니다(눅 22:36). 이것은 자기 영혼을 덕으로 양육할 것이 보관되어 있는 창고를 말합니다. 전대와 주머니를 가지고 있지 않은 사람, 즉 지식과 덕을 소유하지 않은 사람은 "겉옷을 팔아 검을 사야 합니다." 이것은 그가 자기 육신으로 하여금 덕을 얻기 위해 수고하게 하며, 하나님의 평화를 위해서 정념들과 귀신들을 대적하여 지혜롭게 싸우라는 말입니다. 즉 하나님의 말씀 안에서 저급한 것과 고귀한 것을 식별하는 기술을 획득하라는 것입니다.

79

주님은 30세 때에 공생애를 시작하셨습니다. 주님은 이 숫자에 의해서 자신에 관한 신비를 가르치십니다. 신비하게 이해하자면, 30이라는 숫자는 주님을 창조주요, 가시적인 자연을 초월하는 지적인 실체들과 자연과 시간을 다스리는 신중한 통치자로 제시합니다. 7이라는 숫자는 주님이 시간의 창조자이심을 상징합니다. 왜냐하면 시간은 일곱 가지 특성을 가지고 있기 때문입니다. 5라는 숫자는 주님이 본성의 창조자이심을 의미합니다. 왜냐하면 감각이 다섯 가지로 구분되어 있기 때문에 본성은 다섯 가지 특성을 지니기 때문입니다. 8

이라는 숫자는 주님이 지적인 실체들의 창조자이심을 의미합니다. 왜냐하면 지적 실체들은 시간에 의해 측량되는 범주 밖에 존재하기 때문입니다. 10이라는 숫자는 주님이 신중한 통치자이심을 의미합니다. 왜냐하면 사람들을 완전함으로 인도하는 것은 열 가지 거룩한 계명이기 때문이며, 10을 나타내는 상징은 인간이 되신 주님이 취하신 이름의 첫 글자이기 때문입니다.[1]

    5와 7과 8과 10을 더하면 30이 됩니다. 그러므로 주님을 스승으로 따르는 법을 아는 사람은 자기도 30살이 되면 하늘나라의 복음을 전파할 능력을 부여받게 될 이유를 알 것입니다. 그가 수덕적 수련을 통해서 자기 영혼이 적대적인 세력들 때문에 길을 벗어나는 것을 허락하지 않고서 결정적으로 덕의 세계를 창조했을 때, 그리고 관상을 통해서 영적 지식을 확실히 수집했을 때에, 그리고 다른 사람들의 내면에 동일한 상태를 만들어 낼 수 있게 될 때에, 그는 육체적인 나이가 몇이든 상관없이 영적으로는 30살이며, 자신이 소유한 축복의 능력을 다른 사람들에게 나타냅니다.[그리스어에서 10이라는 숫자는 I로 표현되는데, 그것은 Iisous라는 명사의 첫째 글자이다.]

~ 80 ~

    육체의 즐거움에 복종하는 사람은 부지런히 덕을 행하지 않으며, 쉽게 영적 지식을 받아들이지도 않습니다. 그렇기 때문에 물이 동할 때에 그를 연못에, 다시 말해서 영적 지식을 받고 모든 질병을 고칠 수 있는 덕의 상태에 넣어 줄 사람 – 즉 지적인 생각 – 이 없습니다 (요 5:7). 그는 병이 들었음에도 불구하고 게으름 때문에 꾸물대며, 다른 사람이 그보다 먼저 연못에 들어갑니다. 그리하여 그는 병 나음을 받지 못합니다. 그렇기 때문에 그는 38년 동안 그곳에 누워 있습니다. 눈에 보이는 세상에 있는 하나님의 영광을 식별하기 위해서 그 세상을 관상하지 않으며, 자신의 내면의 시각을 영적 세계로 들어올리지 않는 사람은 38년 동안 병자로 머물러 지냅니다.

30이라는 숫자는 자연과 관련하여 이해하면 감각적인 세계를 의미하며, 수덕생활과 관련해서는 덕의 실천을 의미합니다. 8이라는 숫자는 신비하게 이해하면 영적 존재의 지적인 본성을 가리키며, 영적 지식과 관련하여 이해하면 신학의 탁월한 지혜를 가리킵니다. 이러한 수단들을 통해서 하나님을 향해 나아가지 않는 사람은 로고스께서 오셔서 신속한 치유를 획득하는 방법을 가르쳐 주시며 "일어나 네 자리를 들고 걸어가라"(요 5:8)고 말씀하실 때까지, 즉 그를 지배하는 쾌락욕에서 지성을 들어올리며, 덕을 지고 집으로, 즉 천국으로 돌아가라고 명령하실 때까지 마비된 상태로 남아 있습니다. 저급한 것이 고등한 것을 방종으로 끌어내리기보다, 고등한 것이 저급한 것을 수덕적 실천의 어깨에 있는 덕에게로 끌어올려야 합니다.

~ 81 ~

우리의 정신이 깨끗하여 우리 자신의 존재 및 하나님에게서 나온 모든 것들의 존재를 초월하지 않는 한, 우리는 아직 영구적인 거룩한 상태를 획득한 것이 아닙니다. 사랑에 의해서 이 고귀한 상태가 우리 안에 확립될 때에, 우리는 거룩한 약속의 능력을 알 것입니다. 지도자인 지성이 사랑에 의해 그 능력을 뿌리내린 곳에서 성도들은 변함이 없는 영원한 거처를 발견할 것임을 우리는 믿어야 합니다. 자기 자신 및 사고력에 예속되는 모든 것을 초월하지 못한 사람, 그리고 사고력을 초월하는 침묵 안에 자리잡지 않은 사람은 변화로부터 완전히 자유로울 수 없습니다.

∽ 82 ∾

사고력은 여러 개의 측면, 최소한 두 가지 측면을 소유합니다. 그것은 두 개의 극단적인 것들 – 지성적인 존재와 지성에 의해 알 수 있는 존재 – 사이의 중간적 관계이며 서로를 연결해 줍니다. 이런 까닭에 둘 중 어느 것도 절대적인 단순성을 소유할 수 없습니다. 지성적인 존재는 하나의 주체이며, 그렇기 때문에 어떤 지적으로 이해할 수 있는 객체를 이해하는 능력은 반드시 그것과 연합됩니다. 지성으로 이해되는 존재는 하나의 주체이거나 주제 안에 존재합니다. 그것은 주체로서 지적인 존재에 의해서 이해되는 존재의 본질적인 능력을 소유합니다. 그리고 주체 안에 존재하려면, 하나의 존재가 있어야 하며 그것은 그 존재 안에 잠재적으로 존재합니다. 피조물은 본질적으로 나눌 수 없는 통일체를 이루는 단순한 존재나 사고력이 아닙니다.

그러므로 우리가 하나님을 하나의 존재라고 부른다면, 사고력의 과정에 의해 이해되는 능력은 하나님의 본성 안에 내재하는 것이 아닙니다. 만일 그렇다면, 하나님은 복합적인 분이 될 것입니다. 또 만일 우리가 하나님을 하나의 사고력이라고 부른다면, 하나님은 지성적인 주체가 될 수 있는 자연적 능력을 지닌 본질을 소유하는 것이 아니라 하나님 자신이 본질적으로 사고력입니다. 하나님 전체가 사고력입니다. 그러나 그분은 사고력에 의해서 존재합니다. 하나님 전체가 존재와 사고력을 초월합니다. 왜냐하면 그분은 나눌 수 없는 통일체, 여러 부분을 지니지 않는 단순한 분이기 때문입니다. 따라서 사고력에 의해서 이해하는 사람은 아직 이원성을 초월하지 못한 사람입니다. 그러나 사고력을 완전히 초월했으며, 그렇기 때문에 그것을 부인한 사람은 어느 정도 통일성 안에 거하는 사람입니다.

∽ 83 ∾

존재들의 다수성 안에는 다양성과 부동성(不同性)과 차이점이 있습니다. 그러나 절대적인 의미에서 한 분이신 하나님 안에는 동일성, 단순성, 그리고 유사성만이 있습니다. 그러므로 우리가 존재들의 다수성을 초월하기 전에 하나님을 관상하는 데 몰두하는 것은 안전하지 못합니다. 모세는 진 밖에 정신의 장막을 치면서 이것을 나타낸 후에(출 33:7) 하나님과 대화했습니다. 표현할 수 없는 것을 인간의 말로 나타내려 하는 것은 위험한 일입니다. 왜냐하면 인간의 말에는 이중성이 포함되어 있기 때문입니다. 가장 확실한 방법은 영혼 안에서 홀로 침묵하면서 순수한 존재를 관상하는 것입니다. 왜냐하면 순수한 존재는 나뉘지 않은 통일체 안에 확립되기 때문입니다. 일 년에 한 번 휘장 안의 지성소에 들어가라는 명령을 받은 대제사장(레 16; 히 9:7)은, 영적이고 거룩한 것을 통과하여 지성소에 들어간 사람 – 즉 감각적이고 지적으로 이해할 수 있는 실체들의 자연적인 세계 전체를 초월했으며, 피조물들의 특징이 되는 모든 것에서 자유로운 사람, 그리고 적나라한 정신을 지닌 사람 – 은 하나님을 볼 수 있다는 것을 보여 줍니다.

∽ 84 ∾

모세는 진 밖에 장막을 쳤을 때(출 33:7), 다시 말해서 그의 의지와 정신이 가시적인 사물들의 세계 밖에 있을 때에, 하나님을 예배하기 시작합니다. 그때에 그는 어둠 속으로 들어가서(출 20:21), 즉 형태가 없는 영적 지식의 영역으로 들어가서, 그곳에서 가장 거룩한 의식들을 거행합니다.

∽ 85 ∽

어두움이란 모든 피조물의 원형들에 대한 지식을 포함하는 바 형태가 없고 영적이고 육체가 없는 상태입니다. 모세처럼 본성적으로는 죽을 운명을 지녔음에도 불구하고 어둠 속으로 들어가는 사람은 불멸하는 것들을 이해합니다. 이 지식을 통해서, 그는 마치 원형이 되는 아름다움을 성실하게 복사한 그림을 그리는 것처럼 신적 탁월성의 아름다움을 자기 안에 묘사합니다. 그 다음에 그는 산에서 내려와, 그 탁월함을 본받으려 하는 사람들에게 자신을 본보기로 제공합니다. 그리하여 그는 자신이 받은 사랑과 후한 은혜를 나타냅니다.

∽ 86 ∽

깨끗한 마음으로 거룩한 철학에 전념하는 사람은 거룩한 지식에 포함되어 있는 지식으로부터 가장 큰 유익을 얻습니다. 왜냐하면 그의 의지와 목적은 더 이상 환경에 따라 변화하지 않으며, 거룩의 표준에 일치하는 모든 일을 자신을 가지고 자발적으로 착수합니다.

∽ 87 ∽

성령으로 말미암아 그리스도 안에서 세례를 받은 우리는 육체를 따른 첫 번째 썩지 않음을 받습니다. 선행에 전념하고 우리 자신의 의지에 대해서 죽음으로써 이 썩지 않음을 흠없이 보존하면서 우리는 그리스도께서 성령 안에서 주시는 궁극적인 썩지 않음을 기다립니다. 이 궁극적인 썩지 않음을 소유한 사람은 이미 얻은 축복을 상실하는 것을 두려워하지 않습니다.

∼ 88 ∼

자비하신 하나님께서는 천국에서 거룩한 능력의 은혜를 지상의 우리에게 내려보내기로 결심하셨을 때에, 상징적인 이미지와 예표와 지혜의 모방 등의 내용을 지닌 거룩한 장막을 세우셨습니다.

∼ 89 ∼

신약성서의 은혜는 구약성서의 문자 속에 신비하게 감추어져 있습니다. 바울은 그 이유는 "율법은 신령하기" 때문이라고 말합니다(롬 7:14). 그러므로 율법의 문자는 낡아지고 쇠퇴하지만(히 8:13), 그 정신은 계속 새로워집니다. 은혜는 결코 쇠하지 않습니다.

∼ 90 ∼

율법은 복음의 그림자입니다. 복음은 비축되어 있는 축복들의 상징입니다. 율법은 악의 실현을 저지합니다. 복음은 거룩한 축복의 실현을 초래합니다.

∼ 91 ∼

신령한 사람이 그렇듯이, 모든 거룩한 성경도 육과 영으로 나눌 수 있습니다. 성경의 문자적 의미는 육이며, 내적 의미는 영입니다. 지혜로운 사람은 썩어질 것을 버리며 자기의 전 존재를 썩지 않을 것과 결합합니다.

∼ 92 ∼

율법은 이 세상에서 거룩한 성서에 상응하는 신령한 사람의 육입니다. 선지서는 감각입니다. 그리고 복음은 율법의 육과 선지서의 감각을 통해서 기능을 발휘하며 자체의 작용 안에 능력을 드러내는 영혼입니다.

~ 93 ~

율법은 그림자요 선지서는 복음에 포함된 거룩하고 영적인 축복의 상징입니다. 율법에 예시되었고 선지서에 예현된 진리는 현재 실제 사건들을 통해서 우리에게 제시되는 것처럼 복음서 안에 계시됩니다.

~ 94 ~

사생활과 공적인 생활에서 율법을 이행하는 사람은 실질적인 죄를 범하는 것을 삼가며, 자기의 분별없는 정념들의 표면적인 성취를 하나님께 제물로 바칩니다. 그는 영적으로 성숙하지 못했기 때문에 이런 식으로 구원을 찾는 데 만족합니다.

~ 95 ~

선지자들의 말에 의해 교육을 받은 사람은 표면적인 정념들의 성취를 삼갈 뿐만 아니라 영적으로 그것들에게 동의하는 것까지도 거부합니다. 그는 자신의 탁월한 부분인 영혼 안에서 죄가 자유로이 다스리는 것을 은밀하게 허락하면서도 자신의 열등한 부분, 즉 육체 안에서는 죄를 삼가는 것처럼 보이는 것에는 만족하지 않습니다.

~ 96 ~

진실로 복음의 생활을 받아들인 사람은 악의 자극과 작업에 대해서 면역성을 지니며, 생각으로나 행동으로 모든 덕을 추구합니다. 그는 정념들이 일으킨 혼란에서 해방되었고 그것들과의 정신적 싸움에서 자유하게 되었으므로, 찬양과 감사의 제사를 드립니다(시 116:17). 그리고 자기 영혼에게 예비되어 있는 축복들에 대한 소망, 꺼지지 않는 즐거움을 먹입니다.

~ 97 ~

부지런히 거룩한 성경을 공부하는 사람에게 주님은 두 가지 형태를 지니신 것으로 보여집니다. 첫째는 일반적이고 대중적인 것으로서 많은 사람들이 감지할 수 있습니다. "우리가 보기에 흠모할 만한 아름다운 것이 없도다"(사 53:2)는 말씀은 이것을 언급합니다. 둘째 형태는 보다 은밀한 것으로서, 감각을 압도하는 영광을 지니고 모습이 변화되신 주님을 본 베드로와 요한처럼 된 사람들만이 감지할 수 있습니다(마 17:2). "왕은 인생보다 아름답다"(시 45:2)는 말씀이 이 형태를 가리킵니다. 이 두 가지 형태 중에서 첫째 형태는 초심자들과 조화를 이루며, 두 번째 형태는 영적 지식 안에서 완전해진 사람들과 조화를 이룹니다. 첫째 형태는 주님의 초림의 상징입니다. 복음의 문자적 의미는 이것을 언급하며, 이것은 덕을 실천하는 사람들을 고난에 의해서 정화합니다. 둘째 형태는 재림을 예표합니다. 그 안에서 복음의 정신이 이해되며, 그리고 그것은 영적 지식을 지닌 사람들을 지혜에 의해서 변화시키고 거룩하게 합니다. 그들의 내면에서 로고스가 변화되시기 때문에 "수건을 벗은 얼굴로 거울을 보는 것같이 주의 얼굴을 반영합니다"(고후 3:18).

~ 98 ~

결심이 흔들리지 않고 덕을 위해 고난을 당하는 사람은 로고스의 초림의 감화를 받습니다. 그것은 그를 모든 더러움에서 깨끗하게 해 줍니다. 관상을 통해서 자기의 지성을 거룩한 상태로 들어올린 사람은 재림의 능력을 소유합니다. 그것은 그의 내면에서 무정념과 썩지 않음을 만들어 냅니다.

99

감각 인식은 고난을 견딤으로써 덕을 획득하려고 노력하는 금욕고행자와 관련된 것입니다. 감각 인식으로부터의 자유는 육과 세상으로부터 지성을 끌어내어 하나님께 집중시키는 관상자에게 어울리는 것입니다. 금욕고행자는 영혼을 육과 연결하고 있는 본성적인 속박을 풀기 위해 노력하면서 자신이 겪고 있는 고난에 자기의 의지를 복종시킵니다. 관상자는 관상을 통해서 그러한 속박을 깨뜨린 사람이며, 어떤 사람의 방해도 받지 않습니다. 그는 이미 자기를 압도하려 하는 사람들의 지배에서 해방되었습니다.

100

광야에서 이스라엘에게 주신 만나(출 16:14-35)는 하나님의 로고스입니다. 그것을 먹는 사람들은 그것이 모든 영적 즐거움을 공급해 준다는 것을 발견합니다. 그것은 먹는 사람들의 상이한 욕구에 따라 모든 입맛에 맞도록 혼합되어 있습니다. 그것은 모든 종류의 영적 음식의 특성을 구비하고 있습니다. 그러므로 그것은 성령을 통해서 썩지 않을 씨에 의해서 위로부터 태어난 사람에게는(요 3:3-5) 깨끗한 영적 우유처럼 임하며(벧전 2:2), 연약한 자에게는 채소처럼 임하며(롬 14:2), 영혼의 감수성이 있는 측면을 지탱해 줍니다.

오랫동안 수련에 의해서 선과 악을 구분하는 훈련을 받은 인식 기관을 소유한 영혼의 소유자에게는, 그것은 단단한 음식과 같은 역할을 합니다(히 5:14). 하나님의 로고스는 이 세상에 포함될 수 없는 무한한 능력들을 소유하십니다. 이 세상에서 작은 일에 충성하였기 때문에 죽을 때에 많은 일이나 모든 일을 맡을 자격이 있다고 판단된 사람은(마 25:21), 로고스가 지닌 이러한 능력들 모두나 일부를 받을 것입니다. 이 세상에서 주어지는 거룩한 은혜의 선물들 중에서 가장 고귀한 것이라도 우리를 위해 예비되어 있는 것들과 비교하면 작고 보잘것없는 것에 불과합니다.

101-200편

1

신격이 하나이므로 하나님은 한 분이십니다. 하나님은 근원이 없으시며 단순하고 존재를 초월하시며, 부분들도 없고 나눌 수도 없습니다. 신격은 통일체인 동시에 삼위일체입니다. 즉 완전한 하나요 완전히 셋이십니다. 신격은 아버지와 아들과 성령이며, 아버지와 아들과 성령 안에 있습니다. 완전한 신격은 완전한 아버지 안에 있으며, 완전한 아버지가 완전한 신격 안에 있습니다. 완전한 신격은 완전한 아들 안에 있으며, 완전한 아들은 완전한 신격 안에 있습니다. 완전한 신격은 완전한 성령 안에 있으며, 완전한 성령은 완전한 신격 안에 있습니다. 완전한 신격은 아버지인 동시에 완전한 아버지 안에 있습니다. 완전한 아버지는 완전한 신격 안에 있으며, 완전한 신격은 완전한 아버지입니다. 완전한 아들은 완전한 신격 안에 있으며, 완전한 신격은 완전한 아들 안에 있습니다.

완전한 아들은 완전한 신격인 동시에 완전한 신격 안에 있습니다. 완전한 신격은 성령인 동시에 완전한 성령 안에 있습니다. 완전한 성령은 완전한 신격인 동시에 완전한 신격 안에 있습니다. 신격은 부분적으로 아버지 안에 있는 것이 아니며 아버지도 하나님의 일부가 아닙니다. 신격은 부분적으로 아들 안에 있는 것이 아니며 아들은 하나님의 일부가 아닙니다. 신격은 성령 안에 부분적으로 있는 것이 아니며 성령은 하나님의 일부가 아닙니다. 신격은 나눌 수 없습니다. 아버지나 아들이나 성령은 불완전한 하나님이 아닙니다. 반대로 완전하고 온전한 신격은 완전히 완전한 아버지 안에 있습니다. 완전하고 온전한 신격은 완전히 완전한 아들 안에 있으며, 완전하고 온전한 신격은 완전히 온전한 성령 안에 있습니다. 완전한 아버지는 완전히 완전한 성령과 아들 안에 있으며, 완전한 아들은 완전한 아버지와 성령 안에 있습니다. 그리고 완전한 성령은 완전한 아버지와 아들 안에 있습니다. 그러므로 아버지와 아들과 성령은 한 분 하나님입니다. 아버지와 아들과 성령의 본질과 힘과 에너지는 하나입니다. 그러므로 어느 위격도 나머지 위격이 없이 존재하거나 이해될 수 없습니다.

2

모든 지적 작용에는 이해하는 지성과 지성적으로 이해되는 존재가 포함됩니다. 그러나 하나님은 이해하는 지성도 아니고 지성적으로 이해되는 존재도 아닙니다. 그분은 두 가지 모두를 초월하십니다. 만일 그분이 이해하는 지성이라면, 지성적으로 이해되는 존재와의 관계를 원하는 욕구의 제한을 받을 것입니다. 그리고 만일 그분이 지성적으로 이해되는 존재라면, 본성적으로 그분을 이해할 수 있는 이해하는 지성에게 예속되므로 제한을 받을 것입니다. 그러므로 하나님은 하나의 지성으로 이해될 수도 없고 지성적으로 이해되는 존재로 이해될 수 없으며, 지적 작용과 가해성(可解性)을 초월하십니다. 지적 작용과 가해성은 본성적으로 하나님에게서 나오는 것들과 관련됩니다.

3

이해하는 존재 안에는 지적 작용이 하나의 특성으로 내재해 있습니다. 그리고 그 작용은 특성들을 부여받은 존재를 향합니다. 어떤 지적 작용도 절대적으로 독립되어 있고 단순하며 자존하는 존재를 향할 수는 없습니다. 왜냐하면 지적 작용 자체가 독립된 것이거나 단순한 것이 아니기 때문입니다. 그러나 하나님은 두 가지 측면에서 절대적으로 단순하십니다. 존재이신 하나님은 모든 이해하는 주체들과 관계가 없습니다. 지적 작용이신 하나님은 모든 이해되는 대상과 관계가 없습니다. 그러므로 하나님은 지적으로 이해되는 대상도 아니고 지성적인 주체도 아닙니다. 왜냐하면 하나님은 존재와 지적 사고를 초월하시기 때문입니다.

~ 4 ~

원의 중심은 그 원의 모든 반지름의 근원으로서 더 이상 나누어지지 않습니다. 마찬가지로 영적 지식의 단순하고 나눌 수 없는 행동에 의해서, 하나님 안에 거할 자격이 있다고 판단된 사람은 모든 피조물의 내적 본질들이 하나님 안에 선재하고 있다는 것을 인식할 것입니다.

~ 5 ~

지적으로 이해될 수 있는 대상들의 이해를 통해서 지적 작용이 주어지면, 그것은 더 이상 하나의 지적 작용이 아니라 다수의 지적 작용들이 됩니다. 왜냐하면 그것은 자신이 이해하는 각각의 이해되는 대상들의 형태의 흔적을 지니기 때문입니다. 그러나 그것이 이런 식으로 여러 가지 형태를 수여하는 감각적이고 지적으로 이해되는 사물들의 다수성을 초월하면, 형태로부터 완전히 해방됩니다. 이때에 지적 작용을 초월하시는 로고스가 자신을 지적 작용과 결합하시고 그것을 자신의 것으로 만드십니다. 그리고 많은 개념적인 형태들을 부과함으로써 지적 작용을 변화시키고 다양하게 만드는 사물들로부터 지적 작용을 쉽게 해 줍니다. 하나님께서 일을 쉬신 것처럼, 이것을 경험하는 사람도 일을 멈추고 쉽니다(창 2:2; 히 4:10).

6

이 세상에서 획득 가능한 완전함에 도달한 사람은 사랑과 기쁨과 화평과 오래 참음의 열매를 하나님께 드리며(갈 5:22), 장래에는 썩지 않음과 영원함과 비슷한 은사들을 드릴 것입니다. 첫째 특성들은 덕의 실천에 있어서 완전한 사람에게서 발견할 수 있으며, 두 번째 특성들은 참된 영적 지식을 통해서 피조물의 세상을 초월한 사람에게서 발견됩니다.

7

불순종의 결과가 죄인 것처럼, 순종의 결과는 덕입니다. 불순종은 계명을 범하게 하고 계명을 주신 하나님으로부터의 분리로 이어지듯이, 순종은 계명을 지키게 하며 계명을 주신 하나님과의 연합으로 이어집니다. 그러므로 순종을 통해서 계명을 지킨 사람은 의를 성취한 사람이며, 계명을 주신 하나님과의 사랑의 연합에서 떨어지지 않습니다.

8

타락에 의해 야기된 불화로부터 치유되려면, 먼저 정념들에서 벗어나야 하며, 그 다음에는 정욕적인 생각들로부터 벗어나야 합니다. 그 다음에는 자연과 자연의 내적 원리들로부터 벗어나며, 그 다음에는 그것들에 관한 지식과 개념적인 심상들로부터 벗어나야 합니다. 마지막으로, 신적 섭리에 관한 여러 가지 원리들을 통과한 후에, 당신은 무지를 통해서 신적 일치의 원리를 획득합니다. 그때에 지성은 그 자체의 불변성만 관상하며, 모든 지성을 초월하는 하나님의 평화, 그리고 그것을 부여받은 사람을 실족하지 않게 항상 보호해 주는 평화를 받았기 때문에 말할 수 없이 기뻐합니다.

9

지옥에 대한 두려움은 초심자들로 하여금 악을 피하게 만듭니다. 거룩한 축복을 받으려는 소원은 진보하고 있는 사람들에게 덕을 실천하려는 의지를 부여해 줍니다. 그러나 사랑의 신비는 모든 피조물을 초월하며 지성으로 하여금 하나님에게서 나온 모든 것을 보지 못하게 만듭니다. 주님은 하나님에게서 나온 모든 것에 대해 장님이 된 사람에게만 지혜를 주시며, 보다 거룩한 것을 보여 주십니다.

10

하나님의 로고스는 겨자 씨와 같습니다(마 13:31). 그것은 땅에 심기 전에는 매우 작게 보이지만, 제대로 기르면 아주 크게 자라므로 감각적인 피조물과 지적인 피조물의 가장 고귀한 원리들이 마치 새처럼 그 안에 깃들이게 됩니다. 만물의 원리나 내적 본질은 로고스 안에 포함되지만, 로고스는 어떤 피조물에게도 포함되지 않습니다. 이런 까닭에 주님은 겨자씨만한 믿음을 가진 사람은 명령에 의해서 산을 옮길 수 있다고(마 17:20), 다시 말해서, 우리에게 가해지는 마귀의 지배를 파괴하며 완전히 제거할 수 있다고 말씀하셨습니다.

11

겨자씨는 주님입니다. 주님을 받아들이는 사람들의 마음속에는 믿음에 의해서 그 씨가 뿌려집니다. 덕을 실천함으로써 부지런히 그 씨를 기르는 사람은 저속한 자만심의 산을 움직이며, 또 자신이 획득한 능력을 통해서 완강한 죄의 습관을 몰아냅니다. 그리하여 그는 계명 안에 마치 새들처럼 깃들어 있는 거룩한 능력들이나 특성들과 원리들의 활동을 소생시킵니다.

12

우리는 주님이라는 기초 위에 금과 은과 보석으로 거룩한 성전을 세워야 합니다(고전 3:12). 다시 말해서, 변조되지 않은 순수한 신학, 명쾌하고 찬란한 생활방식, 그리고 보석보다 귀한 거룩한 생각과 개념적인 심상들을 가지고 거룩한 성전을 세워야 합니다. 우리는 풀이나 짚이나 나무, 즉 감각적인 것들에 대한 정욕적인 욕망이나, 정념에 물든 생각이요 짚처럼 속이 빈 이해력이나, 의미 없는 생활방식을 사용하지 말아야 합니다.

13

영적 지식을 찾는 사람은 하나님께서 모세에게 하신 바 "너는 여기 내 곁에 섰으라"(신 5:31)는 말씀을 따라서 자기 영혼의 기초를 주님 앞에 확고하게 두어야 합니다. 그러나 "여기 섰는 사람 중에 죽기 전에 하나님의 나라가 권능으로 임하는 것을 볼 자도 있느니라"(막 9:1)에서 분명히 나타내는 것처럼, 주님 앞에 서는 사람들 사이에는 차이점들이 있음을 알아야 합니다. 주님은 자기 앞에 서는 모든 사람들에게 항상 영광 중에 나타나시지는 않습니다. 초심자에게는 종의 모양으로 나타나시고(빌 2:7), 주님을 따라 높은 변화산으로 올라갈 수 있는 사람들에게는 하나님의 모양으로 나타나십니다(마 17:1-9). 그러므로 동일하신 주님이지만 자기 앞에 서는 모든 사람에게 동일한 방법으로 나타나시는 것이 아니라, 각 사람의 믿음의 분량에 따라 각기 다르게 나타나십니다.

14

하나님의 로고스께서 우리 안에 나타나셔서 빛을 발하시고, 그의 얼굴이 태양처럼 빛을 발하시면, 그의 옷도 희게 보일 것입니다(마 17:2). 다시 말해서, 그때에 복음의 말씀이 감추인 것이 전혀 없이 분명하고 확실해질 것입니다. 그리고 모세와 엘리야 - 영적인 율법과 선지자들의 원리 - 도 그와 함께 존재할 것입니다.

15

성경에는 "인자가 아버지의 영광으로 그 천사들과 함께 오리니"라고 기록되어 있습니다(마 16:27). 마찬가지로 거룩함 안에서 진보한 분량에 따라서, 각 사람의 내면에서 하나님의 로고스가 변화되며, 천사들과 아버지의 영광으로 오십니다. 변화산에서 주님과 함께 나타난 모세와 엘리야가 상징하는 바 율법과 선지자들 안에 있는 영적인 원리는 그것이 계시된 사람들의 실질적인 수용 능력에 따라서 영광을 나타냅니다.

16

어느 정도 거룩한 통일성의 내적 원리에 입문한 사람은 그것과 함께 결합되어 있는 신적 섭리와 심판의 원리를 발견합니다. 그렇기 때문에 그는 베드로처럼 자기에게 나타난 사람들을 위해 내면에 세 개의 초막을 짓는 것이 좋겠다고 생각합니다(마 17:4). 이 초막들은 구원의 세 단계, 즉 덕의 단계와 영적 지식의 단계와 신학의 단계를 나타냅니다. 덕의 단계에서는 덕을 실천함에 있어서 불굴의 정신과 절제가 필요하며, 이것을 나타내는 예표는 엘리야였습니다. 둘째 단계에서는 자연적 관상에서의 올바른 식별이 필요합니다. 모세는 이것을 친히 나타냈습니다. 셋째 단계에는 지혜의 완성이 필요합니다. 이것은 주님에 의해 계시되었습니다. 그것들은 초막 또는 임시 거처라고 불립니다. 왜냐하면 그것들보다 한층 더 찬란하고 훌륭한 단계, 합당하다고 여김을 받는 사람들이 다음 시대에 거칠 단계들이 있기 때문입니다.

17

덕을 실천하고 있는 사람은 육체 안에 "우거한다"고 언급됩니다(창 12:10). 왜냐하면 그는 덕을 실천함으로써 영혼과 육체의 관계를 단절하며 물질적인 것들의 속임수를 벗어버리고 있기 때문입니다. 영적 지식의 사람은 덕 자체 안에 우거하고 있다고 언급됩니다. 왜냐하면 그는 아직은 거울로 보듯이 희미하게 관상하기 때문입니다(고전 13:12). 그는 아직 자존하는 선의 형태들을 직접 대면하여 보지 못한 사람입니다. 장차 받을 축복들과 관련하여 모든 성도는 더 이상 그것들의 상징 안에서 행하지 않으며, "나는 주께 객이 되고 거류자가 됨이 나의 모든 열조 같으니이다"(시 39:12)라고 외칩니다.

18

기도하는 사람은 하나님께로 올라가는 가파른 오르막길에서 결코 멈추어 서서는 안 됩니다. 그는 힘을 얻고 더 얻어서 나아가 덕을 실천해야 하며(시 84:5-7), 영적 진리를 관상함에 있어서 영광에서 영광으로 올라가야 하며(고후 3:18), 또 성경의 문자에서부터 정신으로 나아가야 합니다. 기도의 영역에서도 비슷한 방법으로 전진해야 합니다. 그는 지성과 영혼의 결심을 인간적인 것에서부터 신적인 것에게로 들어올려야 하며, 그럼으로써 그의 지성은 승천하신 자요(히 4:14), 어디에나 편재하시는 하나님의 아들 예수를 따를 수 있습니다. 예수는 성육신의 섭리에 의해서 우리를 위해 모든 일을 겪으셨으므로, 만일 우리가 그분이 지니셨던 한계에 따라 그분을 이해하지 않고 그분의 본성적인 무한하심에 따라서 그분을 이해한다면 우리는 그분을 따름으로써 그분과 관련된 모든 것을 통과하며 그분과 함께 거할 수 있을 것입니다.

∽ 19 ∽

우리는 항상 하나님께 헌신하며, 명령받은 대로 하나님을 찾아야 합니다(마 6:33). 우리가 현 단계의 삶에서 하나님을 찾을 때에는 그분의 가장 깊은 곳에 이를 수 없지만, 만일 우리가 그분의 깊음을 조금이라고 꿰뚫고 들어간다면, 거룩한 것들보다 더 거룩하고 신령한 것들보다 더 신령한 것을 보게 될 것입니다. 대제사장은 성소에 들어가면서 상징적으로 이것을 우리에게 보여 줍니다. 성소는 성전 뜰보다 거룩한 곳으로서 가장 거룩한 장소인 지성소로 들어가는 장소입니다(레 16장).

∽ 20 ∽

하나님의 로고스는 산만하지도 않고 장황하지도 않으며, 다양한 원리들을 포함하고 있는 통일체입니다. 각각의 원리는 로고스의 한 가지 측면입니다. 그러므로 진리에 대해서 말하는 사람은 항상 하나님의 로고스에 대해서 말합니다.

~ 21 ~

그리스도는 하나님이시며 아버지의 로고스이므로 "그 안에는 신성의 모든 충만이 거하십니다"(골 2:9). 우리가 모든 덕과 지혜를 모아들일 때에 은혜로 말미암아 신성의 충만이 우리 안에 거합니다. 그 지혜는 신적인 원형을 충실하게 모방한 것입니다. 우리와 로고스의 관계 덕분에, 다양한 영적 원리들을 포함하시는 신성의 충만이 우리 안에 와서 거하신다는 것은 결코 부조리한 일이 아닙니다.

~ 22 ~

우리의 지성에서 자연스럽게 솟아나는 생각은 지성의 감추인 활동을 알려주는 사신입니다. 마찬가지로 본질상 하나님의 로고스이시며, 생각이 그 근원인 지성을 알듯이 아버지를 아시는 분은 자신이 아는 아버지를 계시하십니다. 그러므로 그분이 없으면 어느 피조물도 아버지께 가까이 갈 수 없습니다. 그런 까닭에 그분은 "모사"라고 불립니다(사 9:6).

~ 23 ~

하나님 아버지의 위대한 지혜는 신적 섭리의 비밀에 의해 발언되지도 않고 알려지지도 않습니다. 이것은 독생자께서 자신의 성육신을 통해서 계시하셨습니다. 그 비밀의 내적 원리를 아는 사람은 하나님의 위대한 뜻을 알리는 사자가 됩니다. 그리고 그는 만물을 통한 활동과 생각에 의해서 끊임없이 고양되어 마침내 아버지 하나님을 만납니다.

∽ 24 ∽

하나님의 로고스는 우리를 위하여 땅 아랫곳으로 내려오셨으며, 또 모든 하늘 위에 오르셨습니다(엡 4:9-10). 로고스는 성육신을 통해서 이미 인간으로서 있어야 할 모든 것을 성취하셨으므로, 영적 지식 안에서 즐거워하는 사람은 주님을 사랑하는 사람들에게 약속된 완성을 생각하면서 내적으로 기뻐합니다.

∽ 25 ∽

인간들을 하나님처럼 만들고 하나님의 아들들이 되게 하기 위해서 거룩하신 하나님 아버지의 로고스가 인간의 아들이요 인간이 되셨다면, 우리가 장차 그리스도가 계신 곳에 도착할 것이라고 믿어야 합니다. 그분은 모든 몸의 머리요(골 1:18), 우리를 위한 선구자로서 우리의 인성을 가지고 아버지께 가셨습니다. 하나님은 "하나님의 회", 다시 말해서 구원 받은 사람들 가운데 서서 복받을 자격이 있는 사람들에게 복을 상으로 나누어 주실 것입니다. 하나님은 그들과 공간적으로 분리되지 않습니다.

∽ 26 ∽

아직도 육체의 정욕적인 욕망을 충족시키는 사람은 우상을 만들고 숭배하는 사람으로서 갈대아 땅에 삽니다. 그러나 그가 상황을 분별하기 시작하여 본성이 요구하는 생활방식에 대한 통찰을 얻으면, 그는 갈대아 땅을 떠나서 메소포타미아의 하란으로 갑니다(창

11:31). 하란이란 덕과 악의 중간 상태, 감각의 미망에서 아직 정화되지 못한 상태를 의미합니다. 그러나 만일 그가 감각을 통해서 획득한 선에 대한 이해를 초월한다면, 그는 서둘러서 복된 땅, 즉 거짓말을 하지 않으시는 하나님께서 자기를 사랑하는 사람들에게 나타내시며 그들의 덕에 대한 상으로 그것을 주겠다고 약속하시는 바 죄로부터 자유한 상태를 향해 나아갑니다.

— 27 —

하나님의 로고스께서 우리를 위해서 "십자가에 못박히셨으나 오직 하나님의 능력으로 사셨다면"(고후 13:4), 영적인 의미에서 그분은 항상 우리 때문에 이 일을 행하고 당하고 계시며, 모든 사람을 구원하기 위해 모든 사람에게 모든 모양이 되십니다(고전 9:22). 그러므로 고린도 교인들이 연약했기 때문에, 사도 바울은 그들과 함께 있으면서도 "예수 그리스도와 그의 십자가에 못박히신 것 외에는 아무 것도 알지 아니하기로 작정하였습니다"(고전 2:2).

그러나 에베소 교인들은 완전했기 때문에, 바울은 그들에게 편지하면서 하나님께서 "함께 일으키사 그리스도 예수 안에서 함께 하늘에 앉히셨다"고 말하며(엡 2:6), 하나님의 로고스께서 각 사람의 힘에 맞추어 자신을 조정하신다고 다짐합니다. 그리하여 그분은 수덕 생활의 첫 걸음을 시작한 사람들을 십자가에 못박으시고, 그들의 정념에 물든 에너지들을 거룩한 두려움과 함께 십자가에 못박습니다. 그분은 유혹의 욕심을 따라 썩어져 가는 타락한 이기적 자아를 벗어 버린 사람들을 위해서, 성령으로 말미암아 하나님의 형상으로 지음을 받은 인간으로서 완전히 새로워진 사람들을 위해서(엡 4:24), 그리고 내면에 거하는 은혜로 말미암아 아버지께 가까이 감으로써 "모든 정사와 권세와 능력과 주관하는 자와 이 세상뿐 아니라 오는 세상에 일컫는 모든 이를 위에 뛰어나게"(엡 1:21) 들리운 사람들을 위해서 부활하시고 승천하십니다(엡 4:22).

∽ 28 ∽

하나님의 로고스는 육체 안에서 가시적으로 강림하시기 전에 영적인 방식으로 족장들과 선지자들 가운에 거하시면서 자신의 강림의 신비를 예현하셨습니다. 성육하신 후에는 비슷한 방법으로 초심자들에게 현존하시면서 그들을 영적으로 양육하시고 신적 완전을 향해 인도하실 뿐만 아니라, 완전한 자들에게도 현존하시면서 그들 안에서 장래 강림의 특성의 윤곽을 미리 은밀하게 그리십니다.

∽ 29 ∽

로고스가 장차 육체로 강림하실 것의 전조인 율법과 선지자들의 가르침이 우리의 영혼을 그리스도에게로 인도해 주듯(갈 3:24), 영화롭게 되고 성육하신 하나님의 로고스는 자신의 영적 강림의 전조이며, 자신의 가르침에 의해서 우리 영혼을 인도하여 자신의 분명하고 거룩한 강림을 받아들이게 합니다. 그분은 합당하다고 여겨지는 사람을 육체로부터 영에게로 전화시키는 덕에 의해서 쉬지 않고 이 일을 행하십니다. 그리고 세상이 끝날 때에도 이 일을 행하실 것이며, 지금까지 모든 사람에게 감추어져 온 것을 분명히 나타내실 것입니다.

∽ 30 ∽

내가 계명을 실천함으로써 하나님께 순종하지 않고 영적 지식 안에서 완전하게 되지도 않은 채 불완전하며 완고하게 행동하는 한, 그리스도 역시 나 때문에 불완전하고 완고하게 보일 것입니다. 나는 "그리스도의 몸이요 지체의 각 부분"이므로(고전 12:27), 나는 그리스도와 함께 영적으로 성장하지 않음으로써 그리스도를 감소시키고 불구로 만듭니다.

∽ 31 ∽

"해는 떴다가 진다"고 성경은 말합니다(전 1:5). 덕과 거룩한 지식을 추구하는 사람들의 생활 방식과 영적 지위와 본질에 따라서, 로고스도 종종 뜨는 것처럼 보이기도 하고 지는 것처럼 보이기도 합니다. 의의 태양이 무지와 죄의 어두움에 물드는 것을 허락하지 않고 여호수아처럼(수 10:12) 현세에서 종일 의의 태양이 자기 내면에서 지지 않게 유지하는 사람은 복이 있습니다. 그럼으로써 그는 자기를 대적하여 일어나는 교활한 마귀들과 싸울 수 있을 것입니다.

∽ 32 ∽

덕의 실천과 관상에 의해서 우리의 내면에서 하나님의 로고스가 들릴 때, 그는 모든 사람을 자기에게로 이끄십니다(요 12:32). 그는 육체와 영혼과 존재의 본질에 관한 우리의 생각과 말을 덕과 영적 지식 안에서 거룩하게 하십니다. 또 우리 몸의 지체들과 감각을 거룩하게 하시며, 그것들에게 자기의 멍에를 씌우십니다. 그러므로 거룩한 것들을 꿈꾸는 사람은 로고스를 찾아 열심히 위로 올라가 마침내 로고스가 계신 곳에 도착해야 합니다. 그분은 자기를 따르는 모든 사람들을 자기의 처소로 이끌며, 위대한 대제사장으로서 우리를 지성소로 인도하십니다. 그분은 친히 우리처럼 되셔서 우리를 위한 선구자로서 지성소에 들어가셨습니다(히 6:20).

~ 33 ~

지혜를 얻기 위해 열심히 노력하며 눈에 보이지 않는 세력들을 경계하는 사람은 본성적인 분별력(이것의 빛은 매우 제한적입니다)과 성령의 조명하시는 은혜를 소유하게 해달라고 기도해야 합니다. 본성적인 분별력은 육체를 덕 안에서 훈련하며, 성령의 조명하시는 은혜는 지성을 조명하여 지혜와의 교제를 우선적으로 선택하게 합니다. 그리고 그것은 지혜를 통해서 악의 요새를 파괴하며, "하나님을 아는 것을 대적하여 높아진 것을 다 파합니다"(고후 10:5). 여호수아는 태양이 기브온 위에 머물게 해달라고, 다시 말해서 하나님의 지식의 빛이 지지 않고 영적 관상의 산 위를 비추게 해달라고 기도하면서, 그리고 그는 달이 골짜기에 머물게 해달라고, 즉 연약한 육체를 지키는 본성적인 분별력이 변함없이 덕과 결합된 상태로 머물게 해달라고 기도하면서, 이 두 가지를 예증합니다(수 10:12-13).

~ 34 ~

기브온은 영적인 지성입니다. 골짜기는 죽음에 의해 낮아진 육체입니다. 태양은 로고스로서, 지성을 조명해 주고 관상의 능력을 공급해 주고 무지로부터 구해 줍니다. 달은 자연법입니다. 이것은 육체를 설득하여 영에게 복종하며 계명의 멍에를 받아들이게 합니다. 달은 변화하기 때문에 자연을 상징합니다.

~ 35 ~

우리는 밖에서 주님을 찾지 말고, 행동으로 나타난 믿음을 통해서 자신의 내면에서 찾아야 합니다. 주님은 가까이에 계십니다: "말씀이 네게 가까와 네 입에 있으며 네 마음에 있다 하였으니…믿음의 말씀이라"(롬 10:8). 그리스도는 우리가 찾는 말씀이십니다.

∽ 36 ∽

우리는 하나님의 무한히 높으심을 생각하면서, 그처럼 높은 곳에서 우리를 불쌍히 여겨 우리에게 팔을 뻗지 않으실 것이라고 절망해서는 안 됩니다. 그리고 죄로 말미암은 우리의 타락의 무한한 깊음을 생각하면서, 우리 안에서 죽은 덕이 다시 일어날 것이라고 믿기를 거부해서는 안 됩니다. 하나님은 이 두 가지 일을 모두 행하실 수 있습니다. 하나님은 우리에게 내려오셔서 영적 지식으로 우리의 지성을 조명해 주실 수 있으며, 또 우리 안에서 덕을 일으키시며 의의 행위를 통해서 존귀하게 하실 수 있습니다. 성경에는 "네 마음에 누가 하늘에 올라가겠느냐 하지 말라 하니 올라가겠느냐 함은 그리스도를 모셔 내리려는 것이요 혹 누가 음부에 내려가겠느냐 하지 말라 하니 내려가겠느냐 함은 그리스도를 죽은 자 가운데서 모셔 올리려는 것이라"(롬 10:6-7)고 기록되어 있습니다.

달리 해석하면, 깊음은 하나님의 결과로서 생기는 것들을 상징합니다. 죽은 것에게 생명이 돌아오는 것처럼, 거룩한 로고스가 그것들 안에 섭리적으로 오셔서 거주하십니다. 삶에서 실천에 의존하는 생명을 소유한 만물은 본질적으로 죽은 것입니다. 하늘은 하나님의 본성적인 감추임을 상징합니다. 이것 때문에 만물은 하나님을 이해할 수 없습니다. 만일 하늘을 성 삼위일체의 교리요 깊음은 성육신의 신비라고 설명하는 사람이 있다면, 그는 표적에서 멀리 있는 것이 아닙니다. 이성적인 증명을 통해서 교리의 의미를 파악하기 어려우며, 또 믿음을 가지고 탐구하지 않는 한 그것들의 의미에 접근할 수 없기 때문입니다.

～ 37 ～

수덕적 수련의 생활에서, 유형적인 고결한 행동에 맞추어 적용된 로고스는 육신이 되십니다(요 1:14). 관상생활에서, 영적인 개념적 심상들에 의해 다듬어진 로고스는 자신의 주된 상태 안에 있었던 것, 하나님이셨으며 하나님과 함께 계셨던 로고스가 되십니다(요 1:1-2).

～ 38 ～

만일 당신이 청취자들의 능력에 맞는 비교적 물질주의적인 표현과 예를 사용하여 도덕적 생활의 관점에서 로고스의 가르침을 해석한다면, 당신은 로고스를 육신으로 만듭니다. 반대로, 만일 고등한 형태의 관상에 의해서 신비 신학을 설명한다면, 당신은 로고스를 영으로 만들 것입니다.

～ 39 ～

만일 당신이 하나님에 대한 긍정적인 진술들로부터 시작하여 긍정적인 방법으로 신학을 연구하려 한다면, 당신은 로고스를 육신으로 만들게 됩니다. 왜냐하면 당신은 가시적이고 유형적인 것을 통하지 않고서는 원인이신 하나님을 알 수 있는 방편을 소유하지 못하기 때문입니다. 만일 당신이 긍정적인 속성들을 제거함으로써 부정적인 방법으로 신학을 연구하려 한다면, 당신은 로고스를 영 또는 하나님과 함께 계셨던 하나님으로 만들게 됩니다. 당신은 절대적으로 알 수 있는 사물에서부터 출발하지 않으며, 훌륭한 방법으로 무지를 초월하시는 하나님을 알게 됩니다.

～ 40 ～

우리가 족장들처럼 수덕적 실천과 관상에 의해서 내면에 있는 덕과 영적 지식의 우물을 파는 법을 배우면, 우리 안에서 생명의 샘을 발견할 것입니다(창 26:15-18). 지혜는 이 샘에서 물을 마시라고 명령하며 "너는 네 우물에서 물을 마시며 네 샘에서 흐르는 물을 마시라"고 말합니다(잠 5:15). 우리가 이렇게 행한다면, 지혜의 보물이 우리 안에 있는 것을 발견할 것입니다.

～ 41 ～

동물처럼 감각만을 따라 사는 사람은 위험하게도 로고스를 육신으로 만듭니다. 그는 정욕에 빠지기 위해서 하나님의 창조를 그릇되게 사용합니다. 그는 모든 사람에게 계시된 지혜의 원리를 이해하지 못합니다. 즉 우리가 하나님의 창조를 통해서 하나님을 알고 찬양해야 하며, 가시적인 세상에 의해서 우리가 어디에서 왔으며 어떤 존재이며 어떤 목적을 위해 지음을 받았으며 장차 어디로 갈 것인지를 이해해야 한다는 것을 이해하지 못합니다. 그는 오히려 어둠 속에서 현세를 여행하며, 두 손으로 하나님에 대한 무지를 더듬습니다.

～ 42 ～

성경의 문자에만 집착하며 영혼의 권위를 표면적인 율법 숭배와 연결짓는 사람은 비난받을 방법으로 로고스를 육신으로 만듭니다. 그는 하나님께서 벙어리 짐승으로 드리는 제물을 기뻐하실 것이라고 생각합니다. 그는 표면적으로 정결한 몸에는 많은 관심을 기울이지만 정념들로 인해 더러워진 영혼의 아름다움은 등한시합니다. 그러나 가시적인 세계의 모든 힘은 영혼을 위해 존재하며, 모든 신적 가르침과 율법은 영혼을 위해 선포되었습니다.

∽ 43 ∾

"이스라엘 중 많은 사람의 패하고 흥함을 위하여 비방을 받는 표적 되기 위하여 세움을 입었고"(눅 2:34). 우리는 주님이 오로지 감각에 따라서 가시적인 세상을 관상하는 사람들과 어리석음 때문에 은혜의 새로운 성령을 파악하지도 못하고 앞으로 나아가지도 못하는 바 성경의 문자에만 집착하는 사람들의 패함을 위해서 세움을 받았는지 끊임없이 물어 보아야 합니다. 그리고 주님이 하나님의 피조물을 관상하며 영적인 방법으로 주님의 말씀을 경청하고, 영혼 안에 있는 하나님의 형상을 적절한 방법으로 계발하는 사람들의 부활을 위해서 세움을 받은 것이 아닌지를 질문해야 합니다.

∽ 44 ∾

만일 주님이 많은 사람의 패함과 흥함을 위해 세움을 받은 것이 올바르게 이해된다면, 패함은 각각의 신자들 안에 있는 정념들과 악한 생각들을 언급하며, 흥함은 하나님의 축복을 누리는 생각과 덕을 언급할 것입니다.

∽ 45 ∾

주님을 그저 생성되었다가 쇠퇴하는 것들을 지으신 분으로 생각하는 사람들은 막달라 마리아가 주님을 정원지기로 생각했던 것처럼 주님을 잘못 아는 사람입니다. 그러므로 주님은 그들의 유익을 위해서 그들과의 접촉을 피하시며 "나를 만지지 말라"(요 20:17)고 말씀하십니다. 왜냐하면 그들은 아직 주님과 함께 아버지께로 올라갈 수 없기 때문입니다. 주님은 그처럼 저급하게 생각하는 경향을 지닌 사람이 자기에게 가까이 오면 해를 받으리라는 것을 아십니다.

46

유대인들이 두려워서 갈릴리의 다락방에 들어가 문을 잠근 사람들은, 이미 안전하게 계시의 땅에 있는 거룩한 관상의 정상에 도달하여 악한 영들을 두려워하여 문을 닫듯이 감각을 닫은 후에 생각할 수 없는 방법으로 거룩한 하나님의 로고스의 임재를 받습니다. 그들이 감각의 활동을 하지 않아도 그분은 그들에게 계시됩니다. 그분은 "평강이 있을지어다"라는 말을 통해서 그들에게 무정념의 상태를 주시며, 숨을 내쉬시면서 성령 안에 참여케 해 주시고, 악한 영들과 싸울 힘을 주시며, 자신의 신비의 상징을 보여 주십니다(요 20:19-20).

47

타락한 상태에 있으면서 자신의 능력으로 거룩한 진리를 탐구하려는 사람들을 위해서 주님이 아버지께로 올라가시는 것이 아닙니다. 주님은 보다 고귀한 형태의 관상에 의해서 성령 안에서 진리를 찾는 사람들을 위해서 아버지께로 올라가십니다. 로고스는 우리를 위한 사랑 때문에 세상에 오셨습니다. 우리는 그분을 영구히 세상에 붙잡아 두지 말고, 이 세상과 이 세상에 속한 것들을 버려두고 그분과 함께 아버지께로 올라가야 합니다. 그렇지 않으면 완고한 유대인들에게 하셨던 말씀을 우리에게 하실 것입니다: "나의 가는 곳에는 너희가 오지 못하리라"(요 8:21). 로고스가 없으면, 로고스의 아버지께 가까이 갈 수 없습니다.

～ 48 ～

갈대아 땅은 정념들의 지배를 받는 생활 방식입니다. 그곳에서는 죄의 우상들이 만들어지고 숭배됩니다. 강들 사이에 있는 메소포타미아는 반대되는 것들 사이에서 머뭇거리는 생활 방식입니다. 약속의 땅은 축복이 가득한 상태입니다. 그때에 고대 이스라엘처럼 이 상태를 소홀히 하는 사람은 선물로 받은 자유를 상실하며, 다시 정념들의 노예로 끌려가는 것을 허락합니다.

～ 49 ～

성도들 중에서 자발적으로 바벨론으로 내려간 사람이 없었음에 주목해야 합니다. 하나님을 사랑하는 사람이 선한 것이 아니라 악한 것을 선택하는 것은 어리석고 미친 짓입니다. 만일 어떤 성도가 완력에 의해서 다른 사람들과 함께 그곳으로 붙잡혀 갔다면(왕하 25; 대하 36), 그는 자신의 도움을 필요로 하는 사람을 구원하기 위해서, 계획적인 것이 아니라 위기에 처했기 때문에, 정념들에 관한 가르침을 베풀기 위해서 고등한 영적 지식의 원리 안에 몰입한 상태를 포기한 사람으로 이해되어야 합니다. 이런 까닭에 사도 바울 자신은 도덕적인 가르침에서 해방되어 세상을 초월하는 순수한 지적 관상을 통해서 하나님과 함께 거하는 것을 바라면서도, 자신이 육체 안에 있었으면, 즉 제자들에게 도덕적인 교훈을 주는 일에 종사하는 것이 더 유익할 것이라고 느꼈습니다(빌 1:23).

◆ 50 ◆

사울이 악신 때문에 숨이 막혔을 때에, 다윗은 수금을 연주하여 바울을 낫게 해 주었습니다(삼상 16:14-23). 마찬가지로 신비적 관상으로 감미롭게 된 영적 담화는, 악한 영들에게 사로잡힌 지성을 낫게 해 주고, 숨 막히게 하는 나쁜 양심으로부터 해방시켜 줍니다.

◆ 51 ◆

다윗의 홍조를 띤 얼굴과 아름다운 눈(삼상 16:12)은, 내면에 영적 지식의 원리가 존재하기 때문에 거룩한 생활 방식이 풍성히 빛을 발하는 사람을 의미합니다. 이러한 상태에서는 수덕적 실천과 관상이 병행합니다. 덕의 특성들은 수덕적 실천에 광채를 주며, 거룩한 개념적 심상들은 관상을 조명해 줍니다.

◆ 52 ◆

사울의 통치는 표면적인 율법 숭배를 나타냅니다. 그것은 아무것도 완전하게 하지 못하기 때문에 주님은 그것을 폐하셨습니다. 성경은 "율법은 아무것도 온전케 못할지라"고 말합니다(히 7:19). 그러나 위대한 다윗의 통치는 복음에 제시된 예배를 예표합니다. 그것은 하나님의 심오한 목적을 완전하게 보관합니다.

◆ 53 ◆

사울은 원래 자연을 다스리기 위해서 주님이 세우신 자연법을 의미합니다. 그러나 사울은 순종하지 않았습니다. 그는 아말렉의 왕 아각, 다시 말해서 육신을 살려 주고(삼상 15:8-16:13), 정념의 영역으로 빠져들었습니다. 그 결과 사울은 왕위에서 쫓겨나고, 다윗이 이스라엘을 차지했습니다. 다윗은 성령의 법, 즉 하나님을 위해서 훌륭한 관상의 성전을 건축하는 평화를 만들어 내는 법을 상징합니다.

∽ 54 ∽

사무엘은 하나님께 대한 순종을 상징합니다. 순종의 원리가 우리 안에서 제사장과 같은 직무를 수행하는 한, 사울이 아각, 즉 세상적인 의지를 살려 주더라도 그 원리가 아각을 죽일 것입니다(삼상 15:33). 그것은 죄의 선동을 받은 지성을 때리며, 하나님의 법을 범했기 때문에 수치를 당하게 만듭니다.

∽ 55 ∽

지성이 자신을 정념들로부터 정화해 주는 가르침을 멸시하며, 행해야 할 것과 행하지 말아야 할 것을 조사하는 일을 멈출 때, 지성은 무지로 말미암아 정념들의 지배를 받을 것입니다. 지성이 점차 하나님으로부터 분리되면, 그것은 자신이 선택하지 않은 어려움에 개입됩니다. 그것은 마귀에게 복종하면서 탐욕을 신으로 만들며, 지성을 압제하는 것으로부터의 구원을 거기서 발견하려 합니다. 사울에게서 이에 대한 진리를 배우십시오. 사울은 사무엘을 모든 일의 충고자로 받아들이지 않았기 때문에 결국 우상숭배에 빠지고, 신접한 여인을 신뢰하여 마치 그 여인이 신이라도 되는 듯이 그 여인의 의견을 구했습니다(삼상 28:7-20).

∽ 56 ∽

일용할 양식을 구하는 사람은(마 6:11) 자동적으로 그것을 충분히 받는 것이 아닙니다. 그는 자신의 능력에 따라서 일용할 양식을 받습니다. 생명의 떡(요 6:35)은 사랑 안에서 요청하는 모든 사람에게 자신을 주시지만, 모든 사람에게 동일한 방법으로 주시는 것은 아닙니다. 그분은 위대한 의의 행동을 행한 사람들에게는 보다 충만하게 자신을 주시며, 아직 그만큼 많이 성취하지 못한 사람에게는 조금 주십니다. 각 사람이 지닌 그분을 받아들일 수 있는 영적 능력에 따라서, 그분은 자신을 각 사람에게 주십니다.

∽ 57 ∾

때로 주님은 우리에게 부재하십니다. 어떤 때는 우리 안에 임재하십니다. 우리가 마치 거울을 들여다 보듯이 불분명하게 주님을 관상할 때에 주님은 부재하십니다. 그러나 우리가 직접 대면하여 주님을 관상할 때에 주님은 우리 안에 임재하십니다(고전 13:12).

∽ 58 ∾

수덕적 실천의 생활을 하는 사람에게 있어서 주님은 덕을 통해서 현존하십니다. 그러나 덕에 신경을 쓰지 않는 사람에게서는 떠나십니다. 마찬가지로 관상생활을 하는 사람의 경우에, 주님은 피조물에 대한 참된 지식 안에 현존하시지만, 여기에서 조금이라도 벗어날 때에는 주님은 떠나십니다.

∽ 59 ∾

수덕적 실천의 생활에서 영적 지식의 단계로 이동하는 사람은 몸을 떠납니다(고후 5:8). 한층 높은 개념적 심상들에게 사로잡혀 신비적 관상의 대기 속으로 들어간 사람은 "주와 함께 있을" 수 있습니다(살전 4:17). 아직 감각의 작용에서 벗어난 순수한 지성으로 사물들에 대한 개념적 심상을 바라볼 수 없는 사람, 그리고 상징들의 도움이 없이는 단순한 주님에 대한 지식을 받아들이지 못하는 사람은 "주와 따로 거하는" 사람입니다(고전 5:6).

◈ 60 ◈

하나님의 로고스는 성육하셨기 때문만이 아니라 다른 의미에서도 육이라고 불립니다. 그분은 분명하고 적나라하게 만물의 진리의 모델들을 포용하심에도 불구하고, 그분의 참된 단순성, 아버지 하나님과 함께 계시는 상태 안에서 관상될 때에, 그분은 자기 안에 비유, 상징, 풍유적 해석을 필요로 하는 이야기들을 포함하지 않습니다. 그러나 적나라한 지성으로 적나라한 상태 안에 있는 영적인 실체와 접촉하지 못하는 사람들에게 가까이 가실 때에, 그분은 그들이 잘 알고 있는 것들을 선택하시며, 다양한 이야기와 상징과 비유와 모호한 말들을 결합하십니다. 그리하여 그분은 육신이 되십니다.

그러므로 우리의 지성은 처음에 적나라한 로고스와 접촉하는 것이 아니라 성육하신 로고스, 즉 다양한 말과 이야기와 접촉합니다. 성육하신 로고스는 외관상으로는 육신입니다. 이런 까닭에 많은 사람들은 로고스를 보면서도 자신이 로고스가 아니라 육신을 보고 있다고 생각합니다. 성경의 지성, 즉 성경의 내적 의미는 대부분의 사람들이 생각하는 것과는 다릅니다. 왜냐하면 로고스는 기록된 각각의 말 안에서 육신이 되기 때문입니다.

◈ 61 ◈

종교적 헌신에 대해서 배우는 기초 단계들은 자연히 육체와 관련됩니다. 우리는 처음 종교를 접할 때에 영이 아니라 문자와 접촉하게 됩니다. 그러나 우리가 점점 더 영에 가까이 가고 단어들의 유형성을 한층 미묘한 형태의 관상으로 가다듬음에 따라, 우리는 순수한 그리스도 안에 순수하게 거하게 되며, 그리하여 바울처럼 "비록 우리가 그리스도도 육체대로 알았으나 이제부터는 이같이 알지 아니하노라"(고후 5:16)고 말합니다. 다시 말해서, 지성과 로고스와의 적나라한 만남을 통해서 로고스를 덮고 있는 휘장이 제거되었기 때문에 더 이상 그리스도를 육체대로 알지 않습니다. 우리는 그리스도를 육체대로 알던 데서 벗어나 "아버지의 독생자의 영광"을 알게 됩니다(요 1:14).

62

그리스도 안에서 사는 사람은 율법과 자연의 의를 초월한 사람입니다. 사도 바울이 "그리스도 예수 안에서는 할례나 무할례가 효력이 없다"(갈 5:6)라고 말한 것은 이것을 지적한 것입니다. 할례는 율법에 따른 의를 의미하며, 무할례는 자연적인 정의나 평등을 암시합니다.

63

어떤 사람은 물과 영으로 거듭나며(요 3:5), 어떤 사람은 성령과 불로 세례를 받습니다(마 3:11). 이 네 가지 - 물, 성령, 불, 성령 - 는 동일한 하나님의 성령을 의미한다고 봅니다. 성령은 어떤 사람들의 몸의 표면적인 더러움을 깨끗이 씻어 주므로, 그들에게 있어서 성령은 물이 됩니다. 또 성령은 어떤 사람들로 하여금 적극적으로 덕을 실천하게 하므로, 그들에게는 성령이 영이 됩니다. 성령은 어떤 사람들의 영혼 속 깊이 있는 내적인 더러움을 제거해 주므로, 그들에게는 불이 됩니다. 다니엘의 말에 의하면 성령은 어떤 사람에게 지혜와 영적 지식을 주므로 성령입니다(단 1:17; 5:11-12). 동일한 한 성령이시지만 각 사람에게 작용하시는 방법에 따라서 다른 명칭을 취하십니다.

∽ 64 ∾

성경에 의하면 율법은 당신의 소와 하인이 쉬게 하기 위해서 안식일을 제정했습니다(출 20:10). 이것들은 모두 몸을 상징합니다. 덕을 실천하는 사람의 경우에, 몸은 지성의 멍에를 메고 있는 소입니다. 그것은 덕의 실천을 통해서 수덕생활에서 부과되는 짐을 져야 합니다. 관상생활을 하는 사람에게 있어서 몸은 지성의 하인입니다. 왜냐하면 관상을 통해서 몸에게 지적 작용이 부여되며, 그럼으로써 지혜롭게 지성의 영적 명령을 섬기기 때문입니다. 소와 하인에게 있어서, 안식이란 그들이 수덕생활과 관상생활을 통해서 추구해야 하는 최종적인 목표이며, 그럼으로써 그것은 소와 하인에게 적절한 안식을 제공합니다.

∽ 65 ∾

덕과 아울러 적절한 영적 지식을 획득하는 사람은 자기 몸을 소처럼 다룹니다. 그는 지적 작용을 가지고 몸을 조정하여 행해야 할 것을 행하게 합니다. 활동적인 덕의 생활은 그의 하인입니다. 즉 자연스럽게 덕을 일으키며, 돈을 주고 사듯이 분별력의 발휘를 통해서 획득되는 생활입니다. 안식이란 몸과 영혼의 고결하고 무정념하고 평화로운 상태입니다. 그것은 변하지 않는 상태입니다.

~ 66 ~

아직도 육체적인 덕의 형태에 주로 관심을 가지고 있는 사람에게 있어서 하나님의 로고스는 풀과 짚이 되어 그 영혼의 감정적인 측면을 유지해 주고, 영혼을 인도하여 덕을 섬기게 합니다. 거룩한 것에 대한 참된 관상을 행해 나아간 사람들에게 있어서, 로고스는 영혼의 지성적인 측면을 유지해 주고 하나님과 같은 완전으로 인도해 주는 떡입니다. 그렇기 때문에 우리는 족장들이 여행하면서 자신이 먹을 양식과 노새가 먹을 꼴을 준비한 것을 발견합니다(창 24:25; 42:25, 27). 사사기에서 레위인은 동일한 이유에서 기브아에서 질문하는 노인에게 "우리에게는 나귀들에게 먹일 짚과 보리가 있고 나와 당신의 여종과 당신의 종 우리들과 함께 한 소년의 먹을 양식과 포도주가 있어 무엇이든지 부족함이 없나이다"라고 대답합니다(삿 19:19).

~ 67 ~

성경에서 하나님의 로고스는 그것을 받아들이는 사람의 주관적인 능력에 따라서 이슬(신 32:2), 물, 샘(요 4:14), 그리고 강(요 7:38)이라고 불립니다. 로고스는 밖에서부터 몸을 공격하는 정념들의 뜨거운 에너지를 소멸하기 때문에 이슬이라고 불립니다. 또 독에 의해 존재의 깊은 곳이 마비된 사람에게는 물이 됩니다. 물은 반감에 의해서 반대되는 것을 파괴할 뿐만 아니라, 행복으로 이어지는 소생하게 하는 능력을 주기 때문입니다. 내면에서 관상적 경험의 샘이 계속 작용하는 사람에게 있어서, 로고스는 지혜를 주는 샘입니다.

구원에 대한 참된 가르침을 흘러 내보내는 사람에게 있어서, 로고스는 사람들과 가축과 들짐승과 식물들에 물을 풍부하게 공급해 주는 강입니다. 다시 말해서, 인간으로 머물러 있는 사람들은 자신에게 주어진 개념적 심상들에 의해 들려 올라가 신화됩니다. 정념들에 의해서 가축처럼 된 사람들은 고결한 생활방식의 정확한 특성을 보여 줌으로써 인간적인 상태로 회복되고, 그리하여 자신의 본성적인 사고력을 회복합니다. 악한 습관과 행위에 의해서 들짐승처럼 된 사람들은 친절하고 자비한 조언에 의해서 길들여지며, 본성적인 온유함을 회복합니다. 식물처럼 거룩한 축복에 대해 완강해진 사람들은 그것들 속으로 깊이 통과하시는 로고스에 의해서 유순해지며, 열매를 맺고 내면에 로고스를 유지할 수 있게 해 주는 감수성을 되찾습니다.

∽ 68 ∾

수덕생활을 하면서 고귀하고 열심히 덕의 경주를 하며 자만심으로 인해 오른쪽으로 치우치거나 정념들을 향하는 성향 때문에 왼쪽으로 치우치지 않으며, 하나님의 뜻에 따라서 발걸음을 내딛는 사람들에게 있어서 하나님의 로고스는 길이 되십니다. 유다 왕 아사는 끝까지 이렇게 행하지 못하고 하나님의 뜻을 따라 경주하면서 비틀거렸기 때문에 늙어서 발에 병이 있었다고 합니다(왕상 15:23).

∽ 69 ∾

하나님의 로고스는 흠이 없이 수덕생활을 추구하면서 덕의 길을 완전히 통과한 사람들을 영적 지식으로 인도해 주시기 때문에, 그리고 지혜의 보물을 드러내 주기 때문에 하나님의 로고스는 문이라고 불립니다(요 10:9). 그분은 길이요, 문이요, 열쇠요, 나라이십니다. 그분은 인도해 주시기 때문에 길입니다. 그분은 거룩한 축복을 받을 자격이 있는 사람들에게 열려지고 열어 주기 때문에 열쇠입니다. 그분은 들어가게 해 주시기 때문에 문입니다. 그분은 참여에 의해서 만물 안에 들어가시기 때문에, 그리고 유산으로 주어지기 때문에 나라입니다.

∽ 70 ∽

주님은 빛, 생명, 부활, 그리고 진리라고 불립니다(요 8:12; 11:25; 14:6). 주님은 영혼에게 광채를 주시며, 무지의 어두움을 몰아내고, 지성을 조명해 주어 말할 수 없는 것을 이해할 수 있게 해 주시며, 깨끗한 사람들만이 감지할 수 있는 비밀들을 계시해 주시기 때문에 빛이십니다. 주님은 자기를 사랑하는 영혼들에게 거룩한 나라에 속한 활동을 주시기 때문에 생명이십니다. 주님은 물질에 애착하는 지성을 들어올려 모든 부패함과 썩어질 상태를 제거해 주시기 때문에 부활이십니다. 주님은 자격이 있다고 판단된 사람들에게 변함이 없는 거룩한 상태를 주시기 때문에 진리이십니다.

∽ 71 ∽

아버지 하나님의 거룩한 로고스는 그의 각각의 계명 안에 신비하게 현존하십니다. 아버지 하나님은 본질상 그의 완전하고 거룩한 로고스 안에 나뉨이 없이 완전히 현존하십니다. 그러므로 거룩한 계명을 받아 실천하는 사람은 그 안에 계시는 하나님의 로고스를 받습니다. 그리고 계명을 통해서 로고스를 받는 사람은 또한 본성적으로 그분 안에 현존하시는 아버지, 그리고 본질상 그분 안에 현존하시는 성령을 받습니다. "내가 진실로 진실로 너희에게 이르노니 나의 보낸 자를 영접하는 자는 나를 영접하는 것이요 나를 영접하는 자는 나를 보내신 이를 영접하는 것이니라"(요 13:20). 그러므로 계명을 받아 실천하는 사람은 신비하게 성 삼위일체를 받습니다.

◈ 72 ◈

입으로만 하나님을 예배하는 사람이 하나님을 영화롭게 하는 것이 아니라, 덕을 추구하면서 하나님을 위해서 고난과 어려움을 당하는 사람이 하나님을 영화롭게 합니다. 하나님께서는 그러한 사람의 덕에 대한 상급으로써 무정념의 은혜에 참여하게 해 주시며, 하나님 안에 있는 영광으로 영화롭게 해 주십니다. 덕을 위해서 고난을 받음으로써 자기 자신 안에서 하나님을 영화롭게 하며 수덕생활을 하는 사람은 관상을 하는 동안에 인식한 신적 실체들의 조명을 통해서 하나님 안에서 영화롭게 됩니다. 주님은 수난이 가까워졌을 때에 "지금 인자가 영광을 얻었고 하나님도 인자를 인하여 영광을 얻으셨도다 만일 하나님이 저로 인하여 영광을 얻으셨으면 하나님도 자기로 인하여 저에게 영광을 주시리니 곧 주시리라"(요 13:31-32)고 말씀하셨습니다. 이로 보건대, 덕을 위해서 참고 견디면 거룩한 선물이 주어집니다.

◈ 73 ◈

우리가 성경의 문자 안에 있는 상징들 안에 가지각색으로 구현된 하나님의 로고스만 본다면, 우리는 아직 영적이고 단순하고 단일하고 독특한 아들 안에 존재하시는 영적이고 단순하고 단일하고 독특한 아버지에 대한 영적 통찰을 얻지 못한 것입니다. 성경에서는 "나를 본 자는 아버지를 보았거늘…나는 아버지 안에 있고 아버지는 내 안에 계시다"(요 14:9-10)고 말합니다. 로고스를 덮고 있는 말의 휘장들을 꿰뚫고 들어간 후에 우리가 적나라한 지성으로 순수한 로고스, 자기 안에 계신 아버지를 분명히 보여 주시며 자기 안에 존재하시는 분을 보려면 많은 지식이 필요합니다. 이런 까닭에 참되게 헌신하면서 하나님을 찾는 사람은 본문의 문자에 구애되지 말아야 합니다. 그렇지 않으면 부지불식간에 하나님이 아니라 하나님에 관한 것들을 받게 될 것입니다. 다시 말해서, 그는 로고스가 아니라 성경의 문자에 애착을 느끼게 될 것입니다. 요셉을 붙잡은 것이 아니라 요셉의 겉옷을 붙잡은 애굽 여인처럼(창 39:7-13), 또는 눈에 보이는 것들의 아름다움에 만족하며 조물주보다 피조물을 더 경배하고 섬긴 옛 사람들처럼(롬 1:25), 로고스의 겉옷을 붙잡았다고 가정하는 지성을 로고스는 피하십니다.

74

보다 고귀한 개념적 심상들에 의해서 성경의 내적 원리로부터 성경을 장식하고 있는 복잡한 언어의 옷을 제거할 수 있습니다. 그때에 본성적인 활동을 완전히 포기함으로써 이 원리를 어느 정도 드러내 주는 단순성을 어렴풋이 파악할 수 있는 지성에게, 그것은 세미한 소리로 자신을 드러냅니다. 호렙의 동굴에서 엘리야가 그러한 일을 경험했습니다(왕상 19:12). 호렙은 방금 갈아 엎은 휴경지를 의미합니다. 그것은 새로운 은혜의 정신을 통해서 확립된 덕의 완전한 소유입니다. 동굴은 지성 안에 감추어진 지혜의 성소입니다. 그곳에 들어가는 사람은 신비하게 지각을 초월하는 영적 지식을 감지할 것입니다. 하나님은 그 안에 거하신다고 합니다. 그러므로 엘리야처럼 진실로 하나님을 찾는 사람은 호렙에 도착할 뿐만 아니라, 다시 말해서 수덕적 수련에 의해서 덕의 상태를 획득할 뿐만 아니라, 호렙에 있는 동굴에 들어갈 것입니다. 다시 말해서 관상자로서 덕의 상태를 획득한 사람들만 발견할 수 있는 감추어져 있는 지혜의 성소에 들어갈 것입니다.

∽ 75 ∾

우리의 지성이 피조물에 대한 많은 견해들을 떨어버리면, 진리의 내적 원리가 분명하게 모습을 나타내며 참 지식의 기초를 제공해 주고, 사도 바울의 눈에서 비늘을 제거한 것처럼 지성이 이전에 지녔던 선입견들을 제거해 줍니다(행 9:18). 성경에 대해서 문자적 의미를 벗어나지 못하는 이해와 감각 인식에만 의존하는 감각 세계에 대한 견해는 영혼의 눈을 멀게 하며 진리의 로고스에게 가까이 가지 못하게 하는 비늘입니다.

∽ 76 ∾

사도 바울은 자신이 로고스에 대해서 부분적으로 알았다고 말합니다(고전 13:9). 복음서 기자 요한은 자신이 그분의 영광을 보았다고 말합니다: "우리가 그 영광을 보니 아버지의 독생자의 영광이요 은혜와 진리가 충만하더라"(요 1:14). 본질과 위격 안에 계신 로고스에 대한 지식에는 모든 천사와 사람들이 전혀 접근할 수 없지만, 로고스는 그의 에너지들을 근거로 제한적으로 알려지므로, 바울은 거룩한 로고스에 대해서 부분적으로만 안다고 말한 듯합니다. 인간으로서 로고스의 성육신의 신비에 완전히 전수를 받은 요한은 자신이 육신이 되신 로고스의 영광, 다시 말해서 은혜와 진리가 충만한 하나님이 인간이 되신 목적을 보았다고 말했습니다. 우리에게 주어진 독생자는 본질 안에 계신 하나님이나 아버지 하나님과 공동본질의 하나님이 아닙니다. 하나님의 섭리에 의해서 그분은 인간이 되셨고, 우리를 위해서 우리와 동일한 본질을 지니셨으며, 그러한 은혜를 필요로 하는 우리에게 주신 바 되었습니다. 우리는 우리가 걸어가는 신령한 길의 각 단계에 상응하는 은혜를 그분의 충만함으로부터 받습니다. 따라서 자기의 내면에 사물들의 내적 원리를 지극히 순수하게 보존해 온 사람은 진리와 은혜가 충만하며 우리를 위해 육신이 되신 하나님의 로고스의 영광을 획득할 것입니다. 그분은 육신으로 오심으로써 우리를 위해 인성 안에 있는 자신을 영화롭게 하고 거룩하게 하십니다. 성경은 "그가 나타내심이 되면 우리가 그와 같이 될 것"이라고 말합니다(요일 3:2).

77

"힘을 얻고 더 얻어"(시 84:7) "영광에서 영광으로" 나아가는 영혼, 다시 말해서 영혼이 한 단계의 덕에서 보다 높은 단계로 나아가며, 한 단계의 영적 지식에서 보다 높은 단계로 나아가는 영혼은 영원한 집을 소유하지 못한 거류자입니다. 영혼이 기쁨과 찬송의 소리를 발하며 하나님의 집에 도착하기 전에는 많은 단계의 지식과 먼 거리를 통과해야 합니다(시 42:4). 영혼은 자신이 이미 본 것으로 인해 기쁨과 감사가 가득하여 끊임없이 하나의 찬송에서 다른 찬송으로, 한 단계의 거룩한 관상에서 다른 단계로 나아갑니다. 마음속에 은혜의 성령을 받은 모든 사람들은 이렇게 즐겁게 찬양하면서 "아바 아버지"라고 외칩니다(갈 4:6).

78

하나님의 집은 무정념하고 평온한 덕의 상태로서, 그 안에서 하나님의 로고스는 여러 가지 덕의 아름다움을 지닌 성막처럼 영혼을 장식합니다. 하나님의 집이란, 하나님께서 영혼 안에 거하시면서 지혜의 그릇으로 영혼을 채우시는 다양한 형태의 관상으로 이루어진 영적 지식입니다. 영혼은 풍성한 덕 앞에서 기쁨을 느끼며, 지혜가 풍부하게 주어지는 데 대해 감사를 느낍니다. 기쁨과 감사가 결합되어 그침이 없는 신비한 영광의 찬송을 이룹니다.

~ 79 ~

몸의 정념들과 담대히 씨름하고, 더러운 영들을 대적하여 싸우고, 그것들이 일으키는 개념적인 심상들을 자기 영혼에서 몰아낸 사람은 깨끗한 마음과 새로워진 영을 달라고 기도해야 합니다(시 51:10). 다시 말해서, 그는 은혜로 말미암아 악한 생각들을 완전히 비우고 거룩한 생각으로 가득 차게 해달라고, 그가 도덕적이고 자연적이고 신학적인 관상으로부터 형성된 크고 찬란하며 신령한 하나님의 세상이 되게 해달라고 기도해야 합니다.

~ 80 ~

마음을 깨끗하게 만든 사람은 하나님에게서 나오며 하나님을 의존하는 것의 내적 본질들을 알 뿐만 아니라, 그것들을 통과한 후에 하나님 자신을 볼 것입니다. 이것이 모든 축복의 완성입니다. 하나님께서는 그러한 마음에 와서 거하시면서, 모세의 돌판에 계명을 새기셨던 것처럼 성령을 통해서 그 마음에 하나님 자신의 문자를 새기심으로써 그 마음을 영화롭게 해 줍니다(출 31:18). 마음이 덕과 관상의 실천을 통해서 "생육하고 번성하라"는 권면에 헌신하는 분량에 비례하여, 하나님은 이 일을 행하십니다.

∽ 81 ∽

깨끗한 마음이란 어떤 방법으로든 사물을 향하는 본성적인 추진력을 갖지 않은 사람입니다. 그러한 마음이 아주 단순한 상태에서 아름답게 다듬어진 서판처럼 되면, 하나님께서 그 안에 와서 거하시면서 하나님 자신의 법을 기록하십니다.

∽ 82 ∽

깨끗한 마음은 심상이나 형태로부터 완전히 자유로운 정신을 하나님께 바치며, 하나님께서 자신을 나타내시는 데 사용하시는 하나님의 원형들을 새겨 받을 준비가 되어 있습니다.

∽ 83 ∽

"우리가 그리스도의 마음을 가졌느니라"(고전 2:16)는 말씀에 따라서, 성도들은 그리스도의 마음(지성)을 받으라는 명령을 받습니다. 그러나 우리 자신의 지적 능력을 상실함으로써 이것이 우리에게 임하는 것이 아닙니다. 또 이것은 우리의 지성에 추가된 보조적인 부분으로서 우리에게 임하는 것이 아닙니다. 또 그것은 본질적으로, 그리고 위격적으로 우리의 지성 안에 들어오는 것도 아닙니다. 그것은 자체의 특성으로 우리의 지성의 능력을 조명해 주며, 지성의 활동을 그 자체의 활동과 일치시킵니다. 그리스도의 마음을 가진 사람의 사고력은 그리스도의 사고력과 일치하며, 만물을 통해서 그리스도를 이해합니다.

∽ 84 ∽

"너희는 그리스도의 몸이요 지체의 각 부분이라"(고전 12:27)는 말씀에 따라서, 우리는 그리스도의 몸이 되라는 명령을 받았습니다. 우리가 자기의 몸을 상실함으로써 이 몸이 되는 것이 아닙니다. 또 그리스도의 몸이 위격적으로 우리 안에 들어오거나 나뉘어서 각 지체에게 들어가기 때문이 아니라, 우리가 죄의 썩어짐을 떨어버림으로써 그리스도의 몸의 형상과 일치하게 되기 때문입니다. 인성 안에 계신 그리스도의 몸과 영혼이 본래 죄가 없으셨던 것처럼, 성령을 통해서 그분을 옷 입은 우리도 원하기만 하면 그분 안에서 죄 없이 존재할 수 있습니다.

~ 85 ~

성경에 의하면, 본질적으로 일시적인 시대들이 있고, 다른 시대들의 완성을 포함하는 시대가 있습니다. 이것은 "이제 세상 끝에"라는 본문에서 분명히 나타납니다(히 9:16). 일시적인 본질로부터 자유로운 시대 또는 무한히 긴 시대가 있습니다. 이것은 "그 은혜의 지극히 풍성함을 오는 여러 세대에 나타내려 하심이니라"(엡 2:7)는 본문에 분명히 나타납니다. 성경에서 우리는 많은 과거의 시대, 현재의 시대, 그리고 미래의 시대를 발견합니다. 그러나 이제 성경에서 일시적인 시대나 영원한 시대의 의미를 설명함으로써 우리의 주제로부터 지나치게 멀리 벗어나지 않으려면, 이 문제는 학자들에게 맡겨야 합니다.

~ 86 ~

성경에 의하면, 시대를 초월하는 것이 있다는 것을 알 수 있습니다. 성경은 그런 것이 존재한다는 것을 지적했지만, 그것이 무엇인지 구체적으로 언급하지는 않았습니다. 그러므로 시대를 초월하는 것, 즉 더럽혀지지 않은 하나님의 나라가 있습니다. 하나님의 나라에 출발점이 있었다거나, 하나님 나라에 선행하는 시간이나 시대가 있었다고 말하는 것은 옳지 않습니다. 우리는 그 나라가 구원받은 사람들의 유업이요 그들의 거처라고 믿습니다. 그것은 모든 소원 중에서 가장 간절한 것을 갈망하는 사람들의 궁극적인 목표입니다. 그들이 그 나라에 도착하면, 모든 움직임으로부터의 쉼을 얻습니다. 왜냐하면 이제 그들이 통과해야 할 시간이나 시대가 없기 때문입니다. 그들은 모든 것을 통과한 후에 하나님 안에서 쉴 것입니다. 하나님은 만세 전부터 존재하시는 분입니다.

∞ 87 ∞

사람이 이 세상에서 가능한 최고 단계의 수덕 훈련과 관상을 획득한다 해도, 현세에 머무는 한 그는 영적 지식, 부분적으로만 예언하고 성령의 약속을 받을 능력을 소유할 것입니다. 그러나 그분이 시대의 한계를 초월하여 진리를 대면하여 볼 자격을 주는 완전한 기업에게 오시면(고전 13:12), 충만한 은혜의 일부만 소유하는 것이 아니라 참여함에 의해서 은혜의 충만을 획득할 것입니다. 바울이 말했듯이, 구원받은 사람은 "그리스도의 장성한 분량의 충만"에 따라서 완전한 인격을 획득할 것입니다. 그리스도 안에는 지혜와 영적 지식의 모든 보화가 감추어져 있습니다(골 2:3). 이것들이 드러날 때에는 부분적인 것들은 더 이상 존재하지 않을 것입니다.

∞ 88 ∞

어떤 사람은 하나님 나라에서 성도들이 누리는 완전의 상태가 어떤 것일지 발견하려 합니다. 그 안에는 진보나 변화가 포함됩니까, 아니면 고정된 상태입니까? 몸과 영혼이 어떤 방법으로 존재한다고 생각해야 합니까? 짐작해 보건대, 몸의 생명과 영혼의 생명 사이에 하나의 평행선이 있다고 추측하는 사람도 있을 것입니다. 육체적인 생명의 경우에, 음식을 취하는 이유는 두 가지입니다. 첫째는 성장을 위한 것이고, 둘째는 이미 성장한 상태를 유지하기 위한 것입니다. 우리는 육체적으로 성숙하기 전까지는 성장하기 위해서 음식을 먹습니다. 그러나 몸이 완전히 성장한 후에는 성장하기 위해서가 아니라 유지하기 위해서 음식을 먹습니다. 마찬가지로 영혼에게 양분을 공급하는 이유도 두 가지입니다. 영혼이 영적인 길을 걸어가고 있는 동안에는 덕과 관상에 의해 양육되며, 마침내 영혼은 모든 피조물을 초월하여 "그리스도의 장성한 분량의 충만"을 획득합니다(엡 4:13).

영혼은 이러한 상태에 들어간 후에는 간접적인 수단으로 양육된 성장을 멈추며, 직접적으로, 이해를 초월하는 방법으로 양육됩니다. 성장 단계를 완성한 영혼은 자기에게 주어진 거룩한 완전을 유지해 주는 일종의 썩지 않는 양분과 영원히 행복한 상태를 받습니다. 그 후에 이 영양 안에 내재해 있는 무한한 광채가 영혼에게 계시되며, 영혼은 거룩한 은혜에 참여함으로 말미암아 하나님처럼 되고, 지성과 감각의 모든 활동을 중지하며 동시에 몸의 본성적인 작용도 모두 정지합니다. 몸은 신화의 과정에 나름대로 참여함으로써 영혼과 함께 신화됩니다. 그러므로 영혼과 몸의 본성적인 특성들이 하나님의 풍성한 영광에 의해 정복되었으므로, 몸과 영혼을 통해서 하나님만이 분명히 나타납니다.

─ 89 ─

어떤 학자들은 영원한 거처들과 약속된 것들이 어떻게 서로 다른

지를 발견하려고 노력합니다. 그것들의 실질적인 위치에 차이점이 있습니까? 아니면 각각의 거처가 지닌 특별한 영적 특성과 양에 대한 우리의 개념에서부터 차이점이 생기는 것입니까? 전자라고 생각하는 사람도 있고 후자라고 생각하는 사람도 있습니다. "하나님 나라는 너희 안에 있느니라"(눅 17:21)와 "내 아버지의 집에 거할 곳이 많도다"(요 14:2)라는 말씀의 의미를 아는 사람은 두 번째 견해를 택할 것입니다.

~ 90 ~

어떤 사람은 하늘나라와 하나님의 나라가 어떻게 다른지를 알고자 합니다. 그것들의 실질적인 본질에 차이가 있습니까, 아니면 차이는 개념적인 것에 불과합니까? 두 나라의 실질적인 본질은 다르지 않으며, 그것들에 대한 우리의 개념이 다를 뿐입니다. 하늘나라는 하나님 안에 존재하는 피조물의 내적 본질들을 인식함으로써 그것들에 대해 더럽혀지지 않은 영원한 지식을 소유하는 데 존재합니다. 하나님의 나라는 본질적으로 하나님과 관련된 축복들을 은혜를 통해서 나누어 갖는 것입니다. 전자는 피조물의 완성과 관련되며, 후자는 그것들이 완성된 후의 상태에 대한 우리의 개념과 관련됩니다.

~ 91 ~

"천국이 가까왔느니라"(마 3:2; 4:17)는 말씀은 일시적인 제한을 암시하는 것이 아닙니다. 그 나라는 "볼 수 있게 임하는 것이 아니요 또 여기 있다 저기 있다고도 못합니다"(눅 17:20-21). 이 말씀은 성도들이 각기 자기의 내적 상태에 따라서 누리는 그 나라와의 관계를 언급합니다. 성경은 "하나님의 나라는 너희 안에 있느니라"고 말합니다(눅 17:21).

～ 92 ～

하나님 아버지의 나라는 잠재적으로 모든 신자들의 내면에 현존합니다. 그것은 영혼과 몸의 내적 상태에서 모든 자연적인 삶을 몰아낸 후에 성령의 생활을 획득하고, "그런즉 이제는 내가 산 것이 아니요 오직 내 안에 그리스도께서 사신 것이라"(갈 2:20)고 말할 수 있는 사람들의 내면에 실질적으로 현존합니다.

～ 93 ～

어떤 사람은 하늘나라는 성도들이 하늘에서 영위하는 생활방식이라고 말합니다. 또 어떤 사람들은 그것은 구원받은 사람이 획득하는 것으로서 천사들의 상태와 비슷한 상태라고 말합니다. 그리고 어떤 사람은 그것은 "하늘에 속한 자의 형상을 입은"(고전 15:49) 사람들이 지닌 거룩한 아름다움의 형태라고 말합니다. 나는 개인적으로 이 세 가지 의견이 모두 옳다고 생각합니다. 왜냐하면 그 나라의 은혜는 성도들의 내면에 있는 의의 특성과 분량에 따라서 모든 사람들에게 주어지기 때문입니다.

～ 94 ～

우리가 씩씩하게 수덕적 철학이나 실질적 철학의 거룩한 전쟁에 참여하는 한, 우리는 로고스를 보유합니다. 그분은 아버지께서 계명의 형태로 세상에 보내셨습니다. 그러나 우리가 정념들과의 수덕적 싸움에서 벗어나서 정념들과 마귀들을 정복하고 승리했다고 선포될 때에, 우리는 관상에 의해서 영지적 철학으로 옮겨갑니다. 이런 식으로 우리는 로고스가 신비하게 다시 세상을 떠나 아버지께로 가시는 것을 허락합니다. 이런 까닭에 주님은 제자들에게 "너희가 나를 사랑하고 또 나를 하나님께로서 온 줄 믿은 고로 아버지께서 친히 너희를 사랑하심이니라 내가 아버지께로 나와서 세상에 왔고 다시 세상을 떠나 아버지께로 가노라"고 말씀하셨습니다(요 16:27-28). 이 말씀에서 세상이란 덕을 실천하는 고된 과업을 의미합니다. 아버지는 세상을 초월하며 모든 물질적인 성향으로부터 자유로운 지적 상태를 의미합니다. 우리가 이런 상태에 있을 때에, 하나님의 로고스가 우리 안에 들어오시며, 정념들과 마귀들과의 싸움을 종식시키십니다.

∽ 95 ∽

덕의 실천을 통해서 자기 안에 있는 세상적인 것을 죽인 사람(골 3:5), 그리고 계명을 이행함으로써 내면에 있는 정념들의 세상을 정복한 사람은 더 이상 고통을 경험하지 않을 것입니다. 왜냐하면 그는 이미 세상을 버리고, 정념들의 세상의 정복자요 모든 평화의 근원이신 그리스도 안에 거하기 때문입니다. 물질에 대한 애착을 버리지 않은 사람은 항상 고통을 경험할 것입니다. 왜냐하면 그의 정신 상태는 본질적으로 무상한 사물에 의존하므로 쉽게 바뀌기 때문입니다. 그러나 그리스도 안에 거하는 사람은 그러한 물질적 변화의 영향을 받지 않습니다. 그렇기 때문에 주님은 "이것을 너희에게 이름은 너희로 내 안에서 평안을 누리게 하려 함이라 세상에서는 너희가 환난을 당하나 담대하라 내가 세상을 이기었노라"(요 16:33)고 말씀하십니다. 다시 말해서, "덕의 로고스인 내 안에서 너희가 평안을 누리게 하려 함이라 이는 너희가 물질적인 정념들과 대상들의 소용돌이에서부터 구원을 받았기 때문이라. 세상에서는, 즉 물질에 애착하는 상태에서는 너희가 그것들의 연속적인 변화 때문에 고통을 받으리라." 덕을 실천하는 사람과 세상을 사랑하는 사람 모두 고통을 경험합니다. 전자는 덕의 실천에 수반되는 수고 때문에 고통을 경험하고, 후자는 물질의 무익함 때문에 고통을 경험합니다. 그러나 전자의 고통을 유익한 것이고, 후자의 고통을 부패하게 하는 파괴적인 것입니다. 로고스는 두 사람 모두를 고통에서 구해 주십니다. 전자의 경우에는 무정념을 통해서 획득되는 관상으로 수덕적 수련의 수고를 덜어 주시며, 후자의 경우에는 회개에 의해서 타락한 것들에 대한 애착을 무효화하십니다.

～ 96 ～

십자가에 달린 주님의 죄패는 십자가에 달리신 분이 실질적이고 자연적이고 신학적인 철학의 왕이요 주이심을 분명히 보여 주었습니다. 성경은 그 죄패가 라틴어와 헬라어와 히브리어로 기록되었다고 말합니다(요 19:20). 라틴어는 실질적인 철학을 의미합니다.

다니엘서에 의하면(단 2:40), 로마 제국은 세상에 있는 모든 나라 중에서 가장 단호하고 용감한 나라가 될 것으로 정해져 있기 때문입니다. 덕의 실천 또는 실질적인 철학의 분명한 특성은 단호함과 용감함이기 때문입니다. 헬라어는 자연적인 관상을 의미합니다. 왜냐하면 그리스 민족은 어느 민족보다 자연 철학을 추구해 오고 있기 때문입니다. 히브리어는 신학의 신비에 들어가는 것입니다. 왜냐하면 이 민족은 처음부터 족장들을 통해서 하나님께 분명히 헌신했기 때문입니다.

∽ 97 ∽

우리는 육체의 정념들을 죽여야 할 뿐만 아니라 영혼의 정념에 물들 생각들도 죽여야 합니다. 이런 까닭에 시편 기자는 "아침마다 내가 이 땅의 모든 악인을 멸하리니 죄악 행하는 자는 여호와의 성에서 다 끊어지리로다"라고 말합니다(시 101:8). 다시 말해서 몸의 정념들과 영혼의 경건하지 못한 생각들을 모두 죽이라고 말합니다.

∽ 98 ∽

우리가 경건하고 참된 지식으로 말미암아 덕의 길을 더럽히지 않고 보존하며 어느 쪽으로도 치우치지 않는다면, 우리의 공평함 때문에 우리에게 계시된 하나님의 강림을 경험할 것입니다. "내가 주께 찬양하리이다 내가 완전한 길에 주의하오리니 주께서 언제나 내게 임하시겠나이까"(시 101:1-2). 여기서 찬양은 고결한 행동을 나타내고, 주의한다는 것은 덕을 통해서 얻는 영적 지식을 가리킵니다. 우리는 깨어 덕을 행하면서 주를 기다릴 때에 이것에 의해서 하나님의 강림을 인식합니다.

∽ 99 ∽

영적인 길의 초보자에게 오직 친절에 의해서만 계명을 실천하라고 가르치지 말고, 하나님의 심판을 상기함으로써 싸움을 계속하도록 유도해야 합니다. 그렇게 하면 그는 사랑에 의해서 거룩한 것을 바랄 뿐만 아니라, 두려움에 의해서 악한 것을 피할 것입니다. "내가 인자와 공의를 찬송하겠나이다"(시 101:1). 그는 사랑에 매료되어 하나님을 찬양할 것이며, 두려움 때문에 노래할 힘을 소유할 것입니다.

~ 100 ~

덕과 영적 지식을 통해서 자기의 몸을 영혼과 일치시킨 사람은 하나님의 수금, 나팔, 그리고 하나님의 전이 됩니다. 그는 덕의 조화를 보존함으로써 수금이 되며, 거룩한 관상을 통해서 성령의 감동을 받음으로써 나팔이 되며, 지성의 깨끗함을 통해 로고스의 거처가 됨으로써 하나님의 전이 됩니다.

신학, 하나님의 경륜, 덕과 악덕에 관한 본문

1-100편

1

존재를 초월하며 근원을 갖지 않은 것을 초월하는 선(The Good)은 성부와 성자와 성령이신 삼위의 거룩한 통일체입니다. 그것은 세 개의 무한한 것들의 무한한 연합입니다. 피조물은 결코 그것의 존재 원리와 양식, 존재의 본질과 특성에 접근할 수 없습니다. 그것은 지성적인 존재의 모든 사고력을 회피하며, 결코 그것의 본성적인 감추인 내면성에서 유래한 것이 아니며, 모든 영적 지식의 절정을 무한히 초월합니다.

2

실질적이고 본질적인 선은 근원이나 완성이나 존재의 원인을 갖지 않으며 존재와 관련하여 궁극적인 원인을 향한 어떠한 움직임도 갖지 않습니다. 이러한 조건이 적용되는 선은 근원과 완성과 존재의 원인과 궁극적인 원인을 향한 움직임을 갖기 때문에 실질적인 선이 아닙니다. 실질적인 의미에서 존재가 아닌 것을 존재한다고 말하더라도, 그것은 실질적인 존재의 의지를 통해서 참여함으로써 존재합니다.

3

거룩한 로고스는 피조물들의 발생 이전에 존재하십니다. 그리고 로고스보다 우월한 원리는 과거에도 없었고 현재도 없고 장래에도 없을 것입니다. 로고스에게 지성이 없거나 생명의 상실이 없는 것이 아닙니다. 아버지는 본질적으로 로고스를 낳으신 실존하는 지성이며, 성령은 본질적으로 실존하고 공존하는 생명이므로, 로고스는 지성과 생명을 소유합니다.

4

아버지는 유일하신 아들을 낳으신 분이며, 성령의 원천이시므로, 하나님은 한 분이십니다. 혼동이 없는 하나요, 구분이 없는 셋이십니다. 아버지는 근원을 갖지 않은 지성이요, 유일하신 로고스를 낳으신 유일하고 본질적인 분이요, 유익하게 영원한 생명이신 성령의 근원이십니다.

5

하나의 신성, 근원을 갖지 않으며 단순하고 존재를 초월하며 나누이지 않는 통일체가 존재하기 때문에 하나님은 한분이십니다. 이 통일체는 역시 근원을 갖지 않으며 단순하신 하나의 삼위일체이십니다.

6

다른 실체에 참여함으로써 존재하는 모든 것은 그 실체의 존재론적인 우선권을 전제로 합니다. 따라서 피조물들의 존재의 신적 원인 - 피조물들의 존재는 이 신적 원인에 참여하는 데서 유래된다 - 은 모든 면에서 피조물보다 무한히 우월합니다. 왜냐하면 그것의 존재는 본래 피조물들의 존재보다 선행하며, 피조물들은 신적 존재의 존재론적 우선권을 전제로 하기 때문입니다. 그것은 비본질적이고 우연한 것들을 지닌 존재로서 실존하는 것이 아닙니다. 혹 그렇다면 신적인 것은 피조물들의 존재에 의해서 완성되는 복합적인 존재가 될 것입니다. 그것은 존재의 존재성을 초월하여 존재하십니다.

예술가들이 자기들이 제작하는 것들의 형태를 고안하며, 우주적인 자연이 그 안에 있는 사물의 형태들을 고안할진대, 하나님께서는 무로부터 모든 피조물을 존재하게 하시지 않겠습니까? 왜냐하면 하나님은 존재를 초월하시며, 존재를 초월함의 속성까지도 무한히 초월하시기 때문입니다. 하나님은 학문을 예술과 연결하여 형태들이 고안되게 하셨으며, 자연에게 여러 가지 형태를 만들어 내는 에너지를 주셨고, 존재들의 존재성을 확립해 주셨습니다.

~ 7 ~

하나님은 감추어진 본질에서부터 유래하신 것이 아닙니다. 피조물들은 하나님의 본질에 참여하지 않습니다. 그러나 하나님은 자신의 본질에 참여할 수 있는 것들이 어떤 다른 방식으로 하나님 안에 참여하기를 원하십니다. 그러나 하나님께서 피조물에게 참여를 허락하는 방식조차도 모든 사람에게 영원히 감추어져 있습니다. 그러므로 하나님께서는 자원하여 자신의 선한 능력에 피조물을 참여하게 하시며, 또 참여하는 존재들을 하나님만이 이해하는 원리에 따라서 존재하게 하십니다. 그러므로 하나님의 뜻에 따라서 존재하게 된 것들은 결코 하나님과 함께 영원할 수 없습니다.

8

단번에 육신으로 태어나신 거룩한 로고스는 자기를 갈망하는 사람들의 내면에 영적으로 태어나기를 원하십니다. 그분은 아기가 되시며 덕을 통해서 그들의 내면에서 자신의 형상을 만드십니다. 그분은 수용자의 능력에 따라서 자신을 계시하십니다. 그분은 관대함이 부족하여 자신의 위대함의 표현을 축소하지 않으며, 자기를 보고자 하는 사람들의 수용 능력을 평가하십니다. 그러므로 거룩한 로고스는 영원히 상이한 참여 방식으로 나타나시며, 은밀한 활동의 탁월한 능력 때문에 영원히 누구에게도 보이지 않습니다. 그렇기 때문에 히브리서 기자는 "예수 그리스도는 어제나 오늘이나 영원토록 동일하시니라"(히 13:8)고 말하면서 이 은밀한 활동의 능력을 은밀하게 고려합니다. 그는 은밀한 활동을 지성에 포함됨으로써 낡아지는 것이 아닌 항상 새로운 것으로 여깁니다.

9

우리 하나님 그리스도는 지적인 영혼을 부여받은 육신을 자신에게 추가함으로써 세상에 태어나시고 인간이 되십니다. 무로부터 피조물을 존재하게 하신 분이 친히 초자연적으로 동정녀에게서 태어나십니다. 그분이 본성이나 능력에 변화가 없이 인간이 되신 것처럼, 자기를 낳은 여인을 처녀로 유지하면서 어머니로 만드십니다. 이런 식으로 그분은 하나의 기적을 통해서 다른 기적을 계시하시며, 동시에 하나의 기적을 가지고 다른 기적을 감추십니다. 그 이유는 하나님은 본질상 항상 하나의 신비로 머물기 때문입니다. 하나님은 계시를 통해서 본성적인 은밀함을 더욱 은밀하게 만드십니다. 마찬가지로 그분은 자신을 잉태한 동정녀의 동정을 더욱 단단하게 만드셨습니다.

～ 10 ～

자연은 무엇인가 새로운 것으로 변화되며, 하나님은 인간이 되십니다. 안정되고 확고한 신성이 불안정하고, 움직임에 예속되는 것이 휩쓸려가는 것을 저지하기 위해서 그것을 향해 움직입니다. 인성은 로고스에 의해 완전해진 육체가 휩쓸려가는 것을 막기 위해서 초자연적인 방법으로 씨앗 없이도 그 육체를 존재하게 합니다. 뿐만 아니라 그날 동방에서 별이 나타나 박사들을 로고스가 성육하신 곳으로 인도했습니다. 그것은 율법과 선자자들의 내적 가르침이 감각보다 우월하다는 것을 신비한 방법으로 보여 주며 이방인들을 영적 지식의 탁월한 빛으로 인도하기 위해서였습니다. 율법과 선지자들의 내적 가르침을 마치 별을 보듯이 열심히 관상하면, 그것들은 자유로이 은혜의 부름에 응답하는 사람들을 성육하신 로고스에 대한 지식으로 인도해 줍니다.

～ 11 ～

내가 인간이기 때문에 마귀가 하나님처럼 된다는 구실로 나를 유혹하며(창 3:5), 나를 본성적인 안정된 상태에서 관능적인 쾌락의 세계로 끌어내릴 때에, 나는 의도적으로 하나님의 명령을 범했습니다. 마귀는 이렇게 사망을 가져다 준 것을 자랑스럽게 여겼습니다. 왜냐하면 그는 인성이 부패하는 것을 즐거워하기 때문입니다. 이 때문에 하나님께서 죄를 제외하고는 인성에 속한 모든 것을 취하시고 완전한 인간이 되셨습니다(히 4:15). 사실 죄는 인성의 일부가 아닙니다. 그분은 만족을 모르는 뱀을 육체라는 미끼로 유혹하여 그것을 삼키게 만들었습니다. 이 육체는 뱀에게 독이 되어 그 안에 있는 신성의 능력에 의해서 뱀을 완전히 죽였습니다. 그러나 그것은 동일한 신성의 능력에 의해서 인성을 원래의 은혜에게로 회복시켜 주었습니다. 마귀는 지식의 나무 위에서 죄의 독을 쏟아내어 그것을 맛본 인성을 단번에 부패하게 했던 것처럼, 마귀 자신도 주님의 육체를 삼키고자 했을 때에 그 안에 있는 신성의 능력에 의해 멸망했습니다.

∽ 12 ∽

성육신의 신비는 영원한 신비입니다. 그것은 구원받은 사람이 파악할 수 있는 정도만 계시되므로, 그것에 대해서 계시된 것보다 나타나지 않은 것이 더 클 뿐만 아니라, 계시된 것도 여전히 완전히 감추어져 있으며 결코 실제대로 알려지지 않습니다. 내 말을 역설적인 것으로 이해하지 마십시오. 하나님은 존재를 초월하시며 존재를 초월함도 초월하십니다. 하나님께서는 존재의 차원으로 내려오기를 원하셨을 때에 존재를 초월하는 방법으로 존재가 되셨습니다. 따라서 그분은 인간을 초월하시는 분이시지만 인간을 사랑하시기 때문에 인간의 본질을 취하심으로써 인간이 되셨습니다. 그러나 그분은 인간을 초월하는 방법으로 인간이 되셨으므로, 그분이 인간이 되신 방법은 항상 감추어져 있습니다.

∽ 13 ∽

우리는 거룩한 성육신의 신비를 믿음으로 바라보며, 단순하게 우리를 위해 인간이 되신 그분을 단순하게 찬양해야 합니다. 누가 이성적인 논증을 의지하면서 거룩한 로고스의 잉태가 이루어진 경위를 설명할 수 있습니까? 씨가 없이 어떻게 육체가 만들어질 수 있었습니까? 처녀성을 상실하지 않고서 어떻게 자식을 낳을 수 있었습니까? 아기를 낳은 여인이 어떻게 처녀로 머물 수 있었습니까? 지극히 완전하신 분이 어떻게 자라면서 더욱 완전해질 수 있습니까?(눅 5:52) 깨끗한 분이 어찌 세례를 받았습니까? 굶주린 분이 어떻게 양식을 주었습니까?(마 4:2; 14:14-21) 피곤하고 지친 분이 어떻게 힘을 나누어 주었습니까?(요 4:6) 고통을 당하신 분이 어떻게 치유를 행했습니까? 죽어 가시던 분이 어떻게 생명을 주셨습니까?

마지막으로, 하나님께서 어찌 인간이 되셨습니까? 더욱 신비한 것은 본질적으로나 위격적으로 완전히 아버지 안에 존재하시는 로고스가 어떻게 본질적으로나 위격적으로 육체 안에 존재할 수 있었습니까? 본래 완전히 하나님이신 분이 어떤 방법으로든 신성이나 인성을 버리지 않고서 어떻게 완전한 인간이 되었습니까? 이러한 신비들은 믿음으로만 받아들일 수 있습니다. 믿음은 지성과 이성을 초월하는 것들을 실재하는 것으로 만들어 줍니다(히 11:1).

∽ 14 ∾

아담이 불순종했기 때문에 인성은 관능적인 즐거움을 통해서 생성되게 되었습니다. 그러한 즐거움을 인성에서 추방하셨기 때문에, 주님은 씨에 의해서 잉태하는 것과는 아무런 관계가 없었습니다. 하와가 계명을 범했기 때문에, 인성의 생성은 고통 속에서 시작됩니다(창 3:16). 주님은 자신의 탄생을 통해서 인성에서 이것을 몰아내셨으므로, 여인이 주님을 잉태하면서 처녀성을 잃는 것을 허락하지 않으셨습니다. 주님은 인성에서부터 의도적으로 추구된 즐거움 및 그에 따르는 원치 않은 고통을 몰아내기 위해서 이렇게 행하셨고, 자신이 만든 것이 아닌 것들을 죽이는 자가 되셨습니다. 주님을 이것을 통해서 우리가 자발적으로 다른 생활 방법, 고통과 소고 속에서 시작되었음에도 불구하고 거룩한 즐거움과 영속적인 기쁨으로 끝나는 생활 방법을 택하라고 가르치십니다. 인간을 구원하시며, 자신의 수난을 통해서 우리의 정념들을 치료하시기 위해서, 우리를 파괴하고 있는 정념들을 초자연적인 방법으로 죽이기 위해서, 인간을 만드신 분이 인간이 되시고 인간으로 태어나셨으며, 육체 안에서 고난을 당하심으로써 영적으로 우리를 새롭게 해 주십니다.

15

거룩한 것을 동경하며 몸에 대한 영혼의 편애를 극복한 사람은 비록 몸 안에 있지만 육체적인 제한으로부터 자유롭습니다. 자기를 간절히 원하는 사람의 갈망을 유도하시는 하나님은 만물보다 무한히 높으시며, 하나님을 간절히 원하는 사람이 하나님보다 못한 것을 바라는 것을 허락하지 않으십니다. 그러므로 우리는 본성의 모든 힘을 다해서 하나님을 갈망하며, 육체적인 욕구 때문에 결심이 흔들리지 않게 해야 합니다. 우리는 모든 이성적이고 지적인 실체들을 초월해야 하며, 육체적인 한계 때문에 본질상 모든 제한을 초월하시는 하나님과 함께 거하려는 결심을 양보해서는 안 됩니다.

16

성도들은 악의와 덕의 싸움 때문에 고난을 겪습니다. 악의는 지배력을 얻기 위해서 싸우고, 후자는 패배를 피하기 위해서 모든 것을 참습니다. 전자는 의인을 징계함으로써 죄를 육성하려고 하며, 후자는 선한 사람들이 견디기 힘든 불행을 경험하더라도 강건하게 유지하게 하려고 노력합니다.

17

덕이 하는 일은 곤경이나 고난을 대적하여 싸우는 것입니다. 자기의 소신을 굽히지 않는 사람에게 주어지는 승리의 상은 영혼의 무정념입니다. 이 영혼은 이 상태에서 사랑을 통해서 하나님과 연합하며, 내적인 결심을 통해서 육과 세상으로부터 분리됩니다. 소신을 굽히지 않는 사람은 영혼의 능력이 몸의 고통 안에 있음을 발견합니다.

18

정욕적인 쾌락에 미혹되어 원래의 상태에서 벗어난 사람은 참 생명이 아니라 죽음을 선택합니다. 그러므로 우리는 그러한 쾌락을 제거하는 육체적인 고난을 기쁜 마음으로 견뎌야 합니다. 그렇게 함으로써 이루어지는 쾌락의 죽음은 쾌락을 통해서 임하는 것들의 죽음을 파괴할 것이며, 우리는 관능적인 쾌락을 얻기 위해서 팔았던 생명을 미미한 육체적 고난을 대가로 치르고서 되찾을 것입니다.

19

육체가 안일하게 생활할 때에 죄의 힘이 강해지듯이, 육체가 고난을 당하면 덕의 힘도 증가할 것입니다. 그러므로 우리는 육체의 고난을 담대하게 참고 견뎌야 합니다. 그것은 영혼의 더러움을 깨끗이 씻어주며 우리에게 장래의 영광을 가져다 줍니다. "현재의 고난은 장차 우리에게 나타날 영광과 족히 비교할 수 없도다"(롬 8:18).

∽ 20 ∾

몸의 질병을 다루는 의사는 모든 경우에 동일하게 처방하는 것이 아닙니다. 영혼의 질병을 다루시는 하나님은 한 종류의 치료법이 모든 상태에 적합하다고 여기시지 않으며, 각각의 영혼에게 적합한 치료법을 정하여 치료하십니다. 그러므로 우리는 치료를 받는 동안에 고통이 아무리 커도 결국은 복된 결과가 나타날 것이므로 감사해야 합니다.

∽ 21 ∾

고통을 당하는 육체의 항의만큼 영혼의 성향을 훌륭하게 징계(훈계)해 주는 것은 없습니다. 육체의 항의에 복종하는 영혼은 하나님보다 육체를 사랑하는 영혼입니다. 그러나 육체의 항의에도 요동하지 않는 영혼은 육체보다 덕을 존중하는 영혼입니다. 하나님은 덕을 통해서 영혼 안에 와서 거하실 것입니다. 하나님은 영혼을 대신하여 우리의 인간적인 고난을 인내하며 참으실 것이며, 영혼에게 "담대하라 내가 세상을 이기었노라"(요 16:33)고 말씀하실 것입니다.

∽ 22 ∾

모든 성인들이 각기 자기 몫의 징계를 받는다면, 우리가 그들의 영광에 참여하기에 합당한 자가 되기 위해서 그들과 함께 징계를 받을 때에 하나님께 감사해야 합니다. "대저 여호와께서 그 사랑하시는 자를 징계하시기를 마치 아비가 그 기뻐하는 아들을 징계함같이 하시느니라"(잠 3:2).

23

아담은 자기 옆구리에서 나온 하와가 제공하는 정욕적인 즐거움을 받아들임으로써 낙원에서 인류를 몰아냈습니다(창 3:24). 그러나 주님은 창으로 옆구리를 찔리시면서 강도를 낙원으로 인도하셨습니다(눅 23:43). 그러므로 우리는 육체의 고난을 사랑하고, 육체의 즐거움을 미워해야 합니다. 전자는 우리를 하나님의 축복 안으로 데려가지만, 후자는 우리를 그러한 축복에서 몰아내고 분리시킵니다.

24

인간이 되신 하나님이 육체 안에서 고난을 당하실진대, 우리는 고난 당할 때에 우리의 고난을 나눠 지실 하나님을 가지고 있으므로 기뻐해야 하지 않겠습니까? 이렇게 함께 나누어진 고난은 우리에게 그 나라를 수여해 줍니다. 바울은 "우리가 그와 함께 영광을 받기 위하여 고난도 함께 받아야 할 것이니라"고 말했습니다(롬 8:17).

25

우리의 조상이 우리의 본성에 정욕적인 쾌락을 포함시켰기 때문에 우리가 고난을 받아야 한다면, 우리는 일시적인 고난을 담대하게 견뎌야 합니다. 왜냐하면 그러한 고난은 그러한 쾌락의 모서리를 무디게 만들어 주며, 그것이 가져다 주는 영원한 고통으로부터 우리를 해방시켜 주기 때문입니다.

26

사랑은 모든 축복의 완성입니다. 사랑은 사랑 안에서 행하는 모든 사람을 탁월한 축복이요 모든 축복의 원인이신 하나님께로 인도하고, 하나님과 연합해 줍니다. 사랑은 신실하며 결코 부족함이 없습니다. 믿음은 진리에 견고한 기초를 제공해 주므로 그 뒤에 임하는 것, 즉 소망과 사랑의 기초입니다. 소망은 사랑과 믿음이라는 탁월한 은사들의 힘입니다. 왜냐하면 소망은 우리가 믿는 것과 바라는 것을 희미하게 보게 해 주며, 목표를 향해 나아가는 법을 가르쳐 주기 때문입니다. 사랑은 믿음과 소망의 완성이며, 우리의 믿음과 소망의 열망을 만족시켜 줍니다. 사랑은 우리가 존재한다고 믿으며 장차 이루어지기를 바라는 것을 하나의 현존하는 실체로 누릴 수 있게 해 줍니다.

∽ 27 ∾

사랑의 가장 완전한 과업, 그리고 그 활동의 성취는 사랑에 의해 결합되는 당사자들 사이의 상호교환을 이루어 내는 것입니다. 이것은 그들의 독특한 특성들을 어느 정도 연합하며, 그들 각자의 상태를 서로에게 맞추어 적용합니다. 사랑은 사람을 신처럼 만들고, 쌍방의 단순하고 동일한 목적과 활동을 통해서 하나님을 인간으로 계시하고 나타냅니다.

∽ 28 ∾

만일 우리가 하나님의 형상으로 지음을 받았다면(창 1:27), 우리는 우리 자신의 형상과 하나님의 형상이 되어야 합니다. 또는 우리가 하나님과 교제하여 하나님처럼 되며 하나님으로부터 신으로서의 존재를 받기 위해서는 내면에 세상에 속한 것은 전혀 담지 말고 한 분의 완전하신 하나님의 형상이 되어야 합니다. 그렇게 함으로써 하나님의 은사와 하나님의 평화의 현존을 찬양해야 합니다.

∽ 29 ∽

 사랑은 큰 축복이며 모든 축복 중에서 으뜸이 되는 탁월한 것입니다. 왜냐하면 사랑은 사랑을 가진 사람 주위에 하나님과 사람들을 결합시키며, 신화된 사람이 지닌 하나님과의 정확한 닮음을 통해서 인간들의 창조주를 인간으로 나타내 줍니다. 나는 이것이 "네 마음을 다하고 성품을 다하고 힘을 다하여 네 하나님 여호와를 사랑하라… 네 이웃을 네 몸같이 사랑하라"(레 19:18; 신 6:5; 마 22:37-39)는 계명의 실현이라고 생각합니다.

∽ 30 ∽

 마귀는 악하고 교활한 방법으로 우리를 속이고, 자애(自愛)를 통해서 정욕적인 즐거움을 자극해 왔습니다(창 3:1-5). 마귀는 우리의 뜻을 하나님으로부터, 그리고 우리 서로에게서부터 분리시켰습니다. 그는 진리를 왜곡하고, 인류를 분열시키고, 많은 견해와 망상을 낳게 했습니다.

∽ 31 ∽

 악을 일으키고 선동하는 것 중에 으뜸이 되는 것은 무지와 자애와 포학입니다. 이것들은 각기 나머지 두 가지를 의지하며 그것들의 지지를 받습니다. 하나님에 대한 무지에서 자애가 나오며, 자애에서 포학이 나옵니다. 우리가 자신의 능력들, 즉 우리의 지성과 욕구와 도발하는 힘을 그릇되게 사용할 때에 마귀가 우리 안에 이것들을 자리잡게 합니다.

~ 32 ~

우리는 사고력의 자극을 받아 무지를 극복하며, 영적 지식에 의해서 유일하신 한 분 하나님을 찾아야 합니다. 그리고 갈망을 통해서, 즉 정화된 자애(自愛)의 열망을 통해서 한 분 하나님을 갈망하게 되어야 합니다. 또 온갖 잔학한 성향과 분리된 도발력을 가지고서 하나님만을 얻기 위해 노력해야 합니다. 영혼이 지닌 이 세 가지 힘을 근거로, 우리는 거룩하고 복된 사랑, 경건한 사람을 하나님과 결합시켜 주는 사랑을 실현해야 합니다.

~ 33 ~

자애는 악의 근원이므로, 이것이 제거될 때에는 이것에서 파생된 것들도 함께 제거됩니다. 자애가 없으면, 악의 흔적이나 형태가 존재할 수 없습니다.

~ 34 ~

우리는 우리를 위해서 인내하며 고난을 받으신 그리스도께서 친치 우리에게 보여 주신 방법으로 자기를 돌보며 서로를 돌봐야 합니다.

~ 35 ~

모든 성도들은 사랑 때문에 죄에 저항하고 현세를 조금도 중요하게 여기지 않았습니다. 그들은 세상과 분리되고 자기 자신 및 하나님과 연합하기 위해서 여러 가지 형태의 죽음을 참고 견뎠으며, 자기 내면에서 인성의 파편들을 결합했습니다. 이것은 신자들의 참되고 더럽혀지지 않은 신지학입니다. 만일 긍휼로서의 선과 하나님께 대한 헌신으로서의 진리가 사랑의 표식이라면, 그것의 완성은 선과 진리입니다. 그것은 사람들을 서로에게, 그리고 하나님에게 연합시키며, 그렇기 때문에 모든 축복의 불변하는 영속성을 포함합니다.

~ 36 ~

하나님을 향한 완전한 사랑의 실현과 증거는 이웃을 향한 호의적이고 자원하는 참된 태도입니다. 요한은 "보는 바 그 형제를 사랑하지 아니하는 자가 보지 못하는 바 하나님을 사랑할 수가 없느니라"고 말합니다(요일 4:20).

~ 37 ~

진리의 길은 사랑입니다. 하나님의 로고스는 자신을 길이라고 말씀하셨고(요 14:6, 1), 이 길을 걸어가는 사람들의 모든 더러움을 제거하여 그들을 아버지 하나님께 바치십니다.

~ 38 ~

이것은 사람이 지성소로 들어가서 거룩한 삼위일체의 접근할 수 없는 아름다움을 보기 위해 통과하는 문입니다.

~ 39 ~

썩어질 것들에 대한 사랑 때문에 성령의 선물로서 하나님께서 주신 생명을 죽이는 것은 두렵고 가증스러운 일입니다. 자애가 아니라 진리를 선택하도록 자신을 연단한 사람은 분명히 이 두려움을 알게 될 것입니다.

~ 40 ~

우리는 평화를 바르게 사용해야 합니다. 우리는 세상과 그 통치자와의 악한 동맹을 거부하며, 궁극적으로 정념들로 말미암아 하나님을 대적하여 일으킨 전쟁을 중단해야 합니다. 우리 안에 있는 죄의 몸을 죽임으로써 하나님과 파기할 수 없는 언약을 체결하며, 하나님을 향한 적대감을 완전히 몰아내야 합니다.

41

우리가 정념들로 말미암아 하나님을 거역하고, 영혼을 죽이는 교활한 독재자인 마귀에게 악의 형태로 조공을 바치는 데 동의한다면, 우리는 힘을 다해 마귀를 대적하여 싸우지 않는 한 하나님과 화목할 수 없습니다.

비록 우리가 신실한 기독교인이라는 이름을 취한다 해도, 우리가 마귀를 원수로 여겨 대적하지 않는 한, 우리는 계속 의도적으로 부끄러운 정념들을 선택할 것입니다. 그리고 우리의 영혼이 악한 상태에 있으면서 그 조성자를 배반하며 그의 나라에 복종하려 하지 않으므로, 세상 안에서 누리는 우리의 평화는 조금도 유익을 주지 못할 것입니다. 우리 영혼은 팔려 많은 야만적인 주인들의 종이 됩니다. 그들은 영혼으로 하여금 악을 향하게 만들고 구원의 길이 아니라 멸망의 길을 선택하게 만듭니다.

42

하나님은 우리로 하여금 "신의 성품에 참예하는 자"가 되고(벧후 1:4) 그의 영원하심에 동참하게 하며, 은혜로 말미암은 신화를 통해서 하나님처럼 되게 하려고 우리를 지으셨습니다. 만물은 신화를 통해서 재구성되고 영속성을 성취합니다.

～ 43 ～

우리가 명목상으로나 실질적으로나 하나님께 속한 자가 되기를 원한다면, 가룟 유다처럼 로고스를 정념들에게 팔거나(마 26:14-16), 베드로처럼 부인하지 않기 위해서 노력해야 합니다(마 26:69-75). 로고스를 부인하는 것은 두려움 때문에 선한 것을 향하는 데 실패하는 것입니다. 로고스를 판다는 것은 의도적으로 죄를 선택하고 범하는 것입니다.

～ 44 ～

덕을 위해서 인내한 모든 고통의 결과는 기쁨이요, 모든 수고의 결과는 휴식이며, 모든 부끄러운 일을 인내한 결과는 영광입니다. 간단히 말해서, 덕을 위해서 당한 모든 고난의 결과는 하나님과 함께 거하는 것, 영원히 하나님과 함께 머물면서 영원한 안식을 누리는 것입니다.

～ 45 ～

로고스는 우리를 서로 연합시키기를 원하시며, 모든 인류에게 이 목표를 지향하라고 촉구하시므로, 사랑이 많으신 하나님은 구원하는 계명을 우리에게 맡기셨으며, 우리가 자비를 나타내고 또 자비를 받도록 정하셨습니다(마 5:7).

～ 46 ～

인간들을 서로 소외시키고 율법을 왜곡시키는 이기심과 교활함은 우리의 단일한 인성을 여러 조각으로 잘랐습니다. 그것들은 우리의 본성 안에 소개하여 우리의 본성을 지배하게 만든 냉담함을 확대했으므로, 의지와 목적 안에서 분열된 우리의 본성은 스스로를 대적하여 싸웁니다. 따라서, 건전한 판단과 고귀한 사고력에 의해서 본성의 변칙적인 상태를 해결한 사람은 다른 사람들에게 자비를 나타내기 전에 자신에게 자비를 나타냈습니다. 왜냐하면 그는 자기의 의지와 목적을 자연과 일치하게 만들었고, 그것들을 통해서 자연을 사용하여 하나님을 향해 전진했으며, 하나님의 형상으로 지음을 받은 것의 의미를 자기 안에 드러내고 태초에 하나님께서 우리의 본성을 하나님의 선하심을 모방하여 하나님의 모양으로 훌륭하게 지으셨다는 것을 나타낸 사람입니다.

47

하나님은 우리 인간을 사랑하셨기 때문에 인성을 하나님과 결합시키며 악하게 행동하지 못하게 하며, 스스로를 대적하여 싸우거나 나뉘지 못하게 하며, 그 자체의 의지와 목적이 불안정하여 쉬지 못하는 것을 중지시키기 위해서 인간이 되셨습니다.

48

지성을 부여받은 존재들에게 가장 귀한 것은 하나님에게서 나오는 것이며, 가장 소중한 것은 완전한 사랑입니다. 사랑은 나뉘인 사람들을 하나가 되게 하고, 많은 사람들의 의지와 목적이 나뉘이지 않고 하나가 될 수 있게 해 줍니다. 사랑은 그와 관련된 것을 찾는 사람들의 내면에 단일한 의지와 목적을 만들어 냅니다.

49

선은 본질적으로 분리된 것을 연합하고 결합하지만, 악은 연합된 것을 분리하고 부패하게 만듭니다. 악은 본래 불안정하고 분산시키고 분열시키며 여러 가지 형태를 취합니다.

～ 50 ～

몸과 세상에 대한 영혼의 애착을 완전히 포기하고 참 지식 안에 기초를 둔 하나님에 대한 참 사랑은 구원에 이르는 지름길이며, 모든 죄로부터 구원을 가져다 줍니다. 이렇게 쾌락에 대한 욕망과 고통에 대한 두려움을 벗어버리면, 우리는 악한 자애에서 해방되며 창조주에 대한 신령한 지식으로 들려 올라갑니다. 우리는 악한 자애 대신에 몸에 대한 애착에서 분리된 썩지 않는 신령한 자애를 받습니다. 그리고 이 썩지 않는 자애를 통해서 쉬지 않고 하나님을 예배하며, 항상 영혼을 위한 양식을 하나님에게서 찾습니다. 진정으로 하나님이 기뻐하시는 참된 예배는 덕을 통해서 엄격하게 영혼을 교화하는 것입니다.

～ 51 ～

만일 당신이 육체적인 즐거움을 바라지 않으며 고통을 조금도 두려워하지 않는다면, 당신은 무정념의 상태에 도달한 것입니다. 그러한 동경과 두려움 및 그것들을 만들어 낸 자애를 극복함으로써, 당신은 그것들로부터, 그것들을 통해서 존재하게 된 모든 정념들 및 모든 악의 근원인 무지를 단번에 죽인 것입니다. 당신은 안정되고 영구적이며 본질상 동일하게 보존되는 선으로 가득하게 되었으며, 그 선 안에 절대적으로 움직임이 없이 서서 수건을 벗은 얼굴로 주님의 영광을 반영하며(고후 3:18), 당신의 내면에 있는 빛을 통해서 가까이 갈 수 없는 거룩한 영광을 봅니다.

52

우리는 온 힘을 다해서 현세의 즐거움과 고통을 거부해야 합니다. 그럼으로써 우리 자신을 마귀의 간계와 정념에 관한 생각에서 완전히 해방시켜야 합니다. 왜냐하면 우리는 쾌락 때문에 정념을 사랑하고, 고통 때문에 덕을 피하기 때문입니다.

53

모든 악은 그 자체 및 그것이 초래한 습관들을 파괴하려는 본성을 지니므로, 인간은 쾌락 다음에는 필연적으로 고통이 따른다는 것을 경험에 의해서 발견하며, 그렇기 때문에 즐거움을 얻기 위해서 힘을 다해 노력하고 고통을 피하기 위해서 할 수 있는 모든 일을 행합니다. 그는 즐거움을 얻기 위해서 전력을 다해 노력하며, 열심으로 고통과 싸웁니다. 이렇게 행함으로써 고통과 즐거움을 분리하며, 고통은 없이 즐거움만 누리려 합니다. 그는 자애라는 정념의 지배를 받으며, 고통이 없는 즐거움은 존재할 수 없다는 것을 모르는 듯합니다.

고통을 당하는 사람은 의식하지 못하지만, 고통에는 즐거움이 섞여 있습니다. 그것을 의식하지 못하는 것은, 즐거움을 향한 갈망이 지배적이기 때문입니다. 본래 지배적인 것은 함께 존재하는 다른 것을 제대로 의식하지 못하게 하는 법입니다. 그러므로 우리가 이기적인 생각으로 즐거움을 추구하며 고통을 피하려 하기 때문에, 내면에 무수히 많은 정념들이 만들어집니다.

54

자기의 지성을 몸과의 관계에서 해방시켜 사랑과 동경과 갈망의 참된 목표인 하나님과 연합하는 사람은 더 이상 즐거움과 고통을 경험하지 않습니다.

～ 55 ～

영혼을 완전히 정화하지 않은 사람이 순수하게 하나님을 예배할 수 없듯이, 몸을 제멋대로 내버려두지 않는 사람은 피조물을 예배할 수 없습니다. 몸에 대한 염려 때문에 부패의 원인인 피조물을 숭배하며, 그럼으로써 자애를 획득하는 사람은 계속되는 쾌락과 고통의 활동에 예속됩니다. 그는 항상 불순종의 나무 – 선가 악을 아는 지식의 나무 – 의 열매를 먹으며, 감각 인식을 통해서 경험적으로 선과 악이 혼합되어 있는 지식을 획득합니다. 선과 악을 아는 지식의 나무가 가시적인 피조 세계에 존재한다고 말하는 것이 참일 수도 있습니다. 왜냐하면 이 세상은 본래 변화하는 세상으로서 즐거움과 고통을 만들어 내기 때문입니다.

～ 56 ～

사고력이 지배하지 않는 곳에서는 감각이 지배적인 역할을 맡습니다. 감각 안에 어느 정도 혼합되어 있는 죄의 세력은 관능적인 즐거움을 사용하여 영혼으로 하여금 육을 불쌍히 여기게 만듭니다. 육을 정열적이고 쾌락적으로 계발하는 것을 당연한 과업으로 여겨 추구하는 영혼은 실제로 존재하지 않는 악을 만들어 냅니다.

～ 57 ～

악이란 영혼이 본성에 일치하는 선한 것을 망각하는 것입니다. 이 망각은 육과 세상의 정욕적인 관계에서 비롯되는 결과입니다. 사고력이 영혼의 지배 하에 있으면, 그것은 영적 지식을 통해서 이 망각을 몰아냅니다. 왜냐하면 사고력은 세상과 육의 본질을 조사한 후에 영혼을 그 참된 본향인 영적 실체들의 영역으로 이끌어가기 때문입니다. 죄의 법은 이 영역 안에 들어오지 못합니다. 왜냐하면 이제 영혼과 감각의 결속이 깨졌으며, 감각적인 사물의 세계에만 국한된 감각은 더 이상 죄의 법을 지성에게 전달하는 다리의 기능을 할 수 없기 때문입니다. 감각적인 사물과 세상과의 관계를 초월할 때에, 지성은 감각의 지배에서 완전히 자유하게 됩니다.

∽ 58 ∾

사고력이 정념들을 지배할 때에, 사고력은 감각을 덕의 도구로 만듭니다. 반대로 정념들이 사고력을 지배하면, 그것들은 감각으로 하여금 죄를 따르게 만듭니다. 우리는 영혼이 어떻게 상황을 역전시켜 과거에는 범죄하는 데 사용했던 사물들을 덕을 만들어 내고 유지하는 데 사용하는지를 주의 깊게 연구하고 생각해 보아야 합니다.

∽ 59 ∾

복음은 육체에 따르는 생활을 거부하고 성령에 따르는 생활을 받아들이라고 가르칩니다. 이것은 인간적인 것 – 현세에 따르며 육체 안에 있는 인간 생활 – 에 대해서 죽으며 오직 성령 안에서 하나님을 위해 살고 있는 사람에 대한 말입니다. 그런 사람은 결코 스스로 사는 것이 아니라 영혼 안에 살아 계시는 그리스도를 소유하는 사람입니다(갈 2:20). 그러므로 현세에서 육체에 대해 죽은 사람은 다음과 같은 방법으로 구분할 수 있습니다. 그들은 많은 환난과 고통과 불행과 박해를 당하고 여러 가지 시련과 유혹을 당해도 모든 일을 즐거워하며 견딥니다.

~ 60 ~

모든 정념은 인식되어진 대상과 감각 기능과 그 기능이 비틀린 선천적인 능력 – 이것은 도발하는 힘, 욕망, 또는 사고력일 수도 있습니다 – 으로 구성됩니다. 그러므로, 지성이 이 세 가지 상호 관련된 요인들 – 감각적인 대상, 감각 기능, 그리고 감각 기능과 관련된 자연적인 능력 – 의 최종 결과를 조사한다면, 그 중 하나의 요인을 나머지 둘로부터 구분할 수 있으며, 각각의 요인을 그 본성적인 기능에게 되돌려 보낼 수 있을 것입니다.

다시 말해, 지성은 감지할 수 있는 사물을 감각 기능과의 관계와 상관없이 바라볼 수 있고, 감지할 수 있는 대상과의 관계와 상관없이 감각 기능을 바라볼 수 있으며, 또 감각 기능과 감지할 수 있는 사물과의 정욕적인 관계와 관계없이 본성적인 능력을 바라볼 수 있습니다. 그리하여 어떤 정념을 조사하든지 간에 지성은 자체의 구성 요인들로 분해됩니다. 이것은 구약 시대에 이스라엘의 금송아지를 가루로 만들어 물과 혼합한 것과 흡사합니다(출 32:20). 그것은 그것을 영적 지식의 물로 녹이며, 각각의 요소를 자연적인 상태로 복귀시킴으로써 정념과는 상관이 없는 정념들에 대한 심상들까지도 파괴합니다.

~ 61 ~

육체의 정념에서 생겨나는 많은 허물로 얼룩진 삶은 더러워진 옷입니다. 각 사람은 자신의 생활 방식을 통해서 스스로를 의인이나 악인으로 선포합니다. 의인은 깨끗한 옷으로서 거룩한 삶을 소유하며, 악인은 악한 행동으로 더러워진 삶을 소유합니다. 그러므로 "육체로 더럽힌 옷"(유 23)이란 육체에서 생겨나는 악한 충동과 행동을 생각함으로써 양심이 변형된 영혼의 내면상태와 성향입니다. 이 상태나 성향이 옷처럼 항상 영혼을 감쌀 때에, 영혼은 정념들의 악취로 가득하게 됩니다. 그러나 성령의 능력으로 말미암아 덕이 사고력과 조화를 이루어 섞일 때에, 덕은 영혼을 위한 썩지 않는 옷이 됩니다. 이러한 옷을 입은 영혼은 아름답고 빛나게 됩니다. 반대로, 육체의 영향을 받아 정념들이 뒤섞일 때에 정념들은 냄새나는 더러운 옷이 되는데, 그것은 영혼의 특색을 드러내며 신적인 것과 반대되는 형태와 모양을 영혼에게 부과합니다.

∽ 62 ∾

인간 본성의 성화를 희망을 가지고 기대할 수 있는 확실한 근거가 하나님이 성육신에 의해서 공급됩니다. 그것은 하나님께서 친히 인간이 되셨던 것과 동일한 분량으로 인간을 신으로 만들어 줍니다. 죄가 없이 인간이 되셨던 분께서 인간 본성을 변화시키지 않은 채 신성으로 변화시키실 것이며, 인간을 위해서 자신을 낮추셨던 것과 동일한 분량으로 인간을 끌어올려 주실 것입니다. 이것이 사도 바울이 "그 은혜의 지극히 풍성함을 오는 여러 세대에 나타내려 하심이니라"(엡 2:7)고 말하면서 신비하게 가르친 것입니다.

∽ 63 ∾

도발하는 힘과 욕망을 지배하는 사고력은 덕을 만들어 냅니다. 피조물의 내적 본질에 주의를 집중하는 지성은 참된 영적 지식을 수확합니다. 그러므로 사고력은 모든 이질적인 것을 거부한 후에 우리의 참된 본성에 일치하는 바람직한 것을 발견합니다. 그리고 지성은 알려져 있는 사물들을 초월한 후에 존재와 지식을 초월하는 바 피조된 것들의 제일 원인을 이해합니다. 그때에 신화(神化)의 열망이 은혜에 의해서 실현됩니다. 그리고 이제 더 이상 분별해야 할 것이 없으므로, 사고력의 본성적인 분별력은 정지됩니다. 또 더 이상 알아야 할 것이 없으므로 지성의 본성적인 사고력도 정지됩니다. 그리고 신적인 것에 참여할 자격이 있는 사람은 신처럼 되어 안식의 상태에 들어갑니다.

◈ 64 ◈

고난은 정욕적인 즐거움의 더러움에 물든 영혼을 깨끗하게 해 주며, 물질에 대한 애착의 결과로서 임하는 형벌을 부여함으로써 영혼을 물질로부터 완전히 이탈하게 합니다. 이것이 바로 마귀가 사람들을 괴롭히는 것을 정의로우신 하나님이 허락하시는 까닭입니다.

◈ 65 ◈

즐거움과 슬픔, 갈망과 두려움, 그리고 그것들에 이어 발생하는 것들은 원래 인간 본성의 요소들로 지음을 받은 것들이 아닙니다. 만일 그렇다면 그것들은 그 본성의 정의의 일부를 형성할 것입니다. 이 문제에 있어서 나는 닛사의 그레고리의 견해를 따릅니다.[1] 그는 이런 것들은 우리가 완전함으로부터 실족한 데 따른 결과로서 도입되었으며, 사고력을 거의 부여받지 못한 우리의 분성 안에 침투되었다고 주장합니다. 그것들로 말미암아 인간 안에 있는 복된 하나님의 형상은 범죄하는 순간에 즉각적으로 분명히 동물들을 닮은 것으로 대치

---

1) *On the Creation of Man* 18 (*P.G.* xliv, 192B)을 보라.

되었습니다. 사고력의 참된 권위가 흐려지면, 인간 본성은 자체 안에 도입된 분별이 없는 요소들의 추적을 받습니다. 그리하여 섭리하시는 하나님은 지혜롭게도 인간으로 하여금 자신의 지성의 고귀함을 의식하게 하셨습니다.

∽ 66 ∽

우리가 부지런히 지혜롭게 육체적인 것으로부터 정념들을 분리시켜 거룩한 것을 획득하려는 방향을 지향하게 만들면, 정념들도 선한 것이 될 수 있습니다. 그것은 다음과 같은 경우에 발생합니다: 예를 들어 우리가 욕망을 거룩한 축복을 향한 동경으로 변화시킬 때, 또는 즐거움을 지성의 의지에서 나오는 에너지가 하나님의 선물 안에서 발견하는 온유한 즐거움으로 변화시킬 때, 또는 두려움을 우리의 죄 때문에 우리를 위협하는 형벌을 피하려는 보호적인 근심으로 변화시킬 때, 또는 비탄을 현대의 죄를 바로잡으려는 회한으로 변화시킬 때. 간단히 말해서, 만일 뱀에게 물린 상처를 치료하기 위해 뱀의 몸을 사용하는 지혜로운 의사처럼 우리가 현재의 악이나 예상되는 악을 제거하기 위해서, 그리고 덕과 영적 지식을 획득하고 지키기 위해서 정념들을 사용한다면, 그러한 정념들은 선한 것이 됩니다.

∽ 67 ∽

구약성서의 법은 실천 철학을 통해서 인간 본성에서 모든 더러움을 깨끗이 합니다. 신약성서의 법은 관상의 신비로 인도함을 통하여 영적 지식에 의해서 지성을 들어올려 물질적인 것을 보지 않고 영적인 실체들을 보게 해 줍니다.

~ 68 ~

  초심자로서 덕의 거룩한 마당으로 들어가는 입구에 서 있는 사람을 성경은 "하나님을 경외하는" 자라고 부릅니다(행 10:2; 13:16, 26). 어느 정도 안정되게 덕의 원리와 특성을 소유한 사람은 "진보하고 있는" 사람이라고 묘사됩니다. 거룩을 추구함에 있어서 영적 지식에 의해서 이미 덕을 계시해 주는 진리의 정상에 도달한 사람은 "완전한" 사람이라고 묘사됩니다. 그러므로 정념의 지배를 받던 과거의 생활 방식을 버리고 두려워하면서 자신의 의지 전체를 하나님의 명령에 맡긴 사람이 아직 덕의 실천에 있어서 안정을 획득하지 못했고 완전한 사람들이 말하는 지혜에 참여하지 못한다 해도, 그에게는 초심자에게 적절한 축복이 전혀 부족함이 없이 주어질 것입니다(고전 2:6).

  아직 완전한 사람이 소유하는 바 신적 실체들에 대한 초월적 지식을 획득하지는 못했지만 영적인 길에서 진보하고 있는 사람은 자신의 수준에 알맞는 축복을 부족함이 없이 소유할 것입니다. 완전한 사람은 이미 신비하게 관상적 신학에 입문한 사람입니다. 그는 자기의 지성에서 모든 물질적인 환상을 깨끗이 제거했으며, 항상 거룩한 아름다움의 형상의 흔적을 충만하게 지니고 있으며, 자기 마음속에 있는 하나님의 사랑을 나타냅니다.

~ 69 ~

  두 종류의 두려움이 있습니다. 하나는 깨끗한 두려움이고, 또 하나는 더러운 두려움입니다. 지은 죄로 인한 형벌에 대한 두려움은 더러운 두려움입니다. 왜냐하면 그 두려움을 일으킨 원인은 죄이기 때문입니다. 회개를 통해서 죄가 제거되면 그러한 두려움도 사라지므로,

그것은 영원한 것이 아닙니다. 반면에 깨끗한 두려움은 지은 죄로 인한 회개와는 상관없이 항상 존재합니다. 그러한 두려움은 결코 쉬지 않고 존재할 것입니다. 왜냐하면 하나님께서 그것의 기초를 창조 안에 두셨고, 모든 왕권과 권세를 초월하시는 하나님의 경외심을 일으키는 본성을 모든 사람에게 분명히 나타내셨기 때문입니다.

∽ 70 ∽

하나님을 심판자로 여겨 두려워하는 것이 아니라 무한하신 능력의 탁월함 때문에 하나님을 경외하는 사람에게는 부족한 것이 없을 것입니다. 그는 사랑 안에서 완전에 도달했기 때문에 하나님을 경외하고 사랑합니다. 그는 영원히 지속되는 두려움을 획득했으며, 장차 아무것도 부족한 것이 없을 것입니다(시 19:9; 34:9-10).

∽ 71 ∽

우리는 피조물들을 통해 그것들을 존재하게 하신 원인을 알게 됩니다. 피조물들의 차이점을 통해서 창조 안에 거하시는 지혜에 대해 배웁니다. 그리고 피조물의 자연적인 활동을 통해서 내주하시는 창조의 생명, 피조물에게 생명을 주시는 능력이신 성령을 분별합니다.

∽ 72 ∽

모든 피조물, 특히 어떤 방법으로든 지적 작용에 참여하는 존재 안에는 성령이 현존하십니다. 하나님이시요 하나님의 영이신 성령은 모든 피조물에 대한 영적 지식을 포함하시며, 능력으로 만물에 침투하시며 그것들의 본성과 일치하여 그것들의 내적 본질에 활력을 주십니다. 이렇게 성령은 사람들로 하여금 자연의 법을 거슬러 죄악되게 행해진 것들을 의식하게 하시며, 그들로 하여금 참되며 자연과 일치하는 원리를 선택할 수 있게 해 주십니다. 그러므로 우리는 많은 야만인들과 유목민들이 문명생활 방식을 택하며, 아득한 옛날부터 지켜온 야만적인 법을 버리는 것을 발견합니다.

73

성령은 만물을 포함하시며 모두를 위해 공급해 주시며 그들 안에 있는 자연적인 씨앗에 활력을 주신다는 점에서 만물 안에 조건없이 현존하십니다. 그분은 율법 아래 있는 사람들에게 계명을 범한 곳을 보여 주시고 그리스도에 관해 주어진 약속에 대해 가르쳐 주신다는 점에서, 율법 아래 있는 모든 사람들의 내면에 특수한 방법으로 현존하십니다. 그분은 모든 기독교인들을 하나님의 자녀로 삼으신다는 점에서 그들 모두의 내면에 또 다른 방법으로 현존하십니다. 그러나 이해력을 소유한 사람들, 그리고 거룩한 생활 방식에 의해서 자신을 성령의 내주하시고 거룩하게 하시는 임재를 받아들이기에 합당하게 만든 사람들의 내면에만 지혜의 창시자로서 완전히 임재하십니다. 비록 신자라고 해도 하나님의 뜻을 행하지 않는 사람은 악한 생각들의 작업장이기 때문에 이해력이 부족한 마음, 그리고 항상 정념들의 더러움에 얽혀 있기 때문에 죄에게 저당잡힌 몸을 소유합니다.

74

모든 사람의 구원과 신화를 간절히 원하고 바라시는 하나님은 그들의 자만심을 열매 맺지 못하는 무화과나무처럼 시들게 하십니다(마 21:19-21). 사람들이 겉으로만 아니라 실제로 의로운 자가 되기를 원하며, 위선적인 도덕적 가식의 옷을 무시하고 진정으로 하나님의 로고스께서 원하시는 방법으로 고결한 생활을 추구하게 하기 위해서 그렇게 행하십니다. 그때에 그들은 사람들에게 자신의 표면적인 도덕적 생활을 나타내기보다는 하나님께 자기 영혼의 상태를 보이며 공경하는 생활을 할 것입니다.

∽ 75 ∾

적극적인 성취의 원리와 수동적인 고난의 원리는 서로 다릅니다. 적극적인 성취의 원리는 덕을 실현하는 선천적인 능력을 의미합니다. 수동적인 고난의 원리는 자연을 초월하는 것의 은혜나 자연을 거스르는 것의 발생을 경험하는 것을 의미합니다. 우리에게 존재를 초월하는 것을 행할 선천적인 능력이 없는 것처럼, 존재하지 않는 것을 행할 수 있는 능력도 없습니다.

그러므로 우리는 자연을 초월하는 신화를 은혜에 의해서 피동적으로 경험하지만, 적극적으로 그것을 성취하지는 않습니다. 본래 우리에게는 신화를 획득할 능력이 없기 때문입니다. 또 우리는 악을 의지 안에서 발생하는 바 본성을 거스르는 것으로서 경험합니다. 왜냐하면 우리에게는 악을 발생시킬 본성적인 능력이 없기 때문입니다. 따라서 우리는 현재의 상태에서 적극적으로 덕을 성취할 수 있습니다. 왜냐하면 우리에게는 덕을 성취할 본성적이 있기 때문입니다. 그러나 보다 높은 차원으로 올라가면, 우리는 수동적으로 신화를 경험하며, 값 없이 주시는 은혜의 선물로서 이 경험을 받습니다.

∽ 76 ∾

본성적으로 덕을 성취하는 업무를 수행하는 사고력이 우리 안에서 활동하는 한, 그리고 우리 안에서 무조건적으로 모든 영적 지식을 받아들일 수 있으며 피조물 및 알려져 있는 모든 것의 본성을 초월할 수 있는 지성이 적극적으로 활동하는 한, 우리는 적극적으로 일을 성취합니다. 피조물의 내적 본질을 완전히 초월한 후에 우리가 인식을 초월하는 방식으로 피조물의 제일원인에 도달할 때에 우리는 수동적으로 사물을 경험합니다. 그곳에서는 본래 유한한 모든 것 및 우리의 능력으로 행하는 모든 활동이 정지됩니다. 그때에 우리는 자신의 본성적인 능력의 성취가 아닌 것이 됩니다. 왜냐하면 본성은 본성을 초월하는 것을 파악할 능력을 소유하지 못하기 때문입니다. 피조물은 하나님을 파악할 수 없으므로 본래 신화를 성취할 수 없습니다. 피조물에게 어울리는 분량의 신화를 부여하는 것은 하나님의 은혜의 능력에 달려 있습니다. 은혜는 초자연적인 빛으로 본성을 밝혀 주며, 그 영광의 초월성에 의해서 본성을 그 본성적인 한계 너머로 들어올려 줍니다.

～ 77 ～

우리는 현재의 삶의 단계가 끝나면 덕을 성취하는 일을 중지합니다. 그러나 덕의 차원보다 더 높은 차원에서는 은혜에 의해서 신화를 경험하는 일을 그치지 않습니다. 본성을 초월하는 경험이나 열정은 끝이 없으며, 그렇기 때문에 항상 적극적이고 유효합니다. 반면에 본성과 반대되는 경험이나 열정은 실질적으로 존재하는 것이 아니며, 그렇기 때문에 무력합니다.

～ 78 ～

덕의 특성들과 피조물의 내적 원리들은 모두 하나님의 축복의 형상들이며, 그것들 안에서 하나님은 계속 인간이 되십니다. 하나님은 덕의 특성들을 몸으로 소유하시며, 영적 지식의 내적 원리들을 영혼으로 소유하십니다. 이런 식으로, 하나님은 자격이 있는 사람들을 신화시키시며, 그들에게 참된 덕의 특징을 주시고 확실한 지식의 정수를 주십니다.

～ 79 ～

신실하게 덕을 실천하는 지성은 헤롯에게 잡혀간 베드로와 같습니다(행 12:3-18). "헤롯"이라는 명사는 "가죽으로 만들어진" 것이라는 의미를 지닙니다. 그러므로 헤롯은 가죽의 법, 즉 육체의 의지를 의미합니다. 베드로는 철문으로 된 감옥에 갇혔고, 두 개의 분대에 해당하는 군사들이 그를 지켰습니다. 두 개의 분대는 지성을 괴롭히는 정념들의 활동과 정신이 정념들에게 동의하는 것을 의미합니다. 베드로가 천사의 도움을 받은 것처럼 지성은 실천적인 철학의 가르침을 통해서 안전하게 군사들, 즉 감옥에서 빠져 나와 도시로 들어가는 철문 앞에 이릅니다. 이것은 감각이 완강하게 감각적인 사물에 집착하는 것을 의미합니다. 그럼에도 불구하고 피조물의 내적 본질에 대한 영적 관상을 통해서 문은 자동적으로 열립니다. 그때에 이러한 관상은 이제 헤롯의 광기로부터 해방된 지성을 영적 실체들에게로 두려움 없이 몰아갑니다.

～ 80 ～

마귀는 하나님의 원수요 또한 복수를 대신하는 자입니다(시 8:2). 하나님의 원수인 마귀는 하나님에 대한 미움 때문에 우리 인간을 미워하며, 정욕적인 즐거움에 의해 우리를 설득하여 우리의 통제 안에 있는 정념들에게 동의하게 하며, 영원한 것보다 무상한 것을 소중히 여기게 만듭니다. 그는 이런 식으로 우리 영혼의 욕망을 부추기며, 우리를 하나님의 사랑으로부터 완전히 분리시키고, 우리를 지으신 하나님의 원수가 되게 합니다. 이제 우리가 죄로 말미암아 마귀에게 예속되었으므로, 마귀는 우리를 노골적으로 미워하며 우리의 형벌을 요구합니다. 이런 때에 마귀는 하나님을 대신하는 복수자입니다.

마귀가 가장 즐거워하는 일은 우리를 벌하는 것입니다. 마귀는 이 일을 할 수 있는 허락이 주어지면, 정념들로 하여금 우리의 의지를 계속 공격하게 만듭니다. 그리고 하나님의 허락에 의해서 자기의 권위 아래 놓인 우리를 마치 태풍처럼 공격합니다. 그가 이렇게 행하는 것은 하나님의 명령을 수행하려는 의도가 아니라, 우리를 향한 미움이라는 그의 정념을 충족시키며, 고통스러운 재앙 때문에 기운을 잃어 바다에 빠지고 있는 영혼으로 하여금 이러한 재앙들을 하나님의 권면으로 여기지 않고 하나님에 대한 불신앙의 원인으로 간주하여 거룩한 소망의 능력으로부터 단절시키려는 의도입니다.

~ 81 ~

도덕적인 안정과 관상적 지식을 획득한 사람이 인간적인 영광을 위해서 이것들을 사용하며 단지 표면적인 덕의 인상만 전달하며 지혜와 지식의 말은 하지만 그에 상응하는 행동을 하지 않을 때, 그리고 이러한 표면적인 덕과 지식 때문에 사람들에게 허영심을 나타낼 때, 그는 그에 상응하는 고난에 넘겨집니다. 이것은 그가 헛된 자만심 때문에 알지 못했던 겸손을 고난을 통해 배우게 하기 위해서입니다.

~ 82 ~

귀신들은 각기 그 본질적인 성향에 따라서 특유의 유혹으로 공격합니다. 귀신들마다 각기 다른 종류의 악을 만들어 냅니다.

∽ 83 ∾

하나님의 허락이 없으면 귀신들은 어떤 방법으로도 마귀를 돕지 못합니다. 하나님은 사랑의 섭리 안에서 마귀가 그 부리는 자들을 통해서 다양한 고난을 가하는 것을 허락하시기 때문입니다. 욥기는 이것을 분명히 보여 주며, 하나님께서 허락하시지 않았다면 마귀가 결코 욥에게 접근할 수 없었다는 것을 묘사합니다(욥 1:11-12).

∽ 84 ∾

참 믿음은 분명하고 적극적인 믿음입니다. 따라서 계명 안에 구현된 하나님의 로고스는 덕을 실천하는 사람들에게 계시되며, 계명에 의해서 그들을 아버지께로 인도합니다. 그분은 본래 아버지 안에 존재하십니다.

∽ 85 ∾

신약성서에서는 생활의 개혁, 거룩한 예배, 영혼이 자원하여 몸으로부터 분리함, 그리고 영 안에서의 거룩한 거듭남의 시작 등이 은밀하게 선포됩니다. 예를 들어, 성경에서 영적인 할례란 몸에 대한 영혼의 정욕적인 애착을 제거하는 것을 가리킵니다(빌 3:3; 골 2:11).

∽ 86 ∾

하나님은 선하시며 우리에게서 악의 씨 – 다시 말해서 우리의 지성을 거룩한 사랑에게서 멀어지게 하는 정욕적인 즐거움 – 를 완전히 제거하시기를 원하시므로, 마귀가 우리를 괴롭히고 벌하는 것을 허락하십니다. 그럼으로써 하나님은 우리 영혼에게서 과거의 쾌락의 독을 제거하시며, 우리가 세상에 속하며 감각에만 영합하는 것들을 획득하여 사용함으로써 얻는 것은 징벌밖에 없다는 것을 깨닫게 하심으로써 우리 안에 그런 것들에 대한 미움과 거부감을 심으려 하십니다. 하나님은 마귀의 징벌하는 힘과 사람들에 대한 미움을 사용하여 자유의지에 의해서 덕을 버린 사람들이 다시 덕으로 복귀하게 하기를 원하십니다.

～ 87 ～

죄를 지으라는 마귀의 교활한 제안을 자원하여 기꺼이 받아들이는 사람이 마귀에 의해서 징벌을 당하는 것은 지극히 정당하고 합당한 일입니다. 마귀는 우리가 자원하여 동의한 정념들을 통해서 쾌락을 낳으며, 우리의 의지를 거슬러 당하는 고난을 통해서 고통을 가합니다.

～ 88 ～

관상적이고 영지적인 지성은 종종 마귀에게 맡겨져 그에게서 고난과 고통을 당합니다. 이것은 지성이 고난을 받음으로써 아무런 목적도 없이 존재하지 않는 것들을 상대로 헛되이 시간을 보내지 않고 인내하며 고난을 견디는 법을 배우게 하기 위해서입니다.

～ 89 ～

하나님의 계명을 범했기 때문에 고난을 당하는 사람이 자기를 치유하시는 하나님의 섭리의 원리를 깨닫는다면, 감사하며 즐겁게 고난을 받아들이고 자신이 징계를 당하고 있는 원인이 되는 허물을 고칠 것입니다. 그러나 만일 그가 이러한 하나님의 섭리를 깨닫지 못한다면, 받은 은사를 빼앗기고 정념들의 소란함에 넘겨질 것입니다. 그가 이렇게 버림을 받는 것은 수덕적인 수고에 의해서 자신이 내적으로 동경하는 것들을 획득하게 하기 위해서입니다.

～ 90 ～

자신이 범한 잘못을 알며 그러한 잘못의 결과로서 자신에게 가해진 시련을 기꺼이 감사하면서 인내하는 사람은 은혜로부터 추방되지 않으며, 덕의 상태에서 쫓겨나지 않습니다. 그는 바벨론 왕의 멍에를 감수하며 시련을 받아들임으로써 자기가 진 빚을 갚습니다. 그리하여 그는 은혜와 덕의 상태에 머물러 있으면서 자기 본성의 정욕적인 측면에서 생겨나는 강화된 고난 및 그 고난을 자기가 지은 죄에 대한 정당한 형벌로 받아들이는 정신적인 동의로 바벨론 왕에게 조공을 바칩니다. 그는 참된 예배, 즉 겸손한 성향을 통해서 지은 죄를 바로잡습니다.

～ 91 ～

만일 하나님께서 당신을 고치기 위해서 허락하여 주어지는 시련을 감사하게 받아들이지 않으며, 회개하며 자신이 의롭다는 교만한 생각을 제거하지 않는다면, 당신은 포로됨과 쇠사슬과 굶주림과 죽음과 칼에 넘겨지며 고향을 떠나 포로생활을 하게 될 것입니다. 왜냐하면 당신은 하나님께서 명하신 정당한 형벌을 거부하고 하나님께서 명하신 바 바벨론 왕의 멍에를 기꺼이 받아들이지 않기 때문입니다. 이렇게 당신은 덕과 영적 지식의 상태에서 추방되어 이 모든 일을 당할 것입니다. 게다가 당신이 교만함과 자만심 때문에 자기가 범한 죄에 대한 충분한 보속을 행하며 "능욕과 궁핍과 핍박과 곤란을 기뻐하기를"(고후 12:10) 거부하기 때문에 이 모든 일 및 그보다 더한 일을 당할 것입니다. 그는 육체적 고난에 의해 형성된 겸손이 영혼의 거룩한 보물을 보호해 준다는 것을 알며, 그렇기 때문에 자기 자신 및 자신을 덕과 믿음의 본보기로 여기는 사람들을 위해서 만족하고 인내하고 참습니다. 이것은 그 사람들이 고린도 교인들처럼 죄가 있어 비난을 당할 때에(고전 5:1-5), 죄가 없으면서도 고난을 받은 자기를 인내와 용기의 본보기로 삼게 하기 위해서입니다.

∽ 92 ∾

만일 눈에 보이는 사물들이 감각에게 제시하는 표면적인 것 앞에서 당신이 지성과 더불어 중단없이 그것들의 내적 본질들을 관상하며, 그것들을 영적 실체들의 상징이나 감각적 사물의 내적 원리로 여긴다면, 눈에 보이는 세상에 속한 것 중에 깨끗하지 못한 것이 없다는 것을 깨달을 것입니다. 왜냐하면 만물은 본래 선하게 창조되었기 때문입니다(창 1:3; 행 10:15).

∽ 93 ∾

감각적인 사물의 변화의 영향을 받지 않는 사람은 진실로 순수하게 덕을 실천합니다. 감각적인 사물의 겉모습이 지성에 인상을 남기는 것을 허락하지 않는 사람은 피조물에 대한 참된 진리를 받은 사람입니다. 피조물의 존재를 초월한 정신의 소유자는 참된 신학자로서 무지를 통해서 유일하신 하나님에게 가까이 간 사람입니다.

∽ 94 ∾

"성령의 검 곧 하나님의 말씀"(엡 6:17)을 소유했으며 본질적으로 가시적인 세상의 활동을 벗어버린 관상적인 지성은 덕을 획득한 지성입니다. 그것은 자신에게서 감각적인 것의 형상을 제거할 때에 피조물의 내적 본질 안에 존재하는 진리를 발견하는데, 그것이 자연적 관상의 기초입니다. 그리고 그것은 피조물의 존재를 초월한 후에 참된 신학의 신비의 기초이신 바 거룩하시고 근원을 갖지 않으신 통일체의 조명을 받을 것입니다.

95

각 사람이 하나님에 대해 생각하는 방식에 따라서 하나님은 그에게 자신을 계시하십니다. 물질의 복잡한 구조를 초월하는 열망을 가진 사람, 하나님을 중심으로 쉬지 않고 도는 하나의 회전 안에 완전히 통합되는 정신적 능력을 가진 사람에게, 하나님은 통일체와 삼위일체로서 자신을 계시하십니다. 그리하여 하나님은 자신의 실존을 보여 주시며 그 실존이 지속되는 방법을 신비하게 알려주십니다. 물질의 복잡한 구조에 제한된 열망을 가진 사람, 정신적인 능력이 통합되지 않은 사람에게는, 하나님은 그들이 완전히 물질적 이원론 - 이것에 의하면 물질적 세상이 물질과 형태로 구성되어 있다고 생각됩니다 - 에 사로잡혀 있다는 것을 보여 주십니다.

96

사도 바울은 성령의 여러 가지 에너지들을 여러 가지 상이한 은혜의 선물로 언급하며, 그것들이 모두 같은 한 성령에 의해서 활력을 얻는다고 말합니다(고전 12:11). "성령의 나타남"(고전 12:7)은 각 사람이 특별한 은혜의 은사에 참여하는 믿음의 분량에 따라 주어집니다. 그러므로 모든 신자는 자기의 믿음의 분량과 영혼의 상태에 상응하는 방법으로 성령의 에너지를 받습니다. 그리고 이 에너지는 특별한 계명을 성취하는 데 필요한 능력을 줍니다.

~ 97 ~

어떤 사람에게는 지혜를, 어떤 사람에게는 영적 지식을, 어떤 사람에게는 믿음을, 그리고 또 어떤 사람에게는 사도 바울이 열거한 성령의 여러 가지 은사들 중 하나가 주어집니다(고전 12:8-11). 마찬가지로 어떤 사람은 믿음의 분량에 따라서 물질로부터 완전히 자유한 하나님에 대한 완전하고 직접적인 사랑의 은사를 성령을 통해서 받으며, 어떤 사람은 같은 성령을 통해서 완전한 이웃 사랑의 은사를 받고, 또 어떤 사람은 같은 성령에게서 다른 은사를 받습니다. 각각의 경우에 그의 상태에 일치하는 은사가 활성화됩니다. 하나의 계명을 성취하기 위한 능력은 모두 성령의 은사라고 불립니다.

~ 98 ~

주님의 세례는 감각적인 세상을 향하는 우리의 성향을 완전히 죽이는 것입니다. 그리고 주님의 잔은 진리를 위해서 우리의 현재의 생활 방식을 거부하는 것입니다(마 20:22).

~ 99 ~

주님의 세례는 우리가 덕을 위해서 자원하여 받아들이는 고난을 나타냅니다. 이러한 고난을 통해서 우리는 양심에 있는 얼룩들을 씻어버리며, 가시적인 것들을 향하는 성향의 죽음을 기꺼이 받아들입니다. 잔은 우리가 진리를 추구하기 때문에 불리한 형태의 환경으로 우리를 공격하는 시련들을 나타냅니다. 만일 우리가 이러한 시련을 통해서 자연보다 하나님을 향한 우리의 갈망을 소중히 여긴다면, 우리는 이러한 환경들에 의해 우리에게 강요된 자연의 죽음에 기꺼이 복종할 것입니다.

～ 100 ～

세례와 잔의 차이점은 다음과 같습니다. 덕을 위한 세례는 현세의 즐거움을 향하는 성향을 죽이며, 잔은 경건한 사람으로 하여금 자연을 초월하는 진리를 소중히 여기게 만듭니다.

101-200편

1

덕이 진리를 위해 존재하는 것이지 진리가 덕을 위해 존재하는 것이 아니므로, 그리스도께서는 세례보다 잔을 먼저 언급하셨습니다. 그러므로 진리를 위해서 덕을 실천하는 사람은 자부심이라는 화살에 의해 상처를 입지 않습니다. 그러나 덕을 위해 진리를 추구하는 사람은 자부심이 만들어 내는 자만심을 품습니다.

2

진리는 신적 진리이며, 덕은 진리를 원하는 사람이 행하는 노력입니다. 그러한 지식을 위해서 덕의 수고를 참고 견디는 사람은 인간적인 노력을 통해서 진리를 파악할 수 없다는 것을 알기 때문에 허영심이 강하지 않습니다. 본질상 우선적인 것이 부차적인 것의 제한을 받지 않는 것이 물질계의 원리입니다. 그러나 덕을 위해 행하는 노력에 의해서 지식을 획득하기를 기대하는 사람은 반드시 자부심으로 인해 고난을 받습니다. 왜냐하면 그는 자신이 승리의 면류관을 위해서 땀을 흘리기 전에 이미 그것을 얻었다고 생각하기 때문입니다. 그는 면류관을 위해서 수고가 존재하는 것이지 수고를 위해서 면류관이 존재하는 것이 아니라는 것을 알지 못합니다. 본래 의도했던 목적이 성취되었거나 성취되었다고 생각되면, 모든 영적인 방법의 실천은 중지됩니다.

3

표면적인 지식, 즉 단순히 이론적인 지식만을 구하며 덕의 모양, 즉 단순히 이론적인 도덕만을 추구하는 사람은 유대인처럼 진리의 모양을 획득하고서 의기양양합니다.

4

감각만 가지고 율법의 의식을 보는 것이 아니라 영적으로 모든 가시적인 상징을 꿰뚫어보며 각각의 상징 안에 감추어져 있는 거룩한 원리를 철저히 받아들이는 사람은 율법 안에서 하나님을 발견합니다. 그는 어딘가에 감추어져 있는 진주나 원리를 발견하려는 희망을 가지고 율법의 유형적인 형태들 사이를 더듬어 찾기 위해서 지성을 사용합니다.

5

가시적인 것들의 본질에 대한 인식을 자신의 감각으로 관찰할 수 있는 것들로만 제한하지 않고 지혜롭게도 지성을 사용하여 모든 피조물 내에 존재하는 본질을 탐색하는 사람도 하나님을 발견합니다. 그는 피조물의 장엄함으로부터 그들의 존재의 원인이 누구인지를 배웁니다.

6

면밀히 조사하는 사람의 특징은 분별력입니다. 율법의 상징들을 영적인 방법으로 조사하는 사람, 그리고 피조물의 가시적인 본성을 사고력을 가지고 바라보는 사람은 성경 안에서 문자와 영을, 피조세계 안에서 내적 본질과 표면적인 겉모습을, 그리고 자기의 내면에서 지성과 감각을 분별할 것입니다. 그리고 성경 안에서 영을 선택하고, 피조세계 안에서는 내적 본질이나 로고스를 선택하며, 자기의 내면에서는 지성을 선택할 것입니다. 그때에 그가 이 세 가지를 확고하게 결합한다면, 그는 하나님을 발견한 것입니다. 그는 지성이요 로고스요 영이신 하나님을 인식할 것입니다.

그리하여 그는 인간을 속이고 미혹하여 무사한 잘못을 범하게 만드는 모든 것으로부터 구원을 얻을 것입니다. 다시 말해서, 문자, 사물의 겉모습, 그리고 감각들 – 이것들은 모두 양적인 특징을 소유하며 일치를 보정하는 것들입니다 – 로부터 구원을 받습니다. 율법의 문자와 가시적인 사물의 겉 모습과 자기의 감각을 서로 혼합하는 사람은 "소경이나 원시치 못하고"(벧후 1:9), 피조물들의 조물주에 대한 무지 때문에 병든 사람입니다.

～ 7 ～

히브리서 기자는 믿음을 다음과 같이 정의합니다: "믿음은 바라는 것들의 실상이요 보지 못하는 것의 증거니"(히 11:1). 믿음을 철저한 축복 또는 말로 표현할 수 없는 축복들을 드러내 주는 참된 지식이라고 정의할 수도 있을 것입니다.

～ 8 ～

믿음은 신자를 그가 믿은 하나님과 직접적이고 완전하고 초자연적으로 결합하게 해 주는 관계, 또는 그러한 능력입니다.

～ 9 ～

인간은 몸과 영혼으로 구성되어 있으므로 두 가지 법, 즉 육체의 법과 성령의 법에 의해 움직입니다(롬 7:23). 육체의 법은 감각에 의해서 작용하고, 성령의 법은 지성에 의해서 작용합니다. 감각에 의해서 작용하는 육체의 법은 자동적으로 사람을 물질과 밀접하게 연결합니다. 지성에 의해 작용하는 성령의 법은 하나님과의 직접적인 연합을 가져옵니다. 마음으로 의심하며 그 의심 때문에 믿음에 의해 형성된 하나님과의 직접적인 연합을 절단하는 사람이 있고, 감정에 따라 움직이지 않으며 믿음에 의해 하나님과 연합하여 신처럼 된 사람이 있습니다. 그러한 사람이 산에게 "여기서 저기로 옮기라 하면" 그대로 될 것입니다(마 17:20). 여기에서 산은 묵직하고 움직이기 힘든 육체의 의지와 법을 가리킵니다. 사실상 우리의 본성적인 능력들은 움직이거나 흔들 수 없습니다.

10

무지는 감각을 통해서 인간 본성 안에 깊이 뿌리를 내리고 있기 때문에 대부분의 사람들은 인간은 현재의 삶을 즐길 수 있는 감각 기능들을 소유하는 육체 외에 다른 것은 소유하지 않는다고 생각합니다.

11

성경은 의심하지 않고 "믿는 자에게는 능치 못할 일이 없느니라"고 말합니다(막 9:23). 다시 말해, 감각을 통한 영혼의 몸에 대한 애착의 지배를 받지 않으며 믿음이 지성을 통해서 이룬 바 하나님과의 연합으로부터 분리하지 않는 사람은 무슨 일이든지 할 수 있습니다. 지성을 세상과 육체로부터 멀어지게 하는 것들은 영적 성취에 의해 완전해진 지성을 하나님 가까이로 인도합니다. "믿는 자에게는 능치 못할 일이 없느니라"는 말에 그러한 의미가 함축되어 있다고 이해해야 합니다.

~ 12 ~

믿음은 합리적으로 논증할 수 없는 지식입니다. 그러한 지식이 합리적으로 논증될 수 없다면, 믿음은 알 수 없고 증명할 수 없는 방법으로 지적인 작용을 초월하는 연합 안에서 우리가 하나님과 연합되는 초자연적인 관계입니다.

~ 13 ~

지성이 하나님과 직접적으로 연합될 때, 지성이 이해하고 이해되는 데 사용되는 바 그 안에 있는 특성은 완전히 정지됩니다. 지성이 하나님에게서 나오는 것을 이해함으로써 이 특성을 활성화하는 즉시, 지성은 의심을 경험하며 사고력을 초월하는 관계를 절단합니다. 지성이 이러한 연합 안에서 하나님에게 결합되어 있으며 본성을 초월하여 참여에 의해서 하나님처럼 될 때에, 지성은 큰 산을 옮기듯이 본성의 법을 옮길 것입니다.

~ 14 ~

이제 막 거룩한 생활을 하기 시작하였으며 의롭게 행동하는 방법에 대한 가르침을 받은 사람은 믿음과 순종 안에서 덕의 실천에 헌신하며, 도덕적인 훈련을 통해서 성장합니다. 그는 믿음 안에서 완전한 것에 대한 지식을 이루는 계명들의 내적 원리들을 하나님께 맡깁니다. 왜냐하면 그는 아직 믿음을 완전히 포용할 수 없기 때문입니다.

~ 15 ~

초심자의 범주뿐만 아니라 진보하는 사람의 범주도 초월한 완전한 사람은 자신이 계명을 성취하면서 행하는 행동들의 내적 원리에 대해 무지하지 않습니다. 오히려 그는 먼저 영적으로 그러한 원리들을 받아들인 후에 자기의 행동에 의해서 덕 전체를 양육합니다. 그리하여 그는 감각적인 영역에서 발생하는 행동들을 영적 지식의 차원으로 이동시킵니다.

∽ 16 ∾

주님은 "먼저 그의 나라와 그의 의를 구하라"고 말씀하셨습니다(마 6:33). 즉 무엇보다 우선하여 진리의 지식을 구하며, 그것을 획득하는 적절한 방법으로 훈련을 받아야 한다고 말씀하셨습니다. 이렇게 말씀하시면서 신자들은 거룩한 지식 및 그에 상응하는 행동으로 그것을 장식해 주는 덕만을 구해야 한다는 것을 분명히 보여 주셨습니다.

∽ 17 ∾

신자들이 하나님에 대한 지식과 덕을 얻기 위해서 필요한 것이 많습니다: 정념들로부터의 구원, 시련을 인내하며 받아들이는 것, 덕의 내적 원리, 영적 전쟁 방법의 실천, 육체를 편애하는 성향의 근절, 감각적인 대상에 대한 감각의 집착을 파기함, 지성이 모든 피조물로부터 완전히 물러남 등이 필요합니다. 간단히 말해서, 우리가 죄와 무지를 거부하고 지식과 덕을 획득하는 데 도움이 되는 것들은 이것들 외에도 무수히 많습니다. 그렇기 때문에 주님은 "너희가 기도할 때에 무엇이든지 믿고 구하는 것은 다 받으리라"고 말씀하셨으며(마 21:22), 경건한 사람들은 덕과 하나님에 대한 지식으로 이어지는 것들을 믿음과 이해력을 가지고 구해야 한다고 말씀하셨습니다. 왜냐하면 이 모든 것들은 유익한 것이며, 주님은 분명히 구하는 자들에게 그것들을 주시기 때문입니다.

～ 18 ～

그러므로 오직 믿음 때문에, 다시 말해서 하나님과의 직접적인 연합 때문에 이 연합에 기여하는 모든 것을 구하는 사람은 분명히 구하는 것을 받을 것입니다. 이러한 동기를 갖지 않은 채 우리가 언급한 것이나 다른 것들을 구하는 사람은 구하는 것을 받지 못할 것입니다. 왜냐하면 그에게는 믿음이 없으며, 불신자처럼 자신의 영광을 높이기 위해서 거룩한 것들을 사용하기 때문입니다.

～ 19 ～

자기의 의지에서 죄의 썩어짐을 제거하는 사람은 썩어짐을 야기하는 부패하게 하는 행위를 죽입니다. 우리의 자유 의지가 썩어짐으로부터 자유하면, 그것은 본성이 적대적인 힘에 의해 부패하는 것을 막으며 내면에 있는 성령의 섭리적인 은혜를 통해서 그것을 썩지 않게 보존합니다.

～ 20 ～

본성의 원리와 은혜의 원리는 동일한 것이 아니므로, 성도들이 어떤 때는 정념을 거부하고 어떤 때는 정념에 복종하는 것을 보아도 놀랄 필요가 없습니다. 정념을 거부하는 기적은 은혜에 기인하는 것이며, 정념은 본성에 속한 것입니다.

～ 21 ～

성인들의 생활 방식을 염두에 두고 모방하는 사람은 정념들의 치명적인 마비 상태를 고칠 뿐만 아니라 덕의 생활을 받아들입니다.

◈ 22 ◈

하나님은 만세 전에 각 사람의 삶의 한계를 자신이 원하시는 방식으로 정하셨으며, 의인이거나 불의한 사람이거나 간에 모든 사람을 그가 받아야 할 궁극적인 종착점으로 인도하십니다.

◈ 23 ◈

나는 사도 바울에게 닥친 큰 풍랑은 그의 뜻으로 어찌할 수 없는 시련과 유혹이라고 생각합니다(행 28:1-4). 섬은 확고하여 흔들리지 않는 거룩한 소망의 상태입니다. 불은 영적 지식의 상태입니다. 나무는 가시적인 사물의 본성입니다. 바울은 손으로 이것들을 거두었습니다. 이것은 관상을 하는 동안에 지성의 탐구 능력을 사용한다는 의미입니다. 그는 가시적인 사물의 본성에서 파생된 개념적인 심상들을 가지고 영적 지식의 상태를 만족시켰습니다. 왜냐하면 영적 지식의 상태는 시련과 유혹이라는 폭풍에 의해 야기된 정신적인 낙담을 고쳐 주기 때문입니다. 독사는 감각적인 사물의 본성 안에 감추어져 있는 교활하고 파괴적인 힘입니다. 그것이 손, 즉 관상의 영적이고 탐구적인 활동을 물지만, 지성에 해를 입히지 못합니다. 이것은 영적 지식의 빛과 더불어 단번에 감각적인 사물에 대한 관상에서 생겨나며 지성의 실질적인 활동에 집착하는 파괴적인 힘을 죽입니다.

◈ 24 ◈

사도 바울은 스스로 본을 보임으로써 신자들로 하여금 덕을 실천하여 덕의 향기를 경험하도록 감화했기 때문에, 또는 은혜의 말에 의해서 회심한 사람들을 감각적인 삶에서부터 영적인 삶으로 인도한 전도자와 같았기 때문에, "생명에 이르는 냄새"였습니다(고후 2:16). "사망에 이르는 냄새"는 무지의 사망에서부터 불신앙의 사망으로 나아가는 사람들에게 장차 임할 정죄를 맛보게 해 줍니다. "생명에 이르는 냄새"는 수덕적 실천의 생활에서부터 관상의 생활로 진보한 사람을 언급하며, "사망에 이르는 냄새"는 본성 안에 있는 모든 세상적인 것을 죽이는 데서부터 정욕에 물든 개념적인 심상들과 환상들을 죽이는 복된 상태로 나아가는 것을 언급한다고 볼 수도 있습니다.

25

영혼에게는 세 가지 능력 – 사고력, 도발하는 힘, 그리고 갈망 – 이 있습니다. 우리는 사고력을 가지고 탐구하며, 갈망을 가지고 탐구의 대상인 거룩한 선을 동경합니다. 그리고 우리의 목적을 획득하기 위해서 도발력을 가지고 싸웁니다. 하나님을 사랑하는 사람은 이 세 가지 능력을 가지고서 영적 지식과 덕의 거룩한 원리를 굳게 붙듭니다. 그는 첫 번째 능력을 가지고 탐구하고, 두 번째 능력을 가지고 갈망하며, 세 번째 능력을 사용하여 싸우면서, 썩지 않는 양식을 받으며, 피조물에 대한 영적 지식으로 지성을 풍성하게 합니다.

26

하나님의 로고스는 인간이 되셨을 때에 인간 본성이 잃었던 영적 지식을 다시 채워 주셨습니다. 그리고 그것을 안정되게 하시며, 그것의 근본적인 본질이 아니라 특성을 신화하셨습니다. 물에 포도주를 부어 물에게 포도주의 특성을 부여하듯이, 인간 본성에게 자신의 영의 도장을 찍으셨습니다. 그분은 은혜로 우리를 신처럼 만들기 위해서 인간이 되십니다.

~ 27 ~

하나님은 인간 본성을 지으시면서 주어진 의무를 수행할 능력과 자유 의지를 주셨습니다. 여기서 능력이란 자유 의지와 존재의 차원에서 인간 본성 안에 심어진 자극을 의미합니다. 그리하여 인간은 존재의 차원에서 덕을 성취할 능력을 소유하며, 자유의지의 차원에서는 이 능력을 올바르게 사용할 수 있습니다.

~ 28 ~

우리에게는 자연법이라는 자연적인 표준이 있습니다. 이것은 우리가 만물 안에 놓인 지혜를 획득하기 전에 먼저 신비적 입문을 통해서 그것들을 지으신 분을 찾아야 한다고 가르칩니다.

~ 29 ~

야곱의 우물(요 4:5-15)은 성경입니다. 물은 성경 안에서 발견되는 영적 지식입니다. 우물의 깊음은 어렵게 획득되는 바 성경에 있는 모호한 말씀의 의미입니다. 양동이는 기록된 하나님의 말씀으로부터 얻어진 학식입니다. 주님은 로고스이시기 때문에 그것을 소유하지 않았습니다. 따라서 주님은 학문과 연구를 통해서 얻는 지식을 신자들에게 주시는 것이 아니며, 자격이 있는 사람에게 결코 마르지 않는 신령한 은혜의 샘에서 나오는 영원한 지혜의 물을 주십니다. 양동이, 즉 학식은 아주 적은 분량의 지식만 파악할 수 있으며, 아무리 노력해도 파악할 수 없는 것은 포기하여 버려둡니다. 그러나 연구하지 않고 은혜로 말미암아 주어진 지식에는 인간이 획득할 수 있는 모든 지혜가 담겨 있으며, 그의 필요에 따라서 여러 가지 방법으로 솟아납니다.

~ 30 ~

생명 나무와 그렇지 않은 나무 사이에는 말할 수 없이 큰 차이가 있습니다. 이것은 전자는 생명나무라고 불리고, 후자는 선악을 알게 하는 나무라고 불리는 데서 분명히 드러납니다(창 2:9). 생명나무는 생명을 낳지만, 생명나무라고 불리지 않는 나무는 생명을 낳지 못하므로 분명히 사망을 낳습니다. 생명과 반대되는 것은 사망뿐입니다.

~ 31 ~

생명나무가 지혜를 상징한다고 생각하면, 그 나무는 선악을 알게 하는 나무와 크게 다릅니다. 왜냐하면 후자는 지혜를 상징하지 않기 때문입니다. 지혜의 특징은 지성과 사고력이며, 지혜와 반대되는 상태의 특징은 사고력의 부족과 감각입니다.

~ 32 ~

인간은 지적인 영혼과 감각적인 몸으로 이루어진 존재가 되었으므로, 생명나무는 지혜의 소재지인 영혼의 지성이라고 해석할 수 있습니다. 그럴 경우에 선악을 알게 하는 나무는 무분별한 충동들의 소재지인 몸의 감각 능력이라고 해석될 것입니다. 인간은 이러한 충동에 적극적으로 관여하지 말라는 하나님의 명령을 받았지만 그 명령을 지키지 않았습니다.

~ 33 ~

성경에서 생명나무와 선악을 알게 하는 나무는 지성과 감각을 상징합니다. 그러므로 지성은 영적인 것과 감각적인 것, 영원한 것과 무상한 것을 분별하는 능력을 지닙니다. 또는 영혼의 식별하는 능력인 지성은 영혼을 설득하여 후자를 초월하고 전자를 굳게 붙들게 합니다. 감각은 몸 안에서 즐거움과 고통을 식별하는 능력을 지닙니다. 또는 그것은 영혼과 감각 인식을 부여받은 몸 안에 존재하는 능력으로서 몸을 설득하여 즐거움을 받아들이고 고통을 거부하게 합니다.

 34

사람이 몸 안에서 감각적으로 고통과 즐거움만을 식별하며 하나님의 명령을 범한다면, 그는 선악을 알게 하는 나무의 열매를 먹습니다. 즉 그는 감각과 관련된 무분별한 충동들에게 굴복합니다. 왜냐하면 그는 즐거움을 선한 것으로 여겨 받아들이고 고통은 악한 것으로 여겨 거부하게 만드는 몸의 식별력만 소유하기 때문입니다. 그러나 만일 그가 영원한 것과 무상한 것을 구분하는 지적인 분별력만 발휘함으로써 하나님의 명령을 지킨다면, 그는 생명나무의 열매, 즉 지성과 관련된 지혜를 먹을 것입니다. 왜냐하면 그는 영원한 것의 영광을 선한 것으로 여겨 굳게 붙들며 무상한 것의 썩어짐은 악한 것으로 여겨 피하게 만드는 바 영혼과 관련된 분별력만 발휘하기 때문입니다.

 35

지성의 입장에서 생각하자면, 선은 정념과 관계가 없이 영을 선호하는 것이며, 악은 감각에 대한 정욕적인 애착입니다. 감각의 입장에서 보면, 선은 쾌락의 자극을 받은 정욕적인 몸의 활동이며, 악은 그러한 활동이 부재하는 것입니다.

~ 36 ~

자기 양심을 설득하여 자신이 행하고 있는 악한 것을 선하다고 여기게 하는 사람은 자신의 도덕적인 기능을 뻗어 좋지 않은 방법으로 생명나무를 붙잡습니다. 왜냐하면 그는 철저히 악한 것은 본질상 불멸한다고 생각하기 때문입니다. 그러므로 인간의 양심 안에 악에 대한 본성적인 미움을 심어 놓으신 하나님께서는 그를 생명으로부터 잘라 내십니다. 왜냐하면 이제 그의 의지와 의도가 악하게 되었기 때문입니다. 인간이 옳지 않게 행하면서 자기 양심을 설득하여 철저히 악한 것이 본래 선한 것이라고 생각할 수 없게 하려고 하나님은 이렇게 행하십니다.

~ 37 ~

포도나무는 포도주를 만들어 내며, 포도주는 술 취함을, 술 취함은 악한 형태의 엑스타시를 만들어 냅니다. 마찬가지로, 덕에 의해서 충분히 양분을 공급받고 재배된 포도나무인 사고력은 영적 지식을 만들어 내며, 그러한 지식은 지성으로 하여금 감각에 대한 애착을 초월하게 해 주는 선한 형태의 엑스타시를 만들어 냅니다.

~ 38 ~

마귀는 심술궂게도 감각적인 사물의 형태와 모양을 그것들에 대한 우리의 개념적인 심상들과 혼동하게 만듭니다. 이러한 형태와 모양을 통해서 가시적인 사물의 표면적인 특성들을 선호하는 정념들이 생겨 납니다. 그리고 감각 인식과 관련된 차원에서 정지한 우리의 지적 에너지는 지성적인 실체들의 영역으로 올라갈 수 없습니다. 마귀는 이런 식으로 영혼을 약탈하며 정념들의 소용돌이 속으로 끌어내립니다.

~ 39 ~

하나님의 로고스는 빛인 동시에 등잔이십니다(시 119:105; 잠 6:23). 그분은 본성과 일치하는 신자들의 생각을 조명해 주시지만, 그렇지 않은 신자들은 태우십니다. 그분은 계명에 의해서 희망하는 삶을 향해 전진하는 사람들을 위해서 감각적인 삶의 어두움을 몰아내시지만, 육체를 사랑하기 때문에 현세의 어두운 밤에 의도적으로 집착하는 사람들은 심판의 불로 벌하십니다.

~ 40 ~

먼저 본성을 거스르는 정념들을 거부함으로써 자신을 자신의 존재와 재통합하지 않은 사람은 은혜를 통해서 초자연적인 축복을 얻어 자기를 지으신 분인 하나님과 재통합하지 못할 것입니다. 진실로 자신을 하나님과 연합하려는 사람은 먼저 정신적으로 피조물로부터 분리되어야 합니다.

~ 41 ~

기록된 율법의 기능은 사람들을 정념들로부터 구원하는 것입니다. 자연법의 기능은 자연적인 정의에 따라서 모든 사람에게 동등한 권리를 주는 것입니다. 신령한 법의 완성은 인간으로서 가능한 한도까지 하나님을 닮는 것입니다.

~ 42 ~

지성은 본래 물질적인 것과 영적인 것에 대한 영적 지식을 받는 능력을 소유합니다. 그러나 지성은 은혜에 의해서만 성 삼위일체의 계시를 받습니다. 인간의 지성은 삼위일체가 존재한다고 믿지만, 삼위일체가 본질적으로 어떤 분이신지를 신적 지성과 동일한 방법으로 파악하려 할 수 없습니다. 영적 지식이 없는 사람은 덕이 죄를 제거하는 방법을 전혀 알지 못합니다.

~ 43 ~

거짓을 좋아하는 사람은 거짓에 의해 괴로움을 받습니다. 이는 그가 고난에 의해서 자신이 자발적으로 추구했던 것이 어떤 것인지 알게 되며, 자신이 잘못하여 생명 대신에 사망을 받아들였음을 경험에 의해 깨닫게 하기 위해서입니다.

~ 44 ~

하나님은 본질적으로 선한 것의 본성이요 지식이므로, 선한 것에 대한 지식만 가지고 계십니다. 그분은 악을 위한 능력을 가지고 있지 않으므로 악에 대해 알지 못하십니다. 하나님은 본질적으로 능력을 가지고 행할 수 있는 대상들에 대한 근본적인 지식을 소유하십니다.

~ 45 ~

레위기(레 7:30, 34)에 언급된 가슴은 고등한 형태의 관상을 가리킵니다. 뒷다리(레 7:32, 34)는 수덕생활과 조화를 이루는 정신적 상태와 활동을 상징합니다. 그러므로 가슴과 뒷다리는 각기 영적 지식과 덕을 가리킵니다. 영적 지식은 지성을 직접 하나님께 인도하며, 수덕생활에서 덕은 지성을 세상으로부터의 관계로부터 완전히 분리합니다. 우리가 다루는 본문에서 가슴과 뒷다리는 제사장의 몫으로 정해졌습니다. 제사장은 영원히 주님을 자기의 기업으로 소유했고, 세상적인 것은 전혀 소유하지 않았습니다.

～ 46 ～

성령에 의해서 영적 지식과 덕을 충분히 부여받은 사람은 설교와 가르침을 통해서 사람들로 하여금 참된 경건과 신앙을 받아들이게 하며, 그들의 성향과 능력을 썩어질 자연에 전념하지 않고 초자연적이고 썩지 않는 축복의 실현을 향하게 할 수 있습니다. 그러므로 이 본문에서 하나님께 제물로 바쳐진 짐승의 가슴 - 즉 자신을 하나님께 바치는 사람들의 마음 - 과 뒷다리 - 즉 수덕생활 - 는 제사장의 몫으로 구분되어야 합니다.

～ 47 ～

장차 임할 시대의 의와 비교해 보면, 세상의 의는 거울과 같은 역할을 합니다. 그것은 참되고 보편적인 본질 안에 존재하는 실체들을 포함하는 것이 아니라 그것들의 영상을 포함합니다. 또 다음 세상의 지식과 비교해 보면, 이 세상의 영적 지식은 흐릿한 영상입니다. 그것은 계시되기로 정해진 진리 자체가 아니라 진리의 그림자를 포함합니다(고전 13:12).

～ 48 ～

거룩한 것은 덕과 영적 지식 안에 존재하므로, 거울은 덕의 원형을 나타내며 흐릿한 영상은 영적 지식의 원형을 드러냅니다.

～ 49 ～

덕을 실천함으로써 삶을 하나님의 뜻에 일치시킨 사람은 관상에 의해서 자기의 지성을 지성적인 실체들의 세계로 이동시킵니다. 그렇게 함으로써, 그는 자기를 함정에 빠뜨리려 하는 모든 것이 미치지 않는 곳에 위치합니다. 따라서 그는 감각적인 형상으로 말미암아 정념들 안에 있는 사망에게 이끌려가지 않습니다.

◆ 50 ◆

믿음의 눈으로 장차 임할 시대의 축복의 아름다움을 보는 사람은 고향과 친척과 아버지의 집을 떠나라는 명령에 기꺼이 순종합니다(창 12:1). 그리고 정욕적인 애착과 성향들 및 육체와 감각과 감각적인 것들을 포기합니다. 아브라함이 이삭보다 하나님을 중시한 것처럼 그는 본성을 지으신 조물주를 우선으로 여기기 때문에 유혹과 갈등이 임할 때에는 본성을 초월하여 일어납니다(창 22:1-14).

◆ 51 ◆

당신이 영광을 위해서, 또는 탐심의 탈로서(살전 2:5), 또는 아첨이나 인기를 사랑하기 때문에, 또는 자기 과시를 위해서 성경을 연구하거나 덕을 추구하지 않고, 오직 하나님을 위해서 말하고 생각한다면, 당신은 영적 진리를 가지고 진리의 길을 가는 사람입니다. 만일 당신이 어떤 면에서는 주의 길을 예비했지만 아직 그의 길을 평탄하게 만들지 않았다면, 주님은 당신의 내면에 와서 거하시지 않을 것입니다(사 40:3; 막 1:3).

◆ 52 ◆

당신이 금식하며 정념들을 자극하는 생활방식을 피하고, 당신을 악에서 구해 주는 데 기여하는 모든 것을 행한다면, 당신은 "주의 길을 예비"한 사람입니다. 그러나 만일 당신이 자부심이나 탐심 때문에, 또는 아첨이나 그와 비슷한 동기에서 행하며 하나님의 뜻을 행하려는 소원을 갖지 않는다면, 당신은 아직 "주의 길을 평탄"하게 하지 못한 사람입니다. 당신은 인내하며 그의 길을 예비했지만, 하나님으로 하여금 당신의 길을 걷게 하지는 못하고 있습니다.

53

"골짜기마다 돋우어질 것이며." 본문은 주의 길을 예비하고 그 길을 평탄하게 하지 않은 사람들의 골짜기를 언급하는 것이 아닙니다. 골짜기는 주의 길을 예비하고 그 길을 평탄하게 한 사람들의 육체나 영혼을 의미합니다. 자기의 계명 안에 현존하시면서 그 길을 걸으시는 거룩한 로고스께서 영적 지식과 덕으로 그러한 골짜기를 돋우시면, 거짓 지식과 악의 영들은 모두 낮아집니다. 왜냐하면 로고스께서 그들을 짓밟으시고 복종시키시기 때문입니다. 그분은 인간 본성을 거슬러 높아진 교활한 능력을 무너뜨리십니다. 그분은 마치 그것이 골짜기들을 돋우기 위해 사용하시는 높고 험한 산과 언덕인 듯이 그것들을 평평하게 하십니다. 본성과 반대되는 정념들을 거부하며 본성과 일치하는 덕을 받아들이는 것은 골짜기와 같은 영혼을 돋우어 주고, 악한 영들의 높아진 권력을 낮춥니다(사 40:4).

54

특히 지성이 연약함과 고통과 재앙 속에서 기뻐하며, 우리가 교묘하게 탐닉하는 정념들의 지배를 완전히 몰아낼 때에, "험한 곳" – 우리의 의지와 상관없이 당하는 시련과 유혹 – 이 평지가 될 것입니다. 성경에서 "험한 곳"이란 원치 않는 시련과 유혹 등의 경험으로서, 만일 인내하고 감사하며 견뎌내면서 그것은 변화되어 평지가 됩니다(사 40:4).

∽ 55 ∾

참된 생활을 동경하는 사람은 원하는 것이든 원치 않는 것이든 모든 고난은 사망의 어미인 정욕적인 즐거움을 죽게 한다는 것을 압니다. 그렇기 때문에 그는 자기의 의지와는 달리 임하는 시련과 유혹의 거친 공격을 기쁘게 받아들입니다. 그는 인내하면서 그것들을 견딤으로써 고통을 평탄하고 순탄한 길로 변화시키며, 자기와 함께 "위에서 부르신 부름의 상"(빌 3:14)을 향해 달려가는 사람들을 실수가 없이 인도합니다. 정욕적인 즐거움은 사망의 어미이며, 우리가 선택한 것이든지 아니든지 그러한 즐거움의 사망은 고난입니다.

∽ 56 ∾

그러므로 모든 감각적인 대상과 여러 가지 방법으로 복잡하게 얽혀 있는 정욕적인 즐거움을 절제를 통해서 제거하는 사람은 굽은 것을 곧게 만듭니다. 거칠고 무자비한 고난을 참고 견뎌 물리치는 사람은 험한 곳을 평지로 만듭니다. 따라서 덕을 향한 갈망을 가지고 참되고 훌륭하게 정욕적인 즐거움과 싸워 물리치고, 영적 지식을 향한 사랑을 가지고 고통을 극복하며, 덕과 지식을 통해서 끝까지 담대하게 거룩한 경주를 한 사람은 성경대로 여호와의 영광을 볼 것입니다. 그것이 그의 덕과 노력에 대한 상이 될 것입니다(사 40:4-5).

∽ 57 ∾

덕을 사랑하는 사람은 자원하여 정욕적인 즐거움의 불을 끕니다. 진리의 지식에 전념하는 지성을 가진 사람은 원치 않는 고난 때문에 자신을 하나님께로 이끌어 주는 갈망이 방해를 받는 것을 허락하지 않을 것입니다.

⁓ 58 ⁓

당신이 의도적으로 빠져 있는 정념들, 즉 정욕적인 즐거움의 충동들의 굽은 길을 절제를 통해서 평탄하게 하고, 당신의 의지와 상관없이 임한 시련과 유혹이 만들어 내는 거칠고 아픈 고통을 참고 인내함으로써 험한 곳을 평지로 만들었다면, 하나님의 영광을 보기를 기대해도 좋습니다. 왜냐하면 당신의 마음이 깨끗해졌기 때문입니다. 경주를 마칠 때에 이러한 깨끗한 상태에서 덕과 거룩한 관상을 통해서 당신은 그리스도께서 말씀하신 대로 하나님을 볼 것입니다: "마음이 청결한 자는 복이 있나니 저희가 하나님을 볼 것임이요"(마 5:8). 그리고 덕을 위해서 인내한 고난 때문에, 당신은 무정념의 은사를 받을 것입니다. 이 은사를 소유한 사람들에게 있어서 이것보다 더 하나님을 완전하게 계시해 주는 것은 없습니다.

⁓ 59 ⁓

성경에서는 거룩한 지식의 은사들을 받을 수 있는 마음을 "물웅덩이"(대하 26:10)라고 부릅니다. 그 웅덩이는 계명의 견고한 원리에 의해서 만들어집니다. 그 웅덩이는 정념들에 빠져 방종한 것이나 감각적인 사물에 대한 본성적인 애착이 제거되었고, 정념들을 몰아내고 덕에게 생명을 주는 영적 지식으로 채워져 있습니다.

⁓ 60 ⁓

주님은 거친 땅에, 다시 말해서 세상과 인간 본성 안에 웅덩이를 파십니다. 그분은 합당한 사람들의 마음을 파시고, 물질적인 더러움과 오만함을 제거하시며, 지혜와 지식의 거룩한 비를 받아들일 수 있도록 깊고 넓게 만드십니다. 주님은 그들이 그리스도의 양들, 영혼이 성숙하지 못했기 때문에 도덕적인 가르침을 필요로 하는 사람들에게 물을 주게 하기 위해서 이렇게 행하십니다.

～ 61 ～

성경은 자연에 대한 고등한 형태의 영적 관상을 산과 골짜기가 있는 땅이라고 언급합니다(신 11:11). 그 땅을 경작하는 사람들은 감각적인 사물에게서 파생된 심상들을 거부하고, 나아가 덕을 획득함으로써 이러한 사물의 정신적 본질을 인식한 사람들입니다.

～ 62 ～

지성은 계속해서 하나님을 기억하는 한 주님을 경외하면서, 다시 말해서 계명을 실천함으로써 관상을 통해서 주님을 구합니다. 계명을 실천하지 않은 채 관상을 통해서 주님을 구하는 사람은 주님을 발견하지 못합니다. 그는 주님을 경외하면서 주님을 찾은 것이 아니므로, 주님은 그를 성공으로 인도하시지 않습니다. 덕의 실천과 영적 지식을 겸비한 모든 사람을 주님은 성공으로 인도하십니다. 그분은 그런 사람들에게 계명의 특성들을 가르치시며, 피조물의 참된 내적 본질을 계시해 주십니다.

～ 63 ～

하나님에 대한 고귀한 지식은 계명의 실천에 의해 요새화된 망대처럼 영혼 안에 섭니다. 그것이 "웃시야가 예루살렘에서 망대를 세워"(대하 26:9)라는 말씀의 의미입니다. 필요한 두려움, 다시 말해서 계명을 수반하는 관상을 통해서 하나님을 찾는 데 성공하는 축복을 받은 사람은 예루살렘에 망대를 세웁니다. 왜냐하면 그때 그는 분열되지 않고 평온한 영혼의 상태 안에 거룩한 지식의 원리를 세우기 때문입니다.

∽ 64 ∽

특수한 것들의 내적 원리가 보편적인 것들의 내적 원리와 결합될 때, 분열된 것의 연합이 이루어집니다. 그 이유는 보편적인 원리일수록 더 많은 특수한 원리들을 포용하고 통합하기 때문입니다. 특수한 것들은 보편적인 것들과 자연적인 친화력을 소유합니다. 그러나 지성과 감각, 천국과 세상, 감각적인 것들과 지성적인 것들, 그리고 자연과 자연의 원리를 연결지으며 서로 연합해 주는 영적 원리가 있습니다.

∽ 65 ∽

만일 당신이 감각을 정념들로부터 해방시킬 수 있으며, 영혼을 감각에 대한 애착에서 분리시켰다면, 마귀가 감각을 사용하여 지성 안에 들어오는 것을 막는 데 성공할 것입니다. 바로 이러한 목적을 위해서 당신은 거친 땅에 안전한 망대를 세워야 합니다(대하 26:10). "거친 땅"은 본성적인 관상을 의미하며, 안전한 망대는 피조물의 본성에 대한 참된 이해입니다.

이러한 망대 안에 피한다면, 이 거친 땅을 공격하는 귀신들, 다시 말해서 감각을 통해서 지성을 미혹하여 무지의 어두움 속으로 끌어가며 가시적인 사물의 본성을 은밀하게 심어 주는 사람들을 두려워하지 않을 것입니다. 만일 당신이 각각의 사물에 대한 참된 이해를 획득한다면, 감각적인 대상들의 표면적인 모습에 의해 사람들을 속이는 귀신들을 두려워하지 않을 것입니다.

∽ 66 ∾

관상할 능력을 지닌 모든 지성은 참된 경작자입니다. 그것이 자신을 지탱해 줄 하나님에 대한 기억을 소유할 때에는 부지런하고 열심히 거룩한 선의 씨앗을 지키며 가라지를 제거할 것입니다. 성경은 "스가랴의 사는 날에 하나님을 구하였고"(대하 26:5)라고 말합니다. "스가랴"는 "하나님을 기억함"을 의미합니다. 그러므로 우리는 항상 이 유익한 기억이 우리 안에 살아 있어 우리의 지성이 성취한 것이 영혼을 부패하게 하고 교만함을 채워 주며 웃시야처럼 주제넘게 본성을 초월하는 것을 갈망하게 하지 않도록 기도해야 합니다(대하 26:16).

∽ 67 ∾

정념들로부터 구원받은 영혼만이 실수가 없이 피조물을 관상할 수 있습니다. 그러한 영혼의 덕은 완전하며 그것의 지식은 신령하고 물질성으로부터 자유하기 때문에, 그러한 영혼은 "예루살렘"이라고 불립니다. 이 상태는 정념들뿐만 아니라 감각적인 영상들까지도 축출함으로써 성취됩니다.

∽ 68 ∾

믿음과 소망과 사랑이 없으면(고전 13:13) 죄악된 것을 완전히 파괴할 수 없고 선한 것을 완전히 획득할 수도 없습니다. 믿음은 포위된 지성으로 하여금 하나님을 향해 길을 재촉하라고 촉구하며, 영적인 무기를 완전히 공급해 줌으로써 용기를 줍니다. 소망은 하나님의 도우심에 대한 지성의 가장 확실한 보증이며, 적대적인 세력들의 멸망을 약속합니다. 사랑은 지성이 하나님의 부드러운 보살핌에서 벗어나지 못하게 만듭니다. 지성이 공격을 받을 때에 사랑은 지성으로 하여금 그 본성적인 능력 전체를 신적인 것에 대한 갈망에 집중시키게 합니다.

~ 69 ~

믿음은 포위된 지성을 격려해 주며 도움에 대한 희망으로 강하게 해 줍니다. 소망은 믿음에 의해 약속된 이 도움을 지성의 눈 앞에 가져오고 원수의 공격을 물리칩니다. 사랑은 경건한 지성 안에서 원수의 도발을 제거하며, 신적인 것을 향한 깊은 동경을 가지고 그 흔적을 완전히 제거합니다.

~ 70 ~

참된 영적 지식의 거룩한 은사가 지닌 우선적이고 특별한 효과는 믿음에 의해서 우리 안에 하나님의 부활을 이루는 것입니다. 믿음에는 우리의 의지와 목적을 바르게 규제하는 것, 다시 말해서 분별력이 수반되어야 합니다. 그것은 우리로 하여금 원한 것이든 원치 않은 것이든 시련과 유혹에 담대하게 저항할 수 있게 해 줍니다. 그러므로 계명의 성취를 통해서 표현되는 믿음은 우리가 무지로 말미암아 죽인 하나님이 우리 안에서 부활하는 것입니다.

~ 71 ~

하나님께로 돌아가는 것은 하나님에 대한 소망을 완전하게 확인하는 것을 함축합니다. 이것이 없으면 아무도 어떤 방법으로든 하나님을 받아들일 수 없습니다. 소망은 장래의 일을 현재의 일처럼 분명하게 우리 앞에 가져다 주며, 적대적인 세력의 공격을 받는 사람들에게 하나님은 결코 부재하시지 않으며 그들을 보호해 주실 것이라고 보장합니다. 유쾌한 것이든지 불쾌한 것이든지 어떤 기대가 없으면, 아무도 신적인 것으로 복귀하는 일을 시작할 수 없을 것입니다.

~ 72 ~

사랑은 나누인 사람들을 모으며, 그들 안에서 의지와 목적의 효과적인 연합을 만들어 냅니다. 사랑은 모든 사람들의 동등한 가치를 인정하는 아름다움에 의해 구분됩니다. 사랑은 영혼의 능력들 - 사고력, 도발력, 그리고 욕구 - 이 거룩한 것을 중심으로 집중되고 통일될 때에, 그 사람의 내면에 사랑이 태어납니다. 은혜로 말미암아 하나님 앞에서는 모든 사람이 동등한 가치를 지닌다는 것을 깨달은 사람, 그리고 하나님의 아름다움이 기억 속에 새겨진 사람은 하나님의 사랑을 향한 뿌리 깊은 동경을 소유합니다. 왜냐하면 그러한 사랑이 항상 그의 지성에 이 아름다움을 새기고 있기 때문입니다.

~ 73 ~

신적인 권위를 부여받은 지성은 세 가지 능력을 그 권고자요 하인을 소유합니다. 첫째는 사고력입니다. 사고력은 영적 지식에 기초를 둔 믿음을 낳으며, 이것에 의해서 지성은 하나님이 항상 말로 표현할 수 없는 방법으로 현존하신다는 것을 배웁니다. 그리고 그것이 파악한 것 및 소망의 도움을 받아 장래의 일들을 현재의 일처럼 알게 됩니다. 둘째는 욕구입니다. 욕구는 신적인 사랑을 낳습니다. 자유의지로 말미암아 순수한 신성을 간절히 원하는 지성은 이 사랑을 통해서 확실하게 이러한 갈망과 결합됩니다. 셋째는 도발력입니다. 지성을 도발력을 가지고서 신적인 평화에 매달리며, 자체의 욕구를 신적인 사랑에 집중합니다. 모든 지성은 이 세 가지 능력을 소유하고 있으며, 이것들은 악을 제거하고 거룩을 세우고 유지하기 위해서 서로 협력합니다.

～ 74 ～

사고력이 없으면 영적 지식을 얻는 능력을 얻을 수 없습니다. 그리고 영적 지식이 없으면, 우리는 믿음을 소유할 수 없습니다. 믿음에서 소망이 솟아나며, 소망에 의해서 우리는 장래의 일들을 현재의 일처럼 파악합니다. 욕구하는 힘이 없으면 갈망할 수 없고, 사랑도 존재할 수 없습니다. 사랑은 갈망의 결과입니다. 욕구는 무엇인가를 사랑하려는 성향입니다. 그리고 사랑하는 대상과의 연합에 대한 욕구를 강화시켜 주는 도발력이 없으면 평화가 존재할 수 없습니다. 평화는 바라는 것을 완전히 소유하는 것입니다.

～ 75 ～

정념들을 완전히 제거하지 않은 사람은 감각적인 것들의 심상을 통한 자연적 관상을 행해서는 안 됩니다. 정념들이 완전히 제거되지 않으면, 감각적인 것들의 심상이 당신의 지성을 정념에 일치하게 만들 수 있기 때문입니다. 감각의 자극을 받아 감각적인 것들의 가시적인 측면에 관한 상상에 몰두하는 지성은 더러운 정념들을 만들어 냅니다. 왜냐하면 그러한 지성은 관상을 통해서 지적인 실체들에 대한 관상으로 나아갈 수 없기 때문입니다.

～ 76 ～

정념들이 분출할 때에는 담대하게 감각을 닫고 감각적인 것들의 이미지와 기억들을 완전히 거부하십시오. 그리고 표면적인 세상에서 사물을 조사하려 하는 지성의 본성적인 성향을 억제하십시오. 그렇게 하면 당신은 하나님의 도움을 받아 당신을 거슬러 솟아오르는 교활하고 난폭한 힘을 낮추고 극복할 것입니다.

～ 77 ～

사고력이 마비되고 도발력이 저하되고 욕구가 무분별하게 될 때, 그리고 무지와 오만한 정신과 방탕함이 영혼을 지배할 때, 죄는 하나의 습관이 되며, 우리를 여러 가지 감각적인 쾌락에 적극적으로 휘말리게 만듭니다.

～ 78 ～

성숙한 지성은 영적 지식을 사용하여 눈에 보이지 않게 죄와 연루되는 것을 피해야 합니다. 지성이 악한 능력의 도발을 받고 있을 때에는 자연적인 관상을 행하지 말고, 다만 기도하고 고난으로 몸을 길들이며, 세상적인 의지를 복종시키며, 성벽, 즉 영혼을 보호하는 덕, 또는 덕을 지키는 특성들, 즉 절제와 인내를 지켜야 합니다. 그렇지 않으면, 영혼에게 더러운 악을 제공하는 자가 선한 것처럼 보이는 것으로 지성을 속이며 지성의 욕구를 은밀하게 하나님으로부터 멀어지게 하며, 선한 것을 추구하는 지성의 이해력으로 하여금 악한 것을 선한 것으로 생각하게 만들고 악한 것에게로 인도할 것입니다.

～ 79 ～

절제와 인내를 신중하게 실천함으로써 담대하게 감각을 폐쇄하며 감각적인 형태가 영혼의 기능을 통해서 지성 안에 들어오는 것을 막는 사람은 마귀의 악한 계획을 쉽게 좌절시키며, 마귀에게 치욕을 주어 그가 온 길로 돌아가게 만듭니다. 마귀의 길은 육체를 지탱하는 데 필요한 것처럼 보이는 물질로 이루어집니다.

80

본성과 일치하는 방법으로 사고력에 의해 감각과 결합하는 지성은 자연적 관상으로부터 참된 지식을 얻습니다.

81

성경은 히스기야가 성 밖의 물 근원을 막으려 했다고 말합니다(대하 32:3-4). 여기에서 성은 영혼을 의미하고, 물 근원은 감각적인 것들 전체를 의미합니다. 물 근원의 물은 감각적인 사물에 대한 개념적인 심상들입니다. 성 중앙으로 흐르는 시내는 자연적 관상을 하면서 감각적인 사물들에 대한 개념적 심상으로부터 모아진 지식입니다. 이 지식은 지성과 감각을 연결하기 때문에 영혼의 중앙을 통과하여 흐릅니다. 감각적인 것들에 대한 지식은 정신적인 기능과 전혀 관련이 없는 것이 아니며, 또 완전히 감각의 활동에 의지하는 것도 아닙니다. 반대로, 그것은 지성과 감각, 감각과 지성 사이의 중개자이며, 그 둘의 연합을 이룹니다. 그것은 감각에 감각적인 사람의 형태를 새겨 주며, 이러한 인상들을 형태의 내적 본질에 전달해 줍니다. 그러므로 가시적인 사물에 대한 지식은 성의 중간을 흐르는 시내라고 묘사해야 합니다. 왜냐하면 그것은 지성과 감각 사이의 중간 지역을 점유하기 때문입니다.

◈ 82 ◈

시련과 유혹이 임할 때에 자연적 관상을 억제하며 지성을 모든 사물에게서 거둬들여 하나님께 집중하면서 기도에 전념한다면, 당신은 악을 만들어 내는 내적 성향을 죽일 것이며 마귀로 하여금 꼬리를 내리고 도망치게 만들 것입니다. 이러한 습관을 심어 준 것이 마귀였습니다. 마귀는 이 습관을 의지하면서 자랑스럽게 당신의 영혼에 접근하며, 교만한 생각으로 진리를 헐뜯습니다. 다윗은 온갖 종류의 영적 전쟁의 최전방에서 큰 경험을 했습니다. 그는 이러한 전략들을 잘 알고 있었을 뿐만 아니라 그것들을 실천에 옮겼습니다. 그렇기 때문에 그는 "악인이 내 앞에 있을 때에 내가 내 입에 자갈을 먹이리라 하였도다 내가 잠잠하여 선한 말도 발하지 아니하니"(시 39:1-2)라고 말했습니다. 예레미야도 같은 정신을 가지고서 "너희는 밭에도 나가지 말라 길로도 행치 말라 대적의 칼이 있고 사방에 두려움이 있음이니라"고 말했습니다(렘 6:25).

◈ 83 ◈

이것을 가인과 아벨에게도 적용할 수 있습니다(창 4:8). 가인은 육체의 법입니다. 가인과 아벨이 있었던 들은 자연적 관상의 영역입니다. 만일 아벨이 조심하여 무정념을 얻기 전에 가인과 함께 들로 나아가지 않았다면, 그가 완전한 준비를 갖추기 전에 피조물에 대해 관상할 때에 육체의 법이 일어나 교활하게 그를 속이고 죽이지 못했을 것입니다.

◈ 84 ◈

마찬가지로 야곱의 딸 디나가 땅의 여자를 보러 나가지 않았다면,

다시 말해서 감각적인 심상들의 세계로 들어가지 않았다면, 하몰의 아들 세겜이 일어나 그녀를 욕보이지 않았을 것입니다(창 34:1-2).

~ 85 ~

완전한 준비가 되기 전에는 자연적 관상을 삼가야 합니다. 그렇지 않으면 가시적인 피조물의 영적 본질을 인식하려고 노력하다가 실수로 정념들을 수확하게 될 것입니다. 사물의 형태 안에 감추어져 있는 본질보다는 가시적인 사물의 외적인 형태가 더 강력하게 미숙한 사람들의 감각을 지배하기 때문입니다. 물론 유대인들처럼 문자에만 정신을 집중하는 사람들은 하나님의 축복이 현세에 이루어질 것이라고 기대합니다. 왜냐하면 그들은 영혼 안에 본성적으로 내재하는 특성들을 알지 못하기 때문입니다.

~ 86 ~

"하늘에 속한 자의 형상"을 입은 사람(고전 15:49)은 매사에 성경의 정신을 따르려고 노력합니다. 왜냐하면 그 정신은 덕과 영적 지식을 증진함으로써 영혼을 지탱해 주기 때문입니다. "흙에 속한 자의 형상"을 입은 사람은 문자에만 주의를 집중합니다. 이는 감각에 의해서 몸을 양육하기 때문이며, 이렇게 몸을 양육하는 것은 정념을 낳습니다.

~ 87 ~

하나님의 능력이란 정념을 죽이고 거룩한 생각을 보호하는 덕을 의미합니다. 그러한 덕은 계명을 실천함에 의해서 생겨납니다. 이처럼 오직 하나님의 힘에 의한 것이 아니라 하나님의 협력을 받아서 우리는 성성을 대적하는 악한 힘을 죽입니다. 하나님의 장엄이란 피조물에 대한 관상을 획득하려는 우리의 노력과 덕의 실천을 통해서 실현된 진리의 영적 지식을 의미합니다. 우리는 영적 지식을 통해서 진리를 대적하는 거짓의 세력을 완전히 멸절시키며, 하나님 아는 것을 대적하여 높아진 악한 영들의 자기 과시를 분쇄합니다(고후 10:5). 수덕적 실천이 덕을 낳듯이 관상은 영적 지식을 낳습니다.

88

하나님의 무한하심을 중심으로 제한을 받지 않고 사고력을 초월하여 선회하는 지울 수 없는 지식은 진리의 무한한 영광을 무조건적으로 반영합니다. 신적 지혜와 선을 자발적으로 모방하는 데 대한 상급으로 지성은 하나님의 모양을 획득하기를 갈망합니다.

89

혀는 영혼의 영적 에너지의 상징이고, 후두는 육체에 대한 본성적인 사랑의 상징입니다. 그러므로 무식하게 혀와 후두를 결합하는 사람은 덕과 영적 지식의 평온한 상태에 주의를 기울일 수 없습니다. 왜냐하면 그는 육체적인 정념들의 혼동 상태에 빠져 있기 때문입니다.

90

본성과 일치하는 욕망과 쾌락은 자연적인 본능에 따르는 필연적인 결과이므로 비난할 수 없습니다. 우리가 원하든지 원하지 않든지 우리가 먹는 일반적인 음식은 식사에 선행하는 배고픔을 충족시켜 주므로 자연히 즐거움을 낳습니다. 음료수 역시 갈증의 불편함을 제거해 줌으로써 즐거움을 낳습니다. 잠은 깨어 있는 동안에 소비된 힘을 다시 충전해 줌으로써 즐거움을 줍니다. 그 밖에 생명을 유지하고 덕을 획득하는 것과 관련하여 필요한 모든 본성적인 기능들도 나름대로 즐거움을 줍니다. 그러나 죄의 혼동에서 도망치려고 노력하는 지성은 그러한 정념들을 초월합니다. 이는 그것들로 말미암아 본성을 거스르며 비난받아야 하는 바 우리의 지배 하에 있는 정념들의 노예가 되지 않기 위해서입니다. 본성과 일치하는 정념들의 활동과 마찬가지로 이것들도 우리 안에 아무런 근거를 소유하지 못하기 때문입니다. 그렇다고 해서 그것들이 우리와 동행하여 불멸하는 영원한 생명에 들어가는 것은 아닙니다.

~ 91 ~

하나님의 말씀을 입으로만 말할 뿐 그 메시지를 고결한 생활 방식으로 나타내지 않으면, 아무도 그 말씀을 듣지 않을 것입니다. 그러나 계명의 실천을 통해서 하나님의 말씀을 전한다면, 그 음성은 강력한 힘을 얻어 귀신들을 쫓아낼 것이며 사람들로 하여금 의로운 행동을 함으로써 자기 마음을 하나님의 전으로 만들게 할 것입니다.

~ 92 ~

하나님이 본질상 인간의 영적 지식의 대상이 될 수 없듯이, 우리의 이해력으로는 하나님의 가르침을 완전히 이해할 수 없습니다. 연대적으로 기록된 사건의 시대에 제한되는 성경은 문자적으로는 관련된 장소에 한정되지만, 지적인 실체들의 관상과 관련해서는 영적으로 제한을 받지 않습니다.

~ 93 ~

만일 당신이 그리스도의 소원과 일치하는 방법으로 성경의 정확한 영적 의미를 받아들이고자 한다면, 명사들을 해석하는 연습을 부지런히 해야 합니다. 그럼으로써 기록된 모든 것의 의미를 설명할 수 있기 때문입니다. 그러나 유대인들처럼 성령의 고귀함을 몸과 흙의 차원으로 끌어내리며 신령한 축복의 신성불가침한 약속을 부패하며 무상한 것들의 수준으로 제한해서는 안 됩니다.

~ 94 ~

서원은 인간이 하나님께 선한 것을 바치겠다는 약속입니다. 그러므로 기도는 인간의 구원을 고려하여 하나님께서 주시는 축복을 달라는 청원이며, 기도하는 사람의 선한 내면 상태에 대한 상급이라고 추측할 수 있을 것입니다. 구조는 선물이며 마귀의 공격에 직면했을 때에 관상생활을 통해서 추구되는 수덕생활과 영적 이상의 실천을 통해서 추구되는 고결한 성품들의 성장입니다. 사람이 구조해 달라고 외칠 때에, 하나님은 무엇보다도 그 소리의 큼에 주의를 기울이는 것이 아니라 소리치는 사람이 소유한 영적 지식과 덕의 내적 상태에 주의를 기울이십니다.

~ 95 ~

앗수르 왕국이 상징하는 바 악과 마귀의 파괴적인 나라(왕하 18:11)는 덕과 영적 지식을 대적한 전쟁을 체계화하며, 영혼의 선천적인 능력들을 통해서 영혼을 나쁜 길로 이끌려는 계획을 세웁니다. 첫째, 그것은 본성과 어긋나는 것을 향한 욕망을 발달시키려는 영혼의 욕구를 자극하며, 지적인 것보다 감각적인 것을 선호하게 만듭니다. 그 후에 영혼의 도발력을 자극하여 바라는 감각적인 대상에 도달하기 위해서 전력을 다해 싸우게 만듭니다. 마지막으로, 그것은 영혼의 사고력에게 정욕적인 쾌락의 기회를 만드는 방법을 가르칩니다.

∽ 96 ∾

지극히 선하신 하나님은 정신적인 실체들의 거룩하고 영적인 본질들을 자신의 말할 수 없는 영광의 이미지들로 만드시며 각기 하나님의 가까이 갈 수 없는 아름다움의 초지성적인 광채를 반영하게 하셨습니다. 뿐만 아니라 정식적인 본질들보다 훨씬 열등하고 감각적인 것들에게 그의 위엄의 메아리를 침투시키셨습니다. 이것들은 인간의 지성으로 하여금 하나님을 향해 나아가며 축복의 정상에 이를 수 있게 해 줍니다.

∽ 97 ∾

덕과 영적 지식의 면류관을 쓴 지성은 위대한 히스기야처럼 예루살렘의 다스릴 왕으로 임명됩니다(왕하 18:1-2). 다시 말해서 모든 정념들로부터 자유하며 평화만을 보는 상태를 다스리게 됩니다. 예루살렘은 "평화의 이상"을 의미합니다. 그러한 지성은 창조를 채우는 형태들을 통해서 피조 세계 전체를 자신의 주권 하에 둡니다. 피조 세계는 지성을 통해서 내면에 있는 지식의 영적 원리들을 하나님께 선물로 바칩니다. 그리고 자연의 법칙에 따라서 그 내면에 존재하는 덕으로 연결되는 특성들을 지성에게 선물로 바칩니다. 영적 지식의 원리를 통해서, 그리고 덕의 특성들을 통해서, 피조세계는 그 둘을 바르게 사용하는 데 적합하게 된 지성 – 관상과 수덕생활의 실천을 통해서 사고력과 활동이 완전해진 철학적 지성 – 을 찬양합니다.

98

수덕생활의 실천과 관상을 통해서 덕과 영적 지식의 정상에 이른 사람은 자연히 모든 육적이고 옳지 못한 정념을 초월합니다. 그는 소위 본성적인 몸, 즉 생성과 부패에 예속되는 존재의 상태를 이겨냅니다. 간단히 말해서, 그는 관상을 통해서 모든 감각적인 형태들의 내적 본질에 대한 영적 지식을 획득하고 그것들을 초월하며, 자신의 지성을 그와 비슷한 신적 실체들에게로 들어올립니다.

99

당신이 덕을 실천하면서 통과한 곤경 덕분에 예루살렘에 거하듯이 무정념의 상태에 거하게 되며, 죄의 혼란에서 벗어나서 오직 평화만을 실천하고 말하고 듣고 생각하게 될 때, 그리고 그 후에 자연적 관상을 통해서 가시적인 사물의 본질 – 당신을 통해서 그 내면에 거하는 신적 본질들을 주님께 선물로 바치며, 왕에게 선물로 바치듯이 당신에게는 그 내면에 있는 법들을 제시하는 본성 – 에 대한 이해를 얻을 때, 당신은 열국의 눈에 존대하게" 됩니다(대하 32:23). 이제 당신은 만물 위에 있기 때문입니다. 당신은 덕의 실천을 통해서 자연적인 몸과 육체의 정념들을 초월했으며, 관상을 통해서 내주하는 영적 본질들과 모든 감각적인 형태들의 특성들을 초월했기 때문입니다.

100

실천적인 철학은 덕을 실천하는 사람을 정념들 위에 둡니다. 관상은 영적 지식을 획득하는 사람을 가시적인 사물 위에 두며 그의 지성을 그와 비슷한 정신적인 실체들에게로 들어올립니다.

대상이 없으면, 정념이 생겨나지 않습니다. 여인이 없으면 음란도 없으며, 음식이 없으면 탐식이 없으며, 금이 없으면 금전욕이 없을 것입니다. 그러므로 우리의 본성적인 능력에 대한 정욕적인 자극의 근원에는 하나의 감각적인 대상, 달리 말하자면 감각적인 대상을 사용하여 영혼을 부추겨 범죄하게 하는 마귀가 있습니다.

4

불충분한 회오는 죄의 실현을 억누르며, 완전한 회오는 죄에 대한 생각까지도 제거합니다. 불충분한 회오는 정욕적인 행동의 실현을 예방하며, 완전한 회오는 정신 안에 있는 악한 동기를 완전히 제거합니다.

5

감각적인 실체와 정신적인 실체는 하나님과 인간 사이에 위치합니다. 인간의 지성이 표면적인 활동을 통해서 감각적인 실체들의 노예가 되어 있지 않으며 관상을 하는 동안에 보는 정신적인 실체들의 지배를 받지 않는다면, 그것은 하나님을 향해 움직일 때에 감각적인 실체들과 정신적인 실체들을 초월합니다.

6

피조물은 경건치 못한 사람들을 고발합니다. 피조물은 내재하는 영적 원리에 의해서 그 조성자를 선포하며, 각 종류의 피조물이 지닌 본성적인 법을 통해서 우리에게 덕을 가르칩니다. 영적 원리들은 각각의 종(種)이 중단됨이 없이 지속되는 것, 본성적 활동의 연속성 안에 있는 법 안에서 식별될 것입니다. 만일 우리가 이런 것들에 대해

201-300편

1

영적 지식을 덕의 실천과 결합하고 덕의 실천을 영적 지식과 결합하는 사람은 하나님의 보좌요 발등상입니다(사 66:1). 그는 영적 지식 때문에 보좌이며, 수덕적 실천 때문에 발등상입니다. 그리고 모든 물질적인 영상들이 제거되고 정신적 세계의 신적 원리들로 치장된 인간의 지성은 그 자체가 천국입니다.

2

덕과 영적 지식 또는 수덕적 실천과 관상으로 무장한 철학자는 앗수르의 왕이 히스기야를 대적하여 일어나듯이 악의 세력이 정념들을 통해서 자기를 대적하여 일어나는 것을 볼 때에(왕하 18:13-16; 사 36:1-2), 자신이 하나님의 도움을 받아야만 피할 수 있다는 것을 압니다. 그는 고요히 외치며 덕과 지식에 있어서 더욱 진보하려고 노력함으로써 하나님의 자비를 구합니다. 그리고 "앗수르 왕의 영에서 모든 큰 용사와 대장과 장관들을 멸할" 천사, 즉 지식과 지혜의 고등한 원리를 동맹군으로 받습니다(대하 32:21).

3

모든 정념은 그와 상응하는 감각적 대상 안에 그 기원을 둡니다. 감각이라는 매개체를 통해서 영혼의 능력들을 끌어당기는 대상이 없으면, 어떤 정념도 생겨나지 않을 것입니다. 다시 말해서 감각적인 깊이 생각하지 않는다면, 우리는 피조물의 원인에 대해 무지하며 본성을 거스르는 정념들에게 매달릴 것입니다.

7

성경은 하나님의 무한하신 선을 의식하려면 하나님께 선물을 드리라고 권면합니다. 하나님은 마치 이미 우리에게 주신 것은 전혀 없으며 완전히 우리 자신이 드리는 선물인 듯이 우리가 드리는 것을 받으십니다. 이리하여 우리를 향한 하나님의 무한한 선하심이 분명해집니다. 실질적으로 하나님의 것을 우리가 하나님께 바칠 때에, 하나님은 마치 그것이 우리의 것인 듯이 받으시며, 그것이 하나님 자신의 것이 아니었던 것처럼 자신을 우리에게 빚진 자로 만드십니다.

8

만일 우리가 가시적인 사물들의 영적 원리를 감지한다면, 우리는 세상을 지으신 분이 있다는 것을 깨달을 것입니다. 그러나 우리는 세상을 지으신 분의 본성이 무엇인지 질문하지 않습니다. 왜냐하면 그것이 우리의 한계를 초월한다는 것을 깨닫기 때문입니다. 가시적인 세상은 우리로 하여금 그것을 지으신 분이 계시다는 것을 파악할 수 있게 해 주지만, 그분의 본성을 파악하게 해 주지는 않습니다.

9

우리가 하나님에 의해 훈련을 받고 있을 때에 경험하는 하나님의 진노는 고통스러운 느낌입니다. 이렇게 원하지 않는 고난이 경험을 통해 하나님은 지식과 덕으로 인해 자만하고 있는 지성을 낮추십니다. 이는 그러한 고난은 지성으로 하여금 자신 및 자신의 연약함을 의식하게 만들기 때문입니다. 자신의 연약함을 감지한 지성은 마음의 헛된 요구를 거부합니다.

10

하나님이 은혜의 선물들의 지급을 정지하시는 것이 하나님의 진노입니다. 이것은 하나님이 주신 축복을 마치 자기 자신의 업적인 듯이 여겨 자랑하는 자만하는 지성에게 매우 유익한 경험입니다.

11

모든 참된 철학자와 지혜자의 지성은 유다와 예루살렘을 소유합니다. 유다는 실천적 철학이요, 예루살렘은 관상적 입문입니다. 그러한 지성이 하나님의 은혜에 의해서 덕과 영적 지식으로 악의 세력들을 물리치며 완전히 승리할 때에 그 승리를 이루신 분인 하나님께 감사하지 않고 자신의 업적인 듯이 자랑할 때에 하나님의 진노가 그 지성뿐만 아니라 유다와 예루살렘 - 다시 말해서 덕의 실천과 관상생활 - 에도 임하여 버림을 받습니다(대하 32:25). 그것은 하나님께서 주신 선물들에 대해 감사하지 못했기 때문입니다. 하나님은 즉시 부끄러운 정념들이 덕의 실천을 더럽히고 이제까지 깨끗했던 양심을 오염시키는 것을 허락하십니다. 또 거짓 개념들이 피조물에 대한 관상 속에 은밀하게 스며들어 와 이제까지 건전했던 영적 지식을 왜곡시키는 것을 허락하십니다. 영적 지식 때문에 지나치게 우쭐대는 지성이 하나님의 의로운 심판을 받아 참된 관상에서 떨어지듯이, 비천한 정념들은 덕에 대해 자만하는 지성을 즉각적으로 공격합니다.

☙ 12 ❧

하나님의 섭리로 피조물 안에 거룩한 표준 또는 법이 심겨졌습니다. 우리는 영적 축복에 대해 감사하지 않을 때에 이 법에 따라서 역경에 의해 감사를 배우게 되며, 이 경험을 통해서 모든 축복은 신적 능력의 역사를 통해서 만들어진다는 것을 깨닫게 됩니다. 이것은 우리가 억제할 수 없이 우쭐대는 것, 그리고 오만하게도 하나님의 은혜에 의해서가 아니라 본래부터 덕과 영적 지식을 소유한다고 생각하는 것을 막기 위한 것입니다. 만일 우리가 이렇게 행하지 않는다면, 선한 것을 사용하여 악한 것을 만들어 내는 셈이 될 것입니다. 하나님에 대한 지식을 우리 안에 확고부동하게 세워 주어야 할 것들이 우리로 하여금 하나님에 대해 무지하게 만들 것입니다.

☙ 13 ❧

우리는 피조물을 지탱해 주는 섭리가 하나의 신적인 규칙과 법으로서 그것들 안에 존재한다는 것을 압니다. 많은 축복을 받은 사람들이 그것을 주신 하나님께 감사하지 않을 때에는 하나님의 공의에 따라서 그 축복을 과감하게 제거하심으로써 그들로 하여금 감사를 배우게 하십니다. 이러한 역경을 통해서 그들은 자신이 받은 축복의 참된 근원을 깨닫게 됩니다. 자신의 덕에 대한 자만심을 억제하지 않고 내버려두면, 그것은 오만함을 낳으며, 오만함은 하나님에 대한 적대감을 초래합니다.

☙ 14 ❧

스스로 덕에 있어서 완전함을 이루었다고 생각하는 사람은 결코 축복의 근원을 찾으려 하지 않을 것입니다. 왜냐하면 그는 자신의 갈망의 범위를 자신에게로 제한함으로써 자진하여 자신에게서 구원의 조건, 즉 하나님을 박탈했기 때문입니다. 선과 관련하여 자신의 본성적인 가난을 의식하는 사람은 자기에게 부족한 것을 충분히 공급해 주실 수 있는 하나님을 향한 기동력을 결코 늦추지 않습니다.

— 15 —

덕이 얼마나 무한한 것인지를 인식한 사람은 덕의 근원과 절정이신 하나님을 빼앗기지 않기 위해서 쉬지 않고 그것을 추구합니다. 왜냐하면 잘못하여 자신이 완전함을 성취했다고 가정함으로써 모든 부지런한 사람이 얻기 위해 노력하는 참된 존재를 빼앗길 수도 있기 때문입니다.

— 16 —

오만한 지성은 진노의 대상이 됩니다. 다시 말해, 하나님으로부터 버림을 받으며, 마귀들은 그가 관상하는 동안에 그를 괴롭혀도 좋다는 허락을 받습니다. 이런 일이 발생하는 것은 지성이 자신의 본성적인 연약함을 의식하고, 자신을 보호해 주며 모든 축복을 이루어 주시는 은혜와 거룩한 능력을 인정하기 위해서, 그리고 지성이 모든 이질적이고 자연스럽지 못한 교만을 완전히 버리고 겸손을 배우게 하기 위해서입니다. 만일 이런 일이 실제로 발생하여 지성이 겸손해지고 모든 축복을 공급해 주시는 하나님을 의식하게 된다면, 다른 형태의 진노 – 과거에 주어진 은혜를 거두어가심 – 가 임하지 않을 것입니다.

— 17 —

첫째 형태의 진노, 즉 버림받음에 의해서 겸손을 배우지 못했으며,

겸손을 통해 참된 의식을 배우지 못한 사람에게는 필연적으로 두 번째 형태의 진노가 임합니다. 즉 은혜의 작용을 박탈당하며 이제까지 그를 보호해 주던 능력이 사라집니다. 하나님은 감사하지 않는 이스라엘에 대해서 이렇게 말씀하십니다: "내가 내 포도원에 어떻게 행할 것을 너희에게 이르리라 내가 그 울타리를 걷어 먹힘을 당케 하며 그 담을 헐어 짓밟히게 할 것이요 내가 그것으로 황무케 하리니 다시는 가지를 자름이나 북을 돋우지 못하여 질려와 형극이 날 것이며 내가 또 구름을 명하여 그 위에 비를 내리지 말라 하리라"(사 5:5-6).

18

경건하지 못함으로 이르는 내리막길의 표식은 덕의 상실을 전혀 의식하지 못하는 것입니다. 상습적으로 하나님께 불순종하는 사람은 기회가 주어지면 육체의 즐거움에 탐닉함으로써 하나님을 부인할 것입니다. 그는 하나님보다 육체의 생활을 선택하며, 하나님의 뜻보다 정욕적인 즐거움을 더 소중히 여깁니다.

19

우리는 자신의 지성이 무엇인가를 경험했다고 생각할 때에는 수덕적 실천의 능력과 관상의 능력이 그것들의 본성적인 원리에 따라서 이 경험에 동참했다고 믿어야 합니다. 하나의 주체가 무엇을 경험할 때에는 주체 안에 있는 사물들도 그 경험에 동참합니다. 지성은 덕과 영적 지식을 받아들일 수 있기 때문에, 나는 지성을 하나의 주체라고 부릅니다. "주체 안에"란 수덕적 실천의 생활과 관상생활을 말합니다. 지성과 관련하여 보면, 이것들은 우연한 것들, 또는 속성들입니다. 이런 까닭에 그것들은 지성의 경험에 완전히 동참합니다. 왜냐하면 지성의 유동성이 그것들 안에서 이루어지는 모든 변화를 만들어 내기 때문입니다.

20

히스기야처럼 영적인 능력으로 무장하고 기도를 통해서 하나님이 보내주시는 천사 - 즉 고귀한 지혜의 원리 - 를 받아 마귀의 군대 전체를 흩어 파괴할 수 있는 고결하고 하나님을 사랑하는 사람의 지성을 마귀들이 보이지 않게 공격한다고 가정해 보십시오(대하 32:21). 또 이 사람이 이 승리와 구원의 공로를 하나님께 돌리지 않고 자신에게로 돌리며 그 받은 은혜에 감사하지 않았다고 가정해 보십시오. 그의 감사는 그의 큰 구원에 미치지 못하며, 또 그의 내적인 태도는 그를 구원하신 분의 관대하심에 미치지 못합니다.

21

우리는 신적 세계의 관념들로 우리의 지성을 밝히며, 우리가 인식한 영적 원리들로 우리의 몸을 빛나게 해야 합니다. 그리하여 정념들을 거부함으로써 지성은 사고력의 지배를 받는 덕의 공장이 됩니다. 몸의 본성적인 정념들이 사고력의 지배를 받는다면, 정념을 비난할 이유가 없습니다. 그러나 그것들의 활동이 사고력의 지배를 받지 않으면, 그것들은 비난을 받아 마땅합니다. 그렇기 때문에 그러한 정념들을 거부해야 한다고 말합니다. 비록 그것들의 활동은 본성적인 것이지만, 그것들은 사고력의 지배를 받지 않을 때에 본성을 거스르는 방법으로 사용될 수도 있기 때문입니다.

22

받은 은사 때문에 기뻐하는 마음을 가진 사람, 그리고 그러한 은사들을 하나님으로부터 받은 것이 아니라 자신의 것인 듯이 여겨 우쭐대는 사람(고전 4:7)은 자신에게 진노가 임하기를 기원하는 사람입니다. 하나님은 마귀가 그의 지성을 혼란스럽게 만들고, 그의 행동의 고결한 특성을 훼손하고, 관상을 하는 동안에 영적 지식의 분명한 원리를 흐리게 만드는 것을 허락하십니다. 이것은 그로 하여금 자신의 연약함을 깨닫고 우리 안에 있는 정념들을 물리칠 수 있는 능력을 인정하게 하기 위해서입니다. 만일 이런 일이 발생한다면, 그는 회개하고 겸손의 상태를 회복하며 자신의 큰 자만심을 버리고 하나님과 화목할 것입니다. 그렇게 함으로써 그는 회개하지 않는 사람들에게 임하여 영혼들을 지켜 주는 은혜를 거두어 가고 그들의 감사하지 않는 마음을 황무하게 버려 두는 진노를 피할 것입니다.

23

하나님의 진노가 귀신들로 하여금 정념들을 사용하여 오만한 지성을 공격하도록 허락한다면, 그 진노는 구원의 수단이 됩니다. 왜냐하면 자신의 덕을 자랑하는 사람은 이 부끄러운 공격을 당함으로 말미암아 이러한 덕을 주시는 분이 누구인지 배울 수 있기 때문입니다. 만일 그렇지 않으면, 그는 실제로 자신이 아니라 선물로서 받은 것임에도 불구하고 자기 것으로 간주했던 것들을 빼앗길 것입니다.

24

모든 피조물에 대해서 죽는 지성은 복이 있습니다. 감각의 활동을 억누름으로써 감각적인 것들에 대해서 죽고, 정신적 활동을 중단함으로써 지성적인 것들에 대해서 죽는 지성에게 복이 있습니다. 이와 같은 지성의 죽음을 통해서 의지는 모든 사물에 대해 죽습니다. 그때에 지성은 하나님의 은혜의 생명을 받으며 피조물뿐만 아니라 그것들을 지으신 분을 정신적인 능력을 초월하는 방식으로 이해할 수 있습니다.

~ 25 ~

덕의 실천을 본성적인 선과 결합하고, 관상생활을 본성적인 진리와 결합한 사람은 복이 있습니다. 덕의 실천은 선을 위한 것이며, 관상은 오로지 진리 때문에 영적 지식을 구하는 것이기 때문입니다. 선과 진리가 획득되면, 어떠한 것도 덕을 실천하는 영혼의 능력을 괴롭히거나 이상한 생각으로 관상적 활동을 어지럽게 하지 못합니다. 그러므로 이제 영혼은 피조된 지성적인 실체를 초월하며, 유일한 선과 진리이시며 모든 존재와 지적 작용을 초월하시는 하나님께로 들어갈 것입니다.

~ 26 ~

우리 안에 있는 신적 활동의 완전한 표현인 선은 실질적인 덕의 완성이라고 합니다. 영혼이 본성에 따라서 그 도발적인 측면과 바라는 측면을 사용할 때에, 영혼의 지적인 능력은 선을 향해 이끌려갑니다. 하나님의 모양과 일치하는 아름다움은 선 안에서 분명해집니다. 관상적 철학의 정상은 진리라고 합니다. 진리는 하나님에 관한 모든 특성들에 대한 나누이지 않은 단순한 지식입니다. 감각에 기초를 둔 판단을 모두 폐기한 순수한 지성은 이 지식을 향하게 됩니다. 그러한 지식은 전혀 더럽혀지지 않은 상태에 있는 하나님의 형상의 권위를 분명히 해 줍니다.

～ 27 ～

덕으로 몸을 성화하고 영적 지식으로 영혼을 빛나게 하지 않은 사람은 참되게 하나님을 찬양할 수 없습니다. 고결한 성향은 참된 지식의 정상을 향해 천국을 응시하는 관상적 지성의 얼굴입니다.

～ 28 ～

우리는 하나님의 손에 들린 도구에 불과하다는 것, 우리 안에서 모든 수덕적 실천과 관상, 덕과 영적 지식, 승리와 지혜, 선과 진리 등을 성취하시는 분은 하나님이시라는 것, 그리고 이 일에 있어서 우리는 오로지 선한 것을 바라는 성향을 제공하는 것 외에 다른 일을 하지 않는다는 것을 아는 사람에게 복이 있습니다. 스룹바벨은 이러한 성향을 가지고서 "승리는 당신께서 주신 것, 지혜도 당신께서 주신 것입니다. 영광은 오직 당신의 것이며 나는 다만 당신의 종일 뿐입니다"(외경 에스라 1서 4:59-60)라고 하나님께 말했습니다. 그는 진실로 감사하는 종으로서 모든 일을 그에게 모든 것을 주신 하나님께 돌렸습니다. 그는 하나님이 주신 선물인 지혜를 소유했으며, 자기에게 주어진 축복의 효용을 조상들의 주이신 하나님께 돌렸습니다. 여기서 축복이란 승리와 지혜, 덕과 영적 지식, 수덕적 실천과 관상, 선과 진리 등의 연합입니다. 이것들이 서로 연합될 때에, 단일한 신적 영광과 밝음으로 빛을 발합니다.

～ 29 ～

성도들이 성취한 것들은 모두 하나님이 은혜로 주신 선물들이었습니다. 감사와 사랑의 분량에 따라서 주 하나님께서 주시는 선 외에 다른 것을 소유한 성도는 없었습니다. 그리고 그는 선물을 주시는 주께 복종하는 한도 내에서만 획득합니다.

~ 30 ~

덕과 영적 지식에 있어서 탁월한 지성을 소유하고 있으며, 자기 영혼을 정념들에게 복종하는 악한 노예 상태에 속하지 않도록 보존하기로 결심한 사람은 "강한 것은 여자이지만 진리는 모든 것을 이겨낸다"고 말합니다(외경 에스라 1서 3:12). "여자"란 사람을 하나님과 이웃에게 연합시켜 주고 사랑을 일으키며 거룩하게 하는 덕을 의미합니다. 이 사랑은 생성과 부패의 과정에 예속되는 모든 것으로부터, 그리고 생성과 부패를 초월하며 지적으로 이해되는 존재들로부터 영혼을 떼어내며, 일종의 에로틱한 연합 안에서 영혼과 하나님을 혼합하여 더럽혀지지 않고 거룩한 하나의 단일한 생명을 신비하게 확립합니다. "진리"는 피조물의 유일하고 독특한 원인, 기원, 나라, 권력과 영광입니다. 만물은 이것에서부터, 이것을 통해서 만들어졌고, 지금도 만들어지고 있습니다. 이것에 의해서, 그리고 이것을 통해서 만물의 존재가 유지됩니다. 그리고 하나님을 사랑하는 사람은 부지런히 이것에게 모든 활동을 헌신합니다.

~ 31 ~

여자는 덕의 지고한 실현, 즉 사랑을 의미합니다. 사랑은 동경을 통해서 본질적으로 선한 것에 참여하는 사람들의 다함이 없는 즐거움과 나누이지 않는 연합입니다. 진리는 영적 지식의 성취, 그리고 우리가 알 수 있는 모든 것의 성취를 의미합니다. 모든 피조물의 본성적인 활동은 어떤 보편적인 사고력에 의해서 그것들의 기원이요 성취인 이 진리에게 이끌립니다. 피조물의 기원과 원인이신 분은 정복된 만물을 진리로 소유하시며, 그것들의 활동을 자신에게 이끄셨습니다.

~ 32 ~

진리는 모든 것을 초월하기 때문에 복수성을 허용하지 않으며 자체를 단일하고 독특한 것으로 계시합니다. 그것은 지적인 것과 지성적인 것들을 초월하므로, 지적이고 지성적인 모든 것의 영적 가능성들을 포용합니다. 그리고 무한한 능력에 의해서 피조물의 궁극적인 기원과 완성을 포용하며, 각각의 피조물의 행위를 자신에게로 이끕니다. 어떤 피조물에게는 그것이 잃은 은혜에 대한 분명한 영적 지식을 수여하며, 또 다른 피조물에게는 참여라는 방법에 의해서, 그리고 무어라 묘사할 수 없는 인식 방법을 통해서 그것이 갈망하는 선에 대한 분명한 이해를 제공해 줍니다.

~ 33 ~

지성은 지혜와 관련된 기관이고, 이해력은 영적 지식과 관련된 기관입니다. 지성과 이해력이 공통적으로 지니는 본성적인 확신 의식은 그것들 각각 안에 확립된 믿음의 기관입니다. 한편 본성적인 긍휼은 치유의 은사와 관련된 기관입니다. 각각이 하나님의 은사에 상응하여 그것을 받아들일 수 있는 적절하고 본성적인 기관 – 일종의 능력, 또는 본질적인 상태나 성향 – 이 우리 안에 있습니다. 그러므로 이해력을 자신의 타고난 정념들 – 즉 도발력과 욕망하는 능력 – 의 주인으로 삼는 사람은 영적 지식을 받습니다. 신적 실체들과 관련하여 흔들리지 않는 확신을 소유하는 지성과 이해력을 지닌 사람은 모든 사물과 관련하여 가능한 믿음을 받습니다. 본성적인 긍휼을 획득한 사람은 자애를 완전히 죽인 후에 치유의 은사를 받습니다.

∽ 34 ∽

우리 각 사람의 내면에는 그 믿음의 분량에 따라서 성령의 에너지가 분명히 나타납니다(롬 12:6). 그러므로 각 사람은 자기가 소유한 은혜를 관리하는 청지기입니다. 논리적으로 생각하자면, 우리로 하여금 하나님의 축복을 받을 수 있게 해 주는 성향은 우리 자신에게 의존하는 것이므로, 다른 사람이 받은 은사를 시기해서는 안 됩니다.

∽ 35 ∽

다시 말해서, 각 사람의 내면에 있는 믿음의 분량에 따라서 거룩한 축복이 주어집니다. 마찬가지로 우리의 믿음의 힘은 우리가 행동할 때에 지니는 열심에 의해서 드러납니다. 따라서 우리의 행실은 우리의 믿음의 분량을 드러내며, 믿음의 힘은 우리가 받을 은혜의 분량을 결정합니다. 반대로 우리가 행동하지 못하는 분량은 믿음의 부족한 정도를 드러내며, 믿음의 부족은 우리가 빼앗긴 은혜의 분량을 결정합니다. 이런 까닭에 덕을 실천하는 사람을 시기하고 질투하는 사람은 크게 미혹된 사람입니다. 왜냐하면 믿고 행동하는 것, 믿음의 분량에 따라서 은혜를 받는 것 등을 선택하는 것은 다른 사람이 아니라 그 자신에게 달려 있기 때문입니다.

∽ 36 ∽

신적 실체들을 간절히 바라는 사람은 지혜의 원리에 의해서 신화의 은혜로 인도하는 섭리를 허락합니다. 이렇게 간절히 바라지 않는 사람은 그의 뜻과는 달리 하나님의 의로운 심판에 따라서 여러 가지 형태의 징벌에 의해서 악을 떠나게 됩니다. 첫 번째 사람은 하나님을 사랑하는 사람으로서 섭리에 의해 신화되며, 두 번째 사람은 물질을 사랑하는 사람이지만 하나님의 심판에 의해서 영원한 멸망을 면하게 됩니다. 하나님은 선 자체이시므로, 선을 원하는 사람들을 지혜의 원리를 통해서 치유하시며, 덕을 게을리하는 사람들은 여러 가지 형태의 징벌을 통해서 치료하십니다.

37

참된 믿음은 모든 것을 포용하고, 모든 것을 지탱해 주며, 모든 거짓으로부터 자유한 진리입니다. 계명을 거스르는 죄를 범하지 않은 선한 양심은 우리에게 사랑의 힘을 줍니다.

38

성경은 일곱 가지 영이 주님에게 임할 것이라고 말합니다: 지혜의 영, 총명의 영, 영적 지식의 영, 인지적 통찰의 영, 권고의 영, 힘의 영, 그리고 여호와를 경외하는 영(사 11:2). 이 영적 은사들이 만들어 내는 결과는 다음과 같습니다: 두려움에 의해서 악을 삼가게 하며, 힘에 의해서 선을 실천하게 하며, 권고에 의해서 귀신들을 분별하게 하며, 인지적 통찰에 의해서 자신이 해야 할 것을 분명히 인식하게 하며, 영적 지식에 의해서 덕 안에 내재하는 신적 원리들을 적극적으로 파악하게 하며, 총명에 의해서 영혼으로 하여금 그가 알게 된 사물들과 완전히 공감하게 하며, 지혜에 의해서 하나님과 뗄 수 없이 연합하게 합니다. 그럼으로써 성도들은 자기가 바라던 것들을 실질적으로 향유하게 됩니다. 지혜에 동참하는 사람은 참여에 의해서 신처럼 되며, 영원히 은밀하게 흘러나오는 하나님의 신비에 잠겨 있으면서 원하는 사람에게 거룩한 축복에 대한 지식을 나누어 줍니다.

～ 39 ～

하나님을 경외하는 영은 악한 행위를 삼갑니다. 힘의 영은 계명을 성취하도록 자극하는 충동이요 성향입니다. 권고의 영은 우리로 하여금 지혜롭게 거룩한 계명을 이행하며 선한 것과 악한 것을 구분하게 해 주는 분별의 습관입니다. 인지적 통찰의 영은 덕을 실천하는 방법을 확실하게 인식하는 것입니다. 우리가 이러한 인식에 따라서 행동한다면, 우리의 사고력의 참된 판단에서 전혀 벗어나지 않을 것입니다. 영적 지식의 영은 계명 및 계명에 내재하는 원리들을 파악하는 것으로서, 덕의 특성들은 이것에 따라서 제정됩니다. 총명의 영은 덕의 특성과 원리를 받아들이는 것, 또는 우리의 본성적인 능력들이 계명의 원리나 특성과 혼합되는 변화입니다. 지혜의 영은 계명 안에 내재하는 고등한 영적 원리들의 원인에게로 올라가서 그것과 연합하는 것입니다. 이러한 등정과 연합을 통해서, 그리고 무지를 통해서 우리는 피조물의 내적인 거룩한 원리들을 배우며, 만물 안에 있는 진리를 사람들에게 여러 가지 방법으로 제시합니다.

～ 40 ～

우리는 우리 자신에게는 가깝지만 하나님으로부터 가장 먼 것에서부터 우리에게서는 아주 멀리 있지만 하나님과는 가까운 원초적 실체들에게로 한 걸음씩 올라갑니다. 우리는 두려움 때문에 악을 삼가는 데서부터 시작하여, 힘을 통해서 덕의 실천으로 나아가며, 덕의 실천에서부터 권고의 영이 부여하는 분별로 나아갑니다. 분별에서부터 안정된 덕의 상태, 즉 인지적 통찰로 나아가며, 안정된 덕의 상태에서부터 덕 안에 내재하는 신적 원리들에 대한 영적 지식으로 나아갑니다. 이 지식에서부터 이해의 상태, 즉 우리가 알게 된 덕은 거룩한 원리에 일치하는 변화된 상태로 나아가며, 여기서 다시 만물 안에 있는 진리에 대한 단순하고 비틀리지 않은 관상으로 나아갑니다. 이 상태에서 감각적인 것과 정신적인 것에 대한 지혜로운 관상의 결과로서, 우리는 진리에 대해 마땅히 해야 할 말을 할 수 있을 것입니다.

41

성경에서는 우리에게 적극적으로 영향을 미치는 첫 번째 선, 즉 두려움은 하나님에게서 가장 멀리 있는 것으로 간주됩니다. 그렇기 때문에 그것은 "지혜의 근본"(시 111:10; 잠 1:7; 9:10)이라고 불립니다. 우리는 여기에서부터 궁극적인 목표를 향해 출발하여 총명에 이르며, 이것은 우리로 하여금 하나님 가까이에 갈 수 있게 해 줍니다. 왜냐하면 우리와 하나님과의 연합 사이에는 지혜만 놓여 있기 때문입니다. 그러나 먼저 두려움을 통해서, 그리고 중간 단계의 은사들을 통해서 무지의 안개와 죄의 먼지로부터 완전히 벗어나지 않는 한, 우리는 지혜를 얻을 수 없습니다. 그렇기 때문에 성경에 제시된 순서에서 지혜는 하나님과 가까운 곳에 놓이고 두려움은 우리와 가까이 놓입니다. 이렇게 함으로써, 우리는 선한 질서의 규칙과 법을 배울 수 있습니다.

42

그러므로 이러한 믿음의 눈을 가지고 위로 올라갈 때에, 우리는 거룩한 지혜의 통일체에게로 이끌려갑니다. 그런데 이 지혜는 우리의 유익을 위해서 여러 가지 은사로 나뉩니다. 그리고 우리는 하나의 덕에서 다른 덕으로 올라감으로써 이러한 은사들의 근원과 연합니다. 그러나 우리는 하나님의 도움을 받아 이미 언급했던 단계들 중 어느 단계도 생략하지 않습니다. 이는 우리가 조금씩 태만해짐으로 말미암아 우리의 믿음이 행위를 통해서 임하는 성령의 조명을 빼앗겨 장님이 되어 앞을 보지 못하게 될까 염려해서입니다. 만일 이런 일이 발생한다면, 우리는 믿음의 분량에 따라서 우리 안에 열렸던 거룩한 눈을 멀게 했기 때문에 영원히 벌을 받을 것입니다.

43

계명을 소홀히 함으로써 내면에 있는 믿음의 눈을 멀게 한 사람은 더 이상 하나님께서 그를 지켜주시지 않기 때문에 분명히 형벌을 받습니다. 성경에서 성령의 에너지를 "여호와의 눈"(신 11:12)이라고 부르므로, 계명을 성취함으로써 이 눈을 뜨게 하지 않는 사람은 자기를 지켜 보시는 하나님을 소유하지 못합니다. 하나님은 우리가 계명을 이행함으로써 성령의 에너지의 조명을 받을 때에만 우리를 지켜 보십니다. 왜냐하면 하나님에게는 세상에 거하는 사람들을 내려다볼 다른 눈이 없기 때문입니다.

44

지혜는 하나의 통일체이며, 거기서 생겨나는 여러 가지 덕 안에서 관상됩니다. 그것은 덕들의 작용 안에서 하나의 형태로 감지됩니다. 또 지혜에서 나온 덕들이 지혜와 재결합될 때에, 지혜는 하나의 통일체로 등장합니다. 우리가 각각이 덕에 의해서 위로 지혜를 향하게 될 때에 이런 일이 발생합니다.

◈ 45 ◈

당신이 믿음에 관한 거룩한 교훈들을 이행하지 못할 때에 당신의 믿음은 눈이 멉니다. 만일 하나님의 교훈이 빛이라면(사 26:9), 하나님의 교훈을 실천하지 못하는 사람에게는 하나님의 빛이 함께 하지 않을 것입니다. 그런 사람은 명목상으로만 하나님의 종일 뿐 실제로는 하나님의 종이 아닙니다.

◈ 46 ◈

사람이 범죄하면서 육체의 연약함을 핑계로 내세울 수 없습니다. 왜냐하면 성육신을 통해서 우리의 인성이 신적인 로고스와 결합함으로써 저주가 제거되고 본성이 완전히 새로워졌으므로, 우리의 의지가 정념들에게 애착하는 데 대한 핑계가 없기 때문입니다. 은혜로 말미암아 항상 믿는 사람의 내면에 거하시는 로고스의 신성은 육체 안에 있는 죄의 법을 시들게 합니다.

◈ 47 ◈

하나님에 대한 믿음과 하나님을 향한 사랑을 통해서 본성을 거스르는 정념들의 충동과 어리석은 욕망을 정복한 사람은 자연법의 영역에서 벗어나 정신적인 영역으로 들어갑니다. 그리고 자기 자신은 물론 동료 인간들 및 그들의 염려를 노예 상태에서 구해 줍니다.

◈ 48 ◈

덕의 실천에 수반되는 바 하나님에 대한 두려움에 의해 억제되지 않는 영적 지식은 허영으로 이어집니다. 왜냐하면 그것은 사람을 교만하게 하여 하나님께서 빌려 주신 것을 자신의 것으로 간주하며 사람들의 칭찬을 받기 위해서 하나님에게서 빌린 사고력을 사용하도록 만들기 때문입니다. 그러나 그가 덕을 실천하여 하나님을 향한 갈망이 함께 증가하며, 당면한 과업을 수행하는 데 필요한 것 이상의 영적 지식을 자기의 것으로 가로채지 않는다면 그는 겸손하게 됩니다.

~ 49 ~

하늘나라에 있는 사람의 거처는 정념이 없는 덕의 상태로서, 미혹하게 하는 개념을 완전히 극복한 영적 지식과 결합되어 있습니다.

~ 50 ~

다원성은 드러난 통일체의 완성이며, 통일체는 드러나지 않는 다원성의 기원입니다. 모든 완성의 기원은 그것의 드러나지 않은 상태이며, 모든 기원의 완성은 드러날 잠재력의 완전한 발달입니다. 따라서 믿음은 덕의 본성적인 기원이므로, 그것의 완성은 덕을 통해서 실현된 선의 완전한 발달입니다. 그리고 본성적인 선은 덕의 완성이므로 그것의 기원은 믿음입니다. 이런 식으로, 믿음과 선 사이에는 본질적인 상호관계가 있습니다. 믿음은 암시적인 선이며, 선은 드러난 믿음입니다. 하나님은 본래 신실하고 선하십니다(마 19:17).

하나님은 원초적인 선으로서 신실하시며, 모든 갈망 중의 갈망으로서 선하십니다. 이러한 속성들은 모든 면에서 서로 동일합니다. 그리고 그것들은 하나님에게서 출발하여 하나님에게서 끝나는 현시의 행동에 의해서 서로 나누이지 않습니다. 따라서 하나님의 현시인 다원성은 하나님을 동경하는 모든 사람의 갈망을 완전히 성취시켜 줍니다. 한편 원초적인 선이신 하나님의 상징인 통일성은 하나님에게서 분명히 드러나는 모든 것의 완전한 기초가 됩니다.

51

첫째 유형의 무정념은 실제로 죄를 범하는 것을 완전히 삼가는 것입니다. 그것은 영적인 길을 걷기 시작하는 사람들에게서 발견될 것입니다. 둘째 유형은 정신적으로 악한 생각에 대한 동의를 완전히 거부하는 것입니다. 이것은 지적으로 덕에 참여한 사람에게서 발견됩니다. 셋째 유형은 정욕적인 욕망의 완전한 정지입니다. 이것은 가시적인 사물의 외적인 형태를 통해서 정신적으로 내적 본질을 관상하는 사람에게서 발견됩니다. 넷째 유형은 정념과 관련이 없는 심상들까지도 완전히 제거하는 것입니다. 이것은 영적 지식과 관상을 통해서 지성을 깨끗하고 투명한 하나님의 거울로 만든 사람들에게서 발견됩니다. 그러므로 만일 당신이 정념들이 자극한 행동을 하는 데서 자신을 완전히 깨끗이 하고, 그것들에 대한 정신적 동의에서 완전히 해방되고, 정욕적인 욕망의 자극을 완전히 정지시키고, 한때 정념들의 대상이었지만 이제는 정념과 관련이 없는 심상들까지도 지성에서 완전히 제거했다면, 당신은 네 가지 유형의 무정념을 모두 획득한 사람입니다. 당신은 물질의 영역에서 나와서 정신적이고 평온하고 거룩한 지적 실체들의 영역으로 들어간 사람입니다.

52

첫째 유형의 무정념은 실질적으로 죄를 범하려는 몸의 충동을 삼가는 것입니다. 둘째 유형은 영혼 안에 있는 정념에 물든 생각들을 완전히 거부하는 것입니다. 이러한 생각을 거부함으로써 첫째 유형의 무정념에서 언급된 정념들의 충동이 진압됩니다. 왜냐하면 이제 그것을 부추겨 행동하게 만드는 정념에 물든 생각이 없기 때문입니다. 셋째 유형은 정욕적인 욕망을 완전히 정지시키는 것입니다. 이것을 통해서 둘째 유형의 무정념이 형성됩니다. 왜냐하면 그것은 생각을 깨끗하게 함으로써 존재하게 되기 때문입니다. 네 번째 유형의 무정념은 모든 감각적인 심상들을 정신으로부터 완전히 축출하는 것입니다. 이것 역시 세 번째 유형의 무정념을 만들어 냅니다. 왜냐하면 이제 정신은 정념들을 만들어 내는 감각적인 것들의 심상을 소유하지 않기 때문입니다.

53

사고력과 이성은 육 년이 지나면 자유하게 되는 히브리 노예처럼 다루어져야 합니다(신 15:12). 그것들은 적극적인 덕의 특성을 이해하고 실현하며 덕의 실천을 반대하는 마귀들을 대적하여 전력을 기울이므로, 그것들은 덕을 실천하는 모든 사람들을 위해서 종처럼 수고합니다. 그것들이 실질적인 철학의 단계를 완성했을 때(육이라는 숫자는 실질적인 철학을 의미하므로, 이 단계의 완성은 육 년으로 나타냅니다), 사고력과 이성은 해방되어 영적 관상에 헌신하게 됩니다. 다시 말해서 피조물의 내적 본질을 관상하게 됩니다.

54

한편 도발력과 욕구는 다른 지파의 종으로 다루어져야 합니다(레 25:41-42). 관상적인 지성은 인내와 절제를 통해서 그것들을 사고력에 영원히 복종시켜 덕을 섬기게 만듭니다. 죽을 것이 생명에게 삼킨 바 되듯이(고후 5:4) 본성의 법이 영의 법에게 완전히 삼켜지지 않는 한, 그리고 근원을 갖지 않는 나라의 완전한 이미지가 분명히 계시되어 그 원형의 완전한 형태를 나타내지 않는 한, 그것들에게는 완전한 자유가 주어지지 않습니다. 이러한 상태에 들어간 관상적인 지성은 도발력과 욕구에게 자유를 주며, 욕구를 더럽혀지지 않은 즐거움과 하나님을 향한 열렬한 사랑의 순수한 기쁨으로 변화시키고, 도발력은 영적인 열정, 영원히 적극적이고 뜨거운 열정, 침착한 열광으로 변화시킵니다.

∽ 55 ∾

지성이 흔들림 없이 영적 지식에 집중하는 것, 그리고 덕에 의해서 거룩해진 감각의 부패하지 않음 등은 근원을 갖지 않는 나라의 영상을 이룹니다. 이 일은 감각이 영적으로 지성으로 변화됨을 통해서 영혼과 몸이 성령의 거룩한 법에 의해서 서로 연합될 때에 발생합니다. 이러한 상태에서 로고스의 영원히 활동하는 중요한 에너지가 그것들에게 스며들며, 신적인 것과 닮지 않은 것들은 완전히 사라집니다.

∽ 56 ∾

즐거움은 선한 것으로 간주되는 것이 실제로 존재한다고 전제하므로, 이는 실현된 욕망이라고 정의되어 왔습니다. 반면에 욕망은 선한 것으로 간주되는 것의 장래의 실현을 추구하므로, 이는 잠재적인 즐거움입니다. 도발하는 것은 계획적인 열정이며, 열정은 실천으로 옮겨진 도발입니다. 따라서 욕망과 도발을 사고력에게 복종시킨 사람은 영혼이 은혜 안에서 신적인 것과 흠없이 결합함으로써 자신의 욕망이 즐거움으로 변화되는 것, 그리고 자기의 도발이 신적인 것 안에 있는 즐거움을 보호해 주는 순수한 열정 – 이 상태에서 동경에 도취된 영혼은 피조물의 영역을 초월하는 엑스타시에 빠집니다 – 과 냉정한 열정으로 변화되는 것을 발견할 것입니다. 그러나 우리 안에 물질에 대한 애착과 세상이 살아 있는 한, 욕망과 도발에게 자유를 주어서는 안 됩니다. 자칫하면 그것들이 자신과 같은 성질의 감각적인 사물들과 혼합되어 영혼을 대적하고, 옛날 바벨론 사람들이 예루살렘을 함락시킨 것처럼 정념들로 영혼을 사로잡을 것입니다(왕하 25:4). 성경은 문자적인 이야기를 통해 지성적인 것들의 세계를 나타내면서 율법이 종살이를 하는 다른 지파의 종들에게 명령하는 때에 대해서 말하는데(레 25:40-41), 그때란 영혼의 의지와 목적인 이 세상, 즉 현세에 애착하는 것을 의미합니다.

∞ 57 ∞

악은 본성을 거스르는 우리의 활동 안에서 기원하므로 악에게는 출발점이 있습니다. 그러나 선은 만세 전부터 본성적으로 존재하므로 출발점을 갖지 않습니다. 선은 사고력에 의해 파악할 수 있으므로 지성적인 것입니다. 악은 사고력에 의해 파악할 수 없으므로 지성적인 것이 아닙니다. 우리는 선에 대해서 말할 수 있습니다. 실제로 우리는 선에 대해서만 말해야 합니다. 선은 생겨나며 실제로 그것은 생겨나야 할 유일한 것입니다. 그것은 본래 피조된 것이 아니지만, 우리를 향한 하나님의 사랑 때문에 그것을 만들고 말하는 우리가 신화되게 하기 위해서 그것은 자체가 은혜에 의해서 우리를 통해서 존재하게 되는 것을 허락합니다.

우리는 악 – 이것은 생겨나서는 안 될 유일한 것입니다 – 을 창조할 수 없습니다. 악은 결코 참된 존재를 소유하지 못합니다. 그리고 부패는 악의 본성이므로 악을 부패합니다. 선은 영원히 쉬지 않고 존재하므로 부패하지 않으며, 자신이 거하는 장소를 지켜봅니다. 그때에 우리는 선을 부지런히 구하고 갈망하며 도발력이 물들지 않게 보존해야 합니다. 우리는 인지적 통찰을 발휘하여, 선과 반대되는 것이 선을 더럽히지 못하게 막아야 합니다. 우리는 무지한 사람들에게 분명하게 선에 대해 말해 주어야 합니다. 그리고 우리가 지닌 생성력을 발휘하여 그것을 증가시키거나, 우리가 선에 의해서 증가되어야 합니다.

～ 58 ～

관상적인 지성이 자체의 활동 및 피조물에 대한 개념적 심상들을 다스리려면 악이 없어야 합니다. 다시 말해서, 어떤 방법으로든 악을 생각하지 않고 악을 낳지 말아야 합니다. 지성이 영적으로 피조물들을 자세히 조사하다가 감각적인 대상에 의해서 마음의 순수한 시각을 부패하게 만드는 본성을 지닌 마귀의 지배를 받지 않으려면, 지성은 이러한 상태에서 관상을 시작해야 합니다.

～ 59 ～

자신의 덕이나 영적 지식 때문에 자만심에 빠지는 사람은 압살롬처럼 아무런 선한 목적을 갖지 않은 채 머리털을 기르는 사람입니다(삼하 14:26; 18:9). 그는 표면적으로는 도덕적인 생활을 추구하는 듯이 보이지만, 그 생활에는 자만심이 혼합되어 있으며 구경꾼들을 속이려는 목적을 지닙니다. 그는 허영 때문에 교만해져서 로고스의 가르침을 통해서 자기를 낳아 준 영적 아버지를 밀어내려 합니다. 그는 교만하여 자기의 영적 아버지가 하나님이 주신 선물로서 소유했던 덕과 영적 지식의 광채를 가로채고자 합니다. 그런 사람이 피조물에 대한 영적 관상을 시작하고 진리를 위해서 사고력을 가지고 싸우기 시작할 때에, 그의 정욕적인 본성에 삶이 가득하기 때문에 그의 머리털은 물질적인 겉모습이라는 상수리 나무에 걸립니다. 그리하여 죽음과 뒤얽힌 그의 헛된 자부심은 그를 하늘과 땅 사이에 매달아 놓습니다(삼하 18:9). 자만심을 가진 사람은 하늘처럼 그를 비열한 자만심에서 끌어내 주는 영적 지식을 소유하지 못합니다. 또 오만함 때문에 올라가 있는 높은 곳으로부터 그를 끌어내려 줄 실질적인 노력이라는 기초인 땅도 소유하지 못합니다. 그를 낳아준 영적 교사는 그가 죽는 것을 보면서 불쌍히 여기고 슬퍼합니다(삼하 18:33). 그리하여 그의 교사는 죄인의 죽음을 원하는 것이 아니라 회개하고 살기를 원하시는 하나님을 본받습니다(겔 33:11).

～ 60 ～

모든 사람의 구원의 근원과 완성은 지혜입니다. 그것은 처음에는 두려움을 낳지만, 완전하게 되면 사랑의 갈망을 낳습니다. 또는 처음에는 섭리적으로 우리를 위해서, 지혜를 갈망하는 우리로 하여금 악을 단념하게 하기 위해서, 지혜가 두려움으로 나타나지만, 궁극적으로 지혜와 함께 거하기 위해서 존재하는 모든 것을 포기한 사람들을 영적인 환희로 채우기 위해서 지혜는 사랑의 갈망으로서 그 본연의 상태로 존재합니다.

～ 61 ～

지혜는 동경하지 않는 사람들에게는 두려움입니다. 이는 그들이 지혜에게서 도망칠 때에 당하는 손실 때문입니다. 그러나 지혜를 굳게 붙드는 사람들에게 있어서, 지혜는 사랑의 갈망이 되며 즐거운 활동의 내적 상태를 촉진합니다. 이는 지혜는 두려움을 낳으며, 사람으로 하여금 형벌을 두려워하게 만들어 정념으로부터 구원하기 때문입니다. 또 지혜는 사랑의 갈망을 만들어 내며, 지성으로 하여금 덕을 획득함으로써 우리를 위해 예비되어 있는 축복을 보는 데 익숙해지게 만듭니다.

~ 62 ~

참된 죄 고백은 영혼을 겸손하게 만듭니다. 그것이 감사의 형태를 취하면, 영혼이 하나님의 은혜에 의해서 구원받았음을 가르칩니다. 그것이 자책의 형태를 취하면, 영혼이 고의적인 게으름으로 말미암은 죄를 지었다고 가르칩니다.

~ 63 ~

죄 고백은 두 가지 형태를 취합니다. 그 중 하나의 형태를 따를 때에 우리는 받은 축복에 대해 감사하고, 다른 형태를 취할 때에는 우리가 그릇 행한 것을 드러내고 살펴봅니다. 우리는 하나님의 은총으로 말미암아 받은 축복에 감사하기 위해서, 그리고 우리가 지은 악한 행동의 자백을 위해서 정기적으로 죄고백을 합니다. 두 가지 형태의 고백 모두 겸손을 낳습니다. 받은 축복으로 인해 하나님께 감사하는 사람과 지은 죄 때문에 자기를 성찰하는 사람 모두가 겸손해집니다. 첫째 사람은 자신이 은혜를 받을 자격이 없다고 판단하며, 둘째 사람은 지은 죄의 용서를 구합니다.

~ 64 ~

교만이라는 정념은 두 종류의 무지에서 일어납니다. 이 두 종류의 무지가 결합되면 혼란스러운 정신 상태가 형성됩니다. 하나님의 도우심을 알지 못하거나 인간의 연약함을 알지 못하는 사람은 교만합니다. 그러므로 교만은 하나님의 영역과 인간의 영역에 대한 지식의 부족입니다. 두 가지 참된 전제를 부인하는 것은 결과적으로 하나의 거짓된 주장을 낳습니다.

～ 65 ～

자만심은 하나님과 일치하는 목적을 신적인 것과 반대되는 목적으로 대치하는 것입니다. 자만심이 가득한 사람은 하나님의 영광이 아니라 자기의 영광을 위해서 덕을 추구하며, 자신의 노력으로 무가치한 사람들의 칭찬을 얻으려 합니다.

～ 66 ～

인기를 좋아하는 사람은 도덕의 겉치레와 아첨하는 말에만 주의를 기울입니다. 그는 도덕의 겉치레로 사람들의 시선을 끌려 하며, 아첨하는 말로는 눈에 보이고 귀에 들리는 것에만 감동과 매력을 느끼며, 감각으로만 덕을 판단하는 사람들의 귀를 끌려 합니다. 이런 까닭에 유명해지려는 욕구는 겉으로는 덕을 위해서인 것 같지만 실제로는 사람들에게 보이기 위해서 행하는 과시적인 도덕적 행동과 말이라고 묘사할 수 있습니다.

～ 67 ～

위선은 우정의 가면, 또는 우정의 형태로 감추어져 있는 미움, 또는 호의라는 가면을 쓰고 작용하는 증오, 또는 사랑의 특성을 자극하는 질투, 또는 덕의 실체가 아니라 허구로 치장한 생활 방식, 또는 표면적으로만 유지되는 의라는 가면, 또는 진리라는 표면적 형태를 취한 속임수입니다. 위선은 비틀고 꼬는 데 있어서 뱀과 필적하는 사람들의 장기입니다.

~ 68 ~

하나님은 피조물 및 그것들의 본성적 선의 원인이십니다. 따라서 자기의 덕과 지식 때문에 우쭐대는 사람, 은혜로 주어진 덕의 진보에 상응하여 자신의 연약함을 인식하지 못하는 사람은 필연적으로 교만의 죄에 빠집니다. 자신의 명성을 위해서 선을 구하는 사람은 하나님보다 자신을 선호합니다. 이는 그가 자만심이라는 못에 찔렸기 때문입니다. 그는 사람들에게 보이기 위해서 덕스러운 행동이나 말을 하며, 하나님의 인정보다는 사람들의 인정을 더 소중하게 여깁니다. 간단히 말해서, 그는 유명해지려는 욕망의 희생자입니다. 부도덕하게 자신의 덕의 과시에 의해서 사람들을 속이기 위해서 도덕을 이용하며 표면적인 경건의 모습 아래 자기의 의지의 악한 성향을 감추는 사람은 위선이라는 간계와 덕을 맞바꿉니다. 그는 만물의 원인이 아닌 다른 것을 목표로 합니다.

~ 69 ~

교만의 마귀, 자만심의 마귀, 명예욕의 마귀, 위선의 마귀 등은 결코 고결한 사람의 열심을 죽이려 하지 않습니다. 그것들은 교활하게도 덕과 관련하여 그의 잘못을 책망하며, 한층 더 노력하라고 격려합니다. 그러한 마귀들은 그를 유혹하여 자기들에게 완전히 주의를 기울이게 만들기 위해서 이렇게 행합니다. 그들은 이렇게 함으로써 그로 하여금 균형과 중용을 잃게 만들며, 알아차리지 못하는 사이에 그가 가고 있다고 생각하고 있는 곳이 아닌 다른 곳으로 인도합니다.

70

하나님에 일치하는 삶을 살려고 노력하는 사람의 목적과 목표가 이 마귀들 쪽으로 기울어져 있기만 하면, 이 마귀들은 절제, 금식, 구제, 환대, 시편 찬양, 영적 독서, 침묵, 고귀한 교리들, 바닥에서 잠을 자는 것, 철야, 그 밖에 하나님에 일치하는 삶의 특징이 되는 것들을 미워하지 않습니다.

71

영적인 길을 가는 사람은 마귀들을 빨리 인식할 것이며, 그렇기 때문에 마귀들이 끼치는 해를 보다 쉽게 피합니다. 그러나 만물 안에 스며 있으며 "혼과 영을 찔러 쪼개는"(히 4:12) 살아 있고 운동력이 있는 로고스-영혼과 관련하여 어떤 행동이나 개념적 심상들이 본성적인 형태인지 덕의 표현인지, 어떤 것이 영적인 것인지, 다시 말해서 어떤 것이 초자연적인 하나님의 특징인지를 분별하시는 분-의 도움이 없으면, 아무리 고귀한 지성이라도 덕의 진보와 협력하는 것처럼 보이며 하나님의 전을 건설하는 데 도움을 주기를 원하는 체하는 마귀들을 인식하지 못합니다. 오직 로고스만이 "관절과 골수", 즉 덕과 영적 원리가 조화롭게 연합되어 있는지 아닌지를 아시며, 마음의 의도와 생각을 판단하시는 분, 즉 발언된 말을 근거로 하여 영혼 안에 숨겨진 동기와 눈에 보이지 않는 성향을 판단하십니다. 로고스는 우리 안에 있는 모든 것을 보십니다. 우리가 그분의 시선에서 벗어났다고 생각할지라도, 우리가 행하거나 생각하는 것 뿐만 아니라 장차 행하고 생각할 것까지도 그분 앞에서는 벌거벗은 것같이 드러납니다.

72

"혼과 영을 찔러 쪼갠다"는 것은 우리가 본성적으로 소유하는 원리인 본질적인 덕과 성령에게서 오는 덕, 즉 값 없이 주시는 선물로 받은 은혜를 구분하는 것을 의미합니다. 로고스는 이 둘을 정확하게 식별하십니다.

73

로고스께서 식별하시는 의도와 생각은 영혼이 신적 원리와 생각들이 갖는 관계이며, 이러한 관계들의 원인들입니다. 하나의 의도는 그러한 관계를 갖는 정신을 움직이며, 생각은 하나의 원인으로 작용하는 특수한 목적을 향합니다.

74

만일 하나님이 본질적인 지식이라면, 하나님은 지성에 종속되십니다. 왜냐하면 지성은 자체가 포용하는 모든 지식에 선행하기 때문입니다. 따라서 하나님은 모든 지성을 무한히 초월하시기 때문에 지식을 초월하십니다.

75

마음 깊은 곳에 거하시는 거룩한 로고스를 소유하지 못한 사람이 어찌 속이는 마귀들의 눈에 보이지 않는 간계를 극복할 수 있습니까? 그가 어떻게 독력으로 마귀들과 합류하지 않으며 교만과 자만심과 명예욕과 위선 등의 속이는 영들에게 "우리 하나님의 성전을 짓는 데 당신들과 함께 일한다는 것은 있을 수 없는 일이요. 우리들은 단독으로 이스라엘 하나님의 성전을 짓겠소"(외경 에스라 1서 5:69)

라고 선언한 스룹바벨과 여호수아와 여러 가문의 지도자들처럼 하나님의 성전을 세우고 건축할 수 있겠습니까? 마귀들과의 협력은 건물 전체의 부식과 파괴를 초래하며, 거룩한 제물에서 아름다움을 제거합니다.

~ 76 ~

앞에서 언급한 네 가지 마귀들 중 하나를 덕을 위한 싸움의 동역자로 받아들이는 사람은 주님을 위해 성전을 건설할 수 없습니다. 만일 그것들 중 하나를 받아들인다면, 그는 노력의 결과로서 하나님을 발견하지 못하며, 다만 그가 자신의 덕을 통해서 결합한 정념을 더욱 굳게 만들 것입니다.

~ 77 ~

덕의 부족을 통해서 우리에게 도전하는 마귀들은 음란과 술취함과 탐욕과 질투를 가르칩니다. 덕을 향한 지나친 열심을 통해서 우리에게 도전하는 마귀들은 자만과 자부심과 교만을 가르칩니다. 그것들은 은밀하게 칭찬할 만한 것들을 비난 받을 것으로 만듭니다.

~ 78 ~

마귀들이 본질적으로 선한 것에 의해서 죄의 죽음을 성취하기를 원한다고 주장하면서 영적 우정의 가면을 쓰고서 눈에 보이지 않게 우리를 공격할 때, 그리고 "당신들과 함께 우리도 성전을 짓는 데 참여하고 싶습니다"라고 말할 때, 우리는 "우리 하나님의 성전을 짓는 데 당신들과 함께 일한다는 것은 있을 수 없는 일이오. 우리는 단독으로 이스라엘 하나님의 성전을 짓겠소"라고 말해야 합니다. 우리의 덕의 부족을 통해서 우리를 공격하는 영들로부터 해방되었으므로 이제 지나친 열심을 장려함으로써 교만을 자극하는 것들의 찔림을 받기를 원하지 않기 때문에, 그리고 만일 그런 일이 발생한다면, 우리가 덕의 부족 때문에 타락한 것보다 훨씬 좋지 않을 것이므로 우리는 "단독으로 짓겠다"고 말합니다. 만일 우리가 덕의 부족 때문에 실족했다면, 우리의 연약함 때문에 용서받아 회복할 기회가 있을 것입니다. 그러나 우리가 교만하여 자신을 밉게 만들며 옳은 것 대신에 우리가 더 선하다고 간주하는 다른 것을 세웠기 때문에 실족한다면, 회복은 불가능하거나 어려울 것입니다. 그러나 다른 의미에서 보면 우리에게는 선한 것을 행하도록 도와주는 거룩한 천사가 있으므로, 우리가 단독으로 성전을 건설하는 것은 아닙니다. 사실 우리에게는 우리의 의로운 행위를 통해 자신을 계시하시며 우리를 모든 정념에서 자유하고 하나님께 적합한 거룩한 성전으로 만드시는 하나님이 계십니다.

⸺ 79 ⸺

덕이란 인간의 연약함과 하나님의 능력의 의식적인 연합이라고 정의할 수 있을 것입니다. 그러므로 인간 본성의 연약함을 초월하기 위해서 노력하지 않는 사람은 아직 덕의 상태를 획득하지 못한 사람입니다. 그는 아직 연약한 것을 강하게 만들어 주는 능력을 받지 못했기 때문에 길을 잃습니다. 한편 자신의 연약함을 능력으로 간주하고서 하나님의 능력이 아니라 자신의 연약함을 의지하는 사람은 덕의 경계를 넘어섭니다. 그는 자신이 선 있는 곳을 지나쳤다는 것을 의식하지 못하기 때문에 길을 잃습니다. 사실 그는 자신의 잘못 자체를 덕이라고 착각합니다. 따라서 자신의 본성적인 연약함의 한계를 넘기 위해 노력하지 않는 사람은 다소 쉽게 용서를 받습니다. 왜냐하면 그가 타락한 주된 원인은 게으름이기 때문입니다. 그러나 옳은 일을 행하기 위해서 하나님의 능력이 아니라 자신의 연약함을 의지하는 사람은 고의적으로 타락한 사람이기 쉽습니다.

80

"의인의 간구는 역사하는 힘이 많으니라"(약 5:16). 나는 이러한 기도는 두 가지 방법으로 역사한다고 생각합니다. 첫째, 하나님께 기도하는 사람이 계명에 따라서 행해진 행위로 그 기도를 뒷받침하는 것입니다. 이렇게 행할 때에 그의 기도는 참된 내용이 없고 효과가 없는 단순한 말이나 거룩한 음성이 아니라, 실질적인 계명 성취로 고무된 효과적이고 살아 있는 기도가 됩니다. 덕의 실천을 통해서 계명이 성취될 때에, 기도와 간구에 참된 내용이 주어집니다. 따라서 의인의 기도는 이런 식으로 활성화되었기 때문에 강력하며 모든 일을 행할 능력을 지닙니다. 둘째, 다른 사람으로부터 기도해달라는 요청을 받은 의인이 부탁받은 일을 실천할 때에, 의인의 간구는 강력하게 역사합니다. 그런 경우에 기도를 요청한 사람은 자신의 과거 생활 방식을 고칠 뿐만 아니라, 보다 선한 생활을 의지함으로써 의인의 기도에 역동적인 힘을 채워 줍니다.

81

만일 기도를 요청하는 사람이 덕보다 죄를 좋아한다면, 의인의 기도도 아무런 유익을 주지 못합니다. 사울이 범죄했을 때에 사무엘은 슬퍼했지만, 범죄한 사울의 삶이 변화되지 않았기 때문에, 사무엘의 슬픔은 하나님의 자비를 얻어내지 못했습니다. 하나님은 자기의 종

사무엘의 무의미한 슬픔을 중지시키시면서 "내가 이미 사울을 버려 이스라엘 왕이 되지 못하게 하였거든 네가 그를 위하여 언제까지 슬퍼하겠느냐"라고 말씀하셨습니다(삼상 16:1).

∽ 82 ∾

또 유대 백성이 미혹되어 귀신들을 예배했기 때문에, 예레미야가 그 백성을 위해서 하나님께 호소했지만 그의 기도는 응답되지 않았습니다. 왜냐하면 경건하지 못한 유대인들이 잘못을 버리고 회심하지 않았기 때문입니다. 그런 까닭에 하나님은 "그런즉 너는 이 백성을 위하여 기도하지 말라 그들을 위하여 부르짖어 구하지 말라 내게 간구하지 말라 내가 너를 듣지 아니하리라"(렘 7:16)고 말씀하시면서 그의 무익한 기도를 중지시키셨습니다.

∽ 83 ∾

의도적으로 파괴적인 죄를 즐기는 사람이 자유로운 선택에 의해 더럽혀졌음에도 불구하고 의인의 기도를 통해서 구원을 구하며, 자신이 적극적으로 미화해 온 것의 용서를 얻게 해 달라고 요청하는 것은 어리석음의 절정입니다. 만일 그가 진정으로 악한 것을 미워한다면, 의인에게 기도를 요청하여 그 기도가 헛되고 무력한 것이 되게 하지 말아야 합니다. 그는 그 기도를 적극적이고 강력하게 만들어야 합니다. 그렇게 하면 의인의 기도는 그의 덕의 날개를 달고서 죄를 용서하실 능력을 지니신 분에게 올라갈 것입니다.

∽ 84 ∾

기도를 하는 의인이나 의인에게 기도를 요청한 사람에 의해 활성화될 때에, 의인의 기도는 큰 힘을 나타냅니다. 의인에 의해 기도가 활성화될 때에, 그의 기도는 요청하는 것을 주실 능력을 지니신 하나님과의 직접적인 교제를 허락합니다. 의인에게 기도를 부탁한 사람에 의해 기도가 활성화될 때에, 그 기도는 그를 악한 길에서 구해 주고 덕 안에 둡니다.

～ 85 ～

베드로는 "너희가 이제 여러 가지 시험을 인하여 잠깐 근심하게 되지 않을 수 없었으나 오히려 크게 기뻐하도다"라고 말합니다(벧전 1:6). 그러나 그러한 시험 때문에 근심을 당하고 있는 사람이 어찌 자기를 근심하게 만드는 것을 기뻐할 수 있겠습니까?

～ 86 ～

근심에는 두 종류가 있습니다. 첫째는 영혼 안에서 알아챌 수 없게 만들어지며, 둘째는 감각 안에서 만들어집니다. 첫째 종류의 근심은 영혼을 완전히 장악하며, 양심의 가책으로 괴롭힙니다. 외적인 것들을 향하는 감각의 본성적인 성향이 고통에 의해 억제될 때에, 둘째 종류의 근심이 감각 전체에 스며듭니다. 첫째 종류의 근심은 육욕적인 즐거움의 결과이며, 둘째 종류의 근심은 영혼의 더할 나위 없는 행복의 결과입니다. 달리 말하자면, 첫째 종류의 근심은 우리가 의도적으로 받아들이는 감각적인 경험들의 결과이며, 둘째 종류의 근심은 우리가 자신의 의지와는 상관없이 당하는 것들의 결과입니다.

～ 87 ～

나는 근심이란 즐거움이 없는 상태라고 생각합니다. 즐거움의 부재는 곧 고통의 현존을 의미합니다. 고통은 어떤 본성적인 상태 안에 있는 결점, 또는 그러한 상태의 중단입니다. 본성적인 상태 안에 있는 결점은 그 상태에서 자연적으로 작용하는 기능의 혼란이나 이상입니다. 그러한 혼란에는 문제의 기능의 본성적 기능을 오용하는 것이 포함됩니다. 본성적인 기능을 오용한다는 것은 본래 존재하지 않으며 실질적인 존재가 결여된 것에 그 기능을 기울이는 것입니다.

88

영혼의 근심은 정욕적인 즐거움의 결과입니다. 그러므로 정욕적인 즐거움이 영혼의 근심을 만들어 냅니다. 마찬가지로 육체의 근심은 영혼의 즐거움의 결과입니다. 그러므로 영혼의 행복은 육체의 근심입니다.

89

두 종류의 근심이 있습니다. 첫째 근심은 감각을 포함하며, 육체적 즐거움의 부재 안에 존재합니다. 둘째 종류의 근심은 지성을 포함하며, 영혼의 축복의 부재 안에 존재합니다.

시험과 유혹에도 두 종류가 있습니다. 첫째 종류는 우리의 의지에 종속되며, 둘째 종류는 우리의 의지에 종속되지 않습니다. 우리의 의지에 종속되는 것들은 각각 안에 육체적인 즐거움을 낳고 영혼 안에는 근심을 낳습니다. 죄는 영혼의 근심을 낳습니다. 우리의 의지에 종속하지 않는 것들은 우리의 의지와는 상관없이 당하는 고난 속에서 분명히 나타납니다. 그것들은 영혼 안에 즐거움을 낳고, 감각 안에는 근심을 낳습니다.

~ 90 ~

근심에 두 종류가 있듯이, 시험이나 유혹에도 두 종류가 있습니다. 즉 우리가 자원하여 받아들이는 것과 우리의 소원을 거스르는 것이 있습니다. 첫째 종류의 시험은 의도된 즐거움을 만들어 내며, 둘째 종류의 시험은 의도한 것이 아닌 고통을 가합니다. 기꺼이 받아들여진 시험은 의도적인 선택에 의해 분명히 의도된 즐거움으로 이어집니다. 그러나 우리의 소원을 거슬러 당하는 시험은 의도적인 선택에 의해 의도된 것이 아닌 고난을 낳습니다. 전자는 영혼 안에 근심을 낳으며, 후자는 감각 안에 근심을 낳습니다.

~ 91 ~

자원하여 받아들여진 시험은 영혼 안에 근심을 만들어 내지만, 감각 안에는 즐거움을 만들어 냅니다. 우리의 소원을 거슬러 당하는 시련은 영혼 안에는 즐거움을 만들어 내고 육체 안에서는 근심을 만들어 냅니다

~ 92 ~

우리 주 하나님께서는 제자들에게 기도하는 방법을 가르치시면서 "우리를 시험에 들게 하지 마옵시고"라고 말씀하시면서(마 6:13), 우리가 자원하여 받아들이는 시험을 거부하게 해달라고, 다시 말해서 자원하여 받아들이면 의도된 즐거움으로 이어질 시험을 경험하지 않게 해달라고 기도하라고 가르치셨습니다. 그러나 주님의 형제라고 불리는 야고보는 진리를 위해 싸우는 사람들에게 두려워하지 말라고 가르치면서 "내 형제들아 너희가 여러 가지 시험을 만나거든

온전히 기쁘게 여기라"(약 1:2)고 말한 것은 우리의 의지에 종속되지 않는 시련, 즉 우리의 소원을 거스르며 고난을 초래하는 시련을 언급하고 있습니다. 이 두 가지 해석이 모두 옳다는 것은 주님이 "다만 악에서 구하옵소서"라고 덧붙여 말하신 것, 그리고 야고보가 계속하여 "이는 너희 믿음의 시련이 인내를 만들어 내는 줄 너희가 앎이라 인내를 온전히 이루라 이는 너희로 온전하고 구비하여 조금도 부족함이 없게 하려 함이라"(약 1:3-4)고 말한 데서 분명하게 드러납니다.

∼ 93 ∼

우리의 의지에 종속되는 시험들이 육체 안에서 즐거움을 만들고 영혼 안에 고통을 만들어 내기 때문에, 주님은 그러한 시험을 거부하게 해달라고 기도하라고 가르치십니다. 우리의 소원을 거스르는 시련은 육체로부터 즐거움을 몰아내고 영혼에게서 고통을 몰아내므로, 야고보는 이러한 시련을 당할 때에 오히려 기뻐하라고 촉구합니다.

∼ 94 ∼

"온전한" 사람이란 절제를 도구로 하여 자기의 의지에 종속되는 시험과 싸우는 사람, 그리고 자기의 소원을 거스르는 시련을 인내하며 참는 사람입니다. "구비한" 사람이란 영적 지식에 의해 완전해진 덕의 실천을 소유한 사람, 실질적인 효과를 나타내는 관상의 소유자입니다.

∼ 95 ∼

근심과 즐거움은 각기 영혼과 감각에게 영향을 미치므로, 영혼의 즐거움을 배양하며 감각의 근심을 인내하며 받아들이는 사람은 시험을 받아 완전하고 구비하게 됩니다. 그는 감각 안에서 즐거움과 근심의 대조적인 결과들을 경험하는 시험을 받습니다. 그는 절제와 인내를 가지고 감각 안에 있는 즐거움과 근심을 대적하여 꾸준히 싸우기 때문에 완전해집니다. 그는 항상 사고력에게 복종함으로써 감각 안에 있는 즐거움과 근심이라는 상충되는 경험들을 대적하는 상태를 유지하기 때문에 구비하게 됩니다. 여기에서 상태란 덕의 실천과 관상을 의미합니다. 그는 덕의 실천이 관상으로부터 조금이라도 분리되는 것을 허락하지 않습니다.

◈ 96 ◈

육체의 즐거움과 근심을 경험한 사람은 육체의 유쾌한 측면과 불쾌한 측면을 모두 경험했기 때문에 시험을 받았다고 묘사할 수 있습니다. 온전한 사람이란 사고력을 가지고서 육체의 즐거움과 고통에 맞서 싸워 극복한 사람입니다. 구비한 사람이란 하나님을 향한 뜨거운 갈망을 통해서 변함이 없이 덕을 실천하고 관상생활을 유지하는 사람입니다.

◈ 97 ◈

영혼의 근심에는 두 종류가 있습니다. 첫째는 자신의 죄로 인한 근심이고, 둘째는 다른 사람의 죄로 인한 근심입니다. 그러한 근심의 원인은 그 근심을 느끼는 사람의 정욕적인 즐거움, 또는 그가 근심하는 대상의 정욕적인 즐거움입니다. 엄격히 말하자면, 인간의 내면에 있는 거의 모든 죄는 먼저 영혼이 즐거움을 얻기 위해서 분별없이 감각에 애착하는 데서 생겨납니다. 인간의 영혼에 있는 즐거움의 원인은 그가 자신의 덕이나 다른 사람의 덕을 기뻐하고 즐거워할 때에 감각 안에서 느끼는 근심입니다. 엄격히 말하자면 사람의 내면에 있는 거의 모든 덕은 먼저 영혼이 의도적으로 감각으로부터 이탈함에 의해서 생성됩니다.

98

영혼이 감각에 대한 정욕적인 애착에서 완전히 해방될 때에 그 사람의 내면에는 전혀 죄가 존재하지 않습니다. 게다가 영혼의 근심 앞에는 육체의 즐거움이 선행합니다.

99

덕의 참된 기원은 영혼이 자발적으로 육체를 멀리하는 데 있습니다. 자발적인 고난으로 육체를 정복하는 사람은 자기 영혼에 영적인 즐거움을 불어넣습니다.

100

영혼이 덕을 위해서 감각으로부터 이탈하면, 감각은 필연적으로 고난을 받을 것입니다. 왜냐하면 즐거움을 고안해 내는 영혼의 능력이 의도적으로 선택된 관계 안에서 그것들과 결합하지 않을 것이기 때문입니다. 반대로, 영혼은 절제하면서 담대하게 본성적이고 정욕적인 즐거움의 공격을 물리칠 것이며, 비본성적이고 본의가 아닌 고난에 인내로 저항할 것입니다. 그것은 실질적인 내용을 갖지 않는 쾌락 때문에 거룩한 권위와 덕의 영광을 포기하지 않을 것이며, 육체에게서 감각의 고통에 의해 유도된 고난을 제거하기 위해서 덕의 정상에서 떨어지지 않을 것입니다. 감각 안에 있는 근심의 원인은 영혼이 본성과 일치하는 것에 완전히 집중하는 것입니다. 그리고 감각의 즐거움은 본성을 거스르는 영혼의 활동의 지원을 받습니다. 왜냐하면 영혼이 본성과 일치하는 것을 거부하는 것이 그러한 즐거움의 존재 원리이기 때문입니다.

301-400편

1

영혼은 중대하고 창의력이 풍부한 지적 능력을 소유합니다. 이 능력이 감각에 대한 애착과 분리되면, 전처럼 의도적으로 선택된 관계에 의해서 즐거움을 얻으려 하는 육체의 욕망을 충족시키려 하지 않습니다. 이제 영혼의 관심과 의도는 신적이 실체들에게 고정되어 있으므로, 영혼은 육체의 고난을 완화시키기를 거부합니다.

2

지성의 본성적인 에너지들과 감각의 본성적인 에너지들은 그 지향하는 대상이 극단적으로 다르므로 서로를 대적합니다. 지성은 정신적이고 영적인 것들을 대상으로 삼으며, 지성은 본래 그것들의 본질을 이해하기에 적합하게 되어 있습니다. 감각은 감각적이고 유형적인 실체들을 대상으로 삼는데, 감각들도 본성적인 능력에 의해서 이것들을 이해합니다.

3

육욕적인 즐거움의 기원은 영혼이 본성과 일치하는 것을 거부하는 데 있습니다. 본성과 일치하는 축복의 실현에 전력을 기울이는 영혼은 육욕적인 즐거움을 추구할 능력을 소유하지 않습니다.

4

가시적인 사물을 관상할 때에 사고력이 감각을 능가하면, 감각이 사고력의 지배를 받으며 제멋대로 나름의 즐거움을 추구할 수 없기 때문에, 육체는 모든 본성적인 즐거움을 박탈당합니다. 우리 안에서 사고력이 우위를 차지하면, 사고력이 육체로 하여금 덕을 섬기게 만들기 때문에 육체는 필연적으로 고통을 받습니다.

～ 5 ～

감각을 자신의 본성적 능력으로 간주하는 지성은 감각적인 것들의 피상적인 측면에 휩쓸리며, 육체의 즐거움을 누릴 방법을 강구합니다. 그것은 감각에 대한 정욕적인 애착의 저지를 받기 때문에 가시적인 것들의 본성을 초월하지 못합니다.

～ 6 ～

종종 지성이 중재하는 감각적인 대상에 대한 관상에 의하지 않고서는 자신과 비슷한 정신적 실체들을 이해하지 못하는 일이 발생할 수 있습니다. 그러나 지성과 연결되어 있으면서도 본성적으로 감각적인 사물과 유사한 감각이 없으면 그러한 관상을 할 수 없습니다. 따라서 지성은 가시적인 사물의 피상적인 측면들을 접할 때에 그것들에게 휩쓸리며, 그것과 연결된 감각 인식이 자신의 본성적인 활동이라고 생각할 수도 있을 것입니다. 만일 이런 일이 발생한다면, 지성은 그 본성과 일치하는 정신적 실체들을 저버리고 양손으로 그 사고력과 반대되는 물질적인 것들을 붙잡을 것입니다.

그리고 감각이 승리하여 지성을 자기 편으로 만들었으므로, 지성은 영혼을 근심으로 채울 것입니다. 지성은 육욕적인 즐거움의 창시자가 되었으며 육체를 제멋대로 내버려두는 방법에 대한 생각으로 자신을 조잡하게 만들었기 때문에, 지성은 양심의 채찍을 맞아 마비

됩니다. 그러나 만일 가시적인 사물의 피상적인 측면들이 감각을 자극하는 즉시 지성이 그것들을 극복한다면, 지성은 표면적인 형태를 벗어버린 피조물의 영적 본질을 관상할 것입니다. 그때에 영혼은 관상되는 감각적 사물의 지배를 받지 않으므로, 영혼 안에 즐거움을 만들어 낼 것입니다. 그러나 감각은 모든 본성적이고 감각적인 대상을 박탈당하므로, 감각 안에는 근심이 생겨날 것입니다.

7

감각적인 즐거움은 영혼 안에 근심이나 고통을 만들어 냅니다. 반면에 영혼의 즐거움은 감각 안에 근심이나 고통을 만들어 냅니다. 따라서 죽은 자들이 부활하여 하늘에 보관되어 있는 썩지 않고 시들지 않고 깨끗한 것을 물려받는 것을 통해서 우리 주 예수 그리스도 안에 있는 생명을 소망을 가지고 갈망하는 사람은 영혼 안에서 말로 표현할 수 없는 기쁨을 느낄 것입니다. 그는 예비되어 있는 축복에 대한 소망 때문에 쉬지 않고 즐거워할 것입니다. 그러나 그의 육체와 감각은 근심, 즉 여러 가지 시련과 시험이 만들어 내는 고난 및 그것들과 병행하는 고통을 경험할 것입니다. 모든 덕에는 즐거움과 고난이 동반됩니다. 육체는 기분 좋고 교활한 음탕함을 빼앗길 때에는 고난이 동반되며, 모든 감각적인 것이 제거된 영적 본질 안에서 즐거워하는 영혼 안에는 즐거움이 동반됩니다.

8

현세에서 지성은 덕을 위한 싸움에서 지성을 공격하는 시련과 시험의 결과인 많은 고난 때문에 육체와 관련하여 근심을 느껴야 합니다. 그러나 영혼과 관련해서 지성은 항상 기뻐하며, 비록 감각은 고난을 당하지만 영원한 축복의 소망 안에서 즐거워해야 합니다. 사도 바울은 "현재의 고난은 장차 우리에게 나타날 영광과 족히 비교할 수 없도다"라고 말합니다(롬 8:18).

9

육체는 영혼에게 속하지만 영혼은 육체에게 속하지 않습니다. 큰 것이 작은 것에게 속하는 것이 아니라, 작은 것이 큰 것에게 속하는 법입니다. 그러나 타락으로 말미암아 죄의 법 – 호색적인 쾌락 – 이 육체와 얽히게 되었습니다. 이 때문에 육체는 사망을 당할 운명이 되었습니다. 따라서 사망의 목적은 육체의 법을 죽이는 것입니다. 이런 까닭에 죄 때문에 죄를 죽이기 위해서 사망이 도입되었다는 것을 아는 사람은 자신의 많은 고난의 결과로서 죄의 법이 자기 육체에게서 떠나며 그를 위해 예비되어 있는 복된 생명을 영적으로 받을 수 있게 해 주는 것을 볼 때에 영적으로 즐거워합니다.

10

덕을 위해서 당하는 고난 때문에 육체적으로 근심이 가득한 사람은 바로 그 덕 때문에 영적으로 즐거워합니다. 이는 그가 예비되어 있는 축복의 아름다움을 현재의 실체처럼 보기 때문입니다. 그는 덕을 위해서 의지를 육체로부터 분리하며, 다윗처럼 날마다 죽습니다(시 44:22). 동시에 그는 영혼의 영적인 거듭남을 통해서 계속 새로워집니다. 왜냐하면 그는 건전한 즐거움과 유익한 근심을 모두 소유하고 있기 때문입니다. 여기에서 근심이란 대부분의 사람들이 느끼는 어리석은 근심을 의미하는 것이 아닙니다. 영혼이 거부해야 할 비본성적인 충동과 배격해야 할 것에 대한 혐오감을 발달시킨 후에 자신이 정념들과 물질들을 빼앗긴 것을 발견하기 때문에, 그러한 근심은 영혼을 괴롭게 합니다. 여기에서 의미하는 근심은 거룩한 지혜를 받은 사람들이 인정하는 목적에 합치하는 근심, 악한 것의 존재를 지적해 주는 근심을 의미합니다. 근심은 현존하는 악으로 정의되며, 육욕적인 쾌락이 지성적인 분별력을 지배할 때에 영혼 안에서 그러한 근심이 생겨납니다. 그러나 그것은 영혼이 방해를 받지 않고 덕의 길을 추구할 때에 감각 안에서 생겨납니다. 그것은 덕과 영적 지식이 수여한 조명을 통해서 하나님께 가까이 간 영혼 안에서 즐거움과 기쁨을 만들어 내듯이, 감각 안에 많은 고난을 도입합니다.

∽ 11 ∽

건전한 즐거움은 영혼이 덕 때문에 누리는 기쁨이며, 유익한 근심이란 덕을 위해서 육체가 당하는 고통입니다. 게다가 정념들과 물질에 몰두한 사람은 바라지 말아야 할 것을 향한 충동을 만들어 냅니다. 한편 자신에게서 정념들과 물질을 빼앗아가는 재앙을 환영하지 않는 사람은 마땅히 바라야 할 것을 혐오합니다.

∽ 12 ∽

하나님의 조명을 받아들일 수 있는 본성적인 기능이 존재하지 않는 한, 하나님의 은혜는 영적 지식의 조명을 실현하지 못합니다. 한편 하나님이 주시는 은혜가 없으면, 그 기능이 스스로 조명을 실현할 수 없습니다.

∽ 13 ∽

지혜를 받아들일 수 있는 지성이 없으면, 성령의 은혜로도 성도 안에 지혜를 실현할 수 없습니다. 또 영적 지식을 받을 수 있는 사고력의 기능이 없으면, 영적 지식을 구체화할 수 없고, 사고력과 지성 안에 앞으로 폐쇄되어 모든 사람들에게 감추어질 실체들에 대한 확신이 없으면 믿음을 구체화할 수 없고, 본성적인 연민이 없으면 치유의 은사가 구체화될 수 없고, 은혜의 선물을 받을 수 있는 성향과 기능이 없으면 은혜의 은사가 주어지지 않습니다. 한편 이러한 은사들을 주시는 신적 능력의 도움을 받지 않는 한, 우리는 자신의 본성적인 기능으로 이러한 은사들 중 하나도 획득할 수 없습니다. 모든 성도들은 하나님의 은혜가 인간의 본성적 능력들을 정지시키지 않는다는 것을 보여 줍니다. 왜냐하면 그들은 거룩한 실체들에 대한 계시를 받은 후에 자기에게 계시된 것 안에 포함된 영적 원리를 조사했기 때문입니다.

14

정념이 없이 구하는 사람은 덕을 실천할 수 있게 해 주는 은혜를 받을 것입니다. 만일 그가 정념이 없이 구한다면, 그는 자연적 관상을 통해서 피조물에 내재되어 있는 진리를 발견할 것입니다. 만일 그가 정념을 갖지 않고서 영적 지식의 문을 두드린다면, 아무런 방해를 받지 않고 신비 신학의 감추인 은혜를 획득할 것입니다(마 7:7-8).

15

아무런 정념이 없이 신적인 것을 구하는 사람은 분명히 구하는 것을 받을 것입니다. 정념을 가지고 구하는 사람은 자신이 구하는 것을 찾지 못할 것입니다. 성경은 "구하여도 받지 못함은 정욕으로 쓰려고 잘못 구함이라"고 말합니다(약 4:3).

~ 16 ~

우리 안에 계신 성령은 피조물에 대한 영적 지식을 찾아내십니다. 그러나 성령은 하나님이시요 모든 지식을 초월하시므로, 성령께서 영적 지식을 찾는 것은 자신을 위한 것이 아닙니다. 그분은 영적 지식을 필요로 하는 우리를 위해서 그것을 찾으십니다. 마찬가지로 로고스께서 육체를 통해서 자신의 신비를 성취하시면서 자신을 위해서 육체가 되신 것이 아니라 우리를 위해서 육체가 되셨습니다. 그러나 로고스께서 영과 지성을 부여받은 육체를 취하지 않고서는 본성적으로 육체와 관련된 것을 실현하시지 않으신 것처럼, 성령께서도 성도들 안에서 본성적으로 영적 지식을 찾는 기능이 없이는 신비에 대한 영적 지식을 구체화하지 않습니다.

~ 17 ~

태양빛이 없으면 눈이 감각적인 사물을 감지할 수 없듯이, 성령의 빛이 없으면 인간의 지성은 영적 관상에 참여할 수 없습니다. 육체적인 빛은 감각이 육체적인 몸을 감지하기 위해서 감각을 조명해 줍니다. 한편 지성이 관상에 참여하여 감각을 초월하는 것을 파악할 수 있게 하기 위해서 영적인 빛이 지성을 조명해 줍니다.

~ 18 ~

창조주는 인간 본성의 정수 안에 신적인 실체들을 찾는 기능들을 심어 놓으셨습니다. 그러나 신적 실체들은 인간에게 임하시는 성령의 능력에 의해서 은혜로 말미암아 계시됩니다. 타락의 결과로서 마귀가 이러한 기능들의 관심을 눈에 보이는 사물에게 고정시켰으므로, 인간의 지성과 사고력에 참여하는 사람들은 모두 감각적인 사물의 피상적인 측면만 이해하며 감각을 초월하는 것을 이해하지 못하기 때문에, 사람은 누구도 하나님을 이해하거나 찾지 않았습니다. 그러나 자유 의지에 따라서 내적으로 미혹에 복종하지 않은 사람들의 내면에서 성령의 은혜가 물질들에 집중된 이 기능들의 애착을 파괴하고 원래의 상태로 회복시켰습니다. 그리하여 깨끗해진 기능을 돌려 받은 사람들은 다시 신적인 실체들을 구했고, 동일한 성령의 은혜를 통해서 그것들을 계속 찾았습니다.

～ 19 ～

영혼의 구원은 믿음의 완성입니다(벧전 1:9). 이 완성은 지금까지 믿어 온 것의 계시입니다. 계시는 신자와 신앙의 대상이 말로 표현할 수 없이 서로에게 완전히 침투하는 것으로서, 각 사람의 믿음의 분량대로 이루어집니다(롬 12:6). 이러한 상호 침투를 통해서 신자는 궁극적으로 자신의 근원으로 돌아갑니다. 이 근원으로의 복귀는 갈망의 성취입니다. 갈망의 성취는 갈망의 대상 안에서 영원히 적극적으로 쉬는 것입니다. 그러한 쉼은 이 대상을 영원히 방해받지 않고 누리는 것입니다. 이러한 종류의 즐거움에는 초자연적인 신적 실체들 안에 참여하는 것이 수반됩니다. 이 참여는 참여자가 참여되는 것을 닮게 되는 것입니다.

이러한 닮음에는 참여자, 그리고 참여자가 닮음에 의해서 참여하는 대상 사이의 에너지의 동일성이 포함됩니다. 이 에너지의 동일성이 성도들의 신화를 만들어 냅니다. 신화는 모든 시대와 모든 세대, 그리고 그 안에 존재하는 모든 것을 포함하는 것이요 완성입니다. 이 포함하는 것과 성취는 구원을 허락받은 사람의 내면에서 이루어지는 그의 참되고 진정한 기원과 참되고 진정한 완성의 연합입니다. 이 연합은 본성적으로 기원과 완성의 한계를 지닌 모든 것을 초월하는 것을 전제로 합니다. 그러한 초월은 합당하다고 여겨지는 사람의 내면에서 직접적이고 무한한 방법으로 활동하시는 하나님의 전능하고 강력한 에너지에 의해 이루어집니다. 이 신적 에너지의 작용은 내면에서 신적인 것과의 말로 표현할 수 없고 깊이를 알 수 없는 연합이 성취된 사람에게 형언할 수 없는 즐거움과 기쁨을 줍니다.

 20

자연에는 자연을 거스르는 법들이 담겨 있지 않듯이, 자연을 초월하는 내적 원리도 담겨 있지 않습니다. 자연을 초월하는 것이란, 은혜로 말미암아 하나님과 연합되기에 합당하게 여겨지는 사람들의 내면에서 하나님이 자연스럽게 만들어 내시는 감지할 수 없는 거룩한 즐거움을 의미합니다. 자연을 거스르는 것이란, 그러한 즐거움의 박탈에 의해서 야기되는 말로 표현할 수 없는 아픔입니다. 하나님께서는 합당치 않고 은혜를 거스르는 방법으로 연합될 때에 그들의 내면에 이러한 아픔을 만들어 내십니다. 하나님은 사람들의 내적 상태의 특성에 따라서 모든 사람들과 연합되십니다. 그리고 하나님은 각 사람을 창조하실 때에 그들이 세상 끝날에 모든 사람들과 어떤 방법으로든 연합될 때에 하나님을 감지하고 느낄 수 있는 능력을 주셨습니다.

 21

성령은 영적 원리와 구원의 특성을 찾는 사람들을 인도하여 그것들을 이해하게 해 주십니다. 하나님은 그들이 본성적으로 신적인 것을 찾는 능력이 그들의 내면에서 활동하지 않고 아무런 결실도 맺지 않고 있는 것을 허락하지 않습니다.

∽ 22 ∾

사람은 먼저 자기의 의지를 죄에 대해서 죽이고 죄를 자기의 의지에 대해서 죽일 것을 구하며, 이 목적을 위해서 이 둘을 서로에 대해 죽이기 위해서 사용할 방법과 도구를 조사합니다. 그 일을 한 후에 그는 자기의 의지를 덕 안에서 살리며 덕을 자기의 의지 안에서 살릴 것을 추구합니다. 그리고 이 목적을 위해서, 덕과 의지가 각기 상대방 안에서 활력을 얻게 하기 위해 사용할 방법과 수단을 조사합니다. 구한다는 것은 바라는 대상을 향한 욕구를 갖는 것입니다. 조사한다는 것은 이 욕구가 대상을 얻는 데 사용되는 효과적인 방법을 사용하는 것입니다.

∽ 23 ∾

구원받을 사람은 죄를 자기의 의지에 대해서 죽일 뿐만 아니라 자기의 의지를 죄에 대해서 죽여야 합니다. 그는 덕에 의해서 자기의 의지를 살려야 할 뿐만 아니라 자기의 의지에 의해서 덕을 살려야 합니다. 그리하여 죽임을 당해 죄와 완전히 분리된 의지가 죄에 대해 완전히 무감각하게 됩니다. 한편 새로 활력을 얻은 의지는 덕과의 완전한 결합으로 말미암아 덕을 완전히 의식하게 됩니다. 따라서 자기의 의지를 죄에 대해 죽인 사람은 그리스도의 죽음과 연합한 것이며, 의를 통해서 자기의 의지에게 새생명을 준 사람은 그리스도의 부활과 하나 된 것입니다 (롬 6:5).

◈ 24 ◈

죄의 의지가 각기 상대방에 대해서 죽으면, 그것들은 서로에 대해서 완전히 무감각하게 됩니다. 그리고 의와 의지가 각기 상대방 안에서 생명을 얻으면, 그것들은 서로를 의식하게 됩니다.

◈ 25 ◈

그리스도는 하나님인 동시에 인간이십니다. 우리는 말로 표현할 수 없는 초자연적인 방법으로 은혜에 의해서 하나님이신 그리스도 안에 참여하며, 그분은 인간을 향한 불가해한 사랑 안에서 자신을 우리와 같은 형상을 지닌 인간으로 만드심으로써 우리를 위해서 우리의 운명에 동참하십니다. 성도들은 성령 안에서 신비하게 그분을 예견했고, 그의 덕 때문에 장래에 그리스도 안에 계시될 영광에 앞서 그분이 덕을 위해서 당하실 고난이 선행해야 한다는 가르침을 받았습니다(벧전 1:11).

◈ 26 ◈

이해를 초월하는 방식으로 피조물의 근원을 갈망하는 지성은 단순히 희구합니다. 한편 피조물 안에서 여러 가지 방법으로 참된 본질을 탐구하는 사고력은 조사합니다.

◈ 27 ◈

희구하는 것은 지성 자체의 원인을 향한 우선적이고 단순하고 열정적인 움직임입니다. 조사는 사고력이 어떤 개념의 도움을 받아 자체의 원인을 우선적으로 단순하게 식별하는 것입니다. 희구는 지성이 강력한 동경의 자극을 받아서, 그리고 인지적 의식 안에서 자체의 원인을 향해 영적으로 움직일 때에 발생합니다. 조사는 사고력이 덕의 작용을 통해서, 어떤 지혜롭게 심오한 개념의 도움을 받아서 자체의 원인을 향할 때에 발생합니다.

28

거룩한 선지자들은 영혼의 구원과 관련된 모든 것을 희구하고 조사하는 동안, 하나님을 향한 그들의 지성의 움직임은 그들의 동경의 자극을 받았으며 인지적 통찰과 영적 지식으로 뜨거웠습니다. 그리고 그들이 거룩한 실체들을 적극적으로 분별할 때에 분별력에 이해와 지혜가 가득했습니다. 그들을 모방하는 사람들도 인지적 통찰과 영적 지식을 가지고 영혼의 구원을 희구할 것이며, 이해와 지혜를 가지고 조사함으로써 하나님의 솜씨를 분별할 수 있을 것입니다.

29

사고력은 신적 실체들에 대한 두 종류의 지식을 인식합니다. 첫째는 사고력 및 그것의 결과인 개념들에 한정되며, 실제 경험을 통해 알려진 것들에 대한 실질적인 인식을 수반하지 않기 때문에 상대적인 지식입니다. 우리는 현세에서 이러한 지식의 지배를 받습니다. 둘째는 참되고 믿을 만한 지식입니다. 그것은 믿음을 통해서, 그리고 경험을 통해서 사고력 및 그것의 결과인 개념들의 도움 없이 참여함으로써 알려진 것들에 대한 완전하고 적극적인 인식을 성취합니다. 우리는 이 두 번째 종류의 지식을 통해서 초자연적이고 영원히 활성화된 신화를 받습니다. 사고력 및 그 결과로서 생겨난 관념들 안에 거하는 상대적인 지식은 참여에 의해서 획득되는 참된 지식을 향한 갈망을 자극한다고 합니다. 경험과 참여에 의해서 성취되는 이 참된 지식이 사고력 및 그 관념들 안에 거하는 지식을 대신합니다.

∽ 30 ∾

지식에는 두 종류가 있습니다. 첫째 지식은 사고력 및 그것의 결과인 거룩한 관념들 안에 거하며, 알려져 있는 것에 대한 인식을 포함하지 않습니다. 둘째 종류의 지식은 사고력 및 그 결과인 관념들의 도움을 받지 않고 직접적인 시각을 통해서 거룩한 실체들을 실질적으로 누리는 데 있습니다. 그러나 사고력은 참된 지식을 통해서 알 수 있는 것을 암시해 줄 수 있으며, 그럼으로써 우리 안에 그러한 지식에 대한 동경을 줄 수 있습니다.

∽ 31 ∾

지혜자들의 말에 의하면, 우리는 하나님을 경험하면서 동시에 하나님에 대해 생각하기 위해서 사고력을 사용할 수는 없습니다. 또는 하나님을 직접 인식하면서 하나님에 대한 관념을 소유할 수 없습니다. "하나님에 대해서 생각한다"는 것은 하나님과 피조물 사이의 유사성에 기초를 두고서 하나님에 대해서 생각하는 것을 의미합니다. "하나님에 대한 관념"이란 피조물에서 파생된 바 하나님에 대한 단순하고 단일한 지식을 의미합니다. 일반적으로 어떤 사물에 대한 우리의 경험은 그것에 대한 우리의 생각을 중단시키며, 그것에 대한 직접적인 인식은 그것에 대한 우리의 관념을 중지시킨다는 사실이 우리의 말을 확인해 줍니다. "경험"이란 모든 생각을 초월하는 차원에서 실현된 영적 지식을 의미하며, "직접적인 인식"이란 알려져 있는 것 안에 초지성적으로 참여하는 것을 의미합니다. 사도 바울이 "예언도 폐하고 방언도 그치고 지식도 폐하리라"(고전 13:8)고 말하면서 가르친 것이 이것일 것입니다. 그는 여기에서 분명히 생각과 관념을 통해서 사고력에 의해 획득된 지식을 언급하고 있습니다.

32

본래 모든 사물의 존재를 지으신 분께서는 은혜를 통해서 그들의 신화를 성취하시며, 그럼으로써 자신을 존재의 창시자일 뿐만 아니라 영원한 행복의 수여자로 계시하셨습니다. 모든 피조물은 자신의 본질적인 존재 및 다른 피조물의 존재에 대해 철저히 무지합니다. 따라서 피조물은 장차 존재할 사물에 대한 예지를 소유하지 못합니다. 하나님만이 그러한 예지를 소유하시며 피조물을 초월하십니다. 하나님은 자신이 본질상 어떤 분이신지 아시며, 자신이 지으신 만물이 존재하기 전에 이미 그것들의 존재를 아십니다. 그리고 하나님의 목적은 은혜를 통해서 피조물에게 그들 자신의 본질적인 존재에 대한 지식과 다른 사물의 존재에 대한 지식을 주시려는 것입니다. 하나님은 통일된 방법으로 하나님 안에 선재하던 그들의 창조의 내적 원리를 그들에게 제시할 것입니다.

33

로고스 하나님은 인간 본성을 지으실 때에 즐거움이나 고통이 감각에 영향을 주지 못하게 하지 않으셨습니다. 오히려 사람들이 말로 표현할 수 없는 방법으로 하나님을 누릴 수 있게 해 주는 통로가 될 정신적 능력을 감각 안에 심으셨습니다. 이 능력이란 지성의 하나님을 향한 본성적인 동경을 의미합니다. 그러나 하나님의 판단 기준에 입각하여, 첫 사람 아담은 감각적인 사물을 향한 최초의 움직임을 통해서 이 동경을 자기의 감각에게로 이동시켰고, 그것들을 통해서 본성을 거스르는 방법으로 즐거움을 경험하기 시작했습니다. 하나님은 우리의 구원을 위한 섭리적인 배려로서 우리 안에 일종의 징계하는 힘으로써 고통을 심어 놓으셨습니다. 그리고 고통을 통해서 사망의 법이 육체 안에 뿌리를 박았고, 그리하여 지성이 본성을 거스르면서 감각적인 사물들을 향하고 바라는 것에 한계를 두셨습니다.

∞ 34 ∞

즐거움과 고통이 육체와 동시에 피조된 것이 아닙니다. 인간으로 하여금 자신의 선택 능력을 부패하게 하며 일종의 징계로서 그의 본성의 와해로 이어지는 고통을 그에게 임하게 하는 방식으로 즐거움을 생각하고 추구하게 만든 것은 타락이었습니다. 이처럼 쾌락 때문에 죄는 영혼이 자유로 선택한 죽음이 되었고, 이 와해에 의한 고통은 육체의 유형적 형태의 붕괴를 초래했습니다. 하나님은 인간이 선택한 즐거움으로 인해 그를 징계하시기 위해서 섭리적으로 인간이 선택하지 않은 고통 및 거기서 비롯되는 죽음을 주셨습니다.

∞ 35 ∞

인간 본성에 침입한 무의미한 쾌락 때문에, 여러 가지 고난의 형태를 취하는 목적 있는 고통도 들어왔습니다. 사망의 근원은 이러한 고난 안에 있습니다. 그러한 고통은 비본성적인 즐거움을 몰아내지만 완전히 파괴하지는 못합니다. 그것의 완전한 멸망은 지성 안에서 활동하는 거룩한 즐거움의 은혜에 의해서 이루어집니다.

∞ 36 ∞

거리낌없이 받아들인 고난과 우리의 의도와는 상관없이 임하는 고난은 쾌락을 몰아내고 그 추진력을 경감시킵니다. 그러나 그것들은 본성적인 법처럼 인간 본성 안에 거하는 쾌락을 추구하는 능력을 제거하지는 않습니다. 덕의 계발은 우리의 의지 안에 무정념을 만들어 내는 것이지 우리의 본성 안에 만들어 내는 것이 아닙니다. 그러나 우리의 의지 안에 무정념이 획득되면, 거룩한 즐거움의 은혜가 지성 안에서 활동합니다.

~ 37 ~

모든 고난의 원인은 그에 선행하는 즐거움에 있습니다. 이런 까닭에 모든 고난은 인간 본성을 지닌 사람들이 즐거움에 대한 대가로 자연히 지불하는 빚입니다. 까닭 없는 즐거움의 지배에 복종한 데서 생겨난 비본성적인 쾌락 뒤에는 고난이 따릅니다. 여기서는 타락에서부터 생겨난 즐거움을 까닭 없는 즐거움이라고 묘사합니다. 왜냐하면 그것은 분명히 선행하는 고난의 결과로서 임한 것이 아니기 때문입니다.

~ 38 ~

만일 창조주께서 인간이 되셔서 인간이 자의로 선택한 즐거움에 대한 징벌로서 의도된 고난을 자원하여 받아들이지 않으셨다면, 자유로이 선택한 즐거움의 행동 양식에 복종하여 자기의 의지를 거슬러 가해지는 고통을 경험한 인간 본성은 원래의 생명으로 회복될 수 없었을 것입니다. 그러나 인간이 되신 창조주의 고통에는 즐거움의 법칙에 따른 발생(generation)이 선행하지 않았습니다. 그리하여 즐거움에서 비롯된 것이 아닌 출생을 받아들임으로써, 그분은 출생에게 부과된 형벌을 제거하실 수 있었습니다.

∽ 39 ∾

타락 이후 모든 사람의 발생은 정념으로 물들고 즐거움이 선행했습니다. 누구도 이 법칙에서 면제되지 않았습니다. 마치 본성적인 빚을 갚는 듯이, 모든 사람은 고난 및 고난에서 오는 죽음을 경험했습니다. 모든 사람이 부정하게 얻은 즐거움의 폭정 아래 있었고, 받아야 할 고난 및 그 고난이 만들어 내는 바 마땅히 받아야 할 죽음에 예속되어 있었으므로 누구도 자유에 이르는 길을 발견할 수 없었습니다. 이런 까닭에 다른 종류의 고난과 죽음을 느껴야 했습니다. 그것은 첫째로 부정하게 얻은 쾌락 및 그에 따라 마땅히 받아야 할 고난 – 인간의 생명은 즐거움을 통한 그의 발생에서 비롯된 썩어짐 안에서 기원하며 죽음을 통해서 임하는 썩어짐에서 끝이 나므로, 인간의 붕괴를 초래하는 고난 – 을 죽이기 위해서입니다. 둘째로, 고난하는 인간 본성을 회복시키기 위해서입니다. 이 다른 종류의 고난과 죽음은 불의하고 부당한 것이었습니다. 그것은 선행하는 즐거움에 의해서 발생된 것이 아니기 때문에 부당하며, 정념의 지배를 받는 생활의 결과가 아니기 때문에 불의한 것이었습니다. 그러나 불의하게 취한 즐거움과 정당하게 받아야 할 고난과 죽음 사이를 중재하면서 즐거움의 자극을 받은 인간 생명의 기원 및 그 결과인 죽음을 완전히 철폐하며 그것을 즐거움-고통이라는 행동 양식에서 해방시키기 위해서 이 다른 종류의 고난과 죽음이 고안되어야 했습니다. 그렇게 함으로써 그것은 발생과 부패에 예속되는 존재들 안에 내재하는 특성들에 오염되지 않은 원래의 축복된 상태를 회복할 것입니다.

그렇기 때문에 본래 완전한 하나님이신 하나님의 로고스께서 우리의 본성처럼 고난받을 수 있는 지성과 몸을 부여받은 영혼으로 구성된 본성을 지닌 완전한 인간이 되셨습니다. 그분의 본성만 죄가 없으셨습니다. 이는 그분이 역사 안에서 여인을 통해서 탄생하시기에 앞서 원초적인 불순종에서 생겨나는 즐거움의 흔적이 전혀 없었기 때문입니다. 사랑이 많으신 그분은 불공정하게 고난을 받으심으로써 현세의 삶을 지배하는 바 즐거움의 자극을 받으며 불공정한 근원을 폐지하시기 위해서 인간의 생명을 종식시키는 고통스러운 죽음을 받아들이셨습니다. 다른 사람들의 죽음과는 달리, 주님의 죽음은 쾌락 때문에 초래된 빚을 갚는 것이 아니라, 즐거움에 대한 도전이었습니다. 따라서 그분은 이 죽음을 통해서 인간의 생명을 종식시키는 합당한 죽음을 완전히 멸하십니다. 이는 그분의 존재의 원인은 마땅히 죽음의 벌을 받아야 하는 부정한 즐거움이 아니었기 때문입니다.

~ 40 ~

주님은 본래 지혜로우시고 의로우시고 전능하십니다. 주님은 지혜로우시기 때문에, 인간 본성을 치유하는 방법에 대해 무지하실 수가 없었습니다. 주님은 의로우시므로 죄의 속박을 받는 의지를 지닌 사람을 포악한 방법으로 구원하실 수 없었습니다. 주님은 전능하시므로 자신의 치유 사역을 완수하는 데 부적당한 것으로 입증되실 수 없었습니다.

~ 41 ~

하나님께서 본성에 의해 참된 인간이 되신 것 안에 하나님의 지혜가 계시되어 있습니다. 하나님께서 잉태되실 때 우리의 본성과 동일한 감정적인 본성을 취하신 것은 하나님의 공의를 나타냅니다. 하나님께서 고난과 죽음을 당하심으로써 본성적으로 영원한 생명과 불변하는 무정념의 상태를 창조하신 것은 하나님의 힘을 나타냅니다.

∼ 42 ∼

주님은 사람을 치유하신 방법을 통해 자기의 지혜를 드러내셨습니다. 주님은 자기를 낮추시어 인간의 본성 안에 있는 감성적인 것이 주어가 되는 문장에 복종하시고, 그 문장을 죄 및 죄로 말미암아 임하는 죽음을 멸하기 위한 무기 – 다시 말해서 쾌락 및 쾌락이 만들어 내는 고통을 멸하기 위한 무기 – 로 만드심으로써 공의의 공정함을 증명하셨습니다. 죄와 죽음은 이 쾌락-고통이라는 행동 양식을 지배합니다: 쾌락을 추구하는 동안 범한 죄의 폭정, 그리고 죄의 결과인 고통스러운 죽음의 지배. 쾌락과 고통의 지배는 인간 본성 안에 있는 감성적인 것에 적용됩니다. 그리고 우리는 쾌락을 통해서 고통의 형벌을 완화시키는 방법을 찾으며, 그럼으로써 형벌을 증가시킵니다. 우리는 고통을 피하려 하기 때문에 쾌락 안에서 피난처를 구하며, 그렇게 함으로써 고통에 억눌린 본성의 아픔을 덜어 주려 합니다. 그러나 이렇게 쾌락을 가지고 고통을 무디게 만들려 함으로써 우리의 채무를 증가시킬 뿐입니다. 왜냐하면 우리가 누리는 쾌락은 필연적으로 고통과 고난으로 이어지기 때문입니다.

∼ 43 ∼

주님은 인간 본성에게 썩지 않는 발생의 형태를 부여하시면서 적대적인 세력들로부터 당하는 일 안에서 자신의 탁월한 능력을 분명히 증명하셨습니다. 그분은 고난을 통해서 무정념을, 고난을 통해서 휴식을, 죽음을 통해서 영원한 생명을 주셨습니다. 주님은 육신을 입고 고난을 당하심으로써 인간의 상태를 재확립하시고 새롭게 하셨으며, 자신의 성육신에 의해서 인간 본성에게 신화라는 초자연적인 은사를 주셨습니다.

～ 44 ～

하나님께서는 참된 인간이 되셨으며, 고난을 통해서 우리를 위해 예비된 삶의 즐거움으로 인도해 주는 새로운 발생의 형태를 인간 본성에게 수여해 주셨습니다. 우리의 조상 아담은 하나님의 명령을 범하면서 뱀의 선동을 받아 원래의 발생의 형태 대신에 쾌락에서 시작되어 고난을 통해서 죽음으로 끝나는 또 다른 형태의 발생을 생각하여 인간 본성에 도입했습니다. 이 쾌락은 선행하는 고난의 결과가 아니었고, 오히려 이 쾌락이 고난을 낳았습니다. 그리고 쾌락의 자극으로 부정하게 얻은 이 발생의 형태를 도입했기 때문에, 그는 자기 자신 및 그에게서부터 육신을 입고 태어난 모든 사람에게 고난을 통한 죽음이라는 운명을 초래했습니다.

따라서 주님은 인간이 되시고, 인간의 본성 안에 새로운 형태의 발생을 만드실 때에, 고난을 통해서 죽음을 받아들이셨습니다. 그러나 주님의 발생은 우리의 조상이 불순종하여 도입한 부정한 쾌락에 의해 유발된 것이 아니므로, 그리고 그렇게 하심으로써 원래 하나님에게서 온 것이 아닌 모든 것을 멸하시고 영적으로 거듭난 사람들을 죄의식에서 해방시켜 주셨으므로, 주님의 죽음은 아담의 죽음처럼 마땅히 받아야 할 죽음이 아니었습니다.

～ 45 ～

주님은 성령으로 말미암아 은혜에 의해서 주님 안에 거듭난 사람들 안에서 육체에 따르는 발생의 결과들을 무력하게 만들기 위해서 죄의 법에서 생겨나는 쾌락을 제거하셨습니다. 아담에게서 유전된 발생의 쾌락이 그들 안에서 더 이상 활동하지 않고 아담 때문에 생겨난 고통만 활동할 때에, 주님은 그들이 원래 죄에 대한 형벌로서 인간 본성에게 부과된 선고인 죽음을 죽음을 경험하는 것을 허락하십니다. 그들의 경우 이것은 죄에 대해서 지불해야 할 채무가 아니라, 하나님께서 죄를 멸하려는 목적으로 그들의 본성적인 상태 때문에 섭리적으로 허락하시는 사건입니다. 쾌락에서 생겨난 것이 아닌 죽음은 영생을 낳습니다. 아담의 쾌락의 삶이 죽음과 부패를 낳았듯이, 아담에게 기원을 둔 쾌락의 제한을 받지 않는 주님의 죽음은 영원한 생명을 낳습니다.

∽ 46 ∽

타락 이후 인간의 생명은 쾌락에 의해 유발된 정자를 통해 임신하여 이 무상한 세상에 탄생하는 방식으로 발생했습니다. 그리고 인간의 생명은 부패함을 통해서 고통스러운 죽음으로 끝이 납니다. 그러나 주님은 이와 동일한 방식으로 육체 안에서 발생하신 것이 아니며 사망에게 정복되시지도 않았습니다.

∽ 47 ∽

죄는 먼저 아담을 유혹하여 계명을 범하게 했습니다. 그리고 관능적인 즐거움에 내용을 부여하고, 그러한 즐거움을 통해서 본성의 근원에 들러붙음으로써, 죄는 본성에 죽음의 선고를 가져왔습니다. 죄는 인간을 통해서 모든 피조물을 사망으로 몰아갑니다. 이 모든 일은 죄의 자식이요 불의의 아비인 마귀가 꾸며낸 일입니다. 마귀는 하나님의 솜씨를 파괴하며 존재하는 것들을 와해시키기 위해서 교만을 통해서 인간을 거룩한 영광에서 몰아내며, 우리와 하나님에 대한 시기심 때문에 아담을 낙원에서 쫓아냈습니다.

— 48 —

마귀는 우리와 하나님을 질투하기 때문에, 간계에 의해서 하나님이 인간을 질투하신다고 믿게 만들었고(창 3:5), 그리하여 하나님의 명령을 범하게 만들었습니다. 마귀는 하나님의 능력이 실제로 인간을 신처럼 만들게 되는 것, 그리고 인간이 덕을 획득하여 하나님의 영광 안에 참여하는 인격이 되는 것을 시기했습니다. 더러운 마귀는 우리가 덕을 통해서 하나님과 더불어 획득하는 영광 때문에, 그리고 하나님께서 우리의 구원을 이루시는 바 찬양 받으시기에 합당한 능력 때문에 우리와 하나님을 시기합니다.

— 49 —

아담 안에서는 육욕적인 쾌락이 발생의 원리가 되었기 때문에 본성에게 사형이 선고되었습니다(창 2:17). 그리스도 안에서는 육욕적인 쾌락의 제한을 받지 않고 본성에게 새로운 형태의 발생이 주어졌기 때문에, 그리스도 안에서는 죄에게 사형이 선고되었습니다.

— 50 —

만일 성령을 통해서 은혜에 의해 하나님이 거하시는 전이 되는 영광을 받은(히 3:6) 우리가 죄를 정죄하기 위해서 의를 위하여 고난을 참고 견뎌야 하며(히 10:36), 비록 우리가 선할지라도 죄수처럼 복종할 각오가 되어 있어야 한다면, "하나님의 복음을 순종치 아니하는 자들의 그 마지막이 어떠하겠습니까?"(벧전 4:17) 다시 말해서, 쾌락의 자극을 받으며 본성이 지배하는 아담의 발생 형식이 자신의 영혼과 몸, 의지와 본성 안에서 끝까지 살아 활동하도록 부지런히 유지하게 할 뿐만 아니라, 성육하신 아들을 통해서 부르시는 아버지 하나님을 받아들이지 않으며 또 아버지의 사자이신 중보자 아들도 받아들이지 않는 사람들의 운명은 어떠하겠습니까?(딤전 2:5) 아버지의 소원대로 우리를 아버지와 화목하게 하기 위해서, 아들께서 우리를 대신하여 죽으셨으며, 그럼으로써 우리를 위해 수치를 받으시는 데 동의하신 것과 동일한 분량으로 자신의 신성의 아름다움으로 우리를 영화롭게 하셨습니다.

~ 51 ~

하나님은 구원받은 사람들의 광대하고 영원하고 무한한 거처이십니다. 그분은 모든 사람들에게 그들의 의의 분량에 따라서 모든 것이 되십니다. 하나님은 각 사람이 영적 지식에 비추어 현세에서 의를 위해 고난받은 분량에 따라서 각 사람에게 자신을 주셨습니다. 따라서 그분은 각 지체의 실제 능력에 따라서 몸의 지체들 안에서 활동을 드러내는 영혼, 그리고 각 지체가 생명의 유지하게 해 주는 영혼과 흡사합니다. 하물며 만일 그러한 은혜를 빼앗긴다면 "경건치 아니한 자와 죄인이 어디 서리요"(벧전 4:18). 만일 사람이 자신의 행복이 달려 있는 적극적인 하나님의 현존을 받을 수 없다면, 그리하여 시간과 공간을 초월하는 신적 생명을 획득하지 못한다면, 그는 장차 어디에 있겠습니까?

~ 52 ~

만일 어떤 사람이 구원받은 모든 사람의 거처이시며 그들의 행복의 근원이 되시는 하나님께서 그의 생명을 지탱해 주시고 그의 행복을 보장하는 것을 거부한다면, 장차 그 사람은 어떻게 되겠습니까? 또 만일 의인이 겨우 구원을 받는다면(잠 11:31; 벧전 4:18), 현세에서 전혀 헌신의 원리나 덕을 획득하지 못한 사람은 장차 어떻게 되겠습니까?

53

선하신 하나님은 하나의 무한히 강력한 의지의 행동에 의해서 천사들과 인간들, 선인들과 악인들을 모두 모으실 것입니다. 그러나 하나님이 절대적으로 만물에게 세력을 떨치시지만, 모든 사람이 동등하게 하나님 안에 참여하지는 않을 것입니다. 사람들은 각기 자신의 모습에 따라서 하나님 안에 참여할 것입니다.

54

천사이거나 사람이거나 간에 매사에 본성적인 정의를 유지하며, 보편적인 행복의 원리에 일치하는 방법으로 본성의 내적 원리를 적극적으로 받아들이는 자들은 그들을 밝혀 주는 신적 생명에 완전히 참여할 것입니다. 이는 그들이 자신의 의지를 하나님의 의지에 복종시켰기 때문입니다. 매사에 본성적인 정의를 유지하지 못하며 보편적인 행복의 원리와 어긋나는 방식으로 본성의 내적 원리들을 파괴해 온 사람들은 신적인 생명을 완전히 상실할 것입니다. 왜냐하면 그들은 자신의 의지로 하나님의 의지에 대항해 왔기 때문입니다. 이것이 그들을 하나님으로부터 분리시킵니다. 그러므로 선한 행동에 의해 활력을 얻으며 신적 생명의 조명을 받는 행복의 원리가 그들의 의지 안에서 작용하지 않습니다.

∽ 55 ∽

마지막 심판 때에 천사이건 인간이건 간에 모든 존재의 성향을 재는 표준은 본성의 원리입니다. 그것은 그 천사나 인간이 행복을 향하는지, 그와 반대되는 것을 향하는지를 분명히 보여 줍니다. 각각의 존재는 이러한 성향에 따라서 신적 생명에 참여하기도 하고 참여하지 못하기도 합니다. 하나님은 모든 천사와 인간을 그들의 존재 및 영원한 존재에 따라서 하나님 앞에 불러 모으실 것입니다. 그러나 하나님은 거룩한 사람들만 그들의 영원한 행복에 따라서 특별한 방법으로 불러 모으시며, 거룩하지 못한 사람들은 영원히 행복이 결핍된 상태로 버려두실 것입니다.

∽ 56 ∽

거룩한 성육신의 신비 안에서 그리스도 안에 두 가지 본성, 즉 인성과 신성을 구분하는 것은 그분이 두 인격으로 나뉜다는 의미가 아닙니다. 만일 성육하신 그리스도가 두 개의 위격으로 나뉜다면, 삼위일체에게 네 번째 위격이 추가되겠지만 그렇지 않습니다. 또 사물은 하나님과 공동의 본질을 소유할 수 없으므로, 그리스도 안에는 신성과 인성의 구분이 있어야 합니다.

다시 말해서, 성육신 안에서 두 개의 본성이 연합되어 하나의 본성을 형성하는 것이 아니라 하나의 인격을 형성했습니다. 그러므로 두 개의 본성의 결합에 의해 이루어지는 위격적 연합은 하나의 완전한 통일체를 이룰 뿐만 아니라, 나눌 수 없는 연합으로 결합되는 상이한 요소들은 변화와 혼동이 없이 자신의 본성적 특성을 그대로 보유합니다.

57

로고스의 성육 이후에도 삼위 하나님은 여전히 삼위일체이시므로, 우리는 그리스도와 관련하여 위격들의 구분을 말하지 않습니다. 성육신의 결과로 거룩한 삼위일체에게 네 번째 위격이 추가된 것이 아니었습니다. 우리는 육체가 본래 로고스와 공동의 본질이라고 주장하는 것을 피하기 위해서 본성들의 구분에 대해 말합니다.

58

그리스도 안에 있는 두 개의 본성을 구분하지 않는 사람은 로고스께서 변화가 없이 육신이 되셨다는 것을 확인할 기초를 갖지 못합니다. 그는 연합이 이루어진 후에는 우리 주 하나님이신 그리스도의 단일한 위격 안에서 인수한 것과 인수된 것이 각기 그 본성에 따라 보존된다는 것을 인정하지 않습니다.

59

연합 이후에도 그리스도 안에는 그의 육체의 본성과 신성의 본성의 구분이 있습니다. 왜냐하면 신성과 육체의 본질은 결코 동등하지 않기 때문입니다. 이런 까닭에 인성과 신성이라는 두 요소의 연합이 하나님의 본성을 생성하는 것이 아니라 하나의 인격을 만들어 냅니다. 이 인격과 관련하여 그리스도 안에는 어떤 종류의 구분도 없습니다. 왜냐하면 하나의 인격이신 로고스는 그 자신의 육체와 동등하시기 때문입니다. 만일 그리스도 안에 그러한 구분이 없었다면, 그는 결코 하나의 인격이실 수 없었을 것입니다. 그리스도의 인격의 단일성은 어떤 종류의 구분도 허락하지 않으며, 영원히 하나의 통일체이시며 또 그렇게 주장됩니다.

◦ 60 ◦

믿음은 소망의 도움을 받아 하나님을 향한 우리의 사랑을 완전하게 만듭니다. 깨끗한 양심은 우리로 하여금 계명을 지키게 함으로써 우리의 이웃 사랑에 실체를 부여해 줍니다. 깨끗한 양심은 계명을 범할 수 없기 때문입니다. 참 구원을 희구하는 사람들만이 진심으로 이 세 가지, 즉 믿음과 소망과 사랑을 믿습니다.

◦ 61 ◦

믿는 것보다 더 쉬운 일이 없고, 믿는 것에서 비롯되는 은혜를 입으로 고백하는 것보다 더 쉬운 일이 없습니다. 신자의 믿음은 창조주에 대한 그의 살아 있는 사랑을 드러내 줍니다. 받은 은혜에 대한 고백은 이웃을 향한 경건한 사랑을 드러내 줍니다. 사랑과 순수한 애정 – 즉 믿음과 깨끗한 양심 – 은 마음의 은밀한 충동의 결과입니다. 마음은 표면적인 물질을 사용하지 않고서도 충분히 그런 것을 생성할 수 있습니다.

◦ 62 ◦

만일 어떤 사람의 의지가 선한 것을 향하지 않는다면, 그의 의지는 분명히 악을 향합니다. 왜냐하면 이 두 가지와 관련하여 그의 의지가 고정되어 있을 수 없기 때문입니다. 덕과 관련하여 그것은 고집을 함축하기 때문에, 성경에서는 영혼이 선한 것을 추구하는 일에 게으른 것을 "돌"로 묘사하고, 영혼이 쉽사리 악을 행하려는 것을 "나무"로 묘사합니다(슥 5:4). 그러나 지성의 활동과 결합된 감각 인식은 영적 지식을 지닌 덕을 낳습니다.

∽ 63 ∽

성경에서 "중간에 막힌 담"(엡 2:14)은 몸의 본성적인 법을 의미하며 "장벽"은 죄를 구성하는 육체의 법에 따라 정념에 애착하는 것을 의미합니다. 부끄러운 정념에 애착하는 것은 본성의 법 – 본성의 감성적인 측면 – 에 의해 세워졌으며 영혼과 몸 사이를 가로막으며, 사람이 덕을 실천하지 못하게 함으로써 영혼에 의해 그들의 원리가 육체 안에 들어가게 하는 장벽입니다. 일단 육체 안으로 들어가서 본성의 법을 전복시킨 그들의 법은 그 법이 부과하는 비본성적인 정념들에 대한 애착을 파괴합니다.

∽ 64 ∽

간계를 사용하여 본성 안에 내재하는 하나님에 대한 지식을 강탈하여 자기 것이라고 주장하는 마귀는 하나님에 대한 헌신을 자신에게로 옮기려 하는 도둑입니다. 마귀는 피조물의 영적 본질에 대한 관상을 행하는 지성의 관심을 다른 곳으로 돌리게 함으로써, 그리고 관상의 범위를 피상적이고 가시적인 측면으로 제한함으로써 이 일을 행합니다. 마귀는 영혼의 본성적인 기능들을 나쁜 길로 이끈 후에, 허울 좋게 영혼으로 하여금 본성에 어긋나는 것을 행하도록 강요합니다. 마귀는 선한 것처럼 보이는 것을 사용하여 영혼으로 하여금 악한 것을 원하게 만들며, 주님의 이름으로 거짓 맹세함으로써 영혼으로 하여금 약속했던 것이 아닌 다른 것을 향하게 만듭니다. 그는 본성에 대한 영적 지식을 자기의 것이라고 사칭하기 때문에 도둑입니다. 그는 영혼으로 하여금 본성을 거스르는 것을 위해 헛수고하게 만들기 때문에 위증자입니다.

◦ 65 ◦

도둑이란 청취자들을 속이기 위해 거룩한 원리들을 숭배하는 체하는 사람입니다. 그는 이러한 원리들의 참된 특성을 행동을 통해서 알지 못했지만, 청취자들로부터 의롭다고 여김을 받고 그들의 존경을 얻기를 기대하면서, 단순히 그것에 대해 말함으로써 의기양양하게 거래를 합니다. 간단히 말하자면, 말과 행동이 다른 사람, 내적 성향이 영적 지식과 반대되는 사람은 도둑입니다. 그가 실제로 존재하지 않는 것을 전용하는 것은 그가 악하다는 것을 증명해 줍니다. 성경은 그런 사람에 대해서 "악인에게는 하나님이 이르시되 네가 어찌 내 율례를 전하며 내 언약을 네 앞에 두느냐"(시 50:16)고 말합니다.

◦ 66 ◦

외관상 고결한 생활 방식의 배후에 눈에 보이지 않는 영혼의 악을 감추고 있으며, 순진한 체하면서 자신의 내적 성향을 감추는 사람도 도둑입니다. 전자는 지혜의 말을 함으로써 듣는 사람의 정신을 훔치며, 후자는 덕을 가장함으로써 보는 사람의 감각을 훔칩니다. 그런 사람에게 "이방의 의복을 입은 자들을 벌할 것이라"(습 1:8), "주께서 그들의 하체를 드러나게 하시리라"(사 3:17)는 말이 주어질 것입니다. 하나님께서는 날마다 내 마음의 은밀한 공장에서 나에게 이러한 말씀을 하시는 듯합니다. 나는 두 가지 점에서 분명히 정죄를 받은 것처럼 느낍니다.

◦ 67 ◦

덕의 생활을 하겠다고 하나님께 약속했지만 약속한 것과는 다른 것을 추구하며 계명을 소홀히 함으로써 경건생활을 하겠다는 신앙의 맹세를 저버리는 사람은 위증자입니다. 간단히 표현하자면, 하나님을 따라 사는 것을 선택했지만 현세에 대해서 완전히 죽지 않은 사람은 거짓말쟁이요 위증자입니다. 왜냐하면 그는 하나님 앞에서 흠이 없이 신령한 길을 가겠다고 맹세를 하고서, 약속을 지키지 않았기 때문입니다. 그렇기 때문에 그는 전혀 칭찬을 받을 자격이 없습니다. "주로 맹세하는 자마다 자랑할 것이나"(시 63:11), 이것은 삶을 하나님께 헌신하고 진실되게 의롭게 행함으로써 약속의 맹세를 이행하는 사람에게만 적용됩니다.

∽ 68 ∾

말로만 영적 지식을 흉내 내는 사람은 자기의 명성을 높이기 위해서 듣는 사람들의 정신을 도둑질합니다. 마찬가지로 표면적인 행동으로 덕을 흉내 내는 사람은 자신의 영광을 진작하기 위해서 보는 사람의 시각을 도둑질합니다. 두 종류의 사람 모두 속임수를 사용합니다. 전자는 듣는 사람의 정신을 왜곡시키고, 후자는 보는 사람들의 육체적인 감각을 왜곡시킵니다.

∽ 69 ∾

자기 약속을 이행하는 사람은 하나님 앞에서 맹세하고 그 맹세에 충성한 사람이므로 칭찬받을 자격이 있습니다. 반대로 약속을 파기하는 사람은 하나님 앞에서 맹세하고 그 맹세를 지키지 않은 사람이므로 비난을 받고 치욕을 당할 것입니다.

∽ 70 ∾

세상에 태어나는 사람들 모두가 반드시 로고스의 조명을 받는 것은 아닙니다(요 1:9). 많은 사람들이 조명을 받지 못하며 지식의 빛에 동참하지 못합니다. 그러나 자유 의지에 의해서 덕의 참된 세상에 들어오는 사람들은 분명히 로고스의 조명을 받으며, 불변하는 덕의 상태와 참 지식에 대한 확실한 이해를 받습니다.

∽ 71 ∽

성경에서 동일한 단어가 가리키는 사람이나 사물을 모두 동일하게 이해할 필요는 없습니다. 반대로, 만일 우리가 기록된 본문의 의미를 정확하게 추론하려면, 언급된 각각의 사물은 그 문자적 형태의 배후에 놓인 의미에 따라서 이해되어야 합니다.

∽ 72 ∽

만일 성경에 언급된 인물이나 장소, 시간, 기타 다른 사물들을 항상 동일한 방식으로 이해한다면, 그 어느 것도 의도되어진 문자적 의미나 영적 의미를 드러내지 못할 것입니다. 실수하지 않고 성경의 거룩한 지식을 연구하고자 하는 사람은 기록된 사건이나 말의 차이점을 존중하며, 각각의 사건이나 말을 상이한 방법으로 해석하며, 문맥에 따라 시간과 장소에 일치하는 적절한 영적 의미를 부여해야 합니다.

∽ 73 ∽

모든 사람은 오직 사고력에 따라서 살고 자신을 다스리며, 자기 몸에는 되도록 관심을 기울이지 않으며 열심히 노력함으로써 몸에 대한 영혼의 애착을 끊음으로써 영혼을 온갖 물질적인 것들의 심상들로부터 해방시키도록 가르침을 받아야 합니다. 처음에는 사고력을 거부하며 어리석고 육욕적인 쾌락을 받아들였던 감각도 사고력에 의해 억제되어야 합니다. 인간이 사고력을 거부했기 때문에 마귀가 그의 영혼에 접근하는 것을 종식시키기 위해서 그에게 사형이 선고되었습니다.

~ 74 ~

감각은 하나의 그룹에 속해 있지만 다섯 가지 유형으로 나누어집니다. 미혹된 영혼은 각각의 유형이 지닌 특별한 감지하는 힘으로 말미암아 하나님이 아니라 다른 상응하는 감각적 대상물들을 원하게 됩니다. 이런 까닭에 사고력을 지닌 인간은 자신이 원하든 원하지 않든 간에 닥쳐오는 죽음이 도래하기 전에 육체를 따라 자발적으로 죽는 편을 택할 것이며, 이 목적을 위해서 자신의 내적 성향을 감각으로부터 완전히 분리할 것입니다.

~ 75 ~

지성을 지배하게 된 감각은 각각의 감각 기관을 통해서 다신론을 보급합니다. 감각은 정념의 노예가 되어 있기 때문에 각각의 감각 기관에 맞는 감각적인 대상을 신처럼 존경합니다.

~ 76 ~

성경의 문자에 집착하는 사람의 본성은 오로지 감각의 지배를 받으며, 그의 영혼이 육체에 집착하고 있음이 증명됩니다. 만일 문자를 영적으로 이해하지 않으면, 그 의미는 감각의 차원에 한정됩니다. 왜냐하면 감각은 그 문자의 완전한 의미를 지성에게 넘겨 주려 하지 않기 때문입니다. 문자를 오로지 감각에 의해 이해하는 사람은 문자적인 의미로만 받아들이며, 따라서 강력한 감각 때문에 영적으로 날마다 죄의 죽음을 죽으며 육체를 따라 살아갑니다. 그는 성령 안에서 복된 생활을 영위하기 위해서 자기 몸이 추구하는 것들을 성령에 의해서 죽일 수 없습니다. 사도 바울은 "너희가 육신대로 살면 반드시 죽을 것이로되 영으로써 몸의 행실을 죽이면 살리니"(롬 8:13)라고 말합니다.

77

우리는 관상과 덕의 실천을 통해서 거룩한 등잔에 불을 붙인 후에, 다시 말해서 지식의 원리를 밝힌 후에 그것을 말 아래 두지 말아야 합니다(마 5:15). 만일 그렇게 행하면, 우리는 불가해한 지혜의 능력을 문자에 제한한다는 비난을 받을 것입니다. 우리는 그것을 등경 – 거룩한 교회 – 위에 두며, 관상의 절정에서 흘러나오는 신적 지식의 빛을 모든 사람에게 비추어야 합니다.

78

욥과 용감한 순교자들처럼 원치 않는 시험과 시련을 불굴의 의지를 가지고 견디는 사람은 강력한 등잔입니다. 그는 용기와 인내에 의해서 구원의 불이 계속 타게 합니다. 왜냐하면 그는 주님을 자기의 능력과 찬송으로 소유하고 있기 때문입니다(시 118:14). 마귀의 술책을 잘 알고 있으며 눈에 보이지 않는 전쟁의 경험이 있는 사람도 영적 지식의 빛을 받고 또 하나의 등잔이 되며, 사도 바울의 말처럼 "우리가 그의 궤계를 알지 못하는 바가 아니로다"(고후 2:11)라고 말합니다.

79

성령은 덕의 순결이라는 은총을 받은 사람들을 두려움과 헌신과 영적 지식을 통해서 정화해 주십니다. 성령께서는 빛을 받을 자격이 있는 사람들을 힘과 권고와 이해를 통해서 내적인 것에 대한 지식과 피조물의 소생케 하는 본질에 대한 지식으로 조명해 주십니다. 성령께서는 신화에 합당한 사람들에게 밝고 단순하고 완전한 지혜를 통해서 완전함을 수여해 주시며, 그들을 피조물의 원인이신 분에게 직접 인도해 주십니다. 완전한 사람들은 하나님 안에서 자신을 인식하고 자신 안에서 하나님을 인식하는 데 사용되는 거룩하고 선한 특성에 의해서 알려집니다. 완전한 사람들 사이에는 막힌 담이 없습니다. 지혜와 하나님 사이에는 아무것도 개입하지 않습니다. 완전한 사람들은 영적 지식과 관련하여 정도에서 벗어날 위험이 있는 중간 상태를 완전히 초월했기 때문에 변함이 없는 상태를 획득할 것입니다. 중간 상태란 인간의 지성이 모든 존재의 원인이신 하나님을 향한 여정에서 통과해야 하는 지성적이고 감각적인 실체들의 존재를 의미합니다.

~ 80 ~

실질적인 철학 또는 덕의 실천은 두려움과 헌신과 영적 지식에 의해 달성됩니다. 성령 안에서의 자연적인 관상은 힘과 권고와 이해를 통해 달성됩니다. 신비 신학은 거룩한 지혜에 의해서만 주어집니다.

~ 81 ~

기름이 없으면 등잔불을 계속 밝힐 수 없습니다. 또 우리가 내면적으로 영적 은사의 빛에 일치하는 행동과 생각을 유지하지 않으면, 그 빛은 계속 빛날 수 없습니다. 기름으로 등잔을 밝히듯이 영적인 은사를 영적으로 유지하기 위해서는 받은 사람의 내면에 그에 상응하는 내적인 특성이 있어야 합니다.

~ 82 ~

올리브 나무가 없으면 순수한 올리브 기름을 얻을 수 없습니다. 담을 항아리가 없으면 기름을 보관할 수 없습니다. 등잔에 기름이 떨어지면 불이 꺼질 것입니다. 마찬가지로 성령이 없으면, 지적 작용이 참되고 거룩하게 작용할 수 없습니다. 내면의 특성이나 성향이 항아리처럼 거룩한 개념을 포용할 수 없다면, 아무리 거룩한 개념도 보존할 수 없습니다. 하나님의 은사 안에 영적 지식의 빛에 거룩한 개념들을 공급하지 않으면 그 빛은 꺼질 것입니다.

~ 83 ~

주발 좌편에 있는 감람나무(슥 4:3)는 구약성서를 상징한다고 생각합니다. 구약성서에서의 강조점은 주로 실질적인 철학에 있습니다. 한편 오른쪽에 있는 감람나무는 신약성서를 상징합니다. 신약성서는 새로운 계시를 가르치며, 각 신자를 관상의 상태로 데려갑니다. 전자는 덕의 특성들을 공급해 주며, 후자는 거룩한 것을 묵상하는 사람들에게 영적 지식의 원리를 공급해 줍니다. 전자는 가시적인 것들의 안개를 깨끗이 제거해 주며, 모든 물질적인 환상에서 벗어난 지성을 그와 비슷한 실체들에게로 들어올려 줍니다. 후자는 지성에서 물질에 대한 애착을 정화해 주며, 의지와 성향을 몸에 단단히 고정시키고 있는 못들을 뽑아 버립니다.

~ 84 ~

구약성서는 몸을 지적 작용에 복종하게 하며 덕에 의해서 영혼에게로 들어 올려주며, 지성이 몸에게로 끌려 내려가지 못하게 막습니다. 신약성서는 지성에게 사랑의 불을 붙이며, 지성을 하나님과 연합시킵니다. 그러므로 구약성서는 몸을 지성과 하나로 만들며, 신약성서는 은혜의 상태를 통해서 지성을 하나님과 하나로 만듭니다. 지성은 하나님과 아주 흡사해지기 때문에, 마치 하나의 영상을 근거로 하여 그 원형이 알려지듯이, 하나님도 지성을 통해서 알려지십니다.

∽ 85 ∾

구약성서는 덕의 실천의 상징이므로, 그것은 몸의 활동을 지성의 활동과 일치하게 만듭니다. 신약성서는 관상과 영적 지식을 수여해 주므로, 신비하게 매달리는 지성을 거룩한 지적 작용과 은혜의 은사로 밝혀 줍니다. 구약성서는 영적 지식을 가진 사람에게 덕의 특성들을 공급해 주며, 신약성서는 덕을 실천하는 사람에게 참 지식의 원리들을 제공해 줍니다.

∽ 86 ∾

덕의 실천을 통해서 성령 안에서 거듭난 의지와 성향의 소유자들은 은혜로 하나님을 아버지라고 부를 수 있으며 실제로 그렇게 부릅니다. 그들은 거듭남에 의해서 영혼 안에 아버지 하나님의 흔적을 지니며 덕을 나타냅니다. 그들은 생활 방식을 통해서 자기를 보는 사람들을 변화시켜 하나님께 영광을 돌리게 하며, 그럼으로써 사람들이 본받아야 할 탁월한 덕의 유형을 공급합니다. 하나님은 단순한 말뿐만 아니라 의로운 행동에 의해서 영광을 받으십니다. 의로운 행동은 하나님의 위엄을 말보다 한층 효과적으로 선포합니다.

~ 87 ~

자연법은 감각과 관련된 것이기 때문에 왼편에 있는 감람나무로 상징됩니다(슥 4:3). 그것은 사고력에게 덕의 특성들을 공급해 주며, 영적 지식이 행동으로 표현되게 만듭니다. 영적인 법은 지성과 관련된 것이기 때문에 오른편에 있는 감람나무로 상징됩니다. 그것은 피조물에 대한 영적인 원리들을 감각 인식에게 불어넣어 주며, 목적에 합치하고 지성적인 행동을 하게 해 줍니다.

~ 88 ~

영적 지식을 구체적으로 덕의 실천으로 표현하며, 영적 지식으로 덕의 실천에 활기를 부여하는 사람은 거룩한 사역을 성취하는 완전한 방법을 발견한 사람입니다. 내면에서 영적 지식과 수덕적 실천이 연합되지 않은 사람은 영적 지식을 허울뿐인 환상으로 만들거나, 수덕적 실천을 생명이 없는 우상으로 만듭니다. 덕의 실천으로 이어지지 않는 영적 지식은 실질적인 내용을 부여해 주는 실천이 결여되기 때문에 환상과 조금도 다르지 않습니다. 그리고 사고력이 병행되지 않는 덕의 실천은 활기를 주는 지식을 소유하지 못하기 때문에 하나의 우상과 같습니다.

~ 89 ~

우리의 구원의 신비는 우리의 생활 방식에 사고력을 불어넣어 주며, 사고력을 우리의 생활 방식의 자랑거리로 만듭니다. 그것은 우리가 행하는 덕의 실천을 행동으로 표현되는 관상으로 변화시키며, 우리의 관상을 거룩하게 가르침을 받은 실천으로 변화시킵니다. 간단히 말해서, 그것은 덕을 영적 지식의 표현으로 만들고 영적 지식을 덕을 지탱해 주는 힘으로 만듭니다. 그것은 덕과 영적 지식을 통해서 하나의 치밀한 지혜를 나타냅니다. 이런 방식으로, 우리는 신·구약 성서가 은혜에 의해서 모든 일에 있어 서로 일치하며, 서로 결합하여 인간의 영혼과 몸보다 더 단일하고 나뉘지 않는 신비를 완성한다는 것을 알게 될 것입니다.

∽ 90 ∾

영혼과 몸이 결합하여 한 인간을 이루는 것처럼, 덕의 실천과 관상이 결합되면 하나의 독특한 영적 지혜를 이루고, 신약성서와 구약성서가 결합하여 하나의 신비를 형성합니다. 선은 본래 하나님에게만 속한 것입니다. 본래 선과 빛을 받을 능력을 지닌 모든 사물들은 참여에 의해서 하나님으로부터 빛과 선을 받습니다.

∽ 91 ∾

가시적인 세상을 이해하기 위해서 지성을 사용하는 사람은 지적으로 이해할 수 있는 세상을 관상합니다. 그는 자신이 관상하는 정신적인 실체들을 자신의 감각 인식에 불어넣으며, 자신이 감각을 사용하여 인식한 것들의 내적 본질들을 자신의 지성에게 알려줍니다. 그는 여러 가지 방법으로 정신적 세계의 구조를 감각 세계에게로 옮기고, 반대로 감각 세계의 복잡한 통일체를 지성에게로 옮깁니다. 그는 감각에 의해 인식될 수 있는 것들의 내적 본질을 지성 안으로 이동시켰기 때문에, 정신적인 세계 안에서 감각적인 세계를 이해합니다. 또 자신의 지성을 자신의 감각 인식에게 장착시켰기 때문에, 감각 세계 안에서 정신적 세계를 이해합니다.

◈ 92 ◈

"내(내 머리)가 산의 뿌리까지 내려갔었사오며"(욘 2:6)라는 말씀에서, 선지자는 하나의 통일체의 으뜸이 되는 원리를 "머리"라고 부릅니다. 이는 그것이 모든 덕의 근원이기 때문입니다. "산의 뿌리"는 악한 영들의 조언입니다. 타락 때문에 악한 영들이 우리의 지성을 삼켰습니다. "땅"(욘 2:6)은 신적 지식에 대한 인식이나 덕의 생활을 향한 유인(誘因)을 전혀 소유하지 않는 내면 상태를 말합니다. "구덩이"는 깊은 물이 하상(河床)을 덮듯이 악한 성향을 덮는 무지를 말합니다. 또는 구덩이는 하상 자체로서 굳게 자리잡은 악한 성향을 의미할 수도 있습니다. 이 지독한 상태를 강화하는 영원한 빗장은 물질에 대한 정욕적인 애착을 의미합니다.

◈ 93 ◈

성도들이 참고 견디는 태도는 그들을 공격하는 악한 세력을 지치게 하는데, 왜냐하면 그것은 그들로 하여금 진리를 위해서 겪는 고난을 찬양하게 만들기 때문입니다. 그것은 육적인 삶에 지나치게 관심을 갖는 사람들을 가르쳐 안일함과 위로를 추구하는 대신에 그러한 고난을 통해서 보다 깊은 것을 추구하게 만들며, 또 고난을 견디는 데 있어서 육체의 본성적인 연약함을 압도적인 영적 능력을 위한 토대로 만들기 때문입니다. 주님은 성도들의 본성적인 연약함을 교만한 마귀보다 더 강하게 만드셨기 때문에, 성도들의 본성적인 연약함은 분명히 그러한 토대입니다.

◈ 94 ◈

요나가 많은 시련을 통과한 후에 비로소 니느웨라는 큰 성에 도착한 것처럼, 은혜의 원리가 인류 – 즉 이방인들의 교회 – 에게 도달하려면 많은 시련을 거쳐야 합니다. 그래야만 그것은 본성의 법을 그 보좌에서 일어나게 할 수 있습니다. 즉 감각에 개입한 데 기인하는 과거의 악한 성향을 포기하게 할 수 있습니다. 그리고 그 옷, 즉 그 행위에서 세상의 헛된 영광을 제거할 수 있습니다. 또 베옷 – 즉 애통, 그리고 하나님을 따라 사는 생활에 적합한 어렵고 거친 훈련 – 을 입으며, 자신이 범한 죄 때문에 양심의 가책을 받아 재 – 이것은 영의 가난을 상징합니다 – 에 앉습니다(욘 3:1-9).

~ 95 ~

이 요나서의 본문과 관련하여 왕이 자연법을 대변한다는 것을 살펴보십시오. 보좌는 감각과 결합된 정욕적인 성향입니다. 조복(朝服)은 자부심의 표현입니다. 베옷은 회개의 슬픔입니다. 재는 겸손입니다. 사람은 사고력과 관련하여 범죄하는 사람들이고, 짐승은 욕망과 관련하여 범죄하는 사람이며, 소떼는 도발력과 관련하여 범죄하는 사람이며, 양떼는 가시적인 것들에 대한 관상과 관련하여 범죄하는 사람을 말합니다.

~ 96 ~

육체의 정념들은 왼쪽에 속하며, 자만심은 오른쪽에 속한다고 묘사할 수 있을 것입니다(욘 4:11). 따라서 바르게 덕을 준수함으로써 육체의 정념들을 망각하는 사람, 그리고 확고한 영적 지식 때문에 자신의 업적으로 인한 자만심에 감염되지 않은 사람은 자기의 왼손이나 오른손을 알지 못하는 사람이 되었습니다. 왜냐하면 그는 육체의 정념들에 의해 자극을 받지 않으며 덧없는 영광을 사랑하지 않기 때문입니다. 그렇기 때문에 오른손은 가상의 업적으로 인한 자부심을 의미하고, 왼손은 부끄러운 정념들 안에서의 방탕함을 의미합니다. 덕의 원리는 왼손에 속하는 육체의 죄를 알지 못합니다. 그리고 지식의 원리는 오른손에 속하는 영혼의 악을 알지 못합니다.

∽ 97 ∾

덕에 대한 영적 지식 – 덕의 원인에 대한 참되고 구체화된 지식 – 은 자연히 지나친 것을 전혀 알지 못하게 하며, 덕의 표준 좌우에 있는 부족함이 많습니다. 사고력 안에는 사고력을 거스르는 것이 있을 수 없습니다. 그러므로 덕의 원리를 이해한 사람은 사고력을 거스르는 상태에 대해 전혀 알지 못할 것입니다. 우리는 두 가지 상반되는 것을 동시에 조사할 수 없으며, 두 가지를 동시에 알 수도 없습니다.

∽ 98 ∾

신앙 안에는 불신앙의 원리가 없고, 빛 안에 어두움의 원인이 없고, 마귀와 그리스도가 서로 결합되어 나타날 수 없습니다(고후 6:14-15). 마찬가지로 지성과 조화를 이루는 것과 반지성적인 것이 공존할 수 없습니다. 만일 사고력을 거스르는 것과 사고력과 조화를 이루는 것이 공존할 수 없다면, 덕의 원리를 이해한 사람은 사고력을 거스르는 상태를 전혀 알지 못합니다. 왜냐하면 덕이라고 생각되는 것을 아는 것이 아니라 덕의 실체를 알기 때문입니다. 그렇기 때문에 그는 지나침으로 말미암아 자기의 오른손에 대한 지식을 소유하거나, 부족함으로 말미암아 왼손에 대한 지식을 소유하지 않습니다. 왜냐하면 이 두 가지 안에 사고력을 거스르는 것이 분명히 존재하기 때문입니다.

~ 99 ~

불신앙은 계명을 거부하는 것을 의미하며, 신앙은 계명을 받아들이는 것을 의미합니다. 어두움은 선에 대한 무지를 의미하고, 빛은 선에 대한 지식을 의미합니다. 그리스도는 선의 본질과 존재에게 주어진 명칭이고, 마귀는 모든 죄를 만들어 내는 타락한 상태를 지칭합니다.

~ 100 ~

사고력이 피조물의 표준이요 척도라면, 그 표준과 척도에 미치지 못하는 것, 또는 그것을 능가하는 것은 무지에 해당되며, 따라서 사고력의 반대가 될 것입니다. 표준을 초과하는 것과 표준에 미치지 못하는 것 모두 진실로 존재하는 것으로부터의 퇴보를 낳습니다. 전자는 지성으로 하여금 그 표준을 뛰어넘게 함으로써 인생의 길이 불확실하고 불분명하다는 신념, 인생길이 하나님이라는 예상된 목표를 가지고 있지 않다는 신념, 그리고 최상의 것보다 더 좋은 것이 있다는 신념을 만들어 냅니다. 후자는 지성의 나태함을 통해서 예상된 목표는 감각적인 세상에 한정되므로 감각에게만 주의를 집중하게 된다는 신념을 만들어 냅니다. 자신을 덕의 원리와 결합하며, 지성의 힘을 이 원리에 집중하는 사람은 이러한 일들을 알지도 못하고 경험하지도 않습니다. 왜냐하면 그는 사고력을 초월하거나 사고력을 거스르는 것의 영향을 받을 수 없기 때문입니다.

401-500편

1

본성적인 사고력은 부지런히 덕을 실천함으로써 지성을 향해 올라갑니다. 지성은 관상을 통해서 영적 지식을 갈망하는 사람을 지혜로 인도합니다. 사고력을 거스르는 정념은 계명을 소홀히 하는 사람을 감각의 세계로 내려가게 하는데, 그 결과 지성은 육욕적인 즐거움에 집착하게 됩니다.

2

덕은 완전히 정념에 좌우되지 않는 안정된 의의 상태입니다. 그것은 하나님의 흔적을 지니고 있기 때문에, 아무것도 그것을 대적하지 못하고, 아무것도 그것을 거스르지 못합니다. 하나님은 덕의 원인이십니다. 진실로 하나님을 인정한 사람이 그 내면 상태를 변화시켜 성령과 일치하게 만들 때에 하나님에 대한 산 지식이 실현됩니다.

3

만일 사고력이 각 피조물의 근원을 결정한다면, 본질적으로 자체를 초월하는 존재도 있을 수 없고, 자체에 미치지 못하는 존재도 있을 수 없을 것입니다. 따라서 피조물의 표준은 그것들을 지으신 분에 대한 그들의 갈망과 지식이며, 그들의 척도는 힘이 닿는 한 그분을 적극적으로 모방하는 것입니다. 만일 피조물이 욕구에 휩쓸려서 적절한 표준과 척도를 초월한다면, 그는 하나님 안에서 목표를 발견하지 못하므로 그의 삶은 무익하게 됩니다. 그리고 모든 사물의 욕구는 하나님 안에서 평정을 찾으며, 자존적인 완성으로서 하나님을 향유하게 됩니다. 피조물의 욕구가 표준이나 척도에 미달할 때에도 그의 삶은 무익한 것이 됩니다. 왜냐하면 그때에 그는 하나님 안에서 목표를 발견하는 것이 아니라 감각의 영역에서 찾기 때문입니다. 감각의 영역에서는 유쾌하지만 망상적으로 정념들을 향유합니다.

4

피조물을 지으신 분에게 무조건 헌신하는 지성은 완전한 무지의 상태에 머물 것입니다. 왜냐하면 그 지성은 본질상 창조적 원리를 초월하시는 분인 하나님 안에서 그러한 원리를 관상하지 않을 것이기 때문입니다. 모든 피조물에서 벗어나 하나님을 향하는 지성은 피조물의 내적 원리를 관찰하지 않고, 은혜에 의해서 하나님과 함께 머물면서 하나님만 관상합니다. 엑스타시 상태에서 하나님께 도달한 지성은 유형적인 것과 영적인 것의 내적 원리에 대한 지식을 포기합니다. 왜냐하면 하나님보다 열등한 것을 하나님과 동시에 관상할 수 없기 때문입니다.

5

자만심은 분명히 저주받은 정념입니다. 그것은 교만과 자부심이라는 두 가지 악덕이 결합된 것입니다. 교만은 덕과 자연을 지으신 분을 부인하며, 자부심은 자연과 덕을 혼합합니다. 교만한 사람은 하나님의 뜻과 일치하는 일은 전혀 행하지 않으며, 자부심이 가득한 사람은 자연과 일치하는 일은 전혀 성취하지 않습니다.

6

교만의 표식은 하나님이 덕과 자연을 지으신 분이심을 부인하는 것입니다. 자부심의 표식은 자연 안에서 구분을 행함으로써 어떤 사물들을 무가치하게 만드는 것입니다. 자만심은 그것들의 자연적인 자손이며, 하나님에 대한 자발적인 부인과 사물이 본성적으로 소유하는 평등한 권위에 대한 무지가 결합된 악한 상태입니다.

7

자만심은 교만과 자부심이 혼합된 것입니다. 그것은 하나님을 멸시하며, 하나님의 섭리를 비방합니다. 한편 그것은 자연으로부터 소외된 상태에서 자연에 속한 모든 것을 자연스럽지 못한 방법으로 다루고, 그럼으로써 자연의 아름다움을 훼손합니다.

8

타는 듯이 뜨거운 영(욘 4:8)은 시련과 시험을 상징할 뿐만 아니라 유대인들이 하나님으로부터 버림을 받아 은혜의 은사들을 모두 빼앗긴 것도 상징합니다. 성령과의 친근함은 영혼의 육체를 향하는 성향을 해체시키며, 우리의 갈망은 하나님께 집중시키고 우리의 의지를 하나님께 연결합니다.

9

사고력이 감각의 지배를 받지 않을 때에, 자연법은 모든 사람들로 하여금 본능적으로 자기 자신과 비슷한 것을 받아들이게 합니다. 왜냐하면 자연은 사람들로 하여금 궁핍한 사람들을 도우라고 가르치기 때문입니다. 게다가 자연법은 모든 사람들로 하여금 사람들이 자기에게 행했을 때에 바람직하다고 생각하는 것들을 다른 모든 사람들을 위해 원하게 만듭니다. 이것이 바로 주께서 "남에게 대접을 받고자 하는 대로 너희도 남을 대접하라"(눅 6:31)고 말씀하시면서 가르치신 것입니다.

~ 10 ~

자연법은 사람들간의 자발적인 관계와 조화를 이루게 합니다. 본성이 사고력의 지배를 받는 사람들은 동일한 성향을 소유합니다. 동일한 성향을 지닌 사람들은 분명히 같은 종류의 도덕성과 생활을 소유할 것입니다. 그러한 상황에서 사람들을 자발적으로 결속시켜 주는 유대 역시 한 가지일 것이며, 모든 사람들을 자신의 의지를 통해서 하나의 자연의 원리로 인도해 줄 것입니다. 그러한 원리가 실현될 때에, 현재 사람들의 이기심 때문에 자연 안에 팽배한 분열은 완전히 사라질 것입니다. 형벌의 두려움에 의해서 어리석은 사람들의 제어하기 어려운 충동들을 지배하는 성문법은 그 가르침에 의해서 사람들이 서로에게 공평한 것을 주는 것에 대해 생각하는 데 익숙하게 만듭니다. 그리하여 세월이 흐르면서 정의의 통치가 그들의 내면에 점점 더 견고하게 확립되어, 마침내 그것이 그들의 본성의 일부가 됩니다. 그것은 두려움을 선을 원하는 의식적인 욕구에 의해서 점차 강화되는 성향으로 변화시키며, 습관을 과거의 죄를 망각함으로써 정화되며 내면에 이웃 사랑을 낳는 내면 상태로 변화시킵니다.

~ 11 ~

성문법은 두려움을 통해서 악한 짓을 예방함으로써 우리로 하여금 옳은 일을 하는 데 익숙해지게 만듭니다. 그러한 습관은 조만간의에 대한 사랑이 가득한 성향을 만들어 내며, 이러한 성향은 안정된 선의 상태를 만들어 내고 과거의 죄에 대한 기억을 제거합니다.

 12

은혜의 법은 그 법을 따르는 사람들로 하여금 하나님을 본받도록 가르칩니다. 우리가 죄 때문에 하나님의 원수였지만 하나님께서는 우리를 하나님 자신보다 더 사랑하셨기 때문에 모든 존재를 초월하시는 분이심에도 불구하고 전혀 변화됨이 없이 우리의 존재 안에 들어오셔서 초본질적으로 인간의 본성을 취하시고 인간이 되셨으며, 자신을 인간들 가운데 하나로 드러내고자 하셨기 때문에 우리 대신에 벌을 받으셨습니다. 또 그분은 자신의 섭리 안에서 인간이 되셨듯이, 은혜에 의해서 우리를 신화(神化)하셨고, 우리로 하여금 자연스럽게 서로에게 충실히 대하며 이웃을 내 몸처럼 사랑할 뿐만 아니라, 하나님처럼 우리 자신보다 이웃에 대해 더 염려하며, 서로 상대방을 향한 사랑의 증거로서 덕이 명령할 때에는 이웃을 위해 기꺼이 죽으라고 가르칩니다. 성경이 말하는 것처럼 친구를 위해서 목숨을 버리는 것보다 더 큰 사랑은 없습니다(요 15:13).

 13

요약하자면, 본성의 법은 사고력의 부족을 극복하기 위해서 감각의 영역을 지배하는 자연적인 원리입니다. 사고력의 부족은 본래 같은 것에게 속한 것들을 분리합니다. 성문법이란 감각 영역에서 사고력의 부족이 극복되었을 때에 유사한 존재들의 상호관계와 상호의존을 유지해 주는 영적인 갈망을 획득하는 자연적인 원리입니다. 은혜의 법은 본성을 초월하는 원리로서 그 목적은 우리의 신화입니다.

그것은 본성의 근본적인 특성을 변화시키지 않은 채 본성을 변화시키며, 존재와 본성을 초월하며 영원한 행복의 근거가 되는 원형을 인간 본성에게 계시해 줍니다.

∽ 14 ∽

이웃을 내 몸처럼 대하는 것은 이웃의 실존에만 관심을 갖는 것입니다. 이것은 자연적인 법에 속합니다. 이웃을 내 몸처럼 사랑하는 것은 덕과 일치하는 방식으로 이웃의 행복에 관심을 갖는 것입니다. 이것은 성문법에 의해 규정되어 있습니다(레 19:18; 막 12:33). 이웃을 내 몸보다 더 사랑하는 것은 은혜의 법의 특권입니다.

∽ 15 ∽

육적인 쾌락을 향하는 충동을 억제하는 사람은 섭리의 법을 배웁니다. 그 법은 정념에 속한 선동적인 것을 저지합니다. 육체적인 고통의 채찍을 받아들이는 사람은 심판의 법을 배웁니다. 그 법은 원하지 않은 고난을 통해서 이전 생활의 더러움을 깨끗이 제거해 줍니다.

∽ 16 ∽

성경은 요나가 초막과 박넝쿨 때문에, 다시 말해서 육체와 육체의 즐거움 때문에 성을 내며, 하나님께서 니느웨 성을 돌보시는 것으로 표현합니다(욘 4:1-11). 이로 보건대 인간이 소중히 여기는 것보다 하나님이 사랑하시는 것이 훨씬 더 좋고 귀중합니다. 인간이 귀히 여기는 것들은 존재가 결여되어 있습니다. 그것들은 그릇된 판단 때문에 존재하는 것처럼 보일 뿐, 존재의 원리를 소유하고 있지 않습니다. 지성을 속이며 존재하지 않는 것들에게 정념을 통해서 내용이 없는 공허한 형태를 공급하는 환상만 존재할 뿐입니다.

17

성령이 말씀하시는 것에 대한 정확한 지식은 성령을 받을 자격이 있는 사람들에게만 계시됩니다. 그들이 부지런히 덕을 배양함으로써 자신의 지성에서 정념들의 그을음을 제거하여 깨끗하고 빛나는 거울처럼 만들면, 그들에게 닿는 순간 그들에게 새겨지며 거울에 얼굴이 반영되듯이 그들의 내면에서 형태를 부여받는 거룩한 것들에 대한 지식을 얻습니다. 정념으로 더러워진 삶의 소유자는 그럴듯한 억측에 의해서 거룩한 것들에 대한 지식을 추론하겠지만, 그러한 지식을 정확하게 파악하거나 표현할 수는 없습니다.

18

거룩한 성령을 통해서 덕에 의하여 오는 지식에 의해 형성된 지성의 소유자는 거룩한 것들을 경험한다고 합니다. 왜냐하면 그는 자신의 실존 덕분에 자연에 의해서 그러한 지식을 획득한 것이 아니라, 은혜에 의해서 참여함으로써 그러한 지식을 획득했기 때문입니다.

19

덕에 의해서 완전히 정화된 지성은 자동적으로 덕의 내적 원리를 전수받으며, 덕의 인상이 새겨진 영적 지식을 자신의 성품 안에 표현하게 됩니다. 모든 지성은 원래 형태가 없고, 특수한 표현의 속성도 가지고 있지 않습니다. 그것의 형태는 후천적인 것으로서 성령을 통해서 덕으로부터 솟아나는 지식의 형태거나 정념들을 통해서 부수적으로 생겨나는 무지의 형태입니다.

～ 20 ～

하나님의 사랑에서 떨어져 나간 사람은 육욕적인 쾌락을 통해서 육욕적인 법의 지배를 받습니다. 그런 사람은 하나님의 명령을 하나도 지키지 못하며, 또 지키기를 원하지도 않습니다. 그는 덕의 지배를 받고 하나님의 성령 안에서 이루어지는 삶보다는 쾌락의 삶을 선택하며, 지식 대신에 무지를 받아들입니다.

～ 21 ～

지성을 가지고서 율법의 문자 안에 포함되어 있는 거룩하고 신령한 아름다움을 통찰하지 않는 사람은 쾌락을 향하는 성향, 즉 세상에 대한 애착과 세상적인 것에 대한 사랑을 발달시킵니다. 이는 그의 지식은 단순히 율법의 문자적인 표현에서 얻어진 것이기 때문입니다.

～ 22 ～

"입의 치욕"을 의미하는 므비보셋이라는 명사(삼하 4:4)는 지성의 생각이 세상과 육체적인 방탕에 몰두하는 것을 의미합니다. 우리의 지성이 율법의 문자 안에 나타난 물질적인 형태를 초월하지 않을 때에, 우리의 의지의 경향에 따라서 그러한 세상을 사랑하는 성향과 육욕적인 방탕한 생각에 몰두하는 태도가 발달하게 됩니다. 그리하여 우리의 지성은 우리가 지향하는 것에 전념하게 될 것입니다.

～ 23 ～

"입의 치욕"은 정념들에게 형태를 부여하며 육욕적인 쾌락과 조화를 이루는 방법으로 아름다움을 만들어 내는 지성의 충동을 의미하기도 합니다. 지성의 창의적인 능력이 없으면, 정념은 결코 형태를 취할 수 없습니다. "저주"를 의미하는 바 므비보셋의 형의 이름인 알 모니는(삼하 21:8) 정념들의 천하고 추하고 형태가 없는 충동을 상징합니다. 한편 "입의 치욕"은 정념에게 형태를 부여하여 감각에 의해 인식될 수 있게 하며, 정신적인 심상의 형태 안에서 정념에게 작용할 적절한 재료를 공급해 주는 지성의 충동을 상징합니다.

～ 24 ～

율법에 상술된 희생제사, 축일, 안식일, 월삭을 지키는 것 등은 하나님께서 육체적인 자유와 휴식을 위해서 제정하신 것이라고 믿는 사람은 완전히 정념들의 세력 아래 놓이며, 수치스럽게 그것들이 자극하는 부끄러운 생각에 물들 것입니다. 그는 부패하기 쉬운 세상에 지배되고, 육체적으로 방종한 생각에 전념할 것입니다. 그는 물질과 정념의 형태에 지배를 받기 때문에, 썩어질 것 외에 다른 것을 소중히 여길 수 없을 것입니다.

～ 25 ～

하나님께서 율법 안에서 육체적인 방종을 명하셨다고 확신하는 사람은 폭음폭식을 하나님이 주신 선물로 여겨 기쁘게 받아들입니다. 그는 이러한 정신을 가지고서 남용할 경우에 감각을 더럽게 만드는 행동의 형태들을 발달시킵니다.

～ 26 ～

영혼의 관상적인 기능이 방종을 하나님의 명령으로 받아들일 때, 감각을 자연스럽지 못하게 사용하며, 감각이 본성과 일치하게 표현되는 것을 허락하지 않습니다. 이러한 상황에서 영혼의 관상적 기능은 함축적인 또는 적극적인 정념의 상태를 낳으며, 폭음폭식을 하나 님께서 규정하신 것으로 여겨 받아들이며, 남용할 경우에 감각을 더 럽게 만들고 피조물 안에 있는 자연적인 원리와 씨를 파괴하는 행동 의 형태들을 발달시킵니다.

∽ 27 ∾

율법을 문자적으로 준수하는 데에만 몰두하는 사람은 지극히 작은 본성적인 원리나 생각도 받아들이지 못합니다. 왜냐하면 상징들과 자연은 동일하지 않기 때문입니다. 피조물의 상징들과 본성 사이의 차이점 때문에, 율법의 상징들 앞에서 갑자기 중단하는 사람은 피조물의 본성을 정신적으로 볼 수 없으며, 조물주께서 그들의 내면에 심어 놓으신 내적 본질들을 깨달을 수 없습니다.

∽ 28 ∾

자기의 배(胃)를 신처럼 섬기며 부끄러움을 영광스러운 것인 듯이 자랑하는 사람(빌 3:19)은 수치스러운 정념들을 거룩한 것인 듯이 여겨 집착합니다. 그렇기 때문에 그는 덧없는 것, 즉 물질과 외형적인 것 및 왜곡된 다섯 가지 감각의 충동들을 추구합니다. 감각은 물질과 외형적인 것을 결합하여 정념을 만들어 내며, 본성적인 원리들을 말살하고 죽입니다. 정념과 본성은 존재의 원리와 일치하여 서로 공존하지 않습니다. 본성의 원리는 결코 정념과 자연스럽게 결합되지 않으며, 정념은 본성과 동시에 발생되지 않습니다.

∽ 29 ∾

성경이 신령하다고 믿지 않는 사람은 자신에게 영적 지식이 부족하다는 것을 깨닫지 못하면서 굶주림 때문에 쇠약해집니다. 그러나 엄격히 말해서 굶주림은 우리가 경험에 의해서 이미 알고 있는 축복들의 박탈이요 영혼을 지탱해 주는 영적 영양분의 완전한 부재와 결핍입니다. 그렇다면 자신이 전혀 알지 못하는 것이 자신에게 부족한 것을 어떻게 굶주림이나 상실로 여길 수 있겠습니까?

30

이미 진리의 지식을 획득한 신실한 사람은 진실로 굶주린 사람입니다. 영적 관상의 은혜를 버리고 종교의 문자적이고 표면적인 형식의 노예가 된 사람의 영혼 역시 굶주린 영혼입니다. 왜냐하면 그는 자신의 지적 작용에 의해서 지성을 양육하지 않으며 성경적 상징들의 유형적인 측면으로부터 유래된 정욕적인 환상들로 자기의 인식을 고취하기 때문입니다.

31

성경에 대한 영적 관상에 전념하지 않는 사람은 유대인들처럼 자연적인 성문법을 거부했습니다. 그는 복종하는 사람들을 신화해 주는 은혜의 법을 알지 못합니다. 성문법을 문자적으로 이해하는 사람은 자기 영혼을 덕으로 양육하지 않습니다. 피조물의 내적 원리를 파악하지 못한 사람의 지성은 하나님의 여러 가지 은혜를 맛보지 못합니다. 또 새로운 은혜의 위대한 신비를 알지 못하는 사람은 장차 신화될 희망을 누리지 못합니다. 그러므로 기록된 법을 영적으로 관상하지 못하는 것은 자연법 안에서 이해되어야 하는 거룩한 지혜의 부족이라는 결과를 낳으며, 여기에는 새로운 신비에 따라 은혜에 의해 주어지는 신화에 대한 완전한 무지가 따릅니다.

∽ 32 ∾

그리스도의 은혜에 의해서 분별력이 있는 예리한 시각을 부여받는 지성은 언제나 주님의 얼굴을 바라고 희구합니다. 주님의 얼굴은 덕을 통해서 획득되어진 거룩한 것에 대한 참된 관상이요 영적 지식입니다. 이 관상과 지식을 구하는 사람은 자신의 결핍과 부족의 원인을 알게 됩니다. 사람마다 특징적인 얼굴을 소유하듯이, 영적 지식은 거룩한 것의 특징을 나타냅니다. 그러한 지식을 구하는 사람은 주님의 얼굴을 구하는 사람이라고 합니다. 그러나 율법의 문자에 따라 수행되는 피의 제사를 통해서 육욕적이 된 사람은 무지를 소유하는데, 그것이 그가 바라는 것입니다. 그는 육체에게 주어지는 즐거움만을 위해서 계명을 받아들이며, 기록된 말의 감각적 의미만 인식합니다.

∽ 33 ∾

율법을 문자적으로만 준행하는 사람은 죄를 범하여 죄에 속한 행위를 낳으며, 그의 지성은 그를 죄의 행위로 이끌어가는 육욕적인 쾌락에 동의합니다. 성경을 영적으로 이해하는 사람은 죄의 행위와 죄에 대한 동의를 종식시킵니다. 그는 감각을 쾌락을 위해 그릇되게 사용하는 것도 중지시킵니다. 그는 본래 높은 수준의 관상과 관련된 생각들에 의해서 이 일을 행합니다.

∽ 34 ∾

표면적으로 율법의 문자를 준수하는 것 및 그와 병행하는 무지가 제거되면, 앞에서 말한 물질과 외형적인 것 및 그와 관련하여 다섯 가지 감각을 잘못 사용하는 다섯 가지 방법 - 이것은 유한하고 무상한 감각적인 사물들과 감각을 자연스럽게 못하고 정욕적으로 결합하는 것을 의미합니다 – 도 종식됩니다. 영적인 법이나 지성은 자연적인 관상 안에서 발견되는 고등한 원리와 생각들에 의해서 이러한 결합을 파괴합니다. 그리하여 영적 관상의 법의 고지에 도달한 지성은 덧없는 것들의 상징을 통해서 확립된 바 감각 인식과 사물의 외형에 대한 종속 상태를 파괴합니다.

~ 35 ~

자연적인 관상을 하지 않으면, 율법이 표현되는 상징들과 이러한 상징들이 표현하는 거룩한 실체들 사이의 불일치를 이해할 수 없습니다. 게다가 그러한 관상을 통해서 먼저 이러한 불일치를 식별하지 못했으며 자신의 감각 인식이 거룩하고 지성적으로 이해할 수 있는 실체들의 감추인 영역에 접근하는 것을 부인하며 지성을 가지고서 그것의 아름다움을 통찰하기를 동경하지 않는 사람은 상징들 안에서 발견되는 외적인 다양성으로부터 완전히 해방될 수 없습니다. 그가 문자에 집착하는 한, 영적 지식을 향한 내적인 굶주림이 충족되지 못할 것입니다. 왜냐하면 그는 교활한 뱀처럼 성경의 흙 – 표면적이거나 문자적인 형태 – 을 먹도록 스스로를 정죄했으며(창 3:14), 그리스도의 참 제자로서 하늘의 것 – 성경의 참뜻, 다시 말해서 거룩한 하늘의 떡을 먹지 않기 때문입니다. 이것은 그가 하나님께서 자기를 사랑하는 자에게 아낌없이 주시는 성경에 대한 신령한 관상과 지식을 그리스도를 통해서 먹지 않는다는 의미입니다. 성경은 "저희에게 만나를 비같이 내려 먹이시며 하늘 양식을 주셨나니 사람이 권세 있는 자의 떡을 먹음이여 하나님이 식물을 충족히 주셨도다"라고 말씀하십니다(시 78:24-25).

~ 36 ~

감각 인식의 표준에 따라서 성경의 표면적인 형태를 해석하는 것은 정지되어야 합니다. 왜냐하면 그것은 분명히 정념들 및 무상하고 덧없는 것을 향하는 성향을 촉진하기 때문입니다. 다시 말해서, 우리는 마치 사울의 자녀들과 손자들을 죽이듯이(삼하 21:1-9) 감각적인 사물과 관련하여 감각의 정욕적인 활동을 죽여야 합니다. 우리가 거룩한 은혜로 충만하기를 원한다면, 거룩한 말씀을 신비적으로 해석함으로 말미암아 자연적 관상의 고지에 올라감으로써 이 일을 행해야 합니다.

~ 37 ~

율법을 문자에 의해서만 이해하면, 유대인들이나 유대인과 같은 정신 구조를 가진 사람들처럼 진리를 대적하게 됩니다. 그러한 사람은 율법의 능력을 문자에 제한하며, 문자 안에 신비하게 감추어져 있는 영적 지식을 드러내 주는 자연적인 관상으로 나아가지 않습니다. 이 관상은 진리 자체와 진리의 상징적 표현들 사이를 중재해 주며, 열렬한 사람들을 후자에게서 이끌어 내어 전자에게로 인도해 줍니다. 반대로 그는 자연적 관상을 완전히 거부하고 자신을 신적 실체들로의 입문에서 배제합니다. 이러한 실체들을 보기를 간절히 원하는 사람들은 유한하고 무상한 것, 율법에 대한 표면적이고 덧없는 해석을 파괴합니다. 그들은 영적 지식의 고지에 올랐기 때문에 자연적인 관상에 의해서 이 일을 해야 합니다.

~ 38 ~

자연적인 관상을 실천함으로써 영혼이 쾌락의 자극을 받아 덧없는 물질 세계에 복종하지 못하게 한 사람은 성경의 표면적 의미나 문자적 의미를 완전히 제거합니다. 그는 마치 사울의 자녀들과 손자들을 죽이듯이 이런 방식으로 율법에 대한 세속적인 이해를 죽입니다. 동시에 영적 지식의 고지에 관한 자연적 관상을 통해서, 그는 표면적인 형태에 따른 과거의 율법 해석이 잘못된 것이었음을 고백합니다. "여호와 앞에 목매어 달매"(삼하 21:9)는 율법의 문자에 몰두한 것 및 그 결과로서 임한 것으로 인한 편견을 영적 지식에 의해서 드러내는 것을 의미한다고 이해할 수 있을 것입니다. 이것은 관상의 결과로서 영적 지식에 의해서 율법의 문자가 죽임당했음을 나타내기 위한 것입니다.

39

성경은 "의문(문자)은 죽이는 것이요 영은 살리는 것임이니라"(고후 3:6)고 말합니다. 따라서 죽이는 본질을 지닌 문자는 생명을 주는 성령에 의해 죽임을 당해야 합니다. 율법 안에 있는 물질적인 것과 거룩한 것 – 의문과 영 – 은 공존할 수 없으며, 또 생명을 죽이는 것은 본질상 생명을 주는 것과 화목할 수 없습니다.

40

성령은 생명을 주고, 문자는 생명을 죽입니다. 그러므로 생명을 주는 것이 생명을 죽이는 것과 공존할 수 없듯이, 문자가 동시에 성령의 기능을 할 수는 없습니다.

41

신비적 의미에서 할례는 우발적으로 존재하는 모든 것에 대한 지성의 정욕적인 애착을 완전히 제거하는 것입니다. 사물을 자연적인 차원에서 볼 때에, 하나님께서 주신 속성을 제거하는 것은 완전함을 이루지 못한다는 것을 깨닫습니다. 왜냐하면 자연이 인간의 창조적 재능에 의해 손상되거나, 인간의 지나친 섬세함 때문에 하나님께서 창조 때에 자연에게 주신 것이 박탈된다면, 자연은 완전함을 이루지 못하기 때문입니다. 만약 그렇지 않다면, 우리는 사물의 완전한 질서를 확립하는 능력을 하나님보다 인간의 창조적 재능에게 더 많이 부여하며, 독창적인 자연 훼손에게 하나님의 창조 안에 있는 결점들을 보충할 능력을 부여하는 격이 될 것입니다. 그러나 만일 할례를 상징적으로 이해한다면, 우리는 영적으로 영혼의 정욕적인 성향에 대해 할례를 행해야 한다는 것을 배울 것입니다. 그리하면, 우연한 것들의 탄생을 지배하는 법에 예속되어 있던 지성을 해방시킨 우리의 의지는 자연과 조화를 이룰 것입니다.

42

무할례는 자연스러운 것입니다. 모든 자연스러운 것은 거룩한 창조의 솜씨로서 훌륭한 것입니다: "하나님이 그 지으신 모든 것을 보시니 보시기에 심히 좋았더라"(창 1:31). 그러나 율법은 부정하다는 근거에서 할례를 행하여 양피(陽皮)를 베어 버려야 한다고 명령함으로써(창 17:10-14) 하나님이 인간의 기술을 통해서 하나님 자신의 솜씨를 수정하시는 것처럼 제시합니다. 이것은 사물을 보는 매우 불경한 방법입니다. 율법이 표현된 상징들을 자연적 관상을 통해서 획득한 지식에 비추어 해석하는 사람은 하나님께서 인간의 기술에 의해서 자연을 바르게 하시는 것이 아니라 우리가 영혼의 감성적인 측면을 사고력에게 복종하게 만들기 위해서 그러한 측면에 할례를 행하라고 명하신다는 것을 압니다. 몸은 이것을 상징적으로 가리키며, 우리가 용감하게 덕을 실천함으로써 획득한 영적 지식에 의해서 우리의 의지에서 결점들을 잘라내야 한다는 것을 의미합니다. 할례를 행하는 제사장은 영적 지식을 의미하며, 그가 사용하는 칼은 정념들을 잘라내는 담대한 덕의 실천을 의미합니다. 성령께서 문자를 이기고 승리하실 때에 율법의 전통이 폐지됩니다.

∽ 43 ∾

안식일(출 16:23; 20:10)은 정념들로부터의 휴식, 피조물들의 본성을 향하는 지성의 경향으로부터의 휴식을 의미합니다. 그것은 정념들의 완전한 정지, 지성의 피조물을 향하는 경향이 완전히 정지되고 신적인 것에게로 들어가는 것을 의미합니다. 덕과 영적 지식에 의해서 이러한 상태를 획득한 사람은 물질적인 것에 관해 숙고해서는 안 됩니다. 왜냐하면 그런 것들은 나무처럼 정념들을 자극하기 때문입니다(민 15:32). 또 그는 모든 자연적 원리를 생각해서도 안 됩니다. 그렇지 않으면 우리는 이교도들처럼 하나님이 정념들을 기뻐하시거나 자연과 상응한다고 단언하게 될 것입니다. 완전한 침묵만이 하나님을 증명하며, 철저하고 초월적인 무지는 우리를 하나님 앞으로 데려갑니다.

∽ 44 ∾

"은택의 관"(시 65:11)은 설득력 있는 교리와 영적 원리와 개념들로 장식되어 경건한 지성의 머리에 씌워진 순수한 믿음입니다. 또는 은택의 관은 하나님의 로고스이십니다. 그분은 지성을 둘러싸고서 여러 형태의 섭리와 판단 – 즉 우리가 통제권 안에 있는 정념들을 지배하며 우리의 뜻과는 상관없이 임하는 고난을 참고 견디는 것 – 으로 지성을 보호해 주시며, 지성으로 하여금 신화의 은혜에 참여할 수 있게 함으로써 지성을 한층 더 아름답게 하십니다.

∽ 45 ∽

절제는 의지의 지배 아래 있는 정념들을 정화하기 때문에, 하나님의 섭리의 솜씨라고 말합니다. 또 참고 인내하는 것은 우리로 하여금 우리의 의지와는 상관없이 임하는 시련에 저항할 수 있게 해 주기 때문에 하나님의 판단의 솜씨라고 말합니다. 게다가 그러한 인내는 실천 철학의 표식이므로, 애굽이라는 죄의 노예가 되었던 사람들로 하여금 덕의 영역으로 건너가게 해 줍니다.

∽ 46 ∽

하나님께서 안식일과 월삭과 절기를 지키라고 명하신 것은 사람들이 그날들 자체를 존중하기를 원하셨기 때문이 아닙니다. 만일 그렇다면, 그것은 율법에 의해서 사람들이 창조주가 아닌 피조물을 경배해야 하며(롬 1:25), 그날들을 거룩한 날로 여겨 섬겨야 한다고 명령하는 것과 같을 것입니다. 하나님은 그날들을 통해서 하나님 자신이 상징적으로 섬김을 받기를 원하셨습니다. 하나님은 육체 안에서 수고한 후에 누리는 영혼의 휴식이며 의를 위한 고난의 중지이시기 때문에 안식이십니다. 하나님은 죄의 노예가 되어 있는 사람들의 해방자이시기 때문에 유월절이십니다. 하나님은 모든 피조물의 근원이요 완성이시며, 만물의 존재 원리이시기 때문에 오순절이십니다. 그러므로 율법은 그것을 문자적으로나 표면적으로 이해하는 사람들을 죽이며, 그들로 하여금 창조주가 아닌 피조물을 경배하게 하고, 인간을 위해서 존재하게 된 사물을 거룩한 것으로 간주하게 합니다. 그렇기 때문에 그들은 자신의 존재의 원인이신 분에 대해 무지한 상태에 머뭅니다.

∽ 47 ∽

세상은 유한한 곳이 제한적인 안정성만 소유합니다. 시간은 제한된 움직임입니다. 시간 안에 있는 생물들의 움직임은 변화됩니다. 자연이 시간과 장소를 적극적이고 내면적으로 초월할 때 – 즉 항상 피조물을 동반하는 것들, 즉 제한된 움직임과 안정성의 상태를 초월할 때, 자연은 섭리와 직접 연합되며, 섭리 안에서 본래 제한이 없고 움직임이 없는 단순하고 안정된 원리를 발견합니다.

∽ 48 ∽

자연은 세상 안에서 일시적인 방식으로 존재하므로 그것의 움직임은 변화됩니다. 왜냐하면 세상은 시간의 흐름을 통해서 부패하며 그 안정성이 제한되어 있고 변화되기 쉽기 때문입니다. 그 지으신 분과의 근본적인 통일을 통해서 하나님 안에 존재하게 된 자연은 영원한 안정성, 그리고 항상 동일한 회전에 의해서 영원히 생성되는 변함이 없고 안정된 움직임의 형태를 소유할 것입니다. 이 상태는 피조물의 제일원인 안에 있는 직접적이고 영구적인 기초입니다.

∽ 49 ∽

수장절의 신비는 그 보살핌 안에 있는 것들의 섭리와의 직접적인 연합입니다. 그것은 섭리의 지도하에서 본성과 그 원리인 로고스 사이에 이루어지는 연합입니다. 이 연합 안에는 시간이나 세대의 흔적이 전혀 없습니다. 또 로고스는 거룩하고 감추인 지식을 가지고 우리를 부르시는 나팔입니다(레 23:14). 그분은 친히 우리와 같이 되심으로써 우리의 죄를 보상하시고, 성령을 통해서 은혜의 은사에 의해 우리의 죄악된 본성을 거룩하게 하시므로, 그분은 우리의 속죄이십시다(레 25:9). 그분은 하나님과 일치하게 된 우리의 내적 존재가 거룩한 것에게 집중할 때에 동원하는 불변성의 실현이며, 우리가 불멸의 상태로 변화되게 해 주는 확실한 유대이시기 때문에 우리의 초막이십니다(레 23:42).

― 50 ―

하나님께서 단순히 피의 제물을 기뻐하신다면, 그것은 하나님이 정념의 지배를 받으시며 제물을 바치는 사람들이 정념들을 귀중히 여기기를 바라신다는 뜻이 될 것입니다. 왜냐하면 성실하게 예배하는 사람은 자신이 예배하는 하나님께서 행하시는 것과 동일한 일을 즐겨 행하기 때문입니다. 그러나 성경이 말하는 제물은 우리의 본성적인 능력으로 바치는 것이 아니라 정념들을 죽이는 것입니다. 이러한 능력들 중에서 수양은 사고력을 상징하고(레 5:15), 수송아지는 도발력을 의미하며(출 29:36), 암염소는 욕망을 나타냅니다(민 15:27).

― 51 ―

영적 제사란 "성령의 검 곧 하나님의 말씀"(엡 6:17)에 의해 정념들을 죽이고 육체 안에 있는 모든 삶을 의도적으로 비우는 것을 의미할 뿐만 아니라, 우리의 모든 본성적인 능력들과 아울러 덕의 실천을 통해서 획득한 도덕적인 상태를 드리는 것을 의미합니다. 우리는 그것들을 성령 안에서 은혜의 불로 태워야 할 온전한 번제물로서 하나님께 드리며, 그럼으로써 그것들은 거룩한 능력이 충만하게 됩니다.

～ 52 ～

성경에 대한 물질주의적인 이해가 영혼을 지배하면, 영혼이 그 본성적인 능력들을 잘못 사용하여 본성적인 원리들을 거부하게 됩니다. 그리고 이러한 이해가 유지되는 한, 영혼은 그러한 원리와 생각들을 몰아내고 찾아내어 죽입니다. 왜냐하면 영혼은 율법의 범위를 육체에게만 제한하며, 수치스러운 정념들을 거룩한 것으로 여겨 존중하기 때문입니다. 그러나 성령의 법으로 말미암아 담대해진 본성적인 생각들은 단번에 정념들을 죽입니다.

～ 53 ～

참된 사고력을 가지고 덕을 실천하는 사람은 성경에 대한 영적 이해력을 획득합니다. 그는 의문의 묵은 것이 아니라(롬 7:6) 고등한 형태의 관상을 통해서 성령의 새로운 방법으로 적극적으로 하나님을 예배합니다. 의문은 표면적이고 육욕적으로 율법을 해석하게 만들며 유대인들처럼 정념을 조장하고 죄를 장려합니다.

～ 54 ～

성경을 표면적이고 육욕적으로 해석하기를 중단한 사람의 지성은 자연스러운 영적 상태로 돌아갑니다. 그는 유대인들이 표면적이고 물질적인 방법으로만 수행하여 하나님의 진노를 초래했던 일들을 영적으로 수행합니다.

◈ 55 ◈

하나님께 사로잡힌 지성은 정념들의 에너지와 어수선하고 복잡한 생각들을 동시에 벗어버립니다. 또한 감각을 방탕하게 사용하는 것도 중지합니다. 고등한 형태의 관상에 의해 복종하게 된 정념들은 자연에 대한 고귀한 이상에 의해 파괴됩니다.

◈ 56 ◈

죄의 힘 – 다시 말해서, 육체의 의지 – 는 거룩한 세례의 은혜, 그리고 하나님의 명령에 적극적으로 순종함에 의해서 파괴됩니다. 그러한 순종은 성령의 검(엡 6:17) – 즉 성령 안에 있는 거룩한 지식의 계시 – 을 사용하여 죄의 세력을 죽입니다. 사무엘이 아각에게 "네 칼이 여인들로 무자케 한 것같이 여인 중 네 어미가 무자하리라"(삼상 15:33)고 외친 것처럼, 순종도 은밀하게 죄의 정념에게 외칩니다.

◈ 57 ◈

탐식이라는 정념은 쾌락에 대한 달콤한 생각을 사용하여 많은 덕을 무자하게 만듭니다. 그것은 방탕함에 의해서 자제의 씨앗을 죽이며, 탐심을 통해서 정의를 더럽히고, 이기심을 사용하여 사랑이라는 본성적인 유대를 파괴합니다. 간단히 말해서, 탐식이라는 정념은 모든 덕의 결과를 파괴합니다.

◈ 58 ◈

탐식이라는 정념은 덕의 거룩한 결과를 모두 죽입니다. 그러나 그 정념은 믿음의 은혜와 거룩한 계명에 순종함에 의해 획득한 영적 지식으로 말미암아 파괴됩니다.

~ 59 ~

우리 주님은 이방을 비추는 빛이십니다(사 49:6; 눅 2:32). 그분은 참 지식을 통해서 무지의 어두움으로 말미암아 보지 못하던 이방인들의 정신의 눈을 여십니다. 게다가 그분은 거룩한 행위를 통해서 신자들에게 덕의 고귀한 본보기와 귀감이 되십니다. 우리는 구원의 창시자이신 그분을 바라보면서 행동으로 그분을 본받음으로써 덕을 획득합니다.

~ 60 ~

어떤 사람이 덕을 위한 싸움에서 자기보다 강하고 영적 지식이 더 풍성하기 때문에 그를 시기하고 미워하며 중상하는 사람은 사울처럼 악령에게 시달립니다(삼상 16:14). 그는 누군가가 덕과 영적 지식을 통해서 오는 영광을 자기보다 더 많이 누리는 것을 참고 보지 못합니다. 그는 이 선한 사람을 죽일 수 없기 때문에 한층 더 크게 격분합니다(삼상 18:10-11). 게다가 그는 종종 사랑하는 요나단을 쫓아냅니다(삼상 19:4-5; 20:30-32). 다시 말해서, 그는 그의 공정하지 못한 증오심을 책망하며, 진리에 대한 사랑에서 비롯되어 그가 미워하는 사람의 업적을 열거하는 양심의 판단을 억누릅니다.

~ 61 ~

우리도 정신적인 다윗에게 물질에 의해 도발된 우리의 지성을 영적 관상과 지식의 수금과 공명하게 하고, 감각의 세상을 지배하는 물질적인 변덕을 몰아내 달라고 호소해야 합니다(삼상 16:23). 그렇게 함으로써 율법을 영적으로 이해하며 그 안에 신비하게 감추어져 있는 거룩한 원리를 발견함으로써 그것이 우리를 위한 영속적인 영생의 근원이 되게 할 수 있을 것입니다.

~ 62 ~

구원을 사랑하는 사람은 덕의 실천이나 관상생활과 관계를 갖습니다. 덕과 영적 지식이 없으면 어떤 방법으로도 구원을 얻을 수 없기 때문입니다. 덕은 육체의 충동들을 제어하며, 건전한 생각을 사용하여 자연스럽지 못한 행동을 향하는 성향을 제어합니다. 한편 우리는 옳다고 생각되고 지혜롭게 평가된 것을 관상에 의해서 내적으로 이해합니다.

~ 63 ~

이해력은 지적인 것이며 이해되는 것은 지성적인 것이므로, 이해되는 것은 이해하는 것의 자양물이요 내용입니다. 그러므로 하나님이 영적인 존재 – 즉 지성 – 에 의해 이해되고, 그것이 하나님과 교제하게 되는 분량만큼 지성적인 것이 될 때, 하나님은 그것을 내면에서 조명해 주시며, 그의 지성은 하나님을 이해하며 하나님에 의해 양육됩니다.

~ 64 ~

지성적인 것과 지적인 것은 서로 다릅니다. 전자는 후자를 양육합니다. 이해되는 것, 즉 지성적인 것은 이해하는 것, 즉 지적인 것보다 개념적으로 우선하고 우월합니다. 지성을 가지고 그와 같이 지성적인 것들을 이해하는 존재들은 지적입니다. 이해되는 것은 지성적이며, 이것이 지적인 것, 즉 이해하는 것을 양육합니다.

∽ 65 ∽

하나의 결과는 그 원인의 형상을 간직합니다. 모든 피조물은 결과들이며, 그것들을 존재하게 한 것은 그것들의 원인입니다. 그러나 원인과 결과는 완전히 닮지는 않습니다.

∽ 66 ∽

결과들은 그 원인들의 형상을 간직하지만, 그 기원의 양식에 있어서 원인은 결과를 능가하고 초월하므로, 그 둘이 완전히 비슷하지는 않습니다. 결과들에 속하는 것은 그 원인들 안에 본질적으로 선재합니다.

∽ 67 ∽

결과들은 하늘과 땅에 있는 모든 피조물을 포함하지만, 그것들을 존재하게 만든 원인들은 삼위일체의 세 위격이십니다. 그러므로 결과들과 원인들 사이에 완전한 닮음은 있을 수 없습니다.

∽ 68 ∽

우리의 지성은 이해하는 능력을 소유하고 있으며, 그것을 통해서 지성적인 실체들을 감지합니다. 또 그 본성을 초월하는 연합, 그리고 그것을 그 본성적인 범주를 초월하는 것과 결합시켜 주는 연합의 능력도 소유합니다. 우리의 본성적인 능력에 의해서가 아니라 우리가 완전히 자신을 초월하여 하나님께 속한다는 사실에 의해서, 그리고 이 연합을 통해서 거룩한 실체들이 이해됩니다. 우리 자신에게 속하기보다 하나님께 속하는 편이 낫습니다. 왜냐하면 하나님께 속한 사람들에게 거룩한 선물들이 주어지기 때문입니다.

～ 69 ～

어떤 대상을 이해하기를 원하는 지성은 자신의 차원에서 지적 작용의 차원으로 내려갑니다. 지적 작용은 이해가 이루어지는 수단이므로, 이해하는 주체보다 열등합니다. 그것은 지성의 통일성을 분산시키고 분열시킵니다. 지성은 단순하고 완전한 데 반해, 지적 작용은 다수이며 분산적입니다. 말하자면, 지적 작용은 지성의 존재 형태입니다. 이런 까닭에 지적인 주체들 – 지성을 부여받은 존재들 – 은 이해의 대상인 지성적인 실체들보다 열등합니다. 지성은 그 통일성에 의해서 본성적인 범주를 초월하는 것에게로 뻗어가며 하나님에 대한 관상을 획득합니다. 그것은 감각적이고 지성적인 세계에 속한 모든 것, 심지어 자체의 활동까지로 초월함으로써 이 일을 행합니다. 그렇게 해야만 신적 지식의 빛을 받을 수 있기 때문입니다.

～ 70 ～

자체의 원리에 따라서 지적으로 행동하는 지적 존재는 지성을 사용하여 이해합니다. 그것은 자신이 이해하는 것을 사랑할 것이며, 그렇기 때문에 색정적인 충동의 영향을 받아 수동적으로 자신에서 벗어나 그 사랑하는 대상을 향하게 될 것입니다. 그리고 이 충동은 계속 강하고 절박한 것으로 성장할 것입니다. 그것은 자신이 사랑하는 완전한 실체 안에 완전히 젖어들 때까지, 기꺼이 그 실체의 온전함에 완전히 둘러싸일 때까지, 그리고 그것을 포용하는 것에게 완전히 일치할 때까지 결코 쉬지 않을 것입니다. 빛에 의해 빛을 내는 대기, 또는 불이나 그와 비슷한 물질에 의해 거듭 관통되는 쇠붙이처럼, 그것은 자신을 포용하는 것을 기준으로 하여 인정되기를 원할 것입니다.

◈ 71 ◈

지적 능력과 지성적인 실체들의 관계, 감각적인 능력과 감각적 실체들의 관계는 매우 밀접합니다. 인간은 혼과 감각적인 몸으로 이루어져 있으므로 제한되고 한계가 정해져 있으며, 스스로 한계를 부과하며, 자기 자신과 창조의 이 두 가지 측면 사이에 존재하는 본성적이고 독특한 상호 관계에 의해서 윤곽을 분명히 합니다. 그는 혼과 몸의 복합체이기 때문에, 본질적으로 지성적이고 감각적인 실체들의 제한을 받지만, 동시에 그는 지적으로 이해하고 감각으로 감지하는 능력을 통해서 이러한 실체들을 정의합니다. 한편 하나님은 제한이 없이 단순하게 모든 피조된 실체들을 초월하여 존재하십니다. 그분은 절대적으로 어떤 사물과도 관계를 갖지 않기 때문입니다.

◈ 72 ◈

모든 금지된 육욕적인 쾌락은 정념의 결과로서, 그리고 감각적인 대상을 인식함으로 말미암아 존재하게 됩니다. 육욕적인 쾌락은 감각적인 객체에 의해서 감각적 기능 안에 만들어진 감각, 또는 사고력과는 반대가 되는 욕망에 의해 가동되는 민감한 활동의 양식입니다. 욕망은 감각과 결합되면 쾌락으로 변화되며, 쾌락이 취하는 형태를 고안해 냅니다. 욕망의 자극을 받는 감각은 쾌락을 만들어 내며, 감각적 대상을 이용합니다. 성인들은 영혼이 본성을 거슬러서 육체에 의해 물질을 향하도록 자극을 받을 때에 세상적인 형태를 취한다는 것을 인식합니다. 그리하여 그들은 자신의 충동들을 본성과 일치하여 하나님을 향하게 하며, 덕의 실천을 통해서 육체를 거룩한 것들의 형상으로 치장하여 하나님께 순응시키기로 결심합니다.

～ 73 ～

고결한 성인들은 본성에 따라서 확실하게 행동함으로써 시련의 현 시대를 통과합니다. 그들의 지성이 피조물의 단순한 본질들을 파악한 후에, 그들은 사고력에 의해서 감각을 지성과 결합합니다. 또 지성이 피조물을 향한 충동에서 완전히 해방되어 자신의 본성적인 활동도 중지하고 쉴 때에, 그들은 지성을 하나님께 바칩니다. 이렇게 하나님과 완전히 결합된 성인들은 성령을 통해서 완전하신 하나님과 완전히 융합됩니다. 왜냐하면 그들은 온전한 하늘에 속한 자의 형상을 입었고(고전 15:49), 자신을 하나님께 헌신했으며, 하나님의 형상을 흡수했기 때문입니다.

～ 74 ～

하나님과 인간은 서로의 모본이라고 말합니다. 인간이 하나님을 위한 사랑을 통해서 자신을 신화하는 능력과 하나님께서 인간을 위한 사랑으로 말미암아 인간이 되신 것은 상관적입니다. 또 본래 보이지 않으시는 하나님의 덕으로 말미암은 인간의 현현은 지성이 하나님에게 사로잡히고 영적 지식을 부여받은 분량과 상관이 있습니다.

～ 75 ～

자신에게 속한 세상적인 측면들을 죽이고(골 3:5), 내면에 있는 육에 속한 의지를 완전히 소멸시키며 하나님께만 바쳐야 하는 사랑을 분산시키는 바 육에 대한 애착을 버린 사람; 사도 바울처럼 "누가 우리를 그리스도의 사랑에서 끊으리요?"(롬 8:35)라고 말할 수 있기 위해서, 하나님의 은혜를 위해서 육과 세상에 속한 것을 모양까지도 버린 사람, 이런 사람은 멜기세덱처럼 "아비도 없고 어미도 없고 족보도 없게" 된 사람입니다(히 7:3). 왜냐하면 그의 내면은 성령과 연합했기 때문에 육이나 본성의 지배를 받을 수 없기 때문입니다.

～ 76 ～

나는 현세의 끝을 죽음이라고 부르는 것이 옳지 않다고 생각합니다. 보다 정확하게 말하자면, 그것은 죽음으로부터의 구원, 썩어짐으로부터의 분리, 노예 상태로부터의 해방, 소란함의 종식, 전쟁이 사라짐, 어두움이 사라짐, 고난으로부터의 안식, 수치의 소멸, 정념들로부터의 도피입니다. 간단히 말하자면, 모든 악의 종식입니다. 자발적인 고행을 통해서 이런 상태를 획득한 사람은 이 세상에서는 나그네요 외국인처럼 살며(히 11:13), 세상과 육체, 그리고 그것들로부터 오는 공격에 맞서 담대하게 싸웁니다. 그리고 이 둘이 감각 및 감각적인 사물과 긴밀한 관계를 가지고 있기 때문에 생겨나는 속임수를 억제한 후에 자기 영혼을 노예가 되지 않은 상태로서의 권위를 유지합니다.

～ 77 ～

갑작스레 위기가 임했을 때에 본성은 우리로 하여금 기도로써 하나님을 향하며 하나님의 구원을 구하게 하며, 그때마다 자연스럽게 우리 안에 심겨진 섭리에 대한 지식을 증거해 줍니다. 우리는 갑자기 어려운 사건이 발생하면, 무의식중에 우선적으로 하나님을 부릅니다. 마치 우리는 전혀 의식적인 생각을 하지 않으며 섭리 자체가 우리를 자신에게로 이끌어가며, 정신적 기능보다 더 신속하게 활동하여, 하나님의 도움이 그 무엇보다 더 강한 것임을 보여 주는 듯합니다. 본성은 본래 존재하지 않은 것에게로 무의미하게 우리를 인도하지 않을 것입니다. 어떤 사물의 자연적인 결과는 그 자체의 신빙성을 설득력 있게 증명해 줍니다.

∽ 78 ∽

어떤 것은 선하고, 어떤 것들은 나쁘며, 이것들은 모두 현재나 장래에 속합니다. 장래에 예상되는 선은 욕망이라고 불리며, 현재 소유되는 선은 즐거움이라고 불립니다. 거꾸로 장래에 예상되는 악은 두려움이라고 불리며, 현세에서 현재 경험되는 악은 고통이라고 불립니다. 결과적으로, 실제로 선한 것이든지 선하다고 생각되는 것이든지 간에, 선한 것과 관련하여 즐거움과 욕망이 존재하며 또 관찰되어야 합니다. 또 악한 것들과 관련된 곳에서 고통과 두려움에 대해서도 동일한 말을 할 수 있을 것입니다. 욕망이 성취되면 즐거움이 생기고, 좌절되면 고통이 생깁니다.

∽ 79 ∽

고통은 본질상 악하다고 합니다. 덕을 실천하는 사람이 다른 사람들에게 임한 불운을 불쌍히 여기는 것은, 주로 의도적인 선택에 의한 것이 아니라 발생한 불행의 결과입니다. 반면에, 관상적인 사람은 하나님과 연합되었으며 현세에서 발생하는 모든 것으로부터 이탈했기 때문에 그러한 불운에 직면했을 때에도 정념에 휘둘리지 않습니다.

∽ 80 ∽

모든 성인들은 진실로 거룩하고 확실한 로고스를 붙잡았기 때문에 현세에서 발견되는 즐거움에 영혼의 발자국을 남기지 않은 채 현세를 통과합니다. 이는 그들이 자신의 지성으로 하여금 인간이 접근할 수 있는 바 하나님에 관한 가장 고귀한 원리들, 즉 선과 사랑의 원리들을 받아들일 수 있게 만들었기 때문입니다. 그들은 하나님께서 피조물에게 존재를 부여해 주시고 은혜의 선물로서 행복을 수여해 주셨음을 깨달았습니다. 그러나 홀로 움직임이 없으신 하나님에 관하여 말할 때에는 움직임이 아니라 의지에 대해서 말해야 합니다. 만물을 움직이시고 모든 것을 존재하게 하시고 지탱해 주시면서도 어떤 방법으로든 움직여지지 않는 것이 하나님의 뜻이기 때문입니다.

81

영혼은 지적이고 지성적인 실체이므로, 지성을 사용하여 이해하고 그 사고력을 사용하기도 합니다. 지성은 영혼의 잠재력이요, 지적 작용은 그 힘이요, 지적 개념이나 개념적 심상은 그것의 실현입니다. 지적인 주체와 지적으로 이해되는 객체와 관련하여, 지적인 개념은 지적 작용의 행위의 완성을 나타냅니다. 그것은 그 둘 사이를 중재하고 서로에 대한 관계를 결정합니다. 영혼이 이해할 때에 그 지적 작용의 활동 대상이 파악된 후에는 그 활동을 곧 중지합니다. 진실로 영구적으로 이해된 것은 더 이상 그것을 이해하는 영혼의 잠재력을 불러일으키지 않습니다. 그리하여 하나의 지적 개념의 형성은 지적 작용을 종식시킵니다.

82

미혹된 사람들이 무지로 인해 분열되듯이, 영적인 빛의 존재는 그 빛을 받는 사람들을 가까이 이끌고 연합해 줍니다. 그 빛은 그들을 완전하게 하며 진정으로 존재하는 것에게 돌아오게 해 줍니다. 그것은 그들을 다양한 견해를 버리게 하며 그들의 다양한 관점 - 보다 정확하게 말하자면 그들의 환상들 - 을 결합하여 하나의 단순하고 참되고 순수한 영적 지식으로 만들어 줍니다. 그리고 그들에게 단순한 통합시켜 주는 빛을 채워 줍니다.

83

아름다운 것은 선한 것과 동일합니다. 만물은 기회가 있을 때마다 선하고 아름다운 것을 추구하며, 그러한 것 안에 참여하지 않는 존재는 없습니다. 그것들은 탁월하기 때문에 희구되고 갈구되고 선택되고 사랑받는 모든 것에게로 뻗어갑니다. 거룩한 사랑의 힘 – 선한 것 안에 존재하는 에로틱한 힘 – 이 어떻게 안에 복된 힘을 만들어 냈는지 살펴보십시오. "그 아름다움에 미혹되어 나는 지혜를 사랑하였다"(지혜서 8:2)는 말씀과 "그를 사랑하라 그가 너를 지키리라…그를 높이라 그리하면 그가 너를 높이 들리라"(잠 4:6, 8)는 말씀처럼, 우리는 그 힘으로 말미암아 선하고 아름다운 것을 동경합니다.

84

신학자들은 때로는 거룩한 것을 에로틱한 힘이라고 부르고, 어떤 때는 사랑이라고 부르고, 어떤 때는 지극히 갈망하고 사랑하는 것이라고 부릅니다. 따라서 에로틱한 힘이요 사랑인 거룩한 것은 움직임에 예속되며, 지극히 갈망하고 사랑하는 것은 이 힘과 사랑을 받아들이는 모든 것을 향해 움직입니다. 이것을 보다 분명히 표현하면 다음과 같습니다: 거룩한 것들은 그것을 받아들이는 사람들의 내면에서 강력한 갈망과 사랑의 상태를 만들어 내므로, 그 자체가 움직임에 예속됩니다. 그리고 신적인 것에게 이끌리는 사람들은 본질상 그것을 갈망하게 되므로 그것은 다른 것들을 움직입니다. 다시 말해서, 그것은 갈구되는 것을 갈구하며, 동경되는 것을 동경하며, 사랑되는 것을 사랑하므로, 그 자체와 다른 것들을 움직입니다.

∽ 85 ∽

거룩하고 에로틱한 힘은 엑스타시를 만들어 내며, 사랑하는 사람들로 하여금 자기 자신이 아니라 사랑하는 대상에게 속하도록 강요합니다. 이것은 우월한 존재들이 열등한 것들을 보살핌을 통해서, 동등한 권위를 지닌 존재들이 상호간의 연합을 통해서, 그리고 지위가 낮은 존재들이 높은 지위의 존재들을 향한 거룩한 대화를 통해서 증명합니다. 거룩한 사랑의 힘에 사로잡히고 그 몰아적 능력에 동참한 사도 바울이 감동을 받아 "이제는 내가 산 것이 아니요 오직 내 안에 그리스도께서 사신 것이라"(갈 2:20)고 말한 것도 이러한 일의 결과입니다. 그는 참되게 사랑하는 사람으로써, 그리고 스스로 말했듯이 하나님을 위하여 미친 사람으로서(고후 5:13), 사랑하는 하나님을 향한 뜨거운 사랑 때문에 자신을 위해서 살지 않고 사랑하는 자를 위해 사는 사람으로서 이런 말을 했습니다.

∽ 86 ∽

우리는 만물을 지으신 분은 아름다움과 선하심과 뜨겁고 풍부한 사랑을 통해서 창조 전체를 위한 섭리적 배려를 하면서 자신을 벗어나신다고 담대하게 진리의 이름으로 다짐해야 합니다. 우리는 엑스타시의 초본질적인 능력에 의해서, 그리고 선과 사랑과 동경에 매료되어 그분은 자신 안에 머물러 있으면서 만물 안에 거하기 위해서 자신의 완전한 초월성을 포기하십니다. 만물을 향한 하나님의 복된 갈망의 뜨거움 때문에, 그리고 그분은 사람들로 하여금 자신의 뜨거움 갈망을 모방하게 하며 자신을 그 본보기로 제공하시기 때문에, 거룩한 일에 대해 숙달된 사람들은 그분을 질투하며 모범이 되는 연인이라고 부릅니다. 그분 안에 있는 바람직한 것은 모방할 가치가 있으며, 그분의 보호를 받는 존재들은 그분을 본받을 가치가 있는 분이기 때문입니다.

∽ 87 ∾

하나님은 사랑과 에로틱한 힘의 아비요 창시자라고 합니다. 그분은 자기의 내면으로부터 그것들을 구체화하십니다. 다시 말해서 그분은 그것들을 피조물의 세계 안에 나타내십니다. 이런 까닭에 성경은 "하나님은 사랑이시라"(요일 4:16)고, 그리고 "그 전체가 사랑스럽다"(아 5:16)고 말하는데, 이것은 에로틱한 힘을 의미합니다. 하나님은 사랑을 받으시기에 합당하며, 진실로 소유하고 싶은 분이십니다. 하나님에게서부터 사랑의 갈망이 쏟아져 나오기 때문에 그것의 근원이신 그분은 움직임 안에 있다고 하며, 진실로 동경과 사랑과 갈망과 선택의 대상이시기 때문에 자신을 향하는 것들과 갈망하는 힘을 소유하는 것들을 움직이게 하십니다.

∽ 88 ∾

하나님은 성령 안에서의 에로틱한 연합을 일으키기 위해서 우리를 자극하시고 유혹하신다는 것을 이해해야 합니다. 다시 말해서, 하나님은 이 연합의 중매인 자신이 피조물들에 의해 갈망되고 사랑을 받기 위해서 쌍방을 불러 모으시는 분이십니다. 하나님은 각각의 존재를 그 원리에 따라 자극하여 하나님에게 돌아오게 만드십니다. "유혹"이라는 단어가 불순한 것을 의미하기도 하지만, 여기에서는 하나님과의 연합을 가져오는 중개를 상징합니다.

~ 89 ~

지고선 안에 선재하는 바 지고선의 에로틱한 충동은 단순하며 자동적입니다. 그것은 끝도 없고 시작도 없으므로 그 선에게서 나와서 그 선에게로 돌아갑니다. 그렇기 때문에 우리는 항상 신적인 것, 그리고 신적인 것과의 연합을 원합니다. 하나님과의 사랑의 연합은 다른 모든 연합을 초월하고 능가하기 때문입니다.

~ 90 ~

신적인 것이거나 거룩한 것이거나 정신적인 것이거나 또는 육체적인 것이거나 간에, 우리는 에로틱한 힘을 통합하고 혼합하는 힘으로 간주해야 합니다. 그것은 우월한 존재들로 하여금 자기보다 낮은 존재들을 보살피게 하고, 동등한 권위를 지닌 존재들로 하여금 호혜적으로 행동하게 하고, 열등한 존재들로 하여금 자기보다 위대하고 탁월한 존재들에게 돌아가게 합니다.

~ 91 ~

영적 지식은 이해하는 자와 이해되는 것을 연합해 주지만, 무지는 무지한 사람들의 내면의 변화와 자기 분열의 원인이 됩니다. 성경에 의하면, 이런 까닭에 영구히 분별하는 정체성을 지닌 참 믿음을 가지고 믿는 사람은 그 무엇에도 동요되지 않을 것입니다. 진리와 연합한 사람은 비록 많은 사람들이 정신이 나갔다고 책망할지라도 자신의 모든 것이 제대로 되어가고 있다는 확신을 갖습니다. 사람들은 그가 미혹됨의 상태에서 참 믿음의 진리로 이동했음을 알지 못하지만, 그는 자신이 미친 것이 아니라 진리로 말미암아 여러 가지 형태의 소란스러운 망상들로부터 해방되었음을 확실히 압니다.

92

성도들은 선, 사랑, 친절, 자비 등이 가득합니다. 그들은 인류 전체에 대해 동일한 사랑을 나타냅니다. 이 때문에 그들은 평생 가장 고귀한 축복인 겸손, 다른 모든 축복들을 보존하고 반대되는 것들을 파괴하는 덕을 고수합니다. 그리하여 그들은 우리 자신에게 기인하며 우리의 선택에 따르는 것이거나, 우리 자신에게서 기인하는 것이 아니며 우리의 통제 밖에 있는 것이건 간에 성가신 시련들로부터 완전히 면제됩니다. 그들은 절제를 통해서 첫째 형태의 시련의 공격을 시들게 하며, 인내로써 두 번째 유형의 시련의 공격을 물리칩니다.

93

참 믿음과 하나님에 대한 참된 경외는 완전한 덕의 실천을 만들어 냅니다. 영적 등정을 하는 동안에 확실한 소망과 건전한 이해는 확실한 자연적 관상을 만들어 냅니다. 완전한 사랑, 그리고 자체의 초월적 상태 때문에 피조물에 대해서 자발적으로 눈이 먼 지성은 거룩한 것에게로 들려올라감을 통해서 우리를 신화해 줍니다.

94

실질적 철학의 기능은 모든 정념에 물든 환상으로부터 지성을 정화하는 것입니다. 자연적 관상의 기능은 지성에게 피조물 안에서 발견되는 참된 지식의 기초를 가르쳐 주는 것입니다. 신비 신학의 기능은 은혜에 의해서 지성을 하나님처럼 만들고 하나님과 동등하게 만들어 지성이 그 초월적 상태 때문에 하나님과 관련이 없는 것은 전혀 알지 못하게 만드는 것입니다.

~ 95 ~

감각 세계에서의 정기, 또는 불은 정신 세계의 이해 – 각각의 피조물이 지닌 특별한 영적 원리들을 조명해 주고 나타내 주며, 이 원리들을 통해서 그것들 안에 임재하는 조물주를 계시해 주고, 신적인 것을 향한 영혼의 갈망을 알아내는 상태 – 에 상응합니다. 감각 세계의 대기는 정신 세계에서의 용기 – 영의 내재적인 생명을 소생시키고 유지하고 활성화시켜 주며, 신적인 것을 향한 영혼의 끊임없는 갈망에 활력을 주는 상태 – 에 상응합니다. 감각 세계의 물은 정신세계의 자제 – 영 안에 활력을 주는 풍요를 생산하며, 영혼을 신적인 것에게로 이끌어가는 영원히 소생하는 에로틱한 매력을 만들어 내는 상태 – 에 상응합니다. 감각 세계의 흙은 정신세계의 정의 – 피조물의 종류에 따라 그 내적 원리를 낳으며, 영적으로 정당한 방법으로 각각의 사물에게 생명의 선물을 나누어 주며, 자신의 자유로운 선택에 의해서 선과 미 안에 확고하게 뿌리를 내리고 자리잡는 상태 – 에 상응합니다.

~ 96 ~

육이 번성하고 성장하면, 덕의 상태와 영적 지식의 조명이 사라지기 때문에 영혼은 정념들의 괴롭힘을 받아 어두워집니다. 거꾸로, 영혼이 튼튼해지며, 덕의 아름다움과 영적 지식의 조명을 받아 빛나게 되면, 로고스가 내주하심으로 말미암아 육이 그 본성적인 활력을 상실하기 때문에 겉사람은 약해집니다.

~ 97 ~

피조된 인간은 먼저 자유로운 선택을 통해서, 내면에 자연스럽게 거하는 독립된 능력에 의해서 성령 안에서 태어나지 않는 한 은혜에 의해서 하나님의 아들이 될 수 없습니다. 첫 사람은 아직 계시되지 않는 영적 축복보다는 감각을 기쁘게 하는 것을 선택했기 때문에 이 신화시켜 주는 거룩하고 영적인 탄생을 소홀히 했습니다. 그리하여 그는 선택권이 없고 물질적이며 죽음에 종속되는 육체적인 세대에 종속되도록 정죄를 받았습니다.

~ 98 ~

현재의 상태에서 인간은 방종 때문에 야기된 정념들의 통제되지 않은 환상들을 만족시키거나, 아니면 어떤 필요 때문에 강요되는 일을 수행하거나, 또는 자연의 본성적인 법들을 발견하기 위해서 행동합니다. 태초에는 인간이 만물보다 위에 있었기 때문에, 이런 것들이 이런 식으로 인간을 강요하지 않았습니다. 첫사람은 자기보다 저급한 것이나 주위의 것, 또는 대적하는 것으로 인해 조금도 분심함이 없이 자신의 완전함을 위해서 오직 한 가지 – 사랑의 힘의 지원을 받아 하나님을 향해 굴하지 않고 노력하는 것 – 만을 필요로 했습니다.

~ 99 ~

하나님과 첫 사람 사이에 학습되어야 할 것이 개입되어 하나님을 향한 노력을 통해서 사랑에 의해 봉인되어야 할 자유로운 관계를 방해하지 않았습니다. 그는 은혜에 의해서 무정념했기 때문에 육욕적인 쾌락을 향한 욕망이 일으키는 정념들의 환상에 예속되지 않았습니다. 또 그는 자족할 수 있었기 때문에, 어떤 종류의 일을 하게 만드는 욕구에 종속되지 않고 자유로웠습니다. 그는 지혜로웠기 때문에, 그를 자연의 학습보다 우월하게 만들어 주는 영적 지식을 소유했습니다.

100

 지혜로 자연을 지으시고 각각의 지적인 존재 안에 자신에 대한 지식을 은밀하게 심어 놓으신 하나님은 모든 사람에게 하나님을 향한 본성적인 소원과 동경을 주셨으며, 그것을 자연스럽게 우리의 사고 능력과 결합하셨습니다. 우리는 이 본성적인 욕망을 실현하는 방법을 길을 잃지 않고 평온하게 배우기 위해서 사고력을 사용합니다. 우리는 그것의 자극을 받아 모든 피조물 안에 조화롭게 나타나는 진리와 지혜와 질서를 찾게 되며, 그것들을 통해서 하나님께 이르기를 갈망합니다.

주님의 기도에 관하여

어느 경건한 신자에게 보내 준 간단한 해석

당신의 감동적인 편지들을 받으니 당신을 친히 보는 것 같았습니다. 사실 영적으로 당신은 항상 나와 함께 있습니다. 선하신 당신은 당신의 종들과 의사소통을 하도록 하나님께서 주신 기회를 활용했습니다. 나는 당신의 겸손에 크게 감복해 왔고 당신에 대한 나의 두려움을 애정을 가지고 완화시켰고, 또 존경과 호의에 기초를 두고 당신을 사랑해 왔습니다. 나는 애정이 제거된 두려움이 증오로 변하거나, 두려움이 제거된 애정이 지나친 친근함으로 변할 경우를 대비하여 그 둘을 결합했습니다. 그럼으로써 사랑은 내적인 다정함의 법이 되며, 그 자체와 비슷한 모든 것을 결합하여, 호의를 통해서 증오를 다스리며, 존경을 통해서 지나친 친근함을 제어합니다.

시편 기자인 다윗은 모든 것들 중에서 하나님의 사랑을 가장 훌륭하게 보존할 수 있는 것은 두려움이라는 것을 알기 때문에 "여호와를 경외하는 도는 정결하여 영원까지 이른다"(시 19:9)고 말합니다. 그러한 두려움은 범죄 행위로 인한 처벌을 두려워하는 것과는 아주 다르다는 것을 그는 깨닫고 있습니다. 사랑은 죄로 인한 형벌에 대한 두려움을 몰아내고 파괴합니다. 복음서 기자 요한은 "사랑이 두려움을 내어 쫓나니"(요일 4:18)라고 기록합니다. 그러나 다윗이 이야기하는 두려움은 참 자비의 법에 대한 자연스러운 표현입니다. 성도들은 이 두려움으로 말미암아 항상 하나님과 이웃을 향한 사랑의 지배와 실천을 깨끗이 보존합니다.

그러므로 나는 애정을 가지고 당신에 대한 나의 두려움을 완화시켰고, 지금까지 이 사랑의 법을 유지해 왔습니다. 나는 지나치게 친해지는 것을 원하지 않았기 때문에 지금까지 존경심을 가지고 편지를 쓰는 것을 삼가 왔습니다. 그러나 혹시 이러한 행동이 증오심으로 해석될까 염려하여 호의를 가지고 편지를 씁니다. 또 – 왜냐하면 성경에서 말하는 것처럼 "인간이 생각하는 것은 확실치 않으므로"(지혜서 9:14) 나는 내가 생각하는 것을 쓰지 않고, 하나님이 원하시며 은혜로 허락하시는 것을 씁니다. 왜냐하면 다윗은 "여호와의 도모는 영영히 서고 그 심사는 대대에 이르리로다"(시 33:11)라고 말하기 때문입니다. 아마 여기에서 다윗이 말하는 바 아버지 하나님의 도모란 독생자께서 인간 본성의 신화를 위해 행하신 측량할 수 없는 자기 비움일 것입니다. 그리고 심사란 우리의 현재 삶과 장래의 삶이 분리된 세대인 것처럼 지혜롭게 순서를 정하시며, 각각의 삶에 적절한 활동 방식을 정해 주시는 데 사용되는 섭리와 판단의 원리입니다.

만일 하나님의 도모의 목적이 우리 본성의 신화이며, 그 심사의 목표가 우리 삶에 반드시 필요한 것들을 공급해 주시는 것이라면, 우리는 주님의 기도의 능력을 알고 실행에 옮기며 그것에 대해 적절하게 기록해야 합니다. 당신은 편지에서 당신의 종들이 하나님의 감화를 받아 이 기도를 특별히 언급한다고 쓰셨습니다. 그러므로 나도 그것에 대해서 언급해야겠습니다. 나는 우리에게 이 기도를 가르쳐 주신 주님께 나의 지성이 그 기도 안에 포함된 신비들을 파악할 수 있도록 내 지성의 눈을 열어주시며, 내가 이해한 것을 설명하는 데 적합한 표현을 가르쳐 달라고 부탁합니다. 이 기도에는 우리가 방금 말한 것의 완전한 목적과 목표가 포함되어 있습니다. 그것은 이 목적과 목표를 지각할 수 있을 만큼 튼튼한 지성을 소유한 사람들에게 그 목적과 목표를 공공연하게 선포합니다.

이 기도에는 거룩한 로고스가 성육신하여 자기를 비우심으로써 성취하신 모든 것을 구하는 청원이 포함되어 있으며, 또 성령 안에서 아들의 중재를 통해서 아버지 하나님만이 주시는 축복들을 얻기 위해 노력하라고 가르칩니다. 거룩한 사도가 말하듯이 주 예수님은 하나님과 인간들 사이의 중보자이십니다(딤전 2:6). 왜냐하면 그분은 미지의 아버지를 육체를 통해서 인간에게 나타내 보이시며, 아버지와 화목한 사람들로 하여금 성령을 통해서 아버지에게 가까이 갈 수 있게 해 주시기 때문입니다(엡 2:18). 그분이 변화됨이 없이 인간이 되신 것은 인간들을 위해서였으며, 지금은 우리의 이해를 초월하는 크고 많은 새로운 신비들을 만드시고 가르치시는 분이십니다.

무한히 후하신 주님이 인간에게 주신 이 신비들 중에서 일반적으로 보다 중요한 것은 일곱 가지이며, 이것들의 능력이 주님의 기도 안에 감추어져 있습니다. 이 일곱 가지 신비는 신학, 은혜로 말미암아 양자가 됨, 천사들과 동등함, 영생에 참여함, 인간 본성과 화목될 때에 이루어지는 본성의 회복, 죄의 법의 폐지, 그리고 악한 자의 속임수로 말미암아 우리를 지배하는 폭정의 파괴 등입니다.

지금까지 말한 것의 진리를 살펴봅시다. 성육하신 하나님의 로고스는 자신 안에서 아버지와 성령을 계시하시므로, 우리에게 신학을 가르치십니다. 성육하신 아들 안에서 아버지와 성령이 현존하셨습니다. 그분들은 성육하지 않았지만, 아들이 성육신을 성취하셨을 때에 아버지는 그것을 인정하시고 성령은 협력하셨습니다. 로고스는 성육하실 때에 자신의 지성과 생명을 손상됨이 없이 보존하셨습니다. 그분은 아버지와 성령에 의하지 않고서는 다른 어떤 존재에 의해서도 본질적으로 이해되지 않았고, 인간들을 위한 사랑 안에서 위격적으로 육체와 결합되셨습니다.

로고스는 본성을 초월하며 성령으로 말미암아 위로부터 은혜에 의해서 임하는 탄생과 신화를 우리에게 주시면서 우리에게 양자됨을 주십니다. 하나님 안에서 이것을 지키고 보존하는 것은 그리하여 태어난 사람들의 결심, 주어진 은혜를 성실하게 받아들임, 그리고 은혜로 주어지는 아름다움을 계발하는 것 등에 달려 있습니다. 게다가 그들은 정념들을 비움으로써, 하나님의 로고스가 의도적으로 자신의 고귀한 영광을 배우고 인간이 되신 것과 동일한 수준으로 거룩한 것을 장악합니다.

로고스께서는 사람들을 천사들과 등등하게 만드셨습니다. 그분은 "그의 십자가의 피로 화평을 이루사 만물 곧 땅에 있는 것들이나 하늘에 있는 것들을 그로 말미암아 자기와 화목케 되기를" 기뻐하셨고 (골 1:20), 하늘과 땅 사이의 중간 지역을 채우는 적대적인 세력들을 무능하게 하심으로써 하늘과 땅에 있는 세력들의 즐거운 모임을 거룩한 은사를 나누어 주시기 위한 모임으로 만드시고, 인류와 함께 한 목소리로 하나님의 영광을 참여합니다. 그러나 우리를 위해 착수하신 하나님의 목적을 성취하고 자신이 취하셨던 몸과 더불어 승천하신 후에 하늘과 땅을 자기 자신 안에 연합하시고, 감각적인 것을 지적인 것과 결합하시고, 조물주에 대한 지식과 덕을 통해 결합된 상반되는 것들을 소유한 온전한 단일체인 피조세계를 계시하셨습니다. 그분은 자신이 신비하게 성취한 것을 통해서, 로고스께서는 나누인 것을 연합하신다는 것, 그리고 로고스를 멀리함으로써 연합된 것이 분리된다는 것을 보여 주십니다. 그러므로 우리는 덕을 통해서 천사들과 연합될 뿐만 아니라 피조물로부터의 이탈을 통해서 영적 지식 안에서 하나님과 결합하기 위해서 덕의 실천을 통해 로고스를 추구하는 법을 배워야 합니다.

로고스께서는 그분 자신 및 그분으로부터 이러한 종류의 정신적 인식을 받은 사람들이 이해하는 방식으로 자신을 우리의 양식으로 만드심으로써 우리로 하여금 거룩한 생명에 참여할 수 있게 해 주십니다. 그들은 이 양식을 맛봄으로써 주님이 덕으로 충만하시다는 것을 진실로 의식하게 됩니다(시 34:8). 이는 그분은 생명의 떡이요 능력의 떡이시므로, 그 양식을 먹는 사람들을 신성을 가지고 변화시키며 그들의 신화를 이루시기 때문입니다.

그분은 인간 본성을 회복시키십니다. 첫째, 그분은 인간이 되셔서 자신의 의지를 무정념하게 하시고 자연을 거슬러 반역하지 않는 상태로 보존하셨습니다. 그러므로 그의 의지는 자신을 십자가에 못박은 사람들을 향해서도 본성적인 움직임으로 인해 조금도 요동하지 않았습니다. 그의 의지는 그들을 위해서 생명 대신에 죽음을 선택하셨고, 그럼으로써 인류를 향한 사랑 안에 뿌리 내린 그분의 수난의 자발적인 특성을 증명했습니다. 둘째, 그분은 우리의 죄의 기록을 십자가에 못박으시고(골 2:14) 본성으로 하여금 무자비한 전쟁을 일으키게 만드는 증오를 제거하셨습니다. 그리고 멀리 있는 사람들과 가까이 있는 사람들 – 즉 율법 아래 있는 사람들과 율법 밖에 있는 사람들 – 을 부르시고, 방해가 되는 분리의 벽을 헐어버리시고 – 즉 이 두 범주의 인간들에게 계명의 법을 가르치고 설명하신 후에, 그 두 부류의 사람들을 하나의 새 사람으로 만드시고, 자신을 통해서 우리를 하나님 및 서로와 화목하게 하셨습니다(엡 2:14-16). 이제 우리의 의지는 본성의 원리를 대적하지 않으며, 의지에 있어서나 본성에 있어서 빗나감이 없이 그 원리를 고수합니다.

로고스는 우리를 위한 자신의 성육신보다 육욕적인 쾌락이 우선하는 것을 허락하지 않음으로써 인간 본성을 죄의 법으로부터 정화하십니다. 그분은 씨가 없이 기적적으로 잉태되셨고, 어머니의 순결을 해치지 않고 초자연적으로 탄생하셨습니다. 다시 말해서, 하나님께서는 그 모친에게서 탄생하실 때에 자신의 탄생을 통해서 자연을 초월하는 방법으로 어머니의 순결을 단단히 하셨으며, 자원하는 사람들이 세상적인 측면들을 죽임으로써 그분이 스스로 택하신 죽음을 본받는 한, 그들의 내면에서 억압적인 법의 지배로부터 인간 본성을 해방시키십니다(골 3:5). 구원의 신비는 완력에 의해서 강요를 받는 사람들의 것이 아니라 그것을 선택하는 사람들의 것입니다.

로고스는 속임수를 사용하여 아담 안에서 패배한 육체를 무기로 사용함으로써 우리를 지배하는 악한 자의 폭정을 파괴합니다. 그럼으로써 그분은 과거에 포로가 되어 죽음에 예속되었던 것이 이제 체포자를 포로로 잡는다는 것을 보여 줍니다. 그것은 자연적 죽음에 의해서 체포자의 생명을 파괴하며 독이 되며, 그로 하여금 죽음의 힘을 소유했기 때문에 삼킬 수 있었던 모든 것을 토하게 만듭니다. 그러나 그것은 인류에게는 생명이 되어, 반죽 속의 누룩처럼 본성 전체로 하여금 생명의 부활 안에서 반죽처럼 솟아오르게 만듭니다(고전 5:6-7). 하나님이신 로고스는 이 생명을 주시기 위해서 인간이 되시고 육체의 죽음을 자원하여 받아들이셨습니다.

주님의 기도에는 이런 것들을 구하는 청원이 담겨 있습니다. 첫째, 그것은 아버지, 그의 이름, 그리고 그의 나라에 대해서 말합니다. 둘째, 그것은 기도하는 사람이 은혜에 의한 이 아버지의 아들이라는 것을 보여 줍니다. 그것은 하늘에 있는 자들과 땅에 있는 자들이 하나의 뜻 안에서 연합되기를 요청합니다. 그것은 일용할 양식을 요청하라고 말합니다. 그것은 사람들이 서로 화목해야 한다고 주장하며, 우리가 용서하고 용서받을 때에 우리의 본성을 그 자체와 결합합니다. 왜냐하면 그때에 그것은 의지와 목적의 차이점 때문에 분열되지 않기 때문입니다. 그것은 우리에게 시험에 들지 않도록 기도하라고 가르치며, 악한 자로부터의 구원을 요청하라고 권면합니다. 거룩한 축복을 만드시고 주시는 분이 우리의 교사가 되셔서, 자신이 육체 안에서 가르친 길을 따르고 믿는 제자들을 위한 생명의 교훈으로 이 기도를 마련해 주셨습니다. 그분은 이 기도문을 통해서 자기 안에 순수한 형태로 존재하는 감추어진 지혜와 지식의 보물을 계시하셨고(골 2:3), 이 기도를 드리는 모든 사람의 내면에서 그러한 보물들을 향유하려는 갈망의 불을 밝히십니다.

그렇기 때문에 성경에서 이 가르침을 "기도"라고 부른다고 생각됩니다. 왜냐하면 거기에는 하나님께서 사람들에게 은혜에 의해서 주시는 선물들을 구하는 청원이 포함되어 있기 때문입니다. 하나님

양식을 가르치신 것은 아주 적절한 일입니다. 주님의 기도를 여는 이 말에는 아버지, 아버지의 이름, 아버지의 나라의 계시가 담겨 있습니다. 그것은 우리로 하여금 삼위일체를 예배하고 공경하고 그분께 기원하는 법을 가르치기 위한 것입니다. 아버지 하나님의 이름은 독생자라는 실질적인 형태로 존재합니다. 또 아버지 하나님의 나라는 성령이라는 실질적인 형태로 존재합니다.

여기서 마태가 "나라"라고 부른 것을 다른 복음서 기자들은 "성령"이라고 부르며 "성령께서 오셔서 우리를 깨끗하게 해 주옵소서"라고 말합니다. 아버지의 이름은 아버지께서 습득하신 것이 아니며, 그 나라는 그분에게 속하는 것으로 간주되는 권위가 아닙니다. 그분은 시작을 갖지 않으시며, 그렇기 때문에 어느 순간에 아버지나 왕이 되시는 것이 아닙니다. 그분은 영원하시며 그렇기 때문에 영원히 아버지요 왕이십니다. 그러므로 그분은 결코 아버지나 왕으로서 존재하신 것이 아닙니다. 또 만일 그분이 영원히 존재하신다면, 그분은 영원히 아버지요 왕이실 뿐만 아니라 아들과 성령께서도 그분과 함께 영원히 실질적인 형태로 공존하시며, 그분으로부터 오는 존재를 소유하며, 본질상 그분 안에 존재합니다. 아들과 성령은 아버지에게서 생겨나는 것이 아니며, 우연하게 그분 다음에 존재한 것도 아닙니다. 위격들 사이의 공동의 존재의 관계는 세 위격 모두를 동시에 포용하며, 그중 한 위격이 다른 위격들보다 우선하는 것으로 간주되는 것을 허락하지 않습니다.

그러므로 우리는 이 기도를 시작하면서 우리의 존재 원인이신 바 공동 본질을 지니시며 초본질적인 삼위일체에게 영광을 돌립니다. 둘째, 본래 우리를 지으신 창조주를 은혜로 말미암아 우리 아버지라의 영감을 받은 교부들도 기도를 비슷하게 설명했으며, 기도는 하나님께서 자신에게 적합한 방법으로 사람들에게 주시는 것을 구하는 청원이며, 서원은 진지하게 하나님을 예배하는 사람들이 하나님께 드리기로 결단하는 약속이라고 말했습니다. 교부들은 이러한 특성을 증명하기 위해서 여러 성경 구절을 인용합니다: "너희는 여호와 너희 하나님께 서원하고 갚으라"(시 76:11); "나의 서원을 주께 갚겠나이다"(욘 2:9); "서원하여 가로되 만군의 여호와여 만일 주의 여종의 고통을 돌아보시고 나를 생각하시고 주의 여종을 잊지 아니하사 아들을 주시면"(삼상 1:11); "히스기야 왕이 아모스의 아들 선지자 이사야로 더불어 하늘을 향하여 부르짖어 기도하였더니"(대하 32:20); "그러므로 너희는 이렇게 기도하라 하늘에 계신 우리 아버지여"(마 6:9). 결국 서원은 서원을 한 사람이 약속에 의해 확인된 계명을 지키겠다는 결정이며, 기도는 계명을 지킨 사람이 자신이 지킨 계명에 의해 변화되기를 원하는 청원입니다. 또는 서원은 하나님께서 자신에게 드려질 때마다 흔쾌히 환영하시는 덕의 경쟁이며, 기도는 경쟁에서 승리했을 때에 하나님께서 기쁜 마음으로 주시는 덕의 상입니다.

기도는 성육하신 로고스께서 주시는 축복을 구하는 청원이므로, 우리는 기도할 때에 그분을 교사로 삼아야 합니다. 그리고 또 각 절의 의미를 가능한 한 주의 깊게 관상한 후에 자신있게 그것을 설명해야 합니다. 왜냐하면 로고스께서 친히 우리에게 가장 적합한 방법으로 자신이 말씀하신 것을 이해할 능력을 주시기 때문입니다.

"하늘에 계신 우리 아버지여 이름이 거룩히 여김을 받으시오며 나라이 임하옵시며"(마 6:9-10). 주님이 기도를 시작하는 사람들을 신학으로 가르치시고, 본질상 만물의 창조적 원인이 되시는 분의 존재고 부를 수 있게 되었으므로, 양자 됨의 은혜를 선포하라는 가르침을 받습니다. 따라서 은혜로 우리의 아버지가 되신 분을 공경하며, 우리의 삶에 창조주의 특성들을 남기려고 노력하며, 세상에서 그분의 이름을 거룩하게 하며, 그분을 우리 아버지로 본받으며, 우리가 그분의 자녀임을 행동과 모든 생각으로 나타내며, 이 양자됨을 이루어 주신 아들께 영광을 돌립니다.

우리는 물질을 향한 욕망을 죽이고 부패시키는 정념들을 깨끗이 제거할 때에 은혜로 말미암아 하늘에 계신 아버지의 이름을 거룩하게 합니다. 성화란 감각에 속한 모든 욕망을 완전히 죽이고 정지시키는 것입니다. 이것을 성취하면, 도발력의 동요를 완화시킬 수 있습니다. 그것을 일으키고 자체의 쾌락을 위해 싸우라고 설득하는 욕망이 거룩에 의해 진압되었기 때문입니다. 본래 욕망이 죽으면, 욕망의 창시자인 노염이 저절로 정지됩니다.

그러므로 노염과 욕망을 근절한 뒤에 아버지 하나님의 나라의 통치가 임하기를 구하며 "나라이 임하옵시며"(마 6:10), 즉 "성령이 임하옵시며"라고 기도해야 합니다. 왜냐하면 우리는 이런 것들을 제거했으며 이제 온유함의 가르침과 실천에 의해서 성령을 통하여 하나님의 전이 되었기 때문입니다. 성경은 "나의 안식할 처소가 어디랴… 무릇 마음이 가난하고 심령에 통회하며 나의 말을 인하여 떠는 자 그 사람은 내가 권고하려니와"(사 66:1-2)라고 말합니다. 이 말씀을 보면, 아버지 하나님의 나라는 분명히 겸손하고 온유한 사람의 것입니다. "온유한 자는 복이 있나니 저희가 땅을 기업으로 받을 것임이요"(마 5:5). 혹시 하나님께서 "부활 때에는 장가도 아니 가고 시집도 아니 가고 하늘에 있는 천사들과 같으니라"(마 22:30), 그리고 "내 아버지께 복 받을 자들이여 나아와 창세로부터 너희를 위하여 예비된 나라를 상속하라"(마 25:34), "네 주인의 즐거움에 참예할지어다"(마 25:21)라고 말씀하실 때에는 물질적인 땅을 의미했을 수도 있지만, 하나님을 사랑하는 사람들에게 유업으로 약속하신 것은 우주의 중간을 차지하고 있는 물질적인 땅이 아닙니다. 사도 바울도 주님처럼 "하나님의 나팔로 친히 하늘로 좇아 강림하시리니 그리스도 안에서 죽은 자들이 먼저 일어나고 그 후에 우리 살아 남은 자도 저희와 함께 구름 속으로 끌어올려 공중에서 주를 영접하게 하시리니 그리하여 우리가 항상 주와 함께 있으리라"(살전 4:16-17)고 말합니다.

이런 일들이 주님을 사랑하는 사람들에게 약속되었으므로, 사고력의 자극을 받으며 그것을 섬기려 하는 사람이 성경을 문자적으로 해석하면서 세상이 만들어질 때부터 예비된 나라와 신비하게 감추인 주님의 즐거움과 성도들이 주님과 영원히 함께 거하는 것을 땅과 동일시해야 한다고 말하겠습니까? 이 본문에서(마 5:5) "땅"은 온유한 사람이 소유한 선 안에 확고히 뿌리를 내린 내적 안정성의 힘과 결단을 의미한다고 생각됩니다. 이 안정의 상태는 영원히 주님과 함께 존재하며, 무한한 기쁨을 포함하며, 온유한 사람들로 하여금 태초부터 예비된 나라를 얻을 수 있게 해 주며, 천국에 그 소재지와 권위를 소유합니다. 또 그것은 마치 덕이 우주의 중간을 점유하는 땅인 것처럼 온유한 사람이 덕의 원리를 유업으로 받는 것을 허락합니다. 온유한 사람은 영예와 불명예의 중간 위치를 차지하며, 영예 때문에 교만해지거나 불명예 때문에 낙담하지 않습니다.

사고력은 본질상 칭찬과 비난보다 우월하며, 그렇기 때문에 그것은 육욕적인 욕구를 버리면, 영혼의 모든 힘을 거룩하고 공격할 수 없는 자유 안에 두기 때문에 더 이상 칭찬이나 비난으로 인해 괴로움을 받지 않습니다. 제자들에게 이러한 자유를 나누어 주기를 원하신 주님은 "나는 마음이 온유하고 겸손하니 나의 멍에를 메고 내게 배우라 그리하면 너희 마음이 쉼을 얻으리니"라고 말씀하십니다(마 11:20). 하나님 나라의 통치는 자격이 있는 사람들을 종의 신분에서 해방시켜 주인의 신분을 수여하기 때문에, 주님은 이 나라의 통치를 "쉼"이라고 부르십니다.

온유하고 겸손한 사람들에게 깨끗한 하나님 나라의 불멸의 힘이 주어질진대, 과연 어떤 사람이 사랑이 부족하고 거룩한 복을 향한 욕망이 전혀 없어 하나님 나라의 도장을 받으며 은혜에 의해서 위대한 임금이신 그리스도를 영적으로 정확하게 닮기 위해 가장 큰 온유와 겸손을 갈망하지 않을까요? 사도 바울은 그리스도를 닮는 데 있어서는 남자와 여자의 구분이 없다고, 즉 성냄도 없고 욕망도 없다고 말합니다. 성냄은 포악하게 판단을 왜곡시키며 정신으로 하여금 본성의 법을 배반하게 만듭니다. 반면에 욕망은 유일하게 바람직한 것인 무정념한 원인과 본성을 멸시하며 열등한 것을 좋아하고, 영보다 육을 선호하며, 지적인 실체들의 영광보다는 눈에 보이는 사물에서 즐거움을 취합니다. 이처럼 욕망은 육욕적이고 호색적인 쾌락을 사용하여 지성을 영적 실체들에 대한 거룩한 인식으로부터 유인해 냅니다.

우리의 목표는 지성이 덕을 통해서 몸에 대한 애정을 벗어버리고 홀로 서게 만드는 것입니다. 이 애정은 완전히 무정념할 것이라도 여전히 본성적인 것입니다. 도덕 철학은 지성을 시간의 흐름과 관련된 사람으로부터 단절시키며 그것을 초월하게 하는 데 도움을 준다는 사실에도 불구하고, 영은 지성을 설득하여 직접적이고 통일된 관상을 통해서 초본질적인 로고스와 교제하기 위해서 도덕 철학을 단념하게 해야 합니다. 감각적 대상에 대한 애착으로부터 해방된 지성은 도덕에 대한 선입견의 짐을 벗어버려야 합니다.

엘리야는 이러한 신비를 그의 행동을 통해서 예표적으로 드러냅니다(왕하 2:11-14). 그는 승천할 때에 엘리사에게 자기의 겉옷, 즉 도덕적 행동의 자랑거리인 육체의 고행을 주었습니다. 그는 적대적인 세력들과의 싸움에서 엘리사가 성령의 지원을 소유하며, 요단강에 의해 상징된 바 본성의 유동성과 불안정함을 극복하고 승리하게 하기 위해서 이러한 행동을 했습니다. 다시 말해서, 물질적 애착의 혼탁함과 끈끈함에 빠져 거룩한 땅으로 건너가는 일에 방해를 받지 않게 합니다. 한편 엘리야는 피조물에 대한 애착의 방해를 받지 않고 자유로이 하나님을 향해 나아갔습니다. 그의 갈망은 분열되지 않았고 그의 의지는 순수했으므로, 그는 단순하신 하나님과 함께 거했으며, 불발들처럼 영적으로 서로에게 묶여 서로 의존하는 주요한 덕목들에 의해 그곳으로 옮겨갔습니다.

엘리야는 그리스도의 제자의 내면에는 불균형적인 성향들이 있어서는 안 된다는 것을 알고 있었습니다. 왜냐하면 그것은 내적 통일성이 결여되어 있다는 증거이기 때문입니다. 그러므로 욕망이라는 정념은 피를 심장 주위에 모이게 하며, 도발력이 자극을 받으면 피를 끓어오르게 합니다. 그리스도 안에서 살고 기동하며 존재하는 사람(행 17:28)은 자신의 내면에서 분열되고 불균형한 것들의 생산을 무효화한 사람입니다. 그는 내면에 남자와 여자, 즉 그러한 정념들의 대적하는 성향들을 품지 않으며, 그럼으로써 사고력은 정념의 노예가 되거나 그 변덕스러움에 예속되지 않습니다. 본래 하나님의 형상의 거룩함을 부여받은 사고력은 영혼으로 하여금 자유로운 선택에 의해서 하나님의 모양과 일치하라고 촉구합니다. 이렇게 하여 영혼은 아버지 하나님 안에 실질적으로 존재하는 큰 나라에 참여하고 성령의 거처가 될 수 있으며, 신성에 대한 지식의 권위를 부여 받습니다. 이 권위가 우세하면, 열등한 것의 생산은 자동적으로 중지되고 우월한 것만이 형성됩니다. 부르심의 은혜를 통해서 하나님을 닮는 영혼은 주어진 축복의 본질을 더럽혀지지 않게 보존합니다. 그리스도는 이러한 영혼들 안에서 신비하게 탄생하기를 바라시며, 구원을 획득한 사람들의 내면에서 성육하시고, 그리스도를 잉태한 영혼을 동정녀 마리아로 만드십니다. 간단히 말하자면, 그러한 영혼은 발생과 부패에 예속되는 자연을 상징하는 남자와 여자 등의 범주에 의해 제한을 받지 않습니다.

내가 발생 안에 내재하는 썩어짐에 대해서 이야기하는 것으로 인해 놀라지 마십시오. 태어나고 죽는 것의 본질을 공정하고 공평하게 살펴보면, 발생은 부패와 함께 시작되어 부패로 끝나는 것을 알 수 있을 것입니다. 그리스도, 그리고 그리스도를 닮은 생활 방식과 이해는 그러한 발생의 특징인 정념들로부터 자유합니다. 사도 바울이 발생과 부패에 예속되는 자연의 정념들과 특징들을 의미하면서 그리스도 안에는 "남자나 여자가 없다"(갈 3:28)고 말한 것이 이러한 경우입니다. 그리스도 및 그리스도를 닮은 생활 방식 안에는 거룩한 지식과 단일한 의지의 성향과 덕만을 선택하는 목적이 배어 있는 신적인 이해만이 있습니다.

또 그리스도 안에는 유대인이나 헬라인이 없습니다(갈 3:28). 이것은 하나님에 대한 상이하거나 반대되는 견해들을 의미합니다. 헬라인은 무수히 많은 통치 원리들을 인정하며, 하나의 근본 원리를 대조적인 작용들과 세력들로 나누며, 존숭되어야 할 대상들이 많기 때문에 모순으로 가득하고 여러 가지 존숭 방식 때문에 우스꽝스러운 다신론적 예배를 고안합니다. 유대인은 편협하고 불완전하며 내재하는 의식과 생명이 결여되어 있기 때문에 거의 실존하지 않는 하나의 근본적 원리를 인정합니다. 그리고 그렇기 때문에 그들은 헬라인이 반대되는 이유, 즉 참 하나님에 대한 불신앙 때문에 빠지는 것과 마찬가지로 좋지 않은 악에 빠집니다. 유대인은 그 근본적 원리를 하나의 위격, 로고스와 성령이 없이 존재하는 위격, 또는 로고스와 성령을 단순히 속성들로서 소유하는 위격으로 제한합니다.

이는 로고스와 성령이 없으면 이 위격이 어떤 종류의 하나님이 될 것인지, 또 만일 그들을 참여에 의한 우연한 요소들로 간주한다면 그가 어떻게 하나님이 될 수 있을 것인지 깨닫지 못했기 때문입니다. 그러므로 헬라인이나 유대인은 결코 그리스도 안에 자리를 소유하지 못합니다. 그리스도 안에는 헬라의 다신론에서처럼 신의 확장을 거부하고 유대 일신론처럼 신의 모순을 거부하는 참 종교의 원리와 신비신학만 있습니다. 그리하여 신은 본성적인 다원성 때문에 내적인 모순들로 가득하지 않으며, 또 로고스와 성령을 빼앗기거나 로고스와 성령을 속성들로서만 소유하는 하나의 위격이기 때문에 유대인들이 생각하는 것처럼 감수성이 있는 분으로 간주되지도 않습니다.

신비 신학은 믿음으로 말미암아 은혜로 양자가 되어 진리의 지식에 이른 우리를 가르쳐 신의 한 본성과 능력, 즉 아버지와 아들과 성령 안에서 관상되는 한 분 하나님을 인정하게 합니다. 그것은 하나님을 근원을 갖지 않으며 자존하는 하나의 지성, 자존하여 근원을 갖지 않는 로고스의 아비, 그리고 영원한 생명의 근원이요 자존하시는 성령, 즉 통일성 안에 있는 삼위요 삼위 안에 있는 통일체로 알라고 가르칩니다. 신성은 하나가 다른 하나 안에 존재하는 것이 아닙니다: 삼위일체는 하나의 우연한 요소가 하나의 본질 안에 거하거나 그 반대 되는 것과 같이 통일체를 이루는 것이 아닙니다. 또 하나님의 통일체와 삼위는 본성의 구분에 의해서 다른 것이 아닙니다. 그 둘의 본성은 단순하고 단일합니다. 신성 안에서는 하나가 다른 것을 의존하거나 우선하지도 않습니다.

 삼위일체는 힘의 열세에 의해서 통일체로부터 구분되지 않고, 통일체가 삼위일체로부터 구분되지 않습니다. 또 통일체는 순수히 개념적으로 구체적인 것들로부터 추상적이고 일반적이며 평범한 것으로서 삼위일체와 구분되지 않습니다. 그것은 실질적으로 자존하는 본질이요 스스로 결합하는 힘입니다. 또 신성 안에서는 하나가 다른 하나로 말미암아 존재하지 않습니다. 그것은 관계들로부터 자유하며 자체와 완전히 동등하므로, 그 안에는 원인과 결과처럼 중재하는 관계가 없습니다. 또 신성 안에서는 하나가 다른 하나로부터 파생되지도 않습니다:

 삼위일체는 발생되는 것이 아니므로 통일체로부터 파생되지 않습니다. 반대로 통일체와 삼위는 진실로 하나로 인식되고 확인됩니다. 전자는 본질의 원리를 가리키고, 후자는 존재 양식을 가리킵니다. 그것은 위격들에 의해 나뉘지 않은 하나의 통일체이며, 또한 통일체에 의해서 위격들이 혼동되지 않은 하나의 삼위일체입니다. 그러므로 통일체의 분열에 의해 다신론이 도입되거나 위격들의 혼동에 의해서 참되신 하나님에 대한 불신앙이 도입되지 않습니다.

이러한 오류들이 없는 기독교 교리는 참으로 훌륭한 교리입니다. 여기에서 기독교 교리란 그리스도의 가르침, 남자나 여자, 즉 탄생과 쇠퇴에 예속되는 인간 본성의 표식들과 정념들이 없고, 또 헬라인이나 유대인, 즉 신성에 대한 견해를 거스르는 것도 없고, 할례나 무할례, 즉 이러한 견해들에 적합한 상이한 예배의 종류들이 없는 진리의 새로운 선포입니다. 전자는 정념들 때문에 본성을 신화하고 피조물로 하여금 창조주를 대적하게 하며, 후자는 율법의 상징들을 남용하기 때문에 눈에 보이는 창조물을 헐뜯고 창조주를 악의 근원이라고 비방합니다. 두 가지 모두 하나님을 모욕하는 것으로서 악으로 이어집니다.

기독교 교리 안에는 야인이나 스구디아인, 즉 인간들로 하여금 서로를 죽이는 자연스럽지 못한 법에 예속하게 만드는 바 단일한 본성의 의도적인 분열이 없습니다. 또 종이나 자유인, 즉 이 동일한 본성의 예기치 않은 분열도 없습니다. 그러한 분열은 본래 사람들이 동등한 권위를 지니고 있음에도 불구하고 한 사람으로 하여금 다른 사람을 무시하게 만들며 사람들로 하여금 다른 사람들을 잔혹하게 지배하여 그의 안에 있는 하나님의 형상을 침해하도록 장려합니다. "그리스도는 만유시요 만유 안에 계시며"(골 3:11), 본성과 율법을 초월하는 것을 도구로 사용하여 영적으로 근원을 갖지 않는 나라를 조성하십니다.

이 나라의 특징은 겸손과 온유한 마음입니다. 이 두 가지 특성이 결합하여 그리스도를 따라 지음을 받은 사람의 완전을 이룹니다. 겸손한 사람은 항상 온유하며, 온유한 사람은 항상 겸손합니다. 자신의 존재 자체가 자신에게 대여된 것임을 알 때에 사람은 겸손해집니다. 또 자기에게 주어진 권세를 자연스럽게 사용하는 방법을 깨닫고, 덕을 만들어 내기 위해서 그 권세의 작용을 감각으로부터 완전히 거둬들여 사고력에 이바지하게 만드는 사람은 온유합니다.

이렇게 하여 그의 지성은 끊임없이 하나님을 향해 움직이는 한편 감각과 관련된 일에 있어서는 몸을 괴롭히는 것들로 인해 조금도 불안하지 않으며, 또 자기 영혼에 비탄의 흔적을 남김으로써 기쁨을 만들어 내는 상태를 붕괴시키지 않습니다. 그는 감각적으로 고통스러운 것을 즐거움의 박탈로 여기지 않습니다. 그는 오직 한 가지 즐거움, 즉 영혼과 로고스의 결혼 외에 다른 것은 알지 아니합니다. 이 결혼을 박탈당하는 것은 세세토록 이어지는 영원한 괴로움입니다. 몸 그리고 몸에 속한 모든 것을 버린 사람은 거룩한 것과의 연합을 향하게 됩니다. 그가 비록 온 세상의 주인이 된다고 해도, 그는 여전히 단 하나의 실질적이고 진정한 불행만을 인정할 것입니다. 그 불행이란 자신이 바라는 신화를 획득하지 못한 것입니다.

그러므로 우리는 "육과 영의 온갖 더러운 것에서 자신을 깨끗하게" 하여(고후 7:1), 음란하게 정념들과 더불어 못된 짓을 하는 우리의 정욕적인 욕망을 소진한 후에 하나님의 이름을 거룩히 여기게 될 것입니다. 우리는 온유함을 통해서 우리에게 임하는 아버지 하나님의 나라를 받기 위해서 정욕적인 쾌락에 의해 미쳐 날뛰는 노염을 사고력을 가지고 굳게 결박해야 합니다.

이 모든 일을 행한 후에는 주님 기도의 다음 구절, "뜻이 하늘에서 이루어진 것같이 땅에서도 이루어지이다"(마 6:10)를 다루어도 좋습니다. 사고력의 기능만 가지고 신비하게 하나님을 예배하며 그것을 육욕적인 욕망과 노염으로부터 자유하게 하는 사람은 천사들이 하늘에서 행하는 것처럼 세상에서 하나님의 뜻을 이룹니다. 그는 만물 안에서 천사들과 함께 공동의 예배자와 동료 시민이 되어 사도 바울처럼 "우리의 시민권은 하늘에 있는지라"(빌 3:20)고 말하게 됩니다. 천사들 사이에서는 욕망이 육욕적인 쾌락을 통해서 지성의 열렬함을 약화시키지 않으며, 노염 때문에 동료 피조물들에게 고함을 치거나 상스럽게 대하지도 않습니다. 그곳에는 오직 지적인 존재를 사고력의 근원이신 로고스에게로 이끌어 주는 사고력만 있습니다.

하나님은 사고력을 기뻐하시며, 이것이 자기의 종들인 우리에게 하나님이 요구하시는 것입니다. 하나님이 다윗에게 "하늘에서는 너 외에 누가 내게 있으며 땅에서는 너밖에 나의 사모할 자가 없다"(시 73:25)고 말씀하신 것은 이것을 드러내 줍니다. 거룩한 천사들이 하늘에서 하나님께 드리는 것은 지적인 예배뿐이며, 하나님께서 우리에게 기도할 때 "뜻이 하늘에서 이룬 것같이 땅에서도 이루어지이다"(마 6:10)라고 말하라고 가르치시면서 요구하신 것 역시 지적인 예배입니다.

그러므로 우리의 사고력을 움직여 하나님을 희구하며, 우리의 욕망을 일으켜 하나님을 동경하며, 우리의 도발력으로 하여금 하나님에 대한 애착을 지키게 해야 합니다. 보다 정확하게 표현하자면, 우리의 지성을 도발력에 의해 긴장하게 하고 갈망의 동경으로 뜨겁게 하여 하나님을 향하게 해야 합니다. 우리가 이런 식으로 거룩한 천사들을 모방한다면, 항상 하나님을 예배하며, 하늘에서 천사들이 하는 것처럼 행하게 될 것입니다. 우리의 지성도 천사들의 지성처럼 하나님

외에 다른 것에 이끌리지 않을 것입니다.

만일 우리가 약속한 방식으로 살아간다면 날마다 영혼에 영양을 공급해 주며, 주어진 선한 상태를 유지하기 위한 생명의 떡으로서 로고스 자체를 받게 될 것입니다. 로고스는 "나는 하늘에서 내려 세상에 생명을 주는 떡이라"고 말씀하셨습니다(요 6:33-35). 우리의 능력에 비례하여, 로고스는 덕과 지혜를 통해서 영양을 얻는 우리를 위한 모든 것이 되십니다. 그리고 우리가 이 세상에 사는 동안, 그분은 자신의 판단에 따라서 구원을 받는 각 사람 안에 각기 다르게 구현되실 것입니다. 이것이 "오늘날 우리에게 일용할 양식을 주옵시고"(마 6:11)라는 표현이 가리키는 것입니다.

나는 "오늘날"이라는 표현이 현 시대를 언급한다고 생각합니다. 이 기도의 문맥을 분명히 이해한 뒤에 "우리가 현재의 유한한 삶을 살고 있으므로, 원래 인간 본성이 불멸하게 되기 위해서 예비하셨던 일용한 양식을 오늘 우리에게 주십시오. 그렇게 함으로써 생명과 지식의 떡이라는 음식이 죄를 통해 임하는 죽음을 이기고 승리할 것입니다"라고 말해야 할 것 같습니다. 첫 사람은 하나님의 명령을 범했기 때문에 이 떡을 나누어 받지 못했습니다(창 3:19). 만일 그가 이 거룩한 양식을 마음껏 먹었다면, 그는 죄로 말미암아 사망에게 종속되지 않았을 것입니다.

그러나 이 일용할 양식을 얻기 위해서 기도하는 사람이 자동적으로 그것을 받는 것은 아니며, 자신의 수용 능력에 비례하여 그것을 받습니다. 생명의 떡은 사랑 안에서 구하는 모든 사람에게 자신을 주시지만, 모두에게 동일하게 주시는 것은 아닙니다. 그분은 큰 일을 행한 사람에게는 후히 주시지만, 적게 성취한 사람에게는 적게 주십니다. 그러므로 그분은 각 사람에게 그 지성의 수용 능력에 따라서 주십니다.

주님은 제자들에게 "목숨을 위하여 무엇을 먹을까 무엇을 마실까 몸을 위하여 무엇을 입을까 염려하지 말라 이는 다 이방인들이 구하는 것이라 너희는 먼저 그의 나라와 그의 의를 구하라 그리하면 이 모든 것을 너희에게 더하시리라"(마 6:25, 32, 33)고 말씀하시면서 감각적인 양식에 대한 생각은 결코 하지 말라고 분명히 명령하시기 때문에, 나는 이 구절을 이렇게 해석합니다. 그렇다면 우리에게 구하지 말라고 명하신 것을 달라고 기도하라고 가르치신 것은 어찌 된 일입니까? 분명히 그분은 우리에게 이런 종류의 일을 행하라고 명령하시는 것이 아닙니다:

우리는 기도할 때에 구하라고 명령받은 것만 요청해야 합니다. 만일 주님이 하나님의 나라와 의만 구하라고 명령하셨다면, 거룩한 은사를 바라는 사람들이 기도할 때에 이 나라를 요청하게 하려는 의도이셨을 것입니다. 이런 식으로 어떤 청원이 하나님의 은혜의 축복을 받는지 보여 주심으로써, 주님은 요청하는 사람의 의도와 은혜를 주시는 분의 뜻을 결합하십니다.

그러나 만일 이 구절을 현재의 생명을 지탱해 주는 일용할 양식을 달라고 기도해야 한다는 의미로 해석한다면, 주제넘게도 우리가 유한하며 우리의 일생이 그림자처럼 지나간다는 것을 망각하고 자신이 오랫동안 살 것이라고 가장하며, 기도의 한계를 넘지 않도록 조심해야 합니다. 또 우리는 근심을 벗어버리고 한 번에 하룻동안 먹을 양식을 위해 기도하며, 그럼으로써 죽기 전에라도 육체적인 일에 대한 영혼의 염려를 제거하며, 우리의 삶을 죽음을 위한 예행 연습으로 삼는다는 것을 보여 주어야 합니다. 그렇게 함으로써 영혼은 물질을 사랑하거나 썩어질 것에 매달리지 않을 것이며, 풍성한 축복이라는 재산을 빼앗아가는 탐심을 품지 않을 것입니다.

그러므로 우리는 영적인 눈에서 티끌을 씻어내듯이 물질에 대한 사랑과 애착을 피하며, 우리의 현재의 삶을 하고 싶은 대로 하게 해 주는 것에 만족하지 말고, 그것을 유지해 주는 것에 만족해야 합니다. 우리 영혼이 몸을 위해 사랑하는 가시적인 것들의 노예가 되지 않고 그것들의 지배로부터 완전히 자유하기 위해서, 가르침을 받은 대로 이것을 위해 기도해야 합니다. 우리는 먹기 위해서 사는 죄를 범하지 말고, 살기 위해 먹는다는 것을 나타내야 합니다. 살기 위해서 먹는 것은 사고력이 존재한다는 표식이며, 먹기 위해서 사는 것은 그것이 부재하다는 증거입니다. 또 우리는 이 기도를 정확하게 준수함으로써, 영적인 삶을 굳게 고수한다는 것, 그리고 이 영적 생명을 얻기 위해서 현재의 삶을 사용한다는 것을 행동으로 보여 주어야 합니다. 다시 말해서, 우리는 몸을 지탱하고 자연적인 건강 상태를 유지하는 정도로만 그것을 사용합니다.

우리의 목표는 그저 사는 것이 아니라 하나님을 위해 사는 데 있습니다. 우리는 덕에 의해 지적으로 된 몸을 영혼의 사자로 만들고, 선 안에 확고히 자리잡은 영혼을 하나님의 선구자로 만듭니다. 동일한 차원에서 우리는 단 하룻동안 먹을 양식만 구할 뿐, 내일 먹을 양식은 구하지 않습니다. 그리하여 우리 자신을 기도의 의미와 일치시킨 후에는 "우리가 우리에게 죄 지은 자를 사하여 준 것같이 우리 죄를 사하여 주옵소서"(마 6:12)라는 청원을 할 수 있습니다.

이 표현 앞 부분에 대해 제공된 첫째 해석에 의하면, "오늘날"은 현세대를 상징하며, 이 세대에 살면서 원죄로 말미암아 상실한 썩지 않을 지혜의 떡을 얻기 위해 기도하는 사람이 즐거워하는 것은 오직 한 가지, 즉 거룩한 축복을 얻는 것뿐입니다. 이러한 축복을 주시는 분은 하나님이시지만, 그것을 지키는 것은 축복을 받는 사람의 자유의지입니다. 마찬가지로 그러한 사람은 이러한 축복을 얻지 못할 때에만 고통스러워합니다. 축복을 얻지 못하게 하는 것으 마귀이지만, 거룩한 것과 관련하여 의지가 연약하고 기도로 구한 귀중한 선물을 굳게 붙들지 못하여 그것을 현실화하는 것은 바로 그 사람입니다. 그러나 가시적인 세상에 있는 것에게는 조금도 관심을 갖지 않고 육체적인 고통에 굴복하지 않는 사람은 자신에게 범죄한 사람을 용서합니다. 왜냐하면 누구도 그에게서 갈망하는 선을 빼앗아갈 수 없기 때문입니다.

이런 유형의 사람은 자신을 하나님을 위한 덕의 본보기로 만듭니다. 그는 "우리가 우리에게 죄 지은 자를 사해 준 것같이 우리 죄를 사하여 주옵시고"라고 말함으로써 하나님께 오셔서 자기를 모방하라고 권면하며, 또 자신이 이웃을 대하는 것처럼 하나님도 자기를 대해 달라고 청합니다. 그는 자기에게 범죄한 사람들의 죄를 사해 준 것같이 하나님도 자기를 용서해 주시기를 원합니다.

이런 까닭에 하나님께서 공정하게 지으신 피조물을 용서해 주시는 것같이, 그러한 사람은 자신에게 발생하는 일을 공정하게 대하며, 자기에게 범죄하는 사람들을 용서합니다. 자신을 다른 사람으로부터 분리함으로써 인간 본성을 파괴하기 않기 위해서는 자기를 괴롭히는 일의 기억이 지성에 남는 것을 허락해서는 안 됩니다. 우리의 의지가 이런 식으로 본성의 원리와 연합되어 있을 때, 하나님과 본성은 자연스럽게 화목되지만, 그러한 연합에 실패하면, 우리의 본성은 그 의지에 있어서 스스로 분열되며 하나님이 자신을 주시는 선물을 받을 수 없습니다.

이것이 우리가 먼저 서로 화목하기를 하나님이 원하시는 이유입니다. 하나님은 죄인들과 화목하며 무수히 많은 흉악한 죄에 대한 벌을 포기하는 법을 우리에게서 배우실 필요가 없습니다. 그러나 하나님은 우리에게서 정념들을 깨끗이 정화하시며 용서받은 사람들에게 주어지는 은혜의 분량은 그 사람의 내적 상태에 상응한다는 것을 보여 주려 하십니다. 본성의 원리와 연합된 의지를 소유한 사람은 하나님을 배반하는 상태에 있지 않습니다. 본성의 원리는 자연법과 거룩한 법이며, 우리의 의지가 이 원리와 일치하여 작용할 때에는 그 안에 로고스를 거스르는 것이 없으므로, 모든 일에 있어서 우리의 의지는 하나님과 일치합니다. 이러한 의지의 상태는 본질상 선하여 덕을 낳는 특징을 지닌 내면 상태입니다.

이것이 영적인 덕을 달라고 기도하는 사람의 내면 상태입니다. 그런 사람 다음에는 본성의 강권을 받아 일상의 떡을 하루 먹을 분량만 구하는 사람이 옵니다. 그는 자기에게 빚진 사람들의 빚을 탕감해 줄 때에 첫 번째 사람과 같은 내면 상태를 획득합니다. 또 장래의 불확실성을 받아들이고 날마다 자연이 공급해 주는 것을 기다림으로써, 세상에 대해서 죽고 "우리가 종일 주를 위하여 죽임을 당케 되며 도살할 양같이 여김을 받았나이다"(시 44:22; 롬 8:36)라는 말씀에 응합니다.

그는 영생을 향해 떠날 때에 현세의 모든 악행으로부터 해방되며, 우주의 재판관이요 구주로부터 현세에서 자신이 행한 데 대한 공정한 보상을 받기 위해서 모든 사람과 화해합니다. 그러므로 이런 유형의 사람들은 자기에게 범죄한 사람들을 향해 순수한 성향을 나타내야 합니다. 이것은 일반적으로 적용되는 말이지만, 특히 "우리를 시험에 들게 하지 마옵시고 다만 악에서 구하옵소서"(마 6:13)라는 주님의 기도의 결론 부분을 언급합니다.

여기에서 성경은 비틀거리는 사람을 완전히 용서하지 않았으며 근심으로부터 해방되고 이웃과의 화목의 빛의 조명을 받아 마음을 하나님께 바치지 않은 사람은 기도로 구하는 축복의 은혜를 얻지 못할 것이라고 말합니다. 실제로 그는 다른 사람들에 대한 판단을 철회하고서 자신에게서 죄를 정화하는 법을 배우기 위해서 시험과 악에게 넘겨질 것입니다. 여기에서 말하는 시험은 죄의 법을 의미합니다. 첫사람은 지음을 받았을 때에 이것들로부터 자유했습니다. 악은 이 죄의 법을 인간 본성과 혼합하고, 인간으로 하여금 영혼의 갈망은 허락된 것에서부터 금지된 것에게로 이동시키며, 하나님의 계명을 범하는 죄에게로 방향을 바꾸도록 설득하는 마귀를 의미합니다. 그 결과는 은혜로 주어진 썩지 않음을 상실합니다.

성경에서 "시험"이란 영혼이 육체의 정념들을 편애하는 것을 의미하며, "악"은 이 정념에 물든 성향을 충족시키는 실질적인 방법을 의미합니다. 사람이 자기에게 빚진 자들의 빚을 탕감해 주지 않는다면, 의로우신 재판관은 그를 시험이나 악으로부터 해방시켜 주지 않으실 것입니다. 그가 단순히 말로만 그것들로부터의 해방을 구하면, 하나님은 그가 죄의 법으로 인해 더럽혀지는 것을 허락하십니다. 또 그의 의지가 완강하고 미숙한 상태에 있으면, 하나님은 그를 포기하여 악의 지배에 넘기십니다. 왜냐하면 그는 하나님이 만드신 본성보다 마귀가 씨를 뿌린 부끄러운 정념들을 선택했기 때문입니다.

그가 원한다면, 하나님은 그가 육체의 정념들로 기울어지며, 실제로 그러한 성향을 충족시키도록 버려두십니다. 그는 자연보다도 정념들을 훨씬 더 귀하게 여기며, 이러한 정념들에게 관심을 갖기 때문에 본성의 원리에 대해 무지하게 됩니다. 만일 그가 그 원리를 따랐다면, 무엇이 본성의 법을 구성하며, 정념들의 폭정-본성이 야기한 것이 아니라 의도적인 선택에 의해서 초래된 폭정-이 어떠한 것인지를 알았을 것입니다. 그때에 그는 자연적인 활동들을 통해서 유지되는 본성의 법을 받아들였을 것이며, 자기의 의지에서 정념들의 폭정을 완전히 몰아냈을 것입니다.

본성은 본래 더럽혀지지 않고 깨끗하고 허물이 없고 미움과 소외로부터 자유하기 때문에 그는 사고력을 사용하여 본성에게 복종하며, 자기의 의지를 본성의 동반자로 삼고, 본성의 원리에 의해 부여되지 않은 모든 것을 벗어버렸을 것입니다. 이렇게 하여 그는 본래 자신과 비슷한 것들에 대한 미움과 소외를 근절한 후에 이 기도를 드렸다면 하나님의 응답을 받고 하나의 은혜가 아니라 두 가지 은혜-이미 범한 죄의 용서, 그리고 장차 범할 죄로부터의 구원과 보호-를 받았을 것입니다. 한 가지 이유, 즉 이웃이 범한 죄를 기꺼이 용서해 주려고 하는 것 때문에, 하나님은 그가 시험에 들거나 악에 빠지는 것을 허락하지 않으셨을 것입니다.

그러므로 만일 우리가 진정으로 시험에 들지 않고 악으로부터 구원받기를 원한다면, 하나님을 신뢰하며 우리에게 빚진 사람들을 용서해 주어야 합니다. 성경은 "너희가 사람의 과실을 용서하지 아니하면 너희 아버지께서도 너희 과실을 용서하지 아니하시리라"(마

6:15)고 말합니다. 우리는 지은 죄를 용서받기 위해서만 아니라 죄의 법을 물리치며 그 죄의 창시자인 악한 뱀을 짓밟기 위해서 이렇게 해야 합니다. 세상을 이기신 그리스도는 우리의 지도자이십니다. 그분은 우리를 계명의 법으로 무장시켜 주시며, 정념들을 거부할 수 있게 해 주심으로써 순수한 사랑 안에서 우리를 본성과 결합시켜 주십니다. 생명과 지혜와 영적 지식과 의의 떡이신 그리스도는 우리 안에서 그분을 향한 만족을 모르는 갈망을 일으키십니다.

만일 우리가 아버지의 뜻을 이행하면, 그분은 우리를 천사들과 동등한 예배자로 만드실 것인데, 그때에 우리는 행동으로 천사들을 본받으며 거룩한 상태에 일치하게 됩니다. 그때에 그분은 우리를 거룩한 진리의 오르막으로 인도하여 빛들의 아버지에게로 이끄시며, 은혜에 의해 성령 안에 참여함으로써 신의 성품에 참여하게 하실 것입니다(벧후 1:4). 이처럼 신의 성품에 참여함에 의해서 우리는 하나님의 자녀라고 불리며, 모든 더러운 것들로부터 정결하게 되어 이 은혜의 창시자요 아버지의 아들이신 그분을 둘러쌀 것입니다. 우리는 그분에게서부터, 그분을 통해서, 그리고 그분 안에서 우리의 존재와 움직임과 생명을 소유하며, 앞으로도 항상 그러할 것입니다(행 17:28).

우리가 기도하는 목표는 이 신화의 신비가 되어야 합니다. 그것은 과거에 우리의 모습이 어떠했으며 독생자가 육체를 통해서 자기를 비우심으로써 우리를 어떻게 만드셨는지를 보여 줍니다. 그것은 우리가 죄의 무게 때문에 얼마나 깊은 곳으로 끌려 내려갔으며, 그분의 사랑의 손에 이끌려 얼마나 높은 곳으로 들려 올라갔는지를 보여 줍니다. 그리하여 우리는 지혜로서 우리를 위해 이 구원을 예비하신 분을 향한 더 큰 사랑을 품게 될 것입니다. 우리는 행동을 통해서 기도를 성취함으로써 하나님이 은혜로 말미암아 우리의 참된 아버지가 되심을 분명히 선포할 것입니다.

우리는 항상 부끄러운 정념들을 통해서 우리의 본성을 지배하려 하는 악한 자가 우리의 생명의 아버지가 아니라는 것, 그리고 우리가 부지중에 생명을 사망과 교환하지 않는다는 것을 보여 줄 것입니다. 하나님과 마귀는 자기에게 접근하는 사람들에게 자신의 속성을 나누어 줍니다. 하나님은 자기를 사랑하는 사람들에게 영생을 주시지만, 마귀는 우리의 자유의지에 종속되는 시험을 통해 작용함으로써 자기를 따르는 자들의 죽음을 야기합니다.

성경에 의하면, 시험에는 즐거운 것과 고통스러운 것이 있습니다. 전자는 의도적인 선택의 결과이지만, 후자는 원치 않는 것입니다. 전자는 죄를 낳습니다. 주님은 시험에 들지 않게 해달라고 기도하라고 명령하시고(마 6:13), "시험에 들지 않게 깨어 있어 기도하라"(마 26:41)고 말씀하십니다. 원치 않는 시험은 죄를 벌하며, 죄를 사랑하는 성향에 대해 원치 않는 고난으로써 징계합니다. 이런 종류의 시험을 인내하는 사람과 특별히 악에 집중하지 않는 사람에게는 야고보의 말을 적용할 수 있을 것입니다: "내 형제들아 너희가 여러 가지 시험을 만나거든 온전히 기쁘게 여기라 이는 너희 믿음의 시련이 인내를 만들어 내는 줄 너희가 앎이라 인내를 온전히 이루라 이는 너희로 온전하고 구비하여 조금도 부족함이 없게 하려 함이라"(약 1:2-4).

악한 자는 우리의 자유 의지에 예속되는 시험을 통해서, 그리고 원하지 않는데도 임하는 시련을 통해서 그 악한 뜻을 시행합니다. 자유의지에 예속되는 시험과 관련하여, 악한 자는 영혼에게 육체적인 쾌락의 씨를 뿌리고 자극함으로써 영혼으로 하여금 하나님의 사랑을 갈망하지 못하게 합니다. 원치 않는 시련과 관련하여 악한 자는 고통을 통해서 본성을 죽이기를 원하여, 교활하게도 고난으로 인해 무력해진 영혼으로 하여금 창조주를 비방하고 욕하게 만듭니다.

그러나 우리는 악한 자의 궤계를 알고 있으므로, 우리의 갈망이 하나님의 사랑에서 벗어나지 않기 위해서는 자유의지에 예속되는 시험으로부터 구원해 달라고 기도해야 합니다. 그리고 우리에게 임하는 원하지 않은 시련은 하나님께서 동의하신 것이기 때문에 그것을 담대하게 견뎌야 합니다. 우리 주 예수 그리스도의 이름을 부르는 우리 모두가 장래에 예비되어 있으며 우리 주 그리스도 안에서 이미 계시된 축복에 참여함으로써 악한 자가 주는 현재의 즐거움과 장래의 고통에서 구원되기를 기원합니다. 성부와 성자와 성령께 찬양을 돌릴지어다. 아멘.

리비아의 성 탈라시오스
St Thalassios the Lybyan

성 탈라시오스는 리비아의 어느 수도원 원장이요 사제였으며, 개인적으로는 고백자 막시무스의 친구였다. 막시무스의 저서 『탈라시오스에게: 성경에 관한 여러 가지 질문에 관하여』(*To Thalassios: On Various Questions relating to Holy Scripture*)는 탈라시오스가 제기한 어려운 질문들에 대한 답변으로 이루어져 있다. 막시무스는 『신학에 관한 이백 개의 본문』(*Two Hundred Texts on Theology*)이라는 저서도 탈라시오스에게 헌정했고, 탈라시오스게에 다섯 편의 편지도 보냈다.

성 막시무스는 두 차례나 자신이 성 탈라시오스의 제자라고 묘사했는데, 아마도 이것은 자기보다 연상의 인물에 대한 공손한 표현에 지나지 않는다. 탈라시오스가 실제로 막시무스의 제자였을 수도 있지만, 막시무스가 결정적으로 탈라시오스의 영향을 받았을 수도 있다. 여기에 실린 400편의 글은 이 리비아인 수도원장의 저술로 알려진 유일한 글이다. 이 글은 여러 면에서 에바그리우스의 영향을 받았

493

음을 나타내지만, 몸과 영혼의 완전한 일치를 크게 강조한다. 탈라시오스도 막시무스처럼 이기심을 모든 악덕의 근원으로 여긴다. 이 두 사람 모두 사랑의 중요성을 크게 강조한다.

사랑, 절제, 지성과 일치하는 삶에 관하여

장로 폴을 위해 쓴 글

1-100편

― 1 ―

하나님을 향한 포괄적이고 강력한 갈망은 그것을 경험하는 사람들을 하나님에게 묶어 주며, 또 그를 서로와 연결해 줍니다.

― 2 ―

신령한 사랑을 획득한 지성은 누구에 대해서도 이 사랑을 받기에 합당하지 않다고 생각하지 않습니다.

― 3 ―

겉치레의 사랑 아래 위선을 감추고 있는 사람은 입으로는 축복하지만 속으로는 저주합니다.

― 4 ―

사랑을 획득한 사람은 원수들이 가하는 고난과 위해를 조용히 인내합니다.

◈ 5 ◈

오직 사랑만이 모든 피조물을 하나님과 이웃에게 결합시켜 줍니다.

◈ 6 ◈

다른 사람들에 대한 의심이나 비난을 용납하지 않는 사람은 참 사랑을 소유한 사람입니다.

◈ 7 ◈

사랑을 쫓아버리지 않는 사람은 사람들 사이에서나 하나님 보시기에 귀한 사람입니다.

◈ 8 ◈

깨끗한 양심에서 나오는 참된 말은 거짓 없는 사랑의 표식입니다.

◈ 9 ◈

형제에게 다른 사람이 그의 인격을 모독했다고 전해 주는 사람은 호의라는 구실로 자신의 질투를 감추고 있는 사람입니다.

◈ 10 ◈

세상적인 덕목들은 인간의 영예를 증진하지만, 영적인 덕목들은 하나님의 영광을 진작합니다.

◈ 11 ◈

사랑과 절제는 영혼을 깨끗하게 하며, 깨끗한 기도는 지성을 조명해 줍니다.

12

튼튼한 사람은 덕의 실천과 영적 지식으로 악을 몰아냅니다.

13

무정념과 영적 지식을 획득한 사람은 하나님의 은혜를 받은 사람입니다.

14

정욕적인 생각을 극복하기를 원한다면, 절제와 이웃 사랑을 획득하십시오.

15

미움과 방탕을 경계하십시오. 그리하면 기도하는 동안에 방해를 받지 않을 것입니다.

16

진흙 속에서 향기를 발견할 수 없으며, 원한을 가진 사람의 영혼 안에서 사랑의 향기를 발견할 수 없습니다.

17

노염과 욕망을 단단히 제어하십시오. 그리하면 악한 생각들을 신속히 제거할 수 있을 것입니다.

18

내적인 작업은 자만심을 파괴합니다. 만일 당신이 아무도 멸시하지 않는다면 교만이 제거될 것입니다.

~ 19 ~

자만심의 표식은 위선과 거짓입니다. 교만의 표식은 주제넘음과 질투입니다.

~ 20 ~

자신을 다스리며 영혼과 몸을 사고력에게 복종시킨 사람은 참된 지도자입니다.

~ 21 ~

참된 친구는 시련을 당했을 때에 알아볼 수 있습니다. 당신이 당하는 고통에 동참하는 사람은 참된 친구입니다.

~ 22 ~

감각을 잠잠하게 하며 마음을 공격하는 생각들을 판단해 보십시오.

~ 23 ~

낙심스런 생각에 대해 원한으로 반응하지 마십시오. 그러나 방탕한 생각은 미워하십시오.

~ 24 ~

침묵, 기도, 사랑, 그리고 절제는 지성을 천국으로 인도해 주는 마차를 모는 네 마리 말입니다.

~ 25 ~

금식과 철야로 몸을 연단하십시오. 그리하면 쾌락을 추구하는 치명적인 생각들을 몰아낼 수 있을 것입니다.

~ 26 ~

밀랍이 뜨거운 불 앞에서 녹듯이, 더러운 생각들은 하나님에 대한 두려움 앞에서 녹아버립니다.

~ 27 ~

지적인 영혼이 천한 정념들을 가지고 놀면 큰 해를 입습니다.

~ 28 ~

당신에게 임하는 고통스러운 일을 참고 인내하십시오. 왜냐하면 섭리의 하나님께서는 그것을 통해서 당신을 정화하시기 때문입니다.

~ 29 ~

세상과 물질을 부인하면서 악한 생각들도 버리십시오.

~ 30 ~

지성은 매순간 하나님의 말씀을 경청해야 합니다.

~ 31 ~

세상을 다스리는 것은 하나님의 일이요, 몸을 지키는 것은 영혼의 일입니다.

~ 32 ~

우리가 아직도 육체의 쾌락에 노예가 되어 있다면, 장차 어떤 소망을 가지고 그리스도를 만나겠습니까?

~ 33 ~

우리가 선택한 것이든지 하나님의 섭리에 의한 것이든지 간에 고난과 고통은 육욕적인 쾌락을 죽입니다.

～ 34 ～

　재산을 모으는 것은 정념들에 불을 붙이는 격입니다. 왜냐하면 그것은 온갖 종류의 육욕적인 쾌락에 몰두하는 것을 가중시키기 때문입니다.

～ 35 ～

　육욕적인 쾌락의 확보에 실패하면 낙담하게 되지만, 육욕적인 쾌락 자체는 모든 정념들과 연결되어 있습니다.

～ 36 ～

　우리가 자신의 몸을 어떻게 다루는가에 따라서 하나님이 우리를 다루시는 방법이 결정됩니다.

～ 37 ～

　우리가 몸을 통해서 행한 것에 대한 공정한 보응은 하나님의 공의입니다.

～ 38 ～

　덕과 영적 지식은 불멸로 이어지며, 그것들의 부재는 사망의 어미입니다.

～ 39 ～

　하나님의 뜻과 일치하는 근심은 육욕적인 쾌락을 종식시키며, 그러한 쾌락의 파괴는 곧 영혼의 부활입니다.

40

무정념이란 영혼이 어떤 악한 충동에도 굴복하지 않는 상태를 말하며, 그것은 오직 그리스도의 자비하심을 통해서만 실현될 수 있습니다.

41

그리스도는 영혼과 몸의 구주이십니다. 그리고 그분의 발자취를 따르는 사람은 악에서 해방됩니다.

42

만일 당신이 구원받기를 원한다면, 육욕적인 쾌락을 버리고 절제와 사랑, 그리고 집중하여 기도하는 방법을 배우십시오.

43

무정념의 표식은 참된 분별입니다. 무정념의 상태를 획득한 사람은 모든 일을 분별력을 가지고 규칙에 따라 적당하게 행합니다.

44

우리 주 하나님은 예수 그리스도이시며, 그분을 따르는 지성은 결코 어둠 속에 머물지 않을 것입니다.

45

지성을 집중시키고 당신의 생각을 경계하며, 정념에 물든 생각과 싸우십시오.

46

당신의 내면에서 생각이 일어나는 세 가지 방법이 있습니다. 즉 감각을 통해서, 기억을 통해서, 그리고 몸의 기질을 통해서 생각이 일어납니다. 그 중에 가장 진력나는 것은 기억을 통해 임하는 생각입니다.

∽ 47 ∽

지혜가 주어진 사람은 영적인 것의 내적인 본질들, 그리고 세상의 기원과 완성에 대해서 압니다.

∽ 48 ∽

덕의 실천을 소홀히 하지 않으면 당신의 지성은 조명을 받을 것입니다. 성경에 "네게 흑암 중의 보화와 은밀한 곳에 숨은 재물을 주리라"(사 45:3)고 기록되어 있습니다.

∽ 49 ∽

정념에서 해방된 사람은 하나님의 은혜를 받은 사람입니다. 그가 영적 지식을 받을 자격이 있다고 판단되면 큰 자비를 받을 것입니다.

∽ 50 ∽

정념에서 해방된 지성은 빛처럼 되어 끊임없이 피조물에 대한 관상의 조명을 받습니다.

∽ 51 ∽

거룩한 지식은 영혼의 빛입니다. 그것을 빼앗긴 "우매자는 어두움에 다닙니다"(전 2:14).

∽ 52 ∽

어두움 속에서 사는 사람은 어리석은 자이며, 무지의 어두움이 그를 기다립니다.

∽ 53 ∽

예수님을 사랑하는 사람은 악에서 해방될 것입니다. 예수님의 제자는 참된 지식을 볼 것입니다.

∽ 54 ∽

정념에서 해방된 지성은 몸이 깨어 있든지 잠 자든지 간에 역시 정념에서 해방된 개념적 심상들을 형성합니다.

∽ 55 ∽

완전히 정화된 지성은 피조물의 속박을 받으며, 그것들을 초월하기를 갈망합니다.

∽ 56 ∽

끝없는 무한성을 획득하여 무상한 것들을 초월한 사람은 복된 사람입니다.

∽ 57 ∽

하나님을 경외하는 사람은 하나님께서 창조 안에 심으신 거룩한 원리들을 찾으며, 진리를 사랑하는 사람은 그것을 발견합니다.

∽ 58 ∽

올바르게 자극을 받은 지성은 진리를 발견할 것입니다. 그러나 정념의 자극을 받은 지석을 표적을 벗어날 것입니다.

∽ 59 ∽

하나님은 본질상 알 수 없는 분이시며 무한히 엄위하신 분이십니다.

※ 60 ※

기원이나 완성이 없는 본질을 가지신 하나님의 지혜는 헤아릴 수 없습니다.

※ 61 ※

창조주 하나님의 고귀한 섭리는 존재하는 모든 것을 보존합니다.

※ 62 ※

자비하신 주님은 모든 넘어지는 자를 붙드시며 비굴한 자를 일으키십니다(시 145:14).

※ 63 ※

공의로우신 그리스도는 살아 있는 자들과 죽은 자들 그리고 모든 행동에 대해 보응하십니다.

※ 64 ※

당신 자신의 몸과 영혼을 통제하기를 원한다면, 정념들의 원인을 제거함으로써 정념들을 앞질러 제압하십시오.

※ 65 ※

영혼의 능력들을 덕과 연결하십시오. 그러면 그것들이 정념들의 폭정에서 해방될 것입니다.

※ 66 ※

욕망의 충동을 절제에 의해 억제하며 노염의 충동을 영적 사랑으로 억제하십시오.

∽ 67 ∽

침묵과 기도는 가장 위대한 덕의 무기입니다. 그것들은 지성을 정화하고 영적 통찰을 수여해 줍니다.

∽ 68 ∽

영적 대화만이 유익합니다. 침묵을 유지하는 것은 어떤 일에 참여하는 것보다 더 유익합니다.

∽ 69 ∽

다섯 가지 대화 중에서 처음 세 가지의 대화를 선택하고, 네 번째 대화는 아끼고, 다섯 번째 대화는 피하십시오

∽ 70 ∽

이 세상에 속한 것들의 영향을 받지 않는 사람은 침묵을 사랑합니다. 그리고 인간적인 것을 사랑하지 않는 사람은 모든 사람을 사랑합니다.

∽ 71 ∽

양심은 참된 교사입니다. 양심에 귀를 기울이는 사람은 넘어지지 않을 것입니다.

∽ 72 ∽

덕이나 악의 극단적인 상태에 이른 사람들만이 양심의 판단을 받지 않습니다.

∽ 73 ∽

완전한 무정념은 우리의 개념적 심상들을 정념에서 해방시켜 줍

니다. 완전한 영적 지식은 우리를 지식을 초월하시는 분 앞에 데려갑니다.

◈ 74 ◈

즐거움을 획득하지 못하는 것은 책망받은 근심을 유발합니다. 즐거움을 멸시하는 사람은 근심으로부터 자유합니다.

◈ 75 ◈

일반적으로 고통은 세상적인 것이든지 하나님에 관한 것이든지 간에 즐거움을 빼앗기는 데서 생겨납니다.

◈ 76 ◈

왕권, 선, 그리고 지혜는 하나님에게 속한 것입니다. 그것들을 획득하는 사람은 천국에 거주합니다.

◈ 77 ◈

영혼보다 몸을, 하나님보다 세상을 좋아한다는 것을 행동으로 보여 주는 사람은 불쌍한 사람입니다.

◈ 78 ◈

영적으로 성숙한 사람들을 시기하지 않으며 악인들에게 자비한 사람은 모든 사람을 동등하게 사랑합니다.

◈ 79 ◈

덕의 법을 영혼과 몸에 적용하는 사람은 진실로 다스리기에 합당한 사람입니다.

~ 80 ~

영적인 교제는 장래에 주어질 축복을 위해서 이 세상의 즐거움이나 고통으로부터 이탈하는 것입니다.

~ 81 ~

사랑과 절제는 영혼을 튼튼하게 합니다. 깨끗한 기도와 관상은 지성을 튼튼하게 합니다.

~ 82 ~

당신에게 유익한 말을 들을 때에 말하는 사람을 정죄하지 마십시오. 만일 그렇게 한다면 당신은 그의 유익한 권면을 무효화할 것입니다.

~ 83 ~

부패한 정신은 악한 것을 생각하며, 이웃의 장점을 결점으로 간주합니다.

~ 84 ~

이웃을 판단하려는 생각을 신뢰하지 마십시오. 악을 품고 있는 사람은 악한 생각을 하기 때문입니다(마 12:35).

~ 85 ~

선한 심령은 선한 것을 생각합니다. 그 생각은 그 안에 저장된 것에 상응합니다.

~ 86 ~

당신의 생각을 지키고 악을 피하십시오. 그리하면 당신의 지성이 어두워지지 않고 분명히 볼 것입니다.

∽ 87 ∽

유대인을 염두에 두며, 당신 자신을 주의 깊게 지켜 보십시오. 유대인들은 질투심으로 눈이 멀어 바알세불을 자기들의 주요 하나님으로 삼았습니다(마 12:24).

∽ 88 ∽

악한 의심은 정신을 어둡게 하며, 정신을 산만하게 하여 곁길로 나아가게 만듭니다.

∽ 89 ∽

각각의 덕에는 그것을 대적하는 악덕이 있습니다. 이런 까닭에 악신들은 덕 대신에 악덕을 취합니다.

∽ 90 ∽

쾌락이나 낙담 때문에 시간을 허비하는 지성은 곧 냉담이라는 정념에 굴복합니다.

∽ 91 ∽

깨끗한 양심은 영혼을 들어올려 주지만, 더러운 생각은 영혼을 비천하게 만듭니다.

∽ 92 ∽

정념들이 활동할 때에 사람들은 자만심을 몰아냅니다. 정념들이 제거되면, 사람들은 그것을 다시 도입합니다.

～ 93 ～

모든 정념들로부터 해방되기를 원한다면, 절제와 사랑과 기도를 실천하십시오.

～ 94 ～

기도하면서 하나님께 자신을 바치는 지성은 영혼의 감성적인 측면을 정념들로부터 해방시킵니다.

～ 95 ～

존재하는 모든 것에게 존재를 주신 하나님은 동시에 섭리 안에서 만물과 연합하셨습니다.

～ 96 ～

주인이신 분이 종이 되심으로써 세상에 자신의 깊은 섭리를 나타내셨습니다.

～ 97 ～

로고스 하나님은 변화가 없이 성육하시면서 육을 통해서 창조 전체와 연합되셨습니다.

～ 98 ～

하늘과 땅에 새로운 경이가 있습니다. 하나님은 땅에 계시고 인간은 하늘에 있습니다.

～ 99 ～

하나님은 모든 피조물에게 신화(神化)를 주시기 위해서 인간과 천사들을 연합시키셨습니다.

～ 100 ～

거룩한 공동본질의 삼위일체에 대한 지식은 사람들과 천사들을 거룩하게 하고 하나님을 닮게 해 줍니다.

～ 101 ～

정념들로부터의 자유는 죄사함의 전조입니다. 아직 정념들로부터의 자유를 얻지 못한 사람은 아직 죄사함을 받지 못한 사람입니다.

101-200편

1

만일 동시에 모든 악덕으로부터 해방되기를 원한다면, 악의 어머니인 자애를 포기하십시오.

2

영혼의 건강은 무정념과 영적 지식 안에 존재합니다. 육욕적인 쾌락의 노예가 된 사람은 그것을 획득할 수 없습니다.

3

인내하여 절제하는 것과 오래참는 사랑은 영혼과 몸의 쾌락을 고갈시킵니다.

4

영혼 안에서 자애 – 즉 육체를 향한 사랑 – 는 악의 근원입니다.

5

사고력은 본질상 로고스에게 복종하며 몸을 연단하고 복종시킵니다.

6

사고력이 부족한 것에게 사고력을 복종시키며 부끄러운 욕망에 관심을 가지는 것은 모욕입니다.

◈ 7 ◈

하나님의 형상을 지닌 영혼이 창조주를 버리고 육을 섬기는 것은 부패한 행동입니다.

◈ 8 ◈

우리는 육을 종으로 삼으며, 쾌락의 노예가 되게 하지 말라는 명령을 받았습니다.

◈ 9 ◈

육에게 절대적으로 필요한 것만 공급하며, 육과의 교제의 고리를 끊으십시오.

◈ 10 ◈

지성이 감각적인 욕망에 휘말리지 않으려면, 당신의 감각을 침묵의 성채 안에 가두십시오.

◈ 11 ◈

내적 침묵의 생활을 영위하기 위해 노력하는 사람에게 있어서 가장 위대한 무기는 절제와 사랑, 그리고 기도와 영적 독서입니다.

◈ 12 ◈

우리가 육을 정복하고 관상에 전념하지 않는 한, 지성은 계속 육욕적인 쾌락을 추구할 것입니다.

◈ 13 ◈

정념으로부터 해방되려면 계명을 이행하기 위해 노력해야 합니다.

또 영적 지식을 받기에 합당하게 되려면 거룩한 교리를 파악하기 위해 노력해야 합니다.

～ 14 ～

영혼의 불멸성은 무정념과 영적 지식 안에 있습니다. 육욕적인 쾌락에 노예가 된 사람은 그것을 획득할 수 없습니다.

～ 15 ～

당신의 몸을 정복하고, 육욕적인 쾌락을 제거하고, 비열한 노예상태에서 해방시키십시오.

～ 16 ～

우리는 자유롭게 피조되었고 자유를 위해 부름을 받았으므로(갈 5:13), 더러운 정념들의 노예가 되어서는 안 됩니다.

～ 17 ～

마귀들은 욕망과 두려움, 근심과 육욕적인 쾌락 등을 사용함으로써 지성으로 하여금 분별있는 것들을 보지 못하게 합니다.

～ 18 ～

주님에 대한 두려움은 욕망을 정복하며, 하나님의 뜻과 일치하는 근심은 육욕적인 쾌락을 물리칩니다.

～ 19 ～

지혜를 향한 갈망은 두려움을 멸시하며, 영적 지식의 즐거움은 근심을 몰아냅니다

∽ 20 ∽

성경에는 계명, 교리, 위협, 그리고 약속 등 네 가지가 담겨 있습니다.

∽ 21 ∽

절제와 꾸준한 노력은 욕망을 억제합니다. 그리고 침묵과 하나님을 향한 뜨거운 갈망은 욕망을 시들게 합니다.

∽ 22 ∽

애매한 말로 형제를 괴롭히지 마십시오. 만일 그 형제가 당신을 똑같은 태도로 대한다면, 당신은 견디지 못할 것입니다.

∽ 23 ∽

오래 참음과 용서하려는 마음은 노염을 억제하며, 사랑과 긍휼은 그것을 시들게 합니다.

∽ 24 ∽

당신에게 영적 지식이 주어졌다면 정신적인 빛이 주어진 것입니다. 만일 그 빛을 존중하지 않는다면 당신은 어두움에 직면할 것입니다.

∽ 25 ∽

하나님의 계명을 지키면 무정념을 획득할 수 있습니다. 영혼의 무정념은 영적 지식을 보존해 줍니다.

∽ 26 ∽

현명한 일들을 지성적으로 관상하십시오. 그리하면 당신의 감각 인식이 그러한 대상물들의 영역을 초월하여 올라갈 것입니다.

∽ 27 ∽

여인은 수덕적인 수행에 열중한 영혼을 상징합니다. 지성은 그것과의 연합을 통해서 덕을 낳습니다.

∽ 28 ∽

진리와 갈망과 경외하는 삶을 사는 사람은 신적 원리들을 공부함으로써 하나님에 대한 지식을 터득합니다.

∽ 29 ∽

빛이 보는 사람과 보여지는 사물에 대해 지니는 관계는, 하나님께서 지적인 존재와 지성적인 것에 대해 지니는 관계와 같습니다.

∽ 30 ∽

눈에 보이는 하늘은 모든 성도들이 별처럼 빛을 발하는 믿음의 하늘을 상징합니다.

∽ 31 ∽

예루살렘은 영적 존재들에 대한 거룩한 지식입니다. 그 안에서 평화의 이상을 볼 수 있습니다.

∽ 32 ∽

덕의 실천을 소홀히 하지 마십시오. 만일 소홀히 한다면, 당신의 영적 지식이 감소될 것입니다. 그리고 기근이 발생할 때에 당신은 애굽으로 내려가게 될 것입니다(창 41:57; 46:6).

∽ 33 ∽

영적인 자유란 정념들로부터의 해방입니다. 그러나 그리스도의 자비가 없으면, 그것을 획득할 수 없습니다.

∽ 34 ∽

약속된 땅은 하늘나라이며, 무정념과 영적 지식은 그 나라의 사신들입니다.

∽ 35 ∽

영의 애굽은 정념들의 어두움입니다. 기근을 만나지 않는 한 아무도 애굽으로 내려가지 않습니다.

∽ 36 ∽

만일 당신이 영적인 가르침을 경청한다면, 당신의 지성은 더러운 생각에서 도망칠 것입니다.

∽ 37 ∽

본질상 선하고 지혜로우신 분은 하나님뿐입니다. 그러나 만일 당신이 지성을 발휘한다면, 참여를 통해서 선하고 지혜로워집니다.

∽ 38 ∽

식욕, 잠, 노염, 말 등을 제어하십시오, 그리하면 당신의 발이 돌에 부딪치지 않을 것입니다(시 91:12).

∽ 39 ∽

모든 사람을 동등하게 사랑하려고 노력하십시오. 그렇게 하면 동시에 모든 정념들을 몰아낼 수 있을 것입니다.

∽ 40 ∽

지성과 감각은 감각적인 사물에 대한 관상에 동참합니다. 그러나 지적인 실체들에 대한 지식은 오직 지성에게만 속합니다.

∽ 41 ∾

감각 및 감각적인 사물에 대한 지성의 애착을 근절하지 않는 한, 지성은 지적인 실체들에게 몰두할 수 없습니다.

∽ 42 ∾

감각은 본성적으로 감각적인 사물에 애착합니다. 그리고 그것들로 말미암아 산만해진 감각은 지성을 산만하게 만듭니다.

∽ 43 ∾

감각으로 하여금 지성에 봉사하게 하며, 지성으로부터 이탈할 시간을 주지 마십시오.

∽ 44 ∾

지성이 감각적인 사물에 주의를 집중할 때에 당신의 감각을 그러한 사물로부터 거둬들이며, 그것들을 지성과 직접 접촉하게 하십시오.

∽ 45 ∾

지성이 감각을 선동하는 모든 것을 멸시하는 것은, 지성이 지적인 실체들에 대한 관상에 몰두하고 있음을 보여 주는 표식입니다.

∽ 46 ∾

지적인 실체들에 대한 관상에 몰두한 지성의 기쁨은 너무나 크기 때문에 지성을 관상으로부터 끌어낼 수 없습니다.

∽ 47 ∾

지성이 유일하신 하나님에 대한 지식을 풍성히 소유할 때에, 감각은 완전히 지성의 지배를 받을 것입니다.

~ 48 ~

지성이 감각적인 사물을 추구하지 못하게 하십시오. 그리하면 그것들이 만들어 내는 쾌락과 고통의 열매를 거두지 않을 것입니다.

~ 49 ~

지성이 거룩한 실체들에게 끊임없이 몰두할 때, 영혼의 감성적인 측면은 경건한 무기가 됩니다.

~ 50 ~

지성은 먼저 자체의 덕에 의해서 영혼의 감성적인 측면으로부터 이탈하지 않는 한 영적 지식에 의해 변화될 수 없습니다.

~ 51 ~

지성이 감각에 대한 애착으로부터 완전히 분리될 때, 지성은 이 세상에 속한 것들에 대해 이방인처럼 됩니다.

~ 52 ~

영혼의 지성적인 측면에 있어서 본연의 기능은 하나님에 대한 지식에 헌신하는 것입니다. 한편 영혼의 감성적인 측면의 기능은 절제와 사랑을 추구하는 것입니다.

~ 53 ~

지성이 감각적인 사물에 대한 정욕적인 느낌을 받아들이지 않는 한, 지성은 섣불리 감각적인 사물을 가지고 놀지 않습니다.

∽ 54 ∽

영적 지식에 의해 변화된 지성은 완전합니다. 덕으로 충만하게 된 영혼은 완전합니다.

∽ 55 ∽

감각에 애착하는 지성은 육체적인 쾌락의 노예가 됩니다.

∽ 56 ∽

지성의 감성적인 측면이 자체의 덕을 포기할 때에 지성은 영적 지식의 세계로부터 떨어집니다.

∽ 57 ∽

우리는 하나님의 자녀가 되는 능력을 받았지만(요 1:12), 자신에게서 정념들을 제거하지 않는 한 실제로 하나님의 자녀가 되지 못합니다.

∽ 58 ∽

거룩한 특성들을 획득하지 않은 사람들은 자신이 하나님의 자녀가 되었다고 생각할 수 없습니다.

∽ 59 ∽

우리는 선과 일치하는지 아니면 악과 일치하는지의 여부에 따라서 하나님의 자녀가 되거나 사탄의 자녀가 됩니다.

∽ 60 ∽

지혜로운 사람은 자신에게 주의를 기울이며 모든 더러운 것을 멀리합니다.

61

완고한 영혼은 징계를 받을 때에 깨닫지 못하며, 은혜를 주시는 분을 알지 못합니다.

62

더러운 옷을 입은 사람은 하나님의 혼인 잔치에 들어가지 못하고 바깥 어두운 곳에 들어갑니다(마 22:12-13).

63

하나님을 경외하는 사람은 자기 영혼에 세심한 관심을 기울일 것이며, 악과의 교제에서 자신을 해방시킬 것입니다.

64

하나님을 버리고 정념들의 노예가 된 사람은 하나님의 자비를 받을 수 없습니다.

65

비록 우리가 하나님을 믿지 않으려 해도, 예수님은 우리가 두 주인을 섬길 수 없다고 말씀하십니다(마 6:24).

66

정념들로 인해 더러워진 영혼은 완고해집니다. 그 영혼의 믿음을 회복시키려면 수술용 칼과 인두를 사용해야 합니다.

67

마음이 완악한 사람들 앞에는 두려운 고통이 기다리고 있습니다.

왜냐하면 그들은 큰 고난을 당하지 않는 한 유순하고 부드럽게 되지 않기 때문입니다.

∽ 68 ∾

지혜로운 사람은 자신에게 세심하게 주의를 기울이며, 자발적으로 고난받음을 선택함으로써 원하지 않는 고난을 피합니다.

∽ 69 ∾

영혼에 대해 염려한다는 것은 고난과 겸손을 의미합니다. 하나님은 이것들을 통해서 우리의 모든 죄를 용서하십니다.

∽ 70 ∾

욕망과 격분이 우리의 죄를 증가시키지만, 절제와 겸손은 그것들을 제거합니다.

∽ 71 ∾

하나님의 뜻과 일치하는 근심은 형벌에 대한 두려움에 의해 만들어지며 심령을 압도합니다.

∽ 72 ∾

그러한 근심은 심령을 깨끗하게 해 주며, 육욕적인 쾌락의 더러움을 몰아냅니다.

∽ 73 ∾

덕을 추구하는 영혼은 참고 인내합니다. 덕을 추구할 때에 방종이 축출됩니다.

74

죄는 육욕적인 쾌락에 기인하며, 용서는 고난과 근심에 기인합니다.

75

당신이 자발적으로 고난을 선택함으로써 회개하려 하지 않는다면, 하나님의 섭리에 의해 원하지 않는 고난이 당신에게 임할 것입니다.

76

그리스도는 온 세상의 구주이십니다. 그분은 사람들의 구원을 위해서 그들에게 회개의 은사를 주셨습니다.

77

회개는 계명을 지키게 하며, 계명을 지키는 것은 영혼을 정화시켜 줍니다.

78

영혼의 정화는 정념들로부터의 해방이며, 정념들로부터의 해방은 사랑을 낳습니다.

79

깨끗한 영혼은 하나님을 사랑하는 영혼이며, 깨끗한 지성은 무지로부터 벗어난 지성입니다.

80

죽기까지 계명을 이행하기 위해 노력하십시오. 당신이 계명을 통해 깨끗하게 되면, 생명으로 들어갈 것입니다.

◈ 81 ◈

가능한 한 몸을 질병과 육욕적인 쾌락에 물들게 하지 말며, 계명을 위해 일하게 하십시오.

◈ 82 ◈

기도, 검약한 생활, 침묵 등을 소홀히 하면 육이 반란을 일으킵니다.

◈ 83 ◈

침묵은 절제와 사랑과 깨끗한 기도를 낳습니다.

◈ 84 ◈

영적 독서와 기도는 지성을 깨끗하게 하며, 사랑과 절제는 영혼의 감성적인 측면을 깨끗하게 합니다.

◈ 85 ◈

항상 규칙적으로 절제를 유지하십시오. 그렇지 않으면 불규칙함으로 인해 당신은 극단적인 태도 사이를 오갈 것입니다.

◈ 86 ◈

만일 당신이 스스로를 위한 규칙들을 정했다면, 그 규칙들에 순종하십시오. 자신을 속이는 사람은 자기 기만에 빠진 사람입니다.

◈ 87 ◈

정념이 가득한 영혼은 정신적인 암흑 속에 거합니다. 왜냐하면 그러한 영혼 안에서는 의의 태양이 이미 졌기 때문입니다.

~ 88 ~

하나님의 자녀란 지혜와 능력과 의를 통해서 하나님처럼 된 사람입니다.

~ 89 ~

영혼의 질병은 악한 성향이며, 영혼의 죽음은 행동으로 옮겨진 죄입니다.

~ 90 ~

영적 가난은 완전한 무정념이며, 이 상태에 이른 지성은 세상적인 것들을 완전히 포기합니다.

~ 91 ~

영혼의 덕목들의 조화를 유지하십시오. 그것은 의의 열매를 맺을 것입니다.

~ 92 ~

지적인 실체들에 대한 관상은 물질과 형식으로부터 완전히 자유하기 때문에 무형적이라고 말합니다.

~ 93 ~

4대(네 가지 요소)가 물질과 형태의 결합이며, 그것들로부터 파생된 몸도 역시 물질과 형태로 이루어집니다.

~ 94 ~

로고스께서는 인간을 향한 사랑 때문에 육신을 입으셨지만, 본질적인 면에서는 전혀 변화되지 않으셨습니다.

◆ 95 ◆

그리스도는 완전한 신이요 인간이시며 두 본성을 지니신 분입니다.

◆ 96 ◆

우리는 그리스도 안에서는 두 개의 나눌 수 없는 본성 안에 하나의 위격이 존재한다고 고백합니다.

◆ 97 ◆

우리는 그리스도의 나눌 수 없는 하나의 위격을 찬양하며, 두 본성이 혼동 없이 결합되어 있다고 고백합니다.

◆ 98 ◆

우리는 삼위 안에 있는 신성의 하나의 본질을 존숭하며 공동본질의 삼위일체에 대한 신앙을 고백합니다.

◆ 99 ◆

세 위격들은 각기 부성, 아들됨, 그리고 발현이라는 특징을 지닙니다. 그들은 본질, 본성, 신성, 그리고 선을 공통적으로 지닙니다.

201-300편

1

본질상 선한 것에 대해 선한 생각을 하며, 모든 사람을 좋게 생각하십시오.

2

심판날에 하나님께서는 우리의 말과 행동과 생각에 대해 대답하라고 요구하실 것입니다.

3

우리가 내적으로 덕을 고수하는지 아니면 악덕에 집착하는지의 여부에 따라서, 선한 방식으로나 악한 방식으로 생각하거나 말하거나 행동하는 것이 결정됩니다.

4

정념들의 지배를 받는 지성은 천한 생각을 합니다. 그리고 이러한 생각들은 말과 행동에 의해 드러납니다.

5

악한 생각에는 정념이 선행합니다. 정념은 감각에 의해 야기되며, 감각들을 잘못 사용하는 것은 분명히 지성의 허물입니다.

∽ 6 ∽

감각에 대해 문을 닫고, 선입견을 대적하며, 계명을 무기로 삼아 정념들을 죽이십시오.

∽ 7 ∽

뿌리 깊은 습관은 쉽게 제거할 수 없으므로, 고질적인 사악함을 제거하려면 오랫동안 덕을 실천해야 합니다.

∽ 8 ∽

절제와 사랑, 인내와 침묵을 강력하게 실천하면, 우리 안에 숨어 있는 정념들을 죽일 수 있을 것입니다.

∽ 9 ∽

지성으로 하여금 항상 기도하게 하십시오, 그리하면 마음을 공격하는 악한 생각들을 죽일 수 있을 것입니다.

∽ 10 ∽

수덕적인 수행을 하려면 오랫동안 참고 인내해야 합니다. 부지런히 노력하면 서서히 방종이 제거될 것입니다.

∽ 11 ∽

모든 일을 적당하게 규칙에 따라 행한다면, 수덕생활의 엄격함도 견디기 어렵지 않을 것입니다.

∽ 12 ∽

정상적인 수덕적 수행의 수준을 유지하며, 어쩔 수 없는 경우가 아니면 당신의 규칙을 깨지 마십시오.

∽ 13 ∽

사랑과 절제가 악한 생각을 파괴하며, 관상과 기도는 스스로를 높이는 태도를 제거합니다.

∽ 14 ∽

수덕적인 노력 - 금식, 철야, 인내, 견인 - 은 깨끗한 양심을 만듭니다.

∽ 15 ∽

원하지 않았던 시련을 인내하며 견디는 사람은 겸손하고 소망이 가득하고 영적으로 성숙해집니다.

∽ 16 ∽

영혼은 참고 인내하기 위해서는 끊임없이 노력해야 합니다. 자발적으로 선택한 고난과 원치 않게 임하는 시련에서 인내가 생겨납니다.

∽ 17 ∽

역경에 직면하여 인내하면 악을 몰아내며, 부단한 인내는 악을 완전히 제거합니다.

∽ 18 ∽

고난은 감각을 괴롭게 하지만, 하나님의 뜻에 따른 근심은 육욕적인 쾌락을 무력하게 만듭니다.

∽ 19 ∽

하나님께서 지혜로 서로를 대적하게 만든 네 가지 정념이 있습니다.

~ 20 ~

근심은 육욕적인 쾌락을 제어하며, 형벌에 대한 두려움은 욕망을 시들게 합니다.

~ 21 ~

지혜로운 지성은 영혼을 시험하고, 온갖 종류의 수덕적인 수행으로 몸을 연단합니다.

~ 22 ~

스스로를 정념들로부터 해방시킴으로써 표면적으로가 아니라 내면적으로 당신이 수도사임을 증명하십시오.

~ 23 ~

먼저는 물질적인 것을 버리고, 두 번째로는 정념들을 버리며, 세 번째에는 무지를 버리십시오.

~ 24 ~

당신이 원하기만 하면 물질을 제거하는 것은 어렵지 않습니다. 그러나 그것들에 대한 생각을 제거하려면 크게 노력해야 할 것입니다.

~ 25 ~

욕망은 노염을 일으킵니다. 그러므로 욕망을 제어하면 노염을 지배하게 될 것입니다.

~ 26 ~

당신이 정념에 물든 생각으로부터 자신을 해방시켰을 수도 있습니다. 그런데 당신은 깨끗하고 영적인 기도를 선물로 받았습니까?

27

정념들로부터 해방되고, 피조물로부터 이탈하여 하나님 안에 사는 지성은 위대합니다.

28

영적으로 진보하고 있는 사람은 계명과 교리, 그리고 성 삼위일체에 대한 믿음을 공부합니다.

29

정념들을 벗어버린 지성은 다음과 같은 세 가지에 주의를 집중합니다: 정념에서 해방된 개념적 심상, 피조물에 대한 관상, 그리고 지성 자체의 빛.

30

가장 더러운 정념들은 우리의 영혼 안에 감추어져 있습니다. 우리가 자신의 행동을 자세히 성찰해야만 그것들이 드러납니다.

31

때때로 부분적인 무정념을 획득한 지성은 요동함이 없이 지냅니다. 그러나 그것은 지성을 자극하는 것들이 부재하기 때문에 시험을 받지 않기 때문입니다.

32

기억, 육체의 기질, 그리고 감각에 의해서 정념들이 일어납니다.

33

감각을 몰아내고 몸의 기질의 균형을 성취한 지성은 오로지 그 기억을 대적하여 싸워야 합니다.

∞ 34 ∞

절제와 영적인 사랑이 없으면 감각이 정념들을 일으킵니다.

∞ 35 ∞

적절한 금식과 철야와 시편 찬양은 몸의 기질의 균형을 성취하는 자연스러운 방법입니다.

∞ 36 ∞

몸의 기질의 균형을 엉망으로 만드는 것이 세 가지가 있습니다. 그것은 음식을 절제하지 않는 것, 기후의 변화, 그리고 마귀의 세력과 접촉하는 것 등입니다.

∞ 37 ∞

우리는 기도와 영적 독서와 절제와 사랑을 통해서 기억에서 정념을 제거할 수 있습니다.

∞ 38 ∞

먼저 침묵을 실천함으로써 감각을 차단하고, 그 다음에 덕을 배양함으로써 당신의 기억과 싸우십시오.

∞ 39 ∞

정신적인 악은 개념적인 심상들을 남용하는 데 있고, 적극적인 죄는 물질을 남용하는 데 있습니다.

∞ 40 ∞

개념적인 심상과 물질을 남용한다는 것은 그것들을 비속하고 바르지 못하게 사용하는 것을 말합니다.

∽ 41 ∾

더러운 정념들은 지성을 속박하여 감각적인 사물과 연결합니다.

∽ 42 ∾

물질 또는 물질에 대한 기억의 영향을 받지 않는 사람은 완전한 무정념을 획득한 사람입니다.

∽ 43 ∾

거룩한 영혼은 이웃을 도우며, 이웃으로부터 학대를 받을 때에 참고 견딥니다.

∽ 44 ∾

악의가 있는 생각들은 악의 존재 형태입니다. 만일 그러한 생각들을 제거하지 않는다면, 당신은 영적 지식의 제자가 되지 못할 것입니다.

∽ 45 ∾

그리스도의 말씀에 귀를 기울이는 사람은 빛으로 가득하게 됩니다. 만일 그 사람이 그리스도를 본받는다면 새로운 사람이 될 것입니다.

∽ 46 ∾

깊은 원한은 영혼의 문둥병입니다. 영혼은 수치나 형벌의 결과로서, 또는 의심스러운 생각들 때문에 그 병에 감염됩니다.

∽ 47 ∾

주님은 이웃의 축복을 시기하고 분개하는 지성의 눈을 멀게 하십니다.

● 48 ●

험담하는 영혼의 혀는 세 갈래입니다. 그것은 말하는 사람과 듣는 사람, 그리고 험담을 당하는 사람을 해칩니다.

● 49 ●

자기의 기분을 상하게 한 사람을 위해서 기도하는 사람은 깊은 원한을 갖지 않습니다. 무제한으로 주는 사람은 그러한 원한에서 해방됩니다.

● 50 ●

이웃을 미워하는 것은 영혼의 죽음입니다. 이웃을 중상하는 영혼은 그러한 죽음을 당하기도 하고 가하기도 합니다.

● 51 ●

냉담은 영혼의 무감각입니다. 병들고 방종한 영혼은 무감각해집니다.

● 52 ●

예수님을 사랑하는 사람은 고난 속에서 자신을 훈련합니다. 고난을 받을 때에 견인하는 것은 냉담을 몰아냅니다.

● 53 ●

영혼은 수덕적인 고난을 통해서 튼튼해지며, 무슨 일을 하든지 표준에 따라서 행함으로써 냉담을 몰아냅니다.

● 54 ●

식욕을 억제하면 욕망이 시들며, 지성은 호색적인 생각으로부터 해방됩니다.

~ 55 ~

자신을 통제하는 지성은 성령의 전이지만, 폭식가의 지성은 까마귀 둥우리와 같습니다.

~ 56 ~

음식을 과식하는 것은 욕망을 낳지만, 음식의 부족은 소박한 빵도 달게 만듭니다.

~ 57 ~

당신이 시샘하는 사람의 기쁨에 은밀하게 참여한다면, 당신은 질투심에서 해방될 것입니다. 또 만일 당신이 시샘하는 사람에 대해 침묵해도 질투심에서 해방될 것입니다.

~ 58 ~

많은 사람의 존경을 받고 있지만 방탕하게 사는 사람을 피하십시오.

~ 59 ~

부지런히 일하는 사람을 친구로 삼으십시오. 그러면 당신은 보물을 발견할 것입니다.

~ 60 ~

방탕한 사람은 여러 주인에게 팔리며, 주인이 이끄는 대로 살아갑니다.

~ 61 ~

그러한 사람은 평화로울 때에는 당신을 친구로 대접하지만, 시련이 임하면 당신을 원수로 여겨 대적할 것입니다.

∽ 62 ∽

그는 정념들이 활동하지 않을 때에는 당신을 위해서 목숨을 버리려 하지만, 정념들이 일어나면 그 목숨을 되찾아가려 할 것입니다.

∽ 63 ∽

황무지에 엉겅퀴가 가득하듯이, 방탕한 영혼에는 더러운 정념들이 가득합니다.

∽ 64 ∽

지혜로운 지성은 영혼을 억제하며, 몸을 복종시키고, 정념들을 종으로 삼습니다.

∽ 65 ∽

열매를 보고 나무를 알 수 있듯이, 우리의 행동은 우리의 내면에서 이루어지는 것들을 드러내 줍니다.

∽ 66 ∽

위선자는 거짓 선지자처럼 그의 말과 행동에 의해서 드러납니다.

∽ 67 ∽

사고력을 사용하지 않는 지성은 영혼을 징계하지 못하며, 따라서 영혼이 사랑과 절제를 획득하지 못하게 합니다.

∽ 68 ∽

더러운 생각의 원인은 교만과 허풍으로 이루어진 악한 성향입니다.

∽ 69 ∽

교만과 허풍의 특징은 위선, 간계, 속임수, 핑계, 거짓말입니다.

〜 70 〜

이러한 특징들은 시샘, 다툼, 성냄, 분노, 원한 등의 도움과 선동을 받습니다.

〜 71 〜

그것이 방탕하게 사는 사람들의 상태이며, 그것들이 내 마음에 감추어져 있는 보물입니다(마 12:35).

〜 72 〜

고난과 겸손은 영혼을 구하며, 모든 정념들로부터 자유하게 해 줍니다.

〜 73 〜

유익한 말은 이해하는 정신을 가리키며, 선한 행동은 거룩한 영혼을 드러냅니다.

〜 74 〜

교화된 지성은 지혜로운 말을 낳으며, 깨끗한 영혼은 거룩한 생각을 배양합니다.

〜 75 〜

지혜로운 사람의 생각은 지혜에 몰두하며, 그 말은 듣는 사람들을 조명해 줍니다.

〜 76 〜

고결한 영혼은 선한 생각을 배양하지만, 악이 가득한 영혼은 부패한 생각을 낳습니다.

~ 77 ~

정념에 물든 영혼은 악한 생각을 낳으며, 악을 축적합니다.

~ 78 ~

덕은 선의 축적이며, 그곳으로부터 거룩한 지성이 축복을 가져옵니다.

~ 79 ~

거룩한 사랑에 의해 활력을 얻은 지성은 하나님에 대한 선한 생각들을 배양합니다. 그러나 이기심의 자극을 받은 지성은 악한 생각을 낳습니다.

~ 80 ~

이웃 사랑에 의해 움직이는 지성은 항상 이웃을 좋게 생각합니다. 그러나 마귀의 세력 아래 있는 지성은 이웃에 대해 악한 생각을 품습니다.

~ 81 ~

덕은 선한 생각을 낳고, 계명은 우리를 덕으로 인도합니다. 그리고 덕의 실천은 우리의 의지와 결심에 의존합니다.

~ 82 ~

덕과 악은 오고 가면서, 영혼으로 하여금 선을 향하게 하거나 악으로 향하게 하며, 그 안에서 그에 상응하는 생각들을 촉진합니다.

~ 83 ~

악은 악한 생각을 낳고, 불순종은 악을 낳고, 감각의 속임수는 불순종을 낳으며, 이 속임수는 지성이 자신의 구원을 등한히 하는 데서 비롯됩니다.

◈ 84 ◈

영적인 길에서 진보하고 있는 사람들의 경우에, 선과 악에 대한 그들의 태도는 쉽게 변화됩니다. 그러나 이미 완전에 이른 사람들의 태도는 쉽게 변화되지 않습니다.

◈ 85 ◈

영혼의 힘은 확고한 덕의 상태입니다. 그러한 상태에 도착한 영혼은 사도 바울처럼 "누가 우리를 그리스도의 사랑에서 끊으리요?"(롬 8:35)라고 말할 것입니다.

◈ 86 ◈

모든 정념들 앞에는 이기심이 오며, 모든 정념들의 마지막에는 교만이 옵니다.

◈ 87 ◈

가장 흔한 세 가지 형태의 욕망의 근원은 이기심이라는 정념입니다.

◈ 88 ◈

그 세 가지 욕망은 폭음폭식, 자만심, 그리고 탐욕입니다. 다른 모든 정욕적인 생각들은 그것들의 결과로서 그것들을 따릅니다.

◈ 89 ◈

폭음폭식에 대한 생각에는 음란한 생각이 따르고, 자만심과 관련된 생각 다음에는 교만한 생각이 따릅니다. 다른 모든 생각들은 세 가지 가장 흔한 생각들의 뒤를 따릅니다.

～ 90 ～

그러므로 분개, 성냄, 원한, 시샘, 냉담 등의 생각은 모두 이 흔한 세 가지 생각의 뒤를 따릅니다.

기 도

～ 91 ～

모든 사람들의 주이신 그리스도시여, 우리를 이러한 파괴적인 정념들 및 그것에서 비롯된 생각들로부터 자유하게 해 주십시오.

～ 92 ～

우리는 당신 때문에 태어난 존재입니다. 그러므로 우리는 당신께서 조성하시고 우리를 두신 낙원에서 즐길 수 있습니다.

～ 93 ～

우리는 자신에게 현재의 치욕을 초래했으며, 축복의 즐거움보다 멸망을 선택했습니다.

～ 94 ～

우리는 영원한 생명과 멸망을 교환했으므로 그 대가를 치렀습니다.

～ 95 ～

오 주님, 과거에 우리를 보신 것처럼 지금도 우리를 보십시오. 당신께서 인간이 되셨으니, 우리 모두를 구원하여 주시옵소서.

~ 96 ~

당신은 길을 잃은 우리를 구원하기 위해 오셨습니다. 구원받은 사람들의 무리에서 우리를 몰아내지 마옵소서.

~ 97 ~

우리 영혼을 들어 올리시고, 우리 몸을 구원하시며, 우리를 모든 더러움으로부터 깨끗하게 하여 주십시오.

~ 98 ~

당신께서 더러운 마귀들의 군대를 몰아내셨던 것처럼, 우리를 구속하는 정념들의 족쇄를 깨뜨려 주십시오.

~ 99 ~

우리를 그것들의 폭정에서 자유하게 하사, 영원한 빛이신 당신만을 예배하게 하여 주십시오.

~ 100 ~

죽은 자들 가운데서 부활하셔서 천사들과 함께 복되고 영원한 춤을 추신 분만을 예배하게 하여 주십시오. 아멘.

301-400편

~ 1 ~

지성의 육체와의 아첨하는 교제의 속박을 깬 사람은 생명을 주시는 성령을 통해서 몸의 악한 행동들을 죽인 사람입니다.

~ 2 ~

지성이 육체와 관련된 행동들 때문에 괴롭힘을 당하고 있는 한, 자신이 육체에 대한 애착에서 자유하다고 생각하지 마십시오.

~ 3 ~

감각과 감각적인 대상들이 육체와 관계를 갖듯이, 지성과 지성적인 실체들은 영혼과 관계를 갖습니다.

~ 4 ~

당신의 영혼을 감각적인 사물들에 대한 인식에서 철수시키십시오. 그리하면 지성은 하나님과 지성적인 실체들의 영역 안에서 자신을 발견할 것입니다.

~ 5 ~

지성에 의해서만 파악될 수 있는 지성적인 본성들은 신성의 영역에 속합니다. 한편 감각과 감각적인 대상물들은 지성을 섬기기 위해 피조되었습니다.

◈ 6 ◈

감각 및 감각적 대상물들을 영적 관상을 위한 수단으로 사용하십시오. 그러나 육체의 욕구를 자극하는 것을 감각을 위한 양식으로 사용하지 마십시오.

◈ 7 ◈

성경은 육체의 행위를 죽이라고 명령했습니다(골 3:5). 그리하면 쾌락에 대해 죽은 영혼을 수덕적인 노력을 통해서 소생하게 할 수 있을 것입니다.

◈ 8 ◈

하나님의 통치를 받으며 당신의 감각을 다스리십시오. 그리고 당신보다 열등한 것에게 권위를 부여하지 마십시오.

◈ 9 ◈

영원하시고 제한이 없고 무한하신 하나님은 순종하는 사람들에게 영원하고 제한이 없고 말로 표현할 수 없는 축복들을 약속하셨습니다.

◈ 10 ◈

지성의 역할은 하나님 안에서 살며, 하나님과 그의 섭리와 심판에 대해 묵상하는 것입니다.

◈ 11 ◈

당신은 위를 향하거나 아래를 향할 능력을 가지고 있습니다. 보다 높은 것을 선택하십시오. 그리하면 열등한 것을 복종시킬 수 있을 것입니다.

◆ 12 ◆

감각 및 감각적인 대상들은 선이신 하나님의 솜씨이기 때문에 선합니다. 그러나 그것들은 결코 지성이나 지성적인 실체들과 비교될 수 없습니다.

◆ 13 ◆

주님은 지적이고 정신적인 존재들에게 성령을 받아들이고 하나님에 대한 지식을 획득할 수 있는 능력을 주셨습니다. 주님은 그러한 존재들에게 이바지하기 위해 감각 및 감각적 대상물들을 지으셨습니다.

◆ 14 ◆

선한 주인을 무가치한 종에게 복종시키는 것이 어리석은 일인 것처럼, 신과 같은 지성을 썩어질 육체에게 복종시키는 것도 어리석은 일입니다.

◆ 15 ◆

감각을 제어하지 못하는 지성은 감각 때문에 악에 빠질 것입니다. 그것은 감각적 대상물의 즐거움에 미혹되어 자신을 더럽힙니다.

◆ 16 ◆

당신의 감각을 제어하는 동시에 당신의 기억도 통제하십시오. 감각을 통해서 일어난 기억의 선입관들이 정념을 선동할 것입니다.

◆ 17 ◆

몸을 통제하며 항상 기도하십시오. 그리하면 당신은 자신의 선입관들로부터 일어나는 생각에서 곧 해방될 것입니다.

◈ 18 ◈

쉬지 말고 하나님의 말씀에 전념하십시오. 하나님의 말씀을 적용하면 정념들이 죽을 것입니다.

◈ 19 ◈

영적 독서, 철야, 기도, 시편 낭송 등은 지성이 정념에 미혹되지 않게 막아 줍니다.

◈ 20 ◈

봄이라는 계절은 식물의 성장을 자극하듯이, 무정념은 지성이 피조물에 대한 영적 지식을 획득하도록 자극합니다.

◈ 21 ◈

계명을 지키십시오. 그리하면 평화를 발견할 것입니다. 하나님을 사랑하십시오. 그리하면 영적 지식을 획득할 것입니다.

◈ 22 ◈

당신은 얼굴에 땀이 흐르고 수고하고 애써야 영적 지식의 빵을 먹을 수 있다는 선고를 받았습니다(창 3:19).

◈ 23 ◈

태만함은 우리의 첫 조상으로 하여금 범죄하게 만들었습니다. 그는 낙원을 향유하는 대신에 죽음을 선고받았습니다(창 3:22).

◈ 24 ◈

당신도 이브를 통제해야 합니다. 그리고 이브가 뱀에게 미혹되어 당신에게 나무의 열매를 주지 않게 하려면 뱀을 경계해야 합니다(창

3:1-5).

◈ 25 ◈

영혼이 몸에게 생명을 주듯이, 덕과 영적 지식은 영혼에게 생명을 줍니다.

◈ 26 ◈

자만하는 지성은 자만심과 교만이라는 바람에 몰려 다니는 물 없는 구름입니다(유 12).

◈ 27 ◈

당신의 자만심을 통제할 때에 음란을 조심하십시오. 그리하여 갈채를 피하려다가 수치에 빠지지 않게 하십시오.

◈ 28 ◈

자만심을 피하고 하나님을 바라보십시오. 그리고 주제넘거나 음란하게 되지 않도록 조심하십시오.

◈ 29 ◈

과시적인 태도는 자만심의 표식이며, 성을 내고 사람들을 멸시하는 것은 교만의 표식입니다.

◈ 30 ◈

금식할 때에 얼굴을 창백하게 보임으로써 사람들의 존경을 받으려 하지 않도록 조심하십시오.

◈ 31 ◈

제대로 금식하려면 간단한 음식을 적게 먹으며 사람들의 존경을 피해야 합니다.

∽ 32 ∾

금식을 마친 후에 배불리 먹지 마십시오. 자칫하면 헐었던 것을 다시 세우게 될 것입니다(갈 2:18).

∽ 33 ∾

술을 마시지 말며, 물도 실컷 마시지 마십시오. 그렇지 않으면, 당신은 음란에게 동일한 연료를 공급하게 될 것입니다.

∽ 34 ∾

교만은 우리에게서 하나님의 도움을 빼앗아가며, 우리로 하여금 자신을 지나치게 의존하고 사람들을 오만하게 대하도록 만듭니다.

∽ 35 ∾

교만을 치료하는 방법에는 두 가지가 있습니다. 만일 당신이 그것들을 이용하지 않는다면, 견디기가 훨씬 더 고통스러운 세 번째 치료법이 당신에게 주어질 것입니다.

∽ 36 ∾

눈물을 흘리며 기도하는 것과 아무도 멸시하지 않는 것은 교만을 죽입니다. 그러나 우리의 뜻을 거슬러 가해지는 징계도 교만을 죽입니다.

∽ 37 ∾

우리에게 가해진 시련을 통한 징계는 영적인 매로서, 어리석게도 자신을 대단하다고 생각하는 우리에게 겸손을 가르쳐 줍니다.

∽ 38 ∽

지성은 은밀하게 동료를 비방하는 생각을 거부하는 일을 합니다.

∽ 39 ∽

정원사가 정원에서 잡초를 제거하지 않으면 채소가 시들듯이, 지성이 생각들을 정화하지 않으면 그 수고가 헛것이 됩니다.

∽ 40 ∽

하나님의 뜻에 따라서 조언을 해 주는 영적 아버지의 충고를 받아들이는 사람은 지혜로운 사람입니다.

∽ 41 ∽

정념 때문에 무뎌진 사람은 충고에 대해 무감각하며, 영적 교정을 받아들이지 않을 것입니다.

∽ 42 ∽

충고를 받아들이지 않는 사람은 결코 곧은 길로 가지 않을 것이며, 항상 절벽과 장애물에 둘러 싸일 것입니다.

∽ 43 ∽

감각을 부인했으며 육욕적인 즐거움에 대한 생각조차도 참고 견디는 지성은 진실로 수도사와 같은 지성입니다.

∽ 44 ∽

먼저 자신을 치료한 후에 같은 질병을 앓고 있는 사람들을 치료하는 지성은 의사와 같은 지성입니다.

◈ 45 ◈

더럽게 살다가 비참하게 죽지 않으려면, 덕을 추구하며 빼앗기지 말아야 합니다.

◈ 46 ◈

우리 주 예수님은 모든 사람에게 빛을 주셨습니다. 그러나 그분을 신뢰하지 않는 사람들은 스스로에게 어두움을 초래합니다.

◈ 47 ◈

덕을 잃는 것을 작은 일로 생각해서는 안 됩니다. 그러한 상실을 통해서 사망이 세상에 들어왔습니다.

◈ 48 ◈

계명에 순종하는 것은 죽은 자들의 부활입니다. 왜냐하면 본래 생명은 덕의 뒤를 따르기 때문입니다.

◈ 49 ◈

계명을 범함으로써 지성이 무뎌질 때에, 그 필연적인 결과는 몸의 죽음입니다.

◈ 50 ◈

아담은 범죄하여 사망에 종속되었으나, 구주께서는 순종으로 말미암아 사망을 사망에 이르게 하셨습니다.

◈ 51 ◈

악을 죽이십시오. 그리하면 장차 하찮은 죽음에서 큰 죽음에게로 넘겨지지 않을 것입니다.

～ 52 ～

아담의 범죄 때문에 우리에게 내려진 선고를 무효화함으로써 우리 모두를 부활시키기 위해서 구주께서 인간이 되셨습니다.

～ 53 ～

정념들을 죽이고 무지를 극복하는 사람은 생명에서 생명으로 나아갑니다.

～ 54 ～

성경을 살펴보십시오. 그러면 계명을 발견할 것입니다. 성경에서 말하는 대로 행하십시오. 그러면 정념들로부터 해방될 것입니다.

～ 55 ～

계명에 순종하는 것은 영혼을 정화해 주며, 영혼의 정화는 빛에 참여하는 것으로 이어집니다.

～ 56 ～

생명의 나무는 하나님에 대한 지식입니다. 당신은 정화되어 그 지식에 참여할 때에 불멸을 얻을 것입니다.

～ 57 ～

덕의 실천의 첫 단계는 그리스도에 대한 믿음이요, 그 완성은 그리스도에 대한 사랑입니다.

～ 58 ～

예수님은 그리스도시요 우리의 주 하나님이십니다. 그분은 우리로 살게 하시려고 우리에게 믿음을 주십니다.

◦ 59 ◦

예수님은 하나님으로서 우리의 영혼과 몸을 사망에서 구하기 위해서 영과 몸과 신성 안에서 우리에게 자신을 나타내셨습니다.

◦ 60 ◦

사랑을 얻으려면 믿음을 획득해야 합니다. 왜냐하면 사랑은 영적 지식의 조명을 낳기 때문입니다.

◦ 61 ◦

믿음은 하나님에 대한 경외심, 정욕적인 쾌락의 억제, 고난을 참고 인내함, 하나님에 대한 소망, 무정념, 그리고 사랑 등으로 이어집니다.

◦ 62 ◦

참 사랑은 피조 세계에 대한 영적 지식을 낳습니다. 그 다음에는 모든 소망들 중의 소망, 즉 신학의 은혜를 낳습니다.

◦ 63 ◦

지성이 정념들을 지배하는 것은 분명히 두려움에서 비롯됩니다. 왜냐하면 지성은 하나님의 위협과 약속들을 믿기 때문입니다.

◦ 64 ◦

당신에게 믿음이 주어진 후에는 절제가 요구됩니다. 절제가 습관화 되면 인내, 즉 고난을 기꺼이 받아들이는 성향을 낳습니다.

◦ 65 ◦

인내의 표식은 고난을 즐거워하는 것입니다. 그리고 이 인내를 신뢰하는 지성은 약속된 것을 얻으며 위협된 것을 피하기를 바랍니다.

~ 66 ~

예비되어 있는 축복들에 대한 기대는 지성을 그 기대하는 것과 연결해 줍니다. 끊임없이 이러한 축복에 대해 묵상하는 지성은 이 세상에 속한 것들을 잊습니다.

~ 67 ~

바라는 것들을 맛본 사람은 이 세상에 속한 것들을 경멸할 것이며, 오로지 자신이 바라는 것들만 동경할 것입니다.

~ 68 ~

예비되어 있는 축복들을 약속하신 분은 하나님이십니다. 그리고 하나님을 믿는 절제된 사람은 예비되어 있는 것을 마치 현재 존재하는 것처럼 동경합니다.

~ 69 ~

지성이 그 소망하는 축복들 가운데 거한다는 표식은 세상적인 것들을 완전히 망각하며 예비된 것에 대한 지식 안에서 성장하는 것입니다.

~ 70 ~

진리의 하나님께서 가르치신 무정념은 고귀한 특성입니다. 그분은 이것을 통해서 경건한 영원의 열망을 이루어 주십니다.

~ 71 ~

약속을 물려 받을 사람들을 위해 예비되어 있는 축복은 만세 전에 영원히 존재하며, 지성과 생각을 초월합니다.

◈ 72 ◈

우리는 참 믿음의 규칙에 따라 삶을 규제함으로써 정념에 빠져 바라는 것을 획득하지 못하는 일이 없게 해야 합니다.

◈ 73 ◈

예수님은 성 삼위 중 한 분이신 그리스도이시며, 우리는 그분의 상속자로 정해져 있습니다.

◈ 74 ◈

만일 하나님께서 당신에게 피조물에 대한 영적 지식을 가르쳐 주셨다면, 당신은 예비되어 있는 축복들에 관한 성경 말씀을 의심하지 않을 것입니다.

◈ 75 ◈

지성이 정념들을 벗어버리는 분량에 따라서, 성령께서는 지성을 장차 임할 시대의 신비에게로 인도해 주십니다.

◈ 76 ◈

지성이 많이 정화될수록, 영혼에게는 거룩한 원리들에 대한 영적 지식이 더 많이 주어집니다.

◈ 77 ◈

자기 몸을 연단하며 영적 지식의 상태에 거하는 사람은 자신이 이 지식을 통해서 한층 더 정화된다는 것을 발견합니다.

◈ 78 ◈

지성은 믿음을 가지고 거룩한 지혜를 추구하기 시작합니다. 그 후에 중간 단계들을 거쳐서 다시 믿음에 도착합니다. 물론 이 믿음은 가장 고귀한 형태의 믿음입니다.

— 79 —

우리의 지혜를 향한 추구는 처음에는 두려움에 의해 유발되지만, 목표를 달성한 후에는 사랑의 이끌림을 받습니다.

— 80 —

단순한 믿음을 가지고 거룩한 지혜를 찾기 시작하는 지성은 결국 지성을 초월하는 지식, 그리고 가장 고귀한 형태의 부단한 믿음과 보이지 않는 것들에 대한 관상을 특징으로 하는 지식을 획득할 것입니다.

— 81 —

성도들이 관상하는 거룩한 원리들은 하나님의 본질을 계시하는 것이 아니라 하나님에 관한 특성들을 계시해 줍니다.

— 82 —

하나님에 관한 원리들 중에는 긍정적으로 이해해야 하는 것과 부정적으로 이해해야 하는 것이 있습니다.

— 83 —

예를 들어, 존재, 신성, 선 등 우리가 하나님께 대해 긍정적으로 부여하는 속성들은 긍정적으로 이해되어야 합니다. 기원이 없음, 무한성, 정의할 수 없음 등은 부정적으로 이해되어야 합니다.

— 84 —

성 삼위일체의 신성은 지성과 생각을 초월하는 하나의 본질이므로, 지금까지 언급된 것 및 그와 비슷한 진술들은 그 본질 자체가 아니라 그 본질과 관련된 속성들을 언급합니다.

85

우리는 성 삼위일체의 하나의 신격에 대해서 말하며, 또한 이 하나의 신격의 세 가지 위격들을 찬양합니다.

86

위에서 언급된 긍정적인 속성들과 긍정적인 속성들은 세 위격들의 개별적인 특성들을 가리키는 것이 아니라 동일본질을 지닌 거룩한 삼위일체의 공통된 특성이라고 이해해야 합니다. 이 개별적인 특성들 중 일부는 부정적으로 이해해야 하지만, 대부분은 긍정적으로 이해해야 합니다.

87

거룩한 위격들의 개별적인 특성은 부성, 아들됨, 발현 등입니다.

88

한 인격이란 여러 개의 특성들을 지닌 하나의 본질이라고 정의할 수 있을 것입니다. 그러므로 각 인격은 동일 본질에 속한 것, 그리고 개별적으로 그 위격에 속하는 것을 소유합니다.

89

성 삼위일체의 공통된 속성들 중에서 부정적으로 서술되는 것들은 긍정적으로 적용된 것들보다 더 적절하게 적용됩니다. 그러나 개별적인 특성들의 경우는 그렇지 않습니다. 그것들 중 일부는 긍정적으로 표현되고 어떤 것들은 부정적으로 표현됩니다. "잉태됨"과 "잉태되지 않음"이 그 예입니다. "잉태됨"과 "잉태되지 않음"은 그 적합성이 다른 것이 아니라 의미만 다릅니다. "잉태되지 않음"은 성부께서 잉태되지 않으셨다는 사실을 표현하며, "잉태됨"은 성자가 잉태되셨음을 표현합니다.

~ 90 ~

성 삼위일체의 본질 자체가 아니라 관상 중에 이해하는 원리를 가리키기 위해서 동사와 명사가 사용됩니다. 본질의 원리들은 지성에 의해 알 수 없으며 단어로 표현될 수 없습니다. 그것들은 성 삼위일체에게만 알려집니다.

~ 91 ~

우리는 신격의 단일한 본질이 세 위격 안에 존재한다고 말하며, 성 삼위일체가 하나의 본질을 소유한다고 고백합니다.

~ 92 ~

우리는 성부 하나님이 기원을 갖지 않으시는 분이요 근원이라고 간주합니다. 기원을 갖지 않는다는 것은 그분이 잉태되지 않으시기 때문이요, 근원이라는 것은 그분이 아들을 잉태하시고 성령을 보내신 분이시기 때문입니다. 아들과 성령은 본질상 영원 전부터 아버지 안에 계시고 아버지로부터 오시는 분이십니다.

~ 93 ~

역설적으로, 한 분 하나님께서 세 위격에게로 이동하시면서 한 분으로 머무시며, 세 위격은 한 분에게로 돌아가지만 여전히 셋이십니다.

～ 94 ～

또 아들과 성령은 기원을 갖지 않는 것이 아니지만 영원 전부터 계신 분으로 간주됩니다. 아버지께서 그 둘의 근원이요 기원이시기 때문에 그 둘은 기원을 갖지 않는 것이 아닙니다. 그러나 그 둘은 아버지와 공존하므로 영원합니다. 아들은 하나님에 의해 잉태되셨고, 성령은 영원 전부터 아버지에게서 발현하십니다.

～ 95 ～

삼위일체의 단일한 신성은 나누이지 않으며, 한 신성의 세 위격은 혼동되지 않습니다.

～ 96 ～

아버지의 특성들은 근원을 갖지 않으며 잉태되지 않은 것으로 묘사되며, 아들의 특성은 근원 안에 공재하며 그것에 의해 잉태되는 것으로 묘사됩니다. 그리고 성령의 특성은 근원 안에 공재하며, 그것으로부터 발현하는 것으로 묘사됩니다. 아들과 성령의 근원은 일시적인 것으로 간주되어서는 안 됩니다. 반대로, "근원"이라는 용어는 태양에서 빛이 나오듯이 그들의 존재가 영원히 파생되어 나오는 원천을 가리킵니다. 아들과 성령은 결코 그 근원보다 열등하거나 그에 복종하는 것이 아니지만, 자기들의 본질에 따라서 그 근원으로부터 생겨납니다.

～ 97 ～

각각의 위격은 자신의 특성들은 확실히 보존하며, 그들의 본질의 공통된 본성, 즉 신성은 나누이지 않습니다.

98

우리는 삼위일체 안에 있는 통일성과 통일성 안에 있는 삼위일체, 구분이 없이 나뉘이며, 특성을 가진 채 연합되는 분에 대한 신앙을 고백합니다.

99

아버지는 만물의 유일한 근원이십니다. 그분은 아들과 성령을 잉태하신 분이요 근원이시며, 영원하고 무한하고 제한이 없고 나뉘지 않습니다. 그분은 피조물의 근원이십니다. 그분은 성령 안에서 아들을 통해서 피조물들을 생성하시고 그것들을 위해 예비해 주시고, 그것들을 심판하시는 분이십니다. "이는 만물이 주에게서 나오고 주로 말미암고 주에게로 돌아감이라 영광이 그에게 세세에 있으리로다 아멘"(롬 11:36).

100

아들과 성령은 아버지와 함께 영원하시지만, 아버지와 함께 기원을 갖지 않는 것은 아닙니다. 그분들은 영원부터 아버지와 공존하신다는 점에서 함께 영원하십니다. 그러나 그분들은 근원이 없는 것이 아니므로 기원을 갖지 않는 것이 아닙니다. 앞에서 언급한 것처럼, 그분들은 태양에서 빛이 나오듯이 아버지로부터 파생되셨지만 아버지보다 열등한 것이 아닙니다. 그분들은 시간적으로 근원을 갖지 않는다는 의미에서 근원을 갖지 않는다고 말합니다. 그렇지 않다면, 그분들은 시간에 종속된다고 생각될 것입니다. 한편 시간은 그분에게서 파생됩니다. 따라서 그분들은 근원과 관련하여 근원을 갖지 않지만 시간과 관련해서는 근원을 가집니다. 왜냐하면 그분들은 모든 시간과 시대를 초월하시며 그것들을 초월하시기 때문입니다. 그리고 모든 시간과 시대, 및 시간과 시대 안에 있는 모든 것은 그분들에게서 파생됩니다. 왜냐하면 그분들은 아버지와 함께 영원하시기 때문입니다. 성부와 성자와 성령에 세세토록 영광과 능력이 있을지어다. 아멘.

성 다마스커스의 요한

성 니코디모스(St Nikodimos)는 표준적인 수덕적 가르침을 간결하고 분명하게 요약한 『덕목과 악덕에 관하여』(*On the Virtues and Vices*)를 『정통적인 믿음』(*On Orthodox Faith*)의 저자인 다마스커스의 요한(St John of Damaskon, c. 675-c. 749)의 것으로 간주한다. 그러나 그것은 알렉산드리아의 아타나시우스와 시리아인 에프렘의 것으로 간주된 작품들 가운데도 등장한다. 아마 그것은 이 세 가지 작품 중 어디에도 속하지 않을 수도 있으며, 그 연대를 규정하기가 어렵다. 시험에 대한 저자의 분석은 분명히 수덕자 마가(5세기초)와 존 클리마코스(7세기)의 영향을 받고 있다. 그는 영혼의 세 가지 측면과 여덟 가지 악한 생각에 관한 에바그리우스의 가르침을 채택하고 있으며, 이기심에 관한 논평은 그가 성 막시무스의 저술을 잘 알고 있었음을 보여 준다. 영혼과 몸의 덕목들에 관한 그 논문의 첫부분과 끝부분은 시리아에서 기원한 것이며, 독수도자 요한(John the Solitary, c. 500)의 글에서 취했을 가능성이 있다. 성 니코데무스는 그 논문을 "덕이라는 연단된 정금과 악덕이라는 구리의 혼합물을 정확하게 식별하는 시금석"이라고 찬양한다.

덕과 악덕에 관하여

인간은 영혼과 몸으로 이루어진 이중적인 존재이며, 두 가지 감각의 질서와 그에 상응하는 덕의 두 가지 질서를 소유합니다. 영혼은 다섯 가지 감각을 소유하고, 몸도 다섯 가지 감각을 소유합니다. 영혼의 감각들, 또는 기능들은 지성, 이성, 견해, 공상, 그리고 감각 인식입니다. 몸의 감각은 시각, 후각, 청각, 미각, 그리고 촉각입니다. 이 감각들에 속하는 덕목들은 두 가지이며, 악덕들 역시 두 가지입니다. 우리는 영혼에 속한 덕목이 얼마나 많으며, 몸에 속한 덕목이 얼마나 많은지, 그리고 영혼에 속하는 정념들은 어떤 종류이며 몸에 속하는 정념들은 어떤 종류인지를 알아야 합니다. 영혼에게 속한다고 생각되는 네 가지 주요한 덕목이 있습니다: 용기, 도덕적 판단, 절제, 그리고 정의. 이것들은 영혼의 다른 덕목들을 낳습니다: 믿음, 소망, 사랑, 기도, 겸손, 온유, 오래 참음, 인내, 친절, 분노로부터의 자유, 하나님에 대한 지식, 쾌활함, 단순성, 평온함, 성실, 허영으로부터의 자유, 교만으로부터의 자유, 시기심의 부재, 정직, 탐욕으로부터의 자유, 긍휼, 자비, 관대, 두려움이 없음, 낙담으로부터의 자유, 깊은 후회, 중용, 공손, 예비된 축복을 향한 갈망, 하나님의 나라에 대한 동경, 거룩한 아들됨을 향한 갈망.

　이것들 외에, 육체적인 덕목들, 또는 덕의 도구들이 있습니다. 위선이나 사람들의 존경을 받으려는 마음이 전혀 없이 하나님의 뜻과 일치하여 지혜롭게 사용되면, 이것들은 겸손과 무정념의 상태가 향상할 수 있게 해 줍니다. 그것들은 절제, 금식, 굶주림, 갈증, 방심하지 않음, 밤새도록 철야함, 계속 무릎을 꿇음, 세수를 하지 않음, 간단한 옷을 입음, 마른 음식을 먹음, 천천히 먹음, 물 외에 다른 것은 마시지 않음, 땅바닥에서 잠을 잠, 가난, 소유를 완전히 포기함, 내핍, 개인적인 용모에 신경을 쓰지 않음, 욕심을 버림, 독수도, 고요함을 유지함, 외출을 하지 않음, 식량이 부족한 것을 참고 견딤, 자조, 침묵, 직접 손으로 일함, 온갖 종류의 곤경과 육체적 금욕 및 그와 비슷한 수행 등입니다. 이것들은 몸이 강하고 육욕적인 정념들로 인해 동요할 때에 반드시 필요하며 크게 도움이 됩니다. 그러나 몸이 약하고, 하나님의 도움을 받아 이러한 정념들이 정복될 때에는 이러한 수행들은 거룩한 겸손과 감사만큼 중요하지는 않습니다. 거룩한 겸손과 감사는 모든 것을 충족시켜 줍니다.

　악덕들 또는 영혼과 몸의 정념들에 대해서 몇 가지 이야기해야 합니다. 영혼의 정념은 부주의, 게으름, 그리고 무지입니다. 영혼의 눈인 지성이 이 세 가지 정념 때문에 어두워지면, 영혼은 다른 모든 정념들의 지배를 받습니다. 즉 불신앙, 거짓 가르침이나 온갖 종류의 이단, 신성모독, 격노, 노염, 빈정댐, 성미가 급함, 잔인함, 깊은 원한, 험담, 탈 잡기 좋아함, 분별없는 낙담, 두려움, 비겁, 말다툼을 좋아함, 시기, 질투, 자만심, 교만, 위선, 거짓됨, 불경건, 탐심, 물질욕, 세상적인 근심에 매달림, 냉담, 나약함, 배은망덕, 불평, 허영, 자부심, 건방짐, 권세욕, 명예욕, 속임, 몰염치, 무정, 아첨, 배반, 허식, 우유부단, 영혼의 감정적인 측면에서 생겨나는 죄에 동의하고 계속 그것을 깊이 생각함, 두서없는 생각, 이기심, 탐욕, 모든 악의 뿌리(딤전 6:10), 마지막으로 악의와 교활 등의 지배를 받습니다.

몸의 정념은 폭음폭식, 탐욕, 멋대로 굶, 술취함, 몰래 음식을 먹는 것, 전반적으로 안일한 삶, 음란, 간음, 방탕, 부정, 근친상간, 남색, 수간, 더러운 욕망, 더럽고 자연스럽지 못한 정념, 절도, 신성 모독, 강도, 살인, 육체적인 사치, 육체의 변덕을 충족시킴(특히 몸이 건강할 때), 점을 봄, 주문으로 얽어 맴, 징조와 전조를 살핌, 몸치장, 겉치장, 화장, 시간 낭비, 백일몽, 속임수, 세상의 쾌락을 정욕적으로 잘못 사용함, 육체적으로 안일한 삶, 등으로서, 이것들은 지성을 조야하고 거칠고 짐승처럼 만들며, 지성이 하나님과 덕의 실천을 향하는 것을 허락하지 않습니다.

이 모든 정념들의 뿌리는 육욕적인 쾌락에 대한 사랑, 명예욕, 그리고 물질욕입니다. 모든 악의 근원이 이것들입니다. 가장 지혜로운 수덕자인 마가가 말했듯이, 망각과 게으름과 무지라는 강력한 거인들에게 압도되고 그 노예가 되지 않은 사람은 단 하나의 죄도 범하지 않습니다. 이 거인들은 육욕적인 쾌락, 사치, 명예욕, 방심 등의 소산입니다. 그것들의 으뜸되는 원인이며 악한 중심이 되는 것은 이기심입니다. 이것은 자기의 몸을 분별없이 사랑하고 정욕적으로 애착하는 것을 말합니다. 경솔한 대화와 더러운 말에 몰두하여 산만해진 지성은 많은 악덕과 죄를 만들어 냅니다. 웃음과 조심성 없는 말도 죄로 이어집니다.

게다가 육욕적인 쾌락에 대한 정욕적인 사랑은 매우 다양한 형태를 취합니다. 영혼이 경계를 늦추며 하나님에 대한 경외심에 의해 힘을 얻지 못할 때, 그리스도를 향한 사랑 안에서 덕의 실천에 전념하지 않을 때에 많은 쾌락이 영혼을 속입니다. 육체적인 쾌락, 물질과 관련한 쾌락, 멋대로 행동하는 것과 관련된 쾌락, 칭찬과 관련된 것, 게으름, 분노, 권세와 관련된 쾌락, 허욕과 탐욕 등 무수히 많은 쾌락들이 밀어 닥쳐 영혼의 시선을 유혹합니다. 이 쾌락들은 덕을 향한 큰 사랑을 소유하지 못하고 덕을 위하여 고난을 견딜 준비가 되어 있는 않은 사람들을 속임수를 사용하여 쉽게 유혹하는 그럴듯하고 매력적인 겉모습을 가지고 있습니다. 물질에 대한 애착은 그러한 애착에 종속되어 있는 사람의 내면에서 즐거움과 기쁨을 만들어 내며, 그럼으로써 정념의 지배를 받는 영혼의 갈망하는 측면이 얼마나 무익하고 해로운지를 보여 줍니다. 영혼의 이러한 측면에 종속되어 있는 사람은 자신이 원하는 것을 빼앗기면 격노, 분노, 분개, 원한 등에 사로잡힙니다. 만일 그러한 무분별한 애착으로 말미암아 어떤 작은 습관이 우세해지면, 그 당사자는 그 습관을 깨고 그 애착 안에 감추어진 쾌락에 굳게 사로잡힙니다.

앞에서 말했듯이, 육욕적이고 호색적인 즐거움은 무수히 많은 형태를 취합니다. 그것은 음란을 비롯한 육체적인 방종뿐만 아니라 다른 모든 정념들 안에서 만족을 얻습니다. 절제는 음란과 성적인 쾌락을 억제하는 데 존재하는 것이 아닙니다. 그것은 다른 모든 형태의 방종을 포기하는 것을 의미하기도 합니다. 이런 까닭에 물질적인 부, 탐욕이나 허욕 등에 중독된 사람은 방탕하고 방종합니다. 육욕적인 사람이 육체의 쾌락을 사랑하듯이, 탐욕적인 사람은 물질적인 소유에서 오는 즐거움을 열망합니다. 후자의 몰아가는 힘은 본래 덜 강제적이므로 후자가 한층 더 방종합니다. 거칠고 다루기 힘든 말을 다루지 못했을 때에는 그 기수가 숙련되지 못하다고 말할 수 없으며, 그다지 기운차지 못한 말을 제어하지 못한 기수는 숙련되지 못하다고 할 수 있습니다. 물질에 대한 욕망은 철저히 비정상적이고 본성을 거스르는 것이며, 자연이 아니라 교묘하고 죄악된 선택에서 그 힘을 얻는다고 말할 수 있습니다. 그러므로 자발적으로 그러한 욕망에 복종한 사람은 용서받을 수 없는 죄를 범합니다. 그러므로 쾌락을 사랑하는 것은 몸을 지나치게 방임하고 제멋대로 내버려두는 것으로 그치는 것이 아니라, 욕망의 행태나 대상과는 상관없이 영혼의 온갖 갈망과 애착을 포함한다는 것을 깨달아야 합니다.

영혼의 삼분법에 의해서 정념들을 보다 쉽게 이해하기 위해서 그것들을 간단히 분류해 보겠습니다. 영혼은 지적인 측면, 도발적인 측면, 갈망하는 측면 등 세 가지 측면을 가지고 있습니다. 지적인 측면에 속한 죄는 불신앙, 이단, 어리석음, 신성모독, 배은망덕, 영혼의 감정적인 측면에서 생겨나는 죄에 동의함 등입니다. 이러한 악덕들은 하나님과 참되고 정도에서 벗어나지 않고 정통적인 가르침에 대한 확고한 믿음을 통해서, 성령의 감동으로 말미암은 발언들을 지속적으로 연구함으로써, 그리고 하나님께 감사를 드림으로써 치료됩니다. 도발적인 측면에 속한 죄는 무정함, 미움, 사랑 없음, 깊은 원함, 시기, 살인, 그리고 계속 이런 것들을 생각함 등입니다. 그것들은 자신의 동료들을 향한 깊은 동정심, 사랑, 온유함, 형제애, 긍휼, 인내, 자비 등에 의해서 치료됩니다. 갈망하는 측면과 관련된 죄는 폭음폭식, 탐심, 술취함, 음란, 간음, 부정함, 방탕, 물질욕, 헛된 영광이나 금이나 부귀나 육체의 즐거움을 향한 사랑 등입니다. 이것들은 금식, 절제, 고난, 소유를 완전히 포기하여 가난한 사람들에게 나누어 줌, 장차 예비되어 있는 썩지 않는 축복을 향한 갈망, 하나님 나라를 간절히 원함, 하나님의 아들이 되기를 갈망함 등에 의해 치료됩니다.

우리는 온갖 죄를 자극하는 더러운 생각들을 식별하는 법을 배워야 합니다. 악을 둘러싸고 있는 생각은 여덟 가지 – 폭음폭식, 음란, 허욕, 성냄, 낙담, 냉담, 자만심, 그리고 교만 – 입니다. 우리는 이 여덟 가지 생각이 일어나 우리를 어지럽게 할 것인지의 여부를 결정할 수 없습니다. 그러나 그것들에 대해서 깊이 생각하거나 생각하지 않는 것, 그러한 정념들을 자극하거나 자극하지 않는 것은 우리의 능력 안에 있습니다. 이와 관련하여 일곱 가지 용어를 구분해야 합니다: 도발, 결합, 씨름, 정념, 동의, 실현, 포로됨. 도발은 우리 주님이 "명하여 이 돌들이 떡 덩이가 되게 하라"(마 4:3)는 말을 들으셨던 것처럼, 원수에게서 오는 "이것을 해라", "저것을 해라"와 같은 제안입니다. 앞에서 말했듯이, 우리는 이러한 도발을 예방할 수 없습니다. 결합이란 원수가 제안한 생각을 받아들이는 것입니다. 그것은 그 생각에 몰두하는 것, 그리고 의도적으로 그 생각을 즐기는 것을 의미합니다. 정념이란 원수가 도발한 생각과 결합한 데 따르는 상태입니다. 그것은 상상력이 그 생각을 계속 품는 것을 허락하는 것을 의미합니다. 씨름은 정념에 물든 생각에 저항하는 것입니다. 그 결과로 생각 안에서 그 정념을 죽이거나 그 정념에 동의할 수도 있습니다. 사도 바울은 "육체의 소욕은 성령을 거스르고 성령의 소욕은 육체를 거스르나니 이 둘이 서로 대적함으로 너희의 원하는 것을 하지 못하게 하려 함이니라"고 말합니다(갈 5:17). 포로됨이란 이미 선입견과 오랜 습관의 지배를 받는 마음의 강제적이고 강압적인 유괴입니다. 동의란 생각 속에 내재하는 정념을 인정하는 것입니다. 실현은 우리의 동의를 확보한 정념에 물든 생각을 즉시 실천하는 것입니다. 만일 우리가 도발에 대해 공정하게 대처하거나 시초에 그것을 확고하게 물리칠 수 있다면, 그 다음에 오는 모든 것들도 제거할 수 있습니다.

이 여덟 가지 정념들은 다음과 같이 제거되어야 합니다. 폭음폭식은 절제에 의해서, 음란은 하나님을 향한 갈망과 예비된 축복에 대한 동경에 의해서, 탐욕은 가난한 사람들을 향한 긍휼에 의해서, 분노는 모든 사람들에 대한 호의와 사랑에 의해서, 세상적인 낙담은 영적 기쁨에 의해서, 냉담은 인내와 견인과 하나님께 대한 감사에 의해서, 자만심은 은밀하게 선을 행하고 항상 통회하는 마음으로 기도함에 의해서, 교만은 거만한 바리새인처럼 사람을 판단하거나 멸시하지 않으며(눅 18:11-12) 자신을 사람들 중에 가장 작은 자로 간주함으로써. 이런 식으로 정념들로부터 해방되어 하나님을 향해 올라간 지성은 복된 삶을 영위할 것이며 성령의 보증을 받을 것입니다(고후 1:22). 그리고 지성이 무정념하며 참된 지식이 충만한 상태로 이 세상을 떠날 때에는 성 삼위일체의 빛 앞에 설 것이며 거룩한 천사들과 함께 영원토록 영광 속에 빛날 것입니다.

앞에서 설명했듯이, 영혼은 세 가지 측면 – 지적인 측면, 도발적인 측면, 그리고 욕구하는 측면 – 을 소유합니다. 도발적인 측면에 이웃을 향한 사랑과 깊은 동정이 스며들고, 갈망에 청결함과 절제가 스며들면 사고력이 조명됩니다. 그러나 이웃에 대한 미움이 도발력을 지배하고 갈망이 방종한 것이 되면, 사고력은 어두움에 처합니다. 사고력이 정념들을 제어하고, 하나님의 피조물들의 내적 본질을 영적으로 인식하며, 복된 성 삼위일체를 향해 들려 올려질 때에, 사고력은 건전하고 온당하고 밝습니다. 도발력은 모든 사람을 사랑하며 누구에 대해서도 불평이나 악의를 품지 않을 때에 자연과 조화를 이루어 기능을 발휘합니다. 욕구 역시 겸손과 절제와 소유를 완전히 버림으로써 정념들-즉 육체의 쾌락과 물질적인 부와 무상한 영광에 대한 욕망-을 죽이며 거룩하고 썩지 않는 것을 사랑할 때에 자연과 일치합니다. 욕구는 세 가지를 지향합니다: 육체의 즐거움, 헛된 자기 영광, 그리고 물질적인 부의 획득. 이 무분별한 욕망의 결과로서 그것은 하나님과 그의 계명들을 경멸하며, 하나님의 관대하심을 망각합니다. 그것은 마치 사나운 짐승처럼 이웃에게 반항합니다. 그것은 사고력을 어두움 속에 밀어넣고, 진리를 바라보지 못하게 합니다. 이 진리를 영적으로 이해한 사람은 이 세상에서라도 천국을 소유할 것이며, 하나님을 사랑하는 사람들 앞에 놓인 축복을 기대하면서 복된 삶을 살 것입니다. 우리도 우리 주 예수 그리스도의 은혜로 말미암아 그 축복을 받을 자격이 있기를 기원합니다. 아멘.

그러나 덕은 부단히 노력해야만 얻을 수 있습니다. 이것은 우리가 평생 동안 긍휼, 절제, 기도, 사랑, 기타 다른 일반적인 덕의 행위에 실질적인 관심을 기울이기 위해 노력해야 한다는 의미입니다. 이러한 덕을 실천하는 분량은 사람에 따라 다를 것입니다. 때때로 긍휼한 행위를 하는 사람이 있을 것입니다. 만일 그가 드물게 긍휼을 행한다면, 특히 선한 방식으로 그리고 하나님의 뜻과 일치하는 방식으로 행하지 않는다면 그 사람은 긍휼한 사람이라고 부를 수 없을 것입니다. 바르게 행해지지 않은 선을 참된 선이라고 할 수 없기 때문입니다. 대가를 받으려는 목적을 갖지 않고 행하는 것만이 참된 선입니다. 예를 들어, 인기나 영광을 구하는 데 대해 명예나 많은 이익이나 기타 옳지 않은 것으로 보상을 받을 수도 있습니다. 하나님은 우연히 선한 것으로 드러난 것, 또는 선한 것처럼 보이는 것에 관심을 갖지 않습니다. 하나님은 어떤 일이 행해진 목적에 관심을 갖습니다. 거룩한 교부들이 말하는 것처럼, 지성이 종교적 의식의 목적을 망각할 때, 덕의 표면적인 실천은 그 가치를 상실합니다. 분별없이 목적이 없이 행해진 것은 아무런 유익이 없을 뿐만 아니라 오히려 해를 끼칩니다. 거꾸로, 겉으로는 악하게 보이는 것이라고 하나님의 뜻에 일치하여 경건한 목적으로 행해진 것은 선한 것입니다. 창녀를 구하기 위해서 창녀집에 들어가는 사람이 이 경우에 해당됩니다.

이런 까닭에 이따금 긍휼함을 베푸는 사람은 긍휼한 사람이 아니며, 이따금 절제를 실천하는 사람은 절제된 사람이 아닙니다. 긍휼하고 절제된 사람은 완전히 지속적으로 확실한 분별력을 가지고 평생 동안 완전한 덕을 얻기 위해 노력하는 사람입니다. 분별은 다른 어떤 덕보다 위대하며, 모든 덕의 왕이요 면류관입니다. 악덕에 대해서도 같은 말을 할 수 있습니다. 우리는 단 한 번 실수한 것 때문에 어떤 사람을 간음자, 주정꾼, 또는 거짓말쟁이라고 부르지 않으며, 다만 그가 계속 문제의 죄에 빠지며 그것을 고치려는 노력을 하지 않을 때에 그렇게 부릅니다.

진정으로 덕을 얻고 죄를 피하기를 원할 때에 반드시 알아야 할 것이 있습니다. 영혼이 몸보다 비교할 수 없이 선하며 많은 중요한 측면에서 탁월하고 귀중하듯이, 영혼의 덕은 몸의 덕보다 무한히 우월합니다. 특히 하나님을 모방하며 그 이름을 지니는 덕목들이 그렇습니다. 반대로 영혼의 악덕들은 그것들이 만들어 내는 행동과 초래하는 형벌에 있어서 몸의 정념들보다 훨씬 악합니다. 그런데 많은 사람들이 이 사실을 간과합니다. 그런 사람들은 술취함, 음란, 간음, 도둑질 등의 악덕은 큰 관심을 가지고 다루며, 그것들을 가증한 것으로 여겨 피하거나 벌합니다. 그러나 영혼의 정념들은 육체의 정념들보다 훨씬 악하고 심각합니다. 왜냐하면 그것들은 사람을 귀신들의 차원으로 타락시키고, 완강하게 그러한 악덕에 매달리는 사람들을 위해 예비된 영원한 형벌로 이끌어가기 때문입니다. 이러한 영혼의 정념에 속하는 것들은 시기, 깊은 원한, 악의, 무감각, 탐욕, 그리고 비슷한 본성을 지닌 모든 악덕들이 있습니다.

지금까지 누구든지 덕목과 정념들의 다양한 범주들을 쉽게 식별하며 그것들의 본성을 상세히 이해할 수 있도록 단순하게 각각의 요점을 분명하고 압축해서 설명했습니다. 그리고 우리 모두가 모든 종류의 덕이나 악덕을 알기 위해서 여러 가지 형태와 다양성을 지닌 각각의 범주를 제시해 왔습니다. 이렇게 함으로써 우리는 덕 – 특히 영혼의 덕 – 을 얻기 위해 전심으로 노력하며, 단호하게 악덕을 피할 수 있을 것입니다. 덕을 희구하고 추구하며 부지런히 그 본질을 탐구하는 사람은 진실로 복된 사람입니다. 왜냐하면 그는 덕을 통해서 하나님께 다가가고 하나님과의 영적 교제에 들어가기 때문입니다. 우리는 무엇보다도 도덕적인 판단, 용기, 지혜, 참된 지식, 양도할 수 없는 부 등에 의해서 덕의 실천을 통해 영적 관상으로 인도되기 때문입니다. 덕(areti)은 우리가 선택하는 것입니다. 우리가 덕을 선택하고 원한다는 것은 무심코 강압에 의해서가 아니라 자유 의지에 의해서, 그리고 신중한 선택에 의해서 선을 행한다는 의미입니다. 도덕적인 판단은 지성에게 유익한 것을 전해 줍니다.

이 소박한 설교를 마무리하면서, 하나님께서 지으신 모든 것 중에서 아주 소중한 것 - 정신적이고 지성적인 피조물인 인간 - 이 피조물들 중에서 유일하게 하나님의 형상과 모양으로 지음을 받은 방법에 대해 간단히 이야기하겠습니다(창 1:26). 첫째, 지성과 영혼의 권위와 관련하여, 모든 사람은 하나님의 형상으로 지음을 받는다고 합니다. 다시 말해서, 인간 안에 있는 자세히 조사하거나 관찰할 수 없는 특성은 불멸하며 자유의지를 부여받았고, 그는 그 덕택에 다스리고 잉태하고 건설합니다. 둘째, 덕의 원리를 소유한 것 및 고결하고 경건한 행동에 의해서 하나님을 본받는 것과 관련하여 모든 사람은 하나님의 모양으로 지음을 받았다고 합니다. 그러한 행동은 이웃을 깊이 동정하는 것, 하인을 긍휼히 여기고 사랑하는 것, 그리고 진심에서 우러난 연민을 나타내는 것입니다. 우리 하나님 그리스도는 "너희 하나님의 자비하심같이 너희도 자비하라"(눅 6:36)고 말씀하십니다. 모든 사람은 하나님의 형상과 일치하는 것을 소유합니다. "하나님의 은사에는 후회하심이 없습니다"(롬 11:29). 그러나 고결하고 거룩하며 힘이 닿는 한 하나님의 선을 본받아 온 소수의 사람들만이 하나님의 모양과 일치하는 것을 소유합니다. 우리도 선한 행동을 통해서 자신을 하나님과 일치시키고 그리스도의 충성스러운 종들이었던 모든 사람들을 본받는 자가 됨으로써 하나님의 크신 자비를 받기에 합당한 자가 되기를 기원합니다. 하나님은 자비하시며 영광과 존귀와 예배를 받으실 분이십니다. 아멘.

사부 필레몬

다음에 수록된 『이야기』(*Discourse*)는 『필로칼리아』에 수록된 대부분의 자료와는 달리 이야기 형태를 취하고 있다. 내적인 묵상과 경성에 관한 중요한 글 때문에 편집자들이 이것을 포함시킨 듯하다. 사부 필레몬에 대해서는 이 본문에 기록된 것 외에는 알려진 것이 없다. 『이야기』는 그가 이집트에서 생활한 사제였다고 진술하지만 그가 활동한 연대에 대한 분명한 내용을 제공하지 않는다. 다마스커스의 피터(St Peter of Damaskos)가 『이야기』를 언급한 것으로 볼 때에 그는 분명히 12세기 이전의 사람이었을 것이다. 필레몬의 시대에 이집트는 로마 제국의 일부였던 것 같다. 이것은 그가 아랍의 정복 직전인 6세기나 7세기초에 생활했다는 사실을 암시해 준다. 필레몬은 표준적인 형태로 간주되어 온 예수 기도를 인용한다: "주 예수 그리스도, 하나님의 아들이시여, 나를 불쌍히 여기소서." 『이야기』는 이 예수기도의 공식을 분명하게 인용한 가장 오래된 전거인 듯하다.

사부 필레몬에 관한 이야기

    은둔자인 사부 필레몬은 오랫동안 로마인들의 거주지인 라브라에서 멀지 않은 곳에 있는 동굴 속에서 살았다고 합니다. 그는 그곳에서 수덕적으로 노력하며 살았고, 항상 위대한 아르세니우스가 스스로에게 물었던 질문을 자신에게 물었다고 합니다: "필레몬, 너는 왜 이곳에 왔느냐?" 그는 밧줄을 꼬고 바구니를 짜서 라브라의 청지기와 적은 양의 빵과 교환하곤 했습니다. 그는 빵과 소금만 먹고 지냈는데, 그마나도 매일 먹지는 않았습니다. 그는 이렇게 육신의 일을 도모하지 않고(롬 13:14), 관상을 추구함으로써 말로 형언할 수 없는 신비를 전수받아 거룩한 빛에 둘러싸이고 즐거움의 상태를 누렸습니다. 토요일과 일요일에 교회에 갈 때에는 혼자서 깊은 생각을 하면서 걸어갔는데, 다른 사람이 접근하여 이러한 상태를 방해하는 것을 허락하지 않았습니다. 교회 안에서는 시선을 땅바닥에 두고 하염없이 눈물을 흘리면서 한 구석에 섰습니다. 거룩한 교부들, 특히 그의 탁월한 모본인 아르세니우스처럼 그는 항상 통회로 가득했으며 끊임없이 죽음을 생각했습니다.

알렉산드리아와 그 주위 지역에서 이단이 일어났을 때에, 필레몬은 동굴을 떠나서 니카노르 근처의 라브라로 갔습니다. 그곳에서 그는 복된 파울리노스의 영접을 받았습니다. 파울리노스는 그에게 자신의 은거지를 내어주어 완전한 침묵의 생활을 할 수 있게 해 주었습니다. 일 년 내내 파울리노스는 아무도 그에게 접근하지 못하게 했고, 파울리노스 자신도 빵을 가져다 주기 위해서만 필레몬의 처소로 갔습니다.

부활절에 필레몬과 파울리노스는 대화를 하다가 은둔 상태에 대한 주제를 다루게 되었습니다. 필레몬은 파울리노스도 이 상태를 갈망한다는 것을 알았습니다. 그는 이것을 염두에 두고서 완전한 침묵이 없이는 하나님과 일치하는 것이 불가능하다는 것, 침묵이 수덕적 노력을 낳고 수덕적 노력은 눈물을 낳고 눈물은 경외심을 낳고 경외심은 겸손을 낳고 겸손은 예지를 낳고 예지는 사랑을 낳는다는 것, 그리고 사랑은 영혼의 건강을 회복시켜 주고 무정념하게 만들어 주며 그때에 우리는 자신이 하나님으로부터 멀리 있지 않다는 것을 알게 된다는 것을 강조한 성경과 교부들의 가르침을 파울리노스에게 알려 주었습니다.

그는 파울리노스에게 이렇게 말하곤 했습니다: "당신은 침묵을 통해서 지성을 완전히 정화하며 끊임없이 영적인 일에 개입시켜야 합니다. 눈이 감각적인 사물에 집중하며 그 보는 것에 매료되듯이, 정화된 지성은 지성적인 실체들에게 주의를 집중하며 관상에 몰두합니다. 지성이 침묵을 통해서 정념들을 벗어버리고 정화될수록 더 큰 영적 지식을 받기에 합당하게 됩니다. 피조물에 대한 지식을 초월하여 하나님과 연합할 때에 지성은 완전해집니다. 지성은 고귀한 권위를 획득했기 때문에, 세상의 모든 나라를 준다고 해도 저급한 욕망의 자극을 받거나 그로 인해 저급해지지 않습니다. 그러므로 만일 당신이 이러한 덕목들을 획득하기를 원한다면, 사람들로부터 이탈하고, 세상을 피하며, 부지런히 성인들의 길을 따르십시오. 누더기를 입고, 단순하게 행동하고, 가식이 없이 말하고, 거만하게 행동하지 말며, 가난하게 살고, 사람들의 멸시를 받으십시오. 무엇보다도 지성을 지키며, 고난을 참고 견디며, 주어진 영적 축복을 때 묻지 않게 지키십시오. 당신 자신에게 주의를 집중하여 육욕적인 쾌락이 침투해 들어오는 것을 허락하지 마십시오. 영혼의 정념들은 침묵에 의해 가라앉힐 수 있습니다. 그러나 그 정념들은 자극을 받아 일어나면 한층 더 사나워지며 우리를 더 큰 죄로 몰아갑니다. 그리고 몸에 생긴 상처를 긁으면 덧나듯이, 영혼의 정념들도 치료하기가 어렵게 됩니다. 무익한 한마디 말이 지성으로 하여금 하나님을 망각하게 만들 수 있으며, 마귀들은 감각의 승낙 하에 이것을 강화합니다.

"영혼을 지키려면 대단한 노력과 두려움이 필요합니다. 당신은 세상을 완전히 버리며 육신에 대한 애정을 잘라내야 합니다. 당신은 고향도 없고 집도 없고 재산도 없어야 하며, 탐심과 세상의 근심과 사회로부터 해방되어야 하며, 겸손하고, 긍휼하고, 선하고, 온유하고 고요하며 마음에 거룩한 지식의 도장을 받을 준비가 되어 있어야 합니다. 먼저 밀랍에 기록된 글자들을 지우지 않고서는 밀랍 위에 글을 쓸 수 없습니다. 대 바실은 우리에게 이것을 가르쳐 줍니다.[1]

---

1) Letter ii, 2 (P.G. xxxii, 325B), trans. R. J. Deferrari, Loeb Classical Library, vol. i (London, 1950), p. 11.]

"성인들은 이러한 사람들이었습니다. 그들은 세상적인 방법으로부터 완전히 단절되었으며, 천국에 대한 이상을 흠 없이 보존하며 거룩한 율법을 지킴으로써 그것이 빛을 발하게 만들었습니다. 그들은 절제, 그리고 하나님을 향한 경외와 사랑을 통해서 땅에 있는 지체들을 죽였으며(골 3:6), 거룩한 말과 행실로 빛을 발했습니다. 쉬지 않고 기도하고 성경을 연구함으로써 영혼의 지적인 눈이 열려 거룩한 왕을 보며, 뜨거운 갈망과 큰 기쁨이 영혼 안에서 거세게 타오릅니다. 그리고 육체가 성령에게 사로잡히기 때문에 그 사람은 지극히 신령해집니다. 이것들은 홀로 침묵과 엄격한 생활을 실천하는 사람들, 그리고 모든 인간적인 위로를 거부하는 사람들이 오직 하늘에 계신 주님께 공개적으로 고백하는 것들입니다."

이 말을 들은 선한 형제의 영혼은 거룩한 갈망으로 가득했습니다. 그리하여 그는 사부 필레몬과 함께 거룩한 교부들 중에서도 가장 위대한 사람들이 성성의 길을 추구했던 스케티스로 갔습니다. 두 사람은 비천한 요한(St John the Small)의 공동체에 정착했습니다. 그들은 그 공동체의 사무장에게 침묵 생활을 원하는 그들의 욕구를 충족시켜 달라고 부탁했습니다. 하나님의 은혜로 그들은 토요일과 주일에는 교회에 참석했지만 다른 날을 수실에 머물면서 기도하고 규칙을 지키면서 완전한 침묵 생활을 했습니다.

거룩한 원로가 지킨 규칙은 다음과 같았습니다. 그는 밤에는 고요히 시편 전체와 아가를 찬송하고 복음서를 낭송했습니다. 그 다음에는 자리에 앉아서 되도록 오랫동안 "주여 불쌍히 여기소서"라고 기도했습니다. 그 다음에 잠자리에 들었고 새벽에 일어나 제1시과를 영창했습니다. 그 다음에는 동쪽을 향해 앉아서 시편을 낭송하거나 서

신서와 복음서의 일부를 암송했습니다. 이런 식으로 종일 쉬지않고 찬송하고 기도하며 거룩한 것에 대해 관상했습니다. 종종 관상에 몰두할 때에는 자신이 세상에 있다는 것조차 의식하지 못했습니다.

그가 이처럼 꾸준히 이 규칙을 준수하며 거룩한 생각에 의해 완전히 변화되는 것을 보고서 그의 형제는 "아버지여, 그 연세에 왜 그처럼 당신의 몸을 연단하여 복종시키는 일에 몰두하는 이유가 무엇입니까"라고 물었습니다. 그는 "아들이여, 하나님께서 내 영혼 안에 내 규칙에 대한 큰 사랑을 주셨기 때문에 내 안에 있는 갈망을 충족시킬 힘이 부족합니다. 그러나 하나님을 향한 동경과 예비되어 있는 축복에 대한 소망이 육체의 연약함을 이겨냅니다"라고 대답했습니다. 이처럼 항상, 심지어 음식을 먹을 때에도 그의 지성은 동경의 날개를 타고 하늘로 올라갔습니다.

언젠가 함께 사는 어느 형제가 그에게 "관상의 신비는 무엇입니까?"라고 물었습니다. 그가 배움에 관심을 가지고 있음을 깨달은 원로는 이렇게 대답했습니다: "내 아들이여, 우리의 지성이 완전히 순수할 때에 하나님께서는 섬기는 권세들과 천군들에게 허락된 것처럼 천국을 보는 것을 허락해 주실 것입니다." 형제가 다시 물었습니다. "아버지여, 당신이 성경의 다른 부분보다 시편에서 더 많은 즐거움을 발견하시는 이유가 무엇입니까? 또 조용히 시편을 영창할 때에 누군가와 대화를 하는 것처럼 하는 이유는 무엇입니까?" 사부 필레몬은 이렇게 대답했습니다. "아들이여, 하나님께서는 선지자 다윗의 영혼에게 하셨던 것처럼 내 가련한 영혼에게 시편의 능력을 새겨 주셨습니다. 나는 시편이 이야기하는 이상들의 달콤함에서 벗어날 수 없습니다. 시편은 모든 성경을 포함합니다." 그는 질문하는 사람의 유익을 위해서 아주 겸손하게 이렇게 고백했습니다.

해안 지방 출신인 존이라는 형제가 필레몬을 찾아와서 두 발을 움켜 쥐고서 말했습니다: "어떻게 해야 구원을 얻을 수 있습니까? 나의 지성은 온갖 그릇된 것들을 좇아 헤매며 이리저리 방황합니다." 필레몬은 잠시 침묵한 후에 이렇게 대답했습니다: "이것은 표면적인 정념들 중 하나입니다. 그대가 아직 하나님을 향한 완전한 동경을 획득하지 못했기 때문에 그것이 그대에게 머무는 것입니다. 이 동경과 하나님에 대한 지식의 뜨거움이 아직 그대에게 임하지 않았습니다." 형제는 "아버지여, 내가 어떻게 해야 합니까?"라고 물었습니다. 사부 필레몬은 "그대의 마음속 깊은 곳에서 잠시 동안 내면적으로 묵상을 행하십시오. 그렇게 하면 당신의 지성에서 이런 것들을 깨끗이 제거할 수 있을 것입니다"라고 대답했습니다. 이 말을 이해하지 못한 형제는 "아버지여, 내면적인 묵상이란 무엇입니까?"라고 물었습니다. 필레몬은 "그대의 마음을 잘 지키십시오. 그리고 경성하면서 두렵고 떨리는 마음으로 '주 예수 그리스도시여, 나를 불쌍히 여기소서'라고 말하십시오. 이것은 복된 디아도쿠스가 초심자들에게 준 충고입니다."[1]

형제는 떠나갔습니다. 그는 하나님과 필레몬의 기도의 도움으로 침묵을 발견했고, 얼마 동안은 묵상의 달콤함으로 가득했습니다. 그러나 그것은 갑자기 떠나갔고, 그는 묵상을 실천하거나 깨어 기도할 수 없었습니다. 그는 다시 필레몬에게 가서 자신에게 일어난 일에 대

---

1) St Diadochos of Photiki, On Spiritual Knowledge, §§ 59, 61 The Philokalia, vol. 1, pp. 270-71.

해 이야기했습니다. 필레몬은 이렇게 말했습니다. "그대는 잠시 침묵과 내적인 역사를 맛보았으며, 그것들에게서 생겨나는 달콤함을 경험했습니다. 그것이 그대가 항상 마음으로 행해야 하는 것입니다. 음식을 먹거나 마실 때 사람들과 함께 있거나 수실 밖에 있을 때, 또는 여행을 할 때에 지성과 정신을 집중하여 그 기도를 반복하십시오. 그리고 기도문과 시편을 찬송하고 묵상하십시오. 필요한 업무를 수행하는 동안에도 지성을 한가하게 내버려 두지 말고 내면적으로 계속 묵상하고 기도하십시오. 그렇게 함으로써 성경의 오묘함과 그 안에 감추어져 있는 능력을 파악하며 지성으로 하여금 쉬지 않고 일하게 함으로써 "쉬지 말고 기도하라"(살전 5:17)는 바울 사도의 명령을 이행할 수 있습니다. 그대의 마음에 주의를 기울이고 지키십시오. 그리하면 마음에 악하거나 헛되고 무익한 생각이 들어오지 못할 것입니다. 잠잘 때나 깨어 있을 때, 먹고 마실 때, 마음으로 항상 시편을 묵상하며, 다른 때에는 "하나님의 아들, 주 예수 그리스도시여, 나를 불쌍히 여기소서"라는 기도를 반복하십시오. 찬송을 할 때에는 입으로는 찬송을 하면서 마음으로는 다른 일을 생각해서는 안 됩니다."

형제가 다시 말했습니다. "나는 잠잘 때에 많은 헛된 환상들을 봅니다." 필레몬은 그에게 이렇게 말했습니다: "게으르거나 태만해서는 안 됩니다. 잠자기 전에 마음으로 많은 기도문을 암송하고, 악한 생각을 대적하며, 마귀의 요구에 미혹되지 마십시오. 그렇게 하면 하나님께서 당신을 하나님의 임재 안에 받아들여 주실 것입니다. 할 수 있다면, 시편을 낭송하고 내적인 묵상을 한 후에 잠자리에 드십시오. 경계를 소홀히 하여 당신의 정신이 이상한 생각들을 허용하게 하지 말며, 당신의 기도에 대해 생각하면서 자리에 누우십시오. 그리하면 잠잘 때에 그 생각이 당신과 결합할 것이며, 잠에서 깨어날 때에 그 생각이 당신과 교제할 것입니다(잠 6:22). 또 잠자기 전에 거룩한 신앙 고백문을 낭송하십시오. 하나님에 대한 참 믿음은 모든 축복의 근원입니다."

또 한 번 그 형제가 사부 필레몬에게 물었습니다: "아버지여, 당신의 지성이 행하고있는 일에 대해 설명해 주십시오. 그리하면 나도 구원을 받을 수 있겠습니다." 필레몬은 "어찌하여 그런 일에 대해 알려 합니까?"라고 대꾸했습니다. 형제는 필레몬의 두 발을 붙잡고 입을 맞추면서 대답을 간청했습니다. 한참 뒤에, 필레몬은 말했습니다: "그대는 아직 그것을 이해할 수 없습니다. 의 안에 확실히 자리잡은 사람만이 각각의 감각에게 적절한 일을 줄 수 있기 때문입니다. 이 은사를 받으려면, 먼저 세상적인 생각들을 완전히 버려야 합니다. 그러한 것들을 원한다면, 깨끗한 마음으로 내적 묵상을 실천하십시오. 쉬지 않고 기도하며 성경을 묵상한다면, 영혼의 지적인 문이 열릴 것이며, 영혼 안에 큰 기쁨과 말로 표현할 수 없는 갈망이 존재하며, 심지어 육체도 성령의 빛을 받을 것이며, 그리하여 전인(全人)이 신령해질 것입니다. 밤이나 낮이나 하나님께서 산만함이 없이 순수한 지성으로 기도하는 은사를 주신다면, 그대 자신의 규칙을 버리고 힘을 다하여 하나님을 향하고 하나님께 매달리십시오. 그리하면 당신이 행해야 할 신령한 일에 대해 하나님께서 당신의 마음을 조명해 주실 것입니다." 그는 덧붙여서 이렇게 말했습니다: "한번은 어느 원로가 나를 찾아왔습니다. 나는 그분에게 그의 저성의 상태에 대해 말해달라고 요청했는데, 그분은 이렇게 말씀하셨습니다: '나는 2년 동안 마음을 다하여 하나님께 간구하면서, 하나님께서 제자들에게 주셨던 기도를 내 마음에 새겨달라고 간청했습니다. 주님은 나의 노력과 인내를 보시고서 이 요청을 수락해 주셨습니다.'"

사부 필레몬은 이런 말도 했습니다: "헛된 일에 대한 생각은 게으르고 나태한 영혼의 질병입니다. 그러므로 우리는 성경에 명한 것처럼 부지런히 우리의 지성을 지키며(잠 4:23), 정신을 집중하여 이해력을 가지고 찬송하고 순수한 지성으로 기도해야 합니다. 하나님은 우리가 먼저 표면적인 수덕의 실천에 의해서 하나님을 향한 열심을 나타내고, 그 다음에 사랑과 쉬지 않고 드리는 기도에 의해서 열심을 나타내기를 원하십니다. 그리하면 하나님께서 구원의 길을 공급해 주십니다. 천국에 이르는 길은 완전한 침묵, 모든 악을 피함, 축복의 획득, 하나님을 향한 완전한 사랑, 그리고 거룩하고 의롭게 하나님과 교제하는 것입니다. 이러한 일들을 획득한 사람은 곧 거룩한 세계로 올라갈 것입니다. 그러나 이러한 세계를 갈망하는 사람은 먼저 땅에 속한 지체들을 죽여야 합니다(골 3:5). 선을 관상하면서 기뻐하는 영혼은 육욕적이거나 육체적인 즐거움에 의해 활력을 얻는 정념들에게로 돌아가지 않습니다. 그러한 영혼은 그러한 즐거움을 버리며 순수하고 더럽혀지지 않은 정신으로 하나님의 현현을 받아들입니다.

"우리가 자신을 엄격히 지키고 육체적인 고난을 참고 견디며 영혼을 정화한 후에 비로소 하나님께서 우리 마음에 와서 거하시며 우리로 하여금 길을 잃지 않고 하나님의 계명들을 지킬 수 있게 해 주십시다. 그때에 하나님은 자신의 법을 굳게 지키는 방법을 가르쳐 주시며, 우리 안에 심겨진 성령의 은혜를 통해서 하나님 자신의 에너지들을 마치 태양 빛처럼 보내주실 것입니다. 우리는 시련과 고난에 의해서 우리 안에 있는 하나님의 형상을 정화해야 합니다. 우리는 사고력을 하나님의 형상과 일치시켜야 하며, 이 형상에 따라서 하나님을 이해하고 닮을 수 있습니다. 그리고 시련이라는 용광로에서 우리의 감각들을 재정련함으로써 우리의 감각에서 온갖 더러움을 제거하며 당당한 권위를 취합니다. 하나님은 인간의 본성으로 하여금 천사들의 성가대와 권세들의 영광과 영적 능력들과 성자와 권위와 가까이 할 수 없는 빛과 영광을 영적으로 묵상할 수 있는 바 모든 거룩한 축복에 동참할 수 있게 지으셨습니다. 혹 그대가 어떤 덕을 성취했다고 해서 자신을 형제보다 우월하다고 여기며, 형제는 태만하고 당신을 성공했다고 생각하지 마십시오. 이것이 교만의 시작입니다. 사람들의 존경이나 호감을 얻기 위해서 어떤 일을 행하지 않도록 조심하십시오. 어떤 정념과 씨름할 때에 겁을 내거나, 싸움이 계속될 때에 무감각해져서는 안 됩니다. 오히려 하나님을 의지하고 마음을 다하여 "여호와여 나와 다투는 자와 다투시고 나와 싸우는 자와 싸우소서" (시 35:1)는 말씀으로 반복하여 기도하십시오. 그리하면 당신의 겸손을 보신 하나님께서 속히 당신을 도우실 것입니다. 누군가와 함께 길을 걸을 때에 쓸데없는 말을 하지 말고, 당신의 지성으로 하여금 전부터 행했던 영적인 일에 몰두하게 하십시오. 그리하면 그 일에 당신의 지성의 습관이 될 것이며, 당신의 지성은 세상적인 즐거움을 잊고 무정념의 항구에 닻을 내릴 것입니다."

사부 필레몬은 이것 외에 여러 가지를 가르친 후에 형제를 보냈습니다. 그러나 얼마 후에 형제가 돌아와서 다시 질문을 시작했습니다: "아버지여, 나는 어찌 해야 합니까? 밤에는 잠이 밀려와서 내적으로 깨어 기도할 수 없으며 철야할 수도 없고, 시편을 노래할 때에는 손노동을 하고 싶어집니다." 사부 필레몬은 "내적으로 깨어 기도할 수 있을 때에는 손노동을 하지 마십시오. 그러나 게으름이 그대를 짓누를 때에는 잠시 이리저리 움직여 게으름을 제거하고 손노동을 하십시오."라고 말해 주었습니다.

형제는 다시 물었습니다. "아버지여, 당신께서 규칙대로 실천하는 동안 잠이 밀려오지 않습니까?" 필레몬은 이렇게 대답했습니다: "그런 일은 거의 없습니다. 그러나 때로 잠시 졸릴 때면, 나는 이리저리 움직이면서 요한복음을 처음부터 낭송하면서 정신의 시선을 하나님께로 향합니다. 그러면 잠이 즉시 사라집니다. 악한 생각들이 떠오를 때에도 똑같이 행합니다. 악한 생각이 떠오르면, 눈물을 흘리면서 불을 대하듯이 대처합니다. 그러면 그러한 생각이 사라집니다. 그대는 아직 이런 식으로 자신을 방어할 수 없지만, 항상 내면적으로 묵상을 행하면서 거룩한 교부들이 작성한 매일의 기도문을 암송하십시오. 이것은 3시과, 6시과, 9시과, 저녁기도, 그리고 밤 예배를 말합니다. 그리고 가능한 한 사람들의 존경이나 호감을 얻기 위한 일을 삼가며, 형제에 대한 악한 생각을 결코 품지 마십시오. 그렇지 않으면 당신 자신을 하나님으로부터 분리시키게 됩니다. 항상 정신을 산만하지 않게 유지하며 내면의 생각에 집중시키기 위해 노력하십시오. 교회에 있을 때에는 완전한 평화를 얻기 전에는 밖으로 나가지 마십시오. 한 장소에 서서 예배가 끝날 때까지 그곳을 떠나지 마십시오. 당신이 천국에 서 있다고, 그리고 거룩한 천사들과 교제하면서 하나님을 만나고 마음에 받아들인다고 생각하십시오. 거룩한 능력들에 합당치 못한 것들을 섞지 않으려면 두렵고 떨림으로 준비하십시오." 사부 필레몬은 이렇게 권고한 후에 형제를 보내면서 주님과 은혜의 성령에게 맡겼습니다.

사부 필레몬과 함께 사는 형제는 다음과 같은 이야기를 했습니다: "언젠가 나는 그분 가까이에 앉아서 사막에서 거주하는 동안에 귀신들의 간계에 의해 유혹을 받은 적이 있느냐고 물었습니다. 그분은 이렇게 대답하셨습니다: '형제여, 나를 용서해 주십시오. 만일 마귀에 의해서 내가 당했던 시험이 그대에게 임하는 것을 하나님이 허락하신다면, 그대가 그 시험의 독을 견뎌낼 수 있을 수 있다고 생각되지 않습니다. 나는 지금 70세가 넘었습니다. 고독한 장소에서 극도의 정적 속에 거하면서 많은 시련을 당하는 동안에 나는 많은 시험을 받았고 큰 고난을 당했습니다. 그러나 아직 정적을 경험하지 못한 사람들에게 그러한 일에 대해 말하는 것은 전혀 유익이 없습니다. 나는 시험을 받을 때에는 언제나 다음과 같이 행했습니다: 나는 하나님께 서원을 했기 때문에 모든 소망을 하나님께 두었습니다. 그러면 하나님은 즉시 나를 모든 고난에서 구원해 주셨습니다. 형제여, 이 때문에 나는 더 이상 나 자신에 대해 걱정하지 않습니다. 나는 하나님께서 나를 배려해 주신다는 것을 알기 때문에 내게 임하는 시련을 한층 가볍게 견딥니다. 내가 하나님께 바치는 것은 쉬지 않고 드리는 기도뿐입니다. 고난이 많을수록 그것을 견디는 사람을 위한 상급도 큽니다. 그것은 의로우신 심판관과 화해하는 수단입니다.

"'형제여, 태만하지 마십시오. 당신이 전쟁터에서 싸우고 있다는 것, 그리고 다른 많은 사람들도 우리를 위해서 하나님의 원수와 싸우고 있다는 것을 아십시오. 거룩하신 로고스의 강하신 오른 팔이 우리를 지탱해 주시고 보호해 주시지 않는다면 우리가 어찌 두려운 인류의 원수와 맞서 싸울 수 있겠습니까? 인간의 본성으로 어떻게 원수의 책략에 저항할 수 있겠습니까? 욥은 '누가 그 가죽을 벗기겠으며 그 아가미 사이로 들어가겠는고? 그 입에서는 횃불이 나오고 불똥이 뛰어나며 그 콧구멍에서는 연기가 나오니 마치 솥이 끓는 것과 갈대의 타는 것 같구나 그 숨이 능히 숯불을 피우니 불꽃이 그 입에서 나오며 그 힘이 그 목에 뭉키었고 두려움이 그 앞에서 뛰는구나. 그 마음이 돌같이 단단하니 그 단단함이 맷돌 아랫짝 같구나. 깊은 물로 솥의 물이 끓음 같게 하며 바다로 젖는 향 기름 같게 하고 자기 뒤에 광채 나는 길을 내니 사람의 보기에 바닷물이 백발 같구나. 모든 높은 것이 낮게 보고 모든 교만한 것의 왕이 되느니라' 고 말합니다(욥 41:13, 19-22, 24, 31-32, 34). 이 구절은 우리가 대적하여 싸우는 괴물같은 폭군에 대해 묘사합니다. 그러나 정당하게 독수도 생활을 하는 사람들은 곧 원수를 물리칩니다. 그들은 자기의 것은 하나도 소유하지 않습니다. 그들은 세상을 부인했으며 단호하게 덕을 행합니다. 또 하나님께서 그들을 위해 싸우십니다. 경외심을 가지고 주님을 의지하여 그 본성이 변화되지 않은 사람이 있습니까? 거룩한 법과 행동으로 자신을 조명하여 자기 영혼을 거룩한 사고력과 생각으로 빛나게 만들지 않은 사람이 있습니까? 그의 영혼은 게으르지 않습니다. 왜냐하면 하나님께서 그의 지성을 자극하여 빛을 갈구하게 만들기 때문입니다. 이리하여 크게 활력을 얻은 영혼이 정념들 때문에 무기력해지는 것을 성령은 허락하지 않습니다. 원수들에 대한 불 같은 격정으로 가득하여 무자비하게 정념들을 공격하며 결코 후퇴하지 않는 왕처럼, 지성의 기도와 덕의 실천을 통해 두 손을 들어올리면서 의기양양하게 출현합니다."

그 형제는 사부 필레몬에 대해 다음과 같은 이야기도 했습니다: "사부 필레몬은 여러 가지 덕목 외에도 이러한 특성을 가지고 계셨

습니다: 그분은 결코 잡담에 귀를 기울이지 않으셨습니다. 혹 어떤 사람이 무심결에 영혼에 유익하지 못한 말을 하면, 그분은 전혀 응답하지 않으셨습니다. 내가 무슨 일로 외출을 해도, 그분은 외출하는 이유를 묻지 않으셨고, 돌아와도 어디에 갔다 왔는지, 또는 무슨 일을 했는지 묻지 않으셨습니다. 언젠가 내가 교회 일로 배를 타고 알렉산드리아로 갔다가, 그곳에서 다시 콘스탄티노플로 가야 할 일이 생겼습니다. 나는 알렉산드리아에서 형제들에게 작별 인사를 했습니다. 그러나 사부 필레몬에게는 나의 여행에 대해 말씀드리지 않았습니다. 콘스탄티노플에서 얼마 동안 지낸 후에 나는 그분이 계신 스케티스로 돌아왔습니다. 나를 보신 그분은 무척 기뻐하면서 인사를 한 후에 기도해 주셨습니다. 그리고 나서 자리에 앉으시더니 나에게는 아무런 질문도 하지 않고 관상기도를 계속하셨습니다.

"또 그분은 항상 이런 말을 하곤 하셨습니다: '나는 스케티스에 온 이후로, 내 생각이 수실 밖으로 나가거나 내 정신이 하나님에 대한 경외와 장래의 심판 외에 다른 것을 생각하는 것을 허락해본 적이 없습니다. 나는 죄인들을 위협하는 문장, 영원한 불과 바깥 어두움, 죄인들과 의인들의 영혼의 상태, 그리고 의인들을 위해 예비되어 각각 "자기의 일하는 대로 자기의 상을 받으리라"(고전 3:8)는 것에 대해서만 묵상해 왔습니다. 의인이 점점 커지는 고난의 짐으로 인해서, 또는 그의 사랑의 행위와 가식이 없는 사랑으로 인해서, 또 그가 소유를 완전히 나누어 주고 세상을 부인한 것으로 인해서, 또 그의 겸손과 완전한 침묵으로 인해서, 또 완전한 순종이나 자발적인 추방으로 인해서 주어지는 상에 대해 묵상했습니다. 나는 이것들에 대해 깊이 생각하면서 다른 모든 생각을 억제합니다. 그러면 사람들과 함께

있거나 그들에 대해 관심을 가짐으로써 거룩한 묵상으로부터 단절되는 일을 피할 수 있습니다.'

"그분은 무정념의 상태를 획득하여 천사에게서 떡을 받아먹곤 했지만 태만하여 그 은사를 박탈당한 독수도사에 대해서 말씀하셨습니다. 지성의 집중력이 해이해지면, 어두움이 지성에게 임합니다. 하나님께서 조명해 주시지 않는 곳에서는 모든 것이 어두움 속에 있는 것처럼 혼란스럽습니다. 그리고 영혼은 하나님을 바라보지 못하며, 하나님의 말씀 앞에서 두려워 떱니다. "나 여호와가 말하노라 나는 가까운 데 하나님이요 먼 데 하나님은 아니냐 나 여호와가 말하노라 사람이 내게 보이지 아니하려고 누가 자기를 은밀한 곳에 숨길 수 있겠느냐 나 여호와가 말하노라 나는 천지에 충만하지 아니하냐?"(렘 23:23-24). 또 그분은 비슷한 경험을 가진 많은 사람들을 상기했는데, 그 중에 한 사람이 솔로몬이었습니다. 그의 말에 의하면, 솔로몬은 그러한 지혜를 받았었으며 사람들의 칭송을 크게 받았습니다. 그는 마치 샛별과 같았고 지혜의 광채로 사람을 비추어 주었지만 작은 정욕적인 쾌락 때문에 그 영광을 잃었습니다(왕하 11:1-11). 태만을 두려워해야 합니다. 그러한 생각이 임하여 우리를 하나님으로부터 분리시키며 우리의 지성을 하나님으로부터 멀어지게 하는 것을 피하려면 쉬지 않고 기도해야 합니다. 완전히 성령을 받아들일 준비가 된 깨끗한 마음은 하나님을 완전하게 비추어 반영합니다.

그 형제는 이렇게 말했습니다. "나는 이러한 말을 듣고 그분의 행동을 보면서 그의 내면에서는 모든 육적인 정념들이 활동하지 않고 있음을 깨달았습니다. 그분의 갈망은 언제나 보다 고귀한 것들에게 고정되어 있었으므로, 그분은 끊임없이 "말할 수 없는 탄식으로 우리를 위하여 간구하시는" 성령에 의해 변화되셨고(롬 8:26), 자신을 내면에 집중시키시고, 스스로를 평가하시며, 정신의 순수함을 어둡게 만들거나 알아차릴 수 없이 자신을 더럽히는 것들을 막기 위해서 노력하셨습니다.

"이 모든 것을 보고 그분의 업적을 배우려는 마음에서 나는 계속 그분에게 질문을 했습니다. '어떻게 하면 저도 사부님처럼 순수한 지성을 획득할 수 있습니까?' 그분은 이렇게 대답하셨습니다: '노력해야 합니다. 마음으로 노력하고 고난을 당해야 합니다. 잠을 자거나 게으르면, 노력하고 고난을 당할 만한 가치가 있는 일들이 우리에게 임하지 않습니다. 심지어 우리가 노력하지 않으면 세상의 축복도 우리에게 임하지 않습니다. 만일 영적으로 발전하기를 원한다면, 무엇보다도 그대 자신의 의지를 버려야 합니다. 애통하는 마음을 획득해야 하며, 모든 소유를 버리며 다른 사람의 죄가 아니라 그대 자신의 죄에 주목하고 밤낮 그것으로 인해 눈물을 흘려야 합니다. 그리고 감정적으로 누구에게도 매달리지 말아야 합니다. 자신이 행한 것으로 인해 괴롭힘을 당하며 과거의 죄의 기억으로 인해 가책을 받는 영혼은 세상에 대해 죽으며, 세상은 그 영혼에 대해 죽습니다. 다시 말해서, 육체에 속한 모든 정념들이 활동하지 않게 되고, 그 사람은 그것들과의 관계를 정지하게 됩니다. 세상을 부인하고 그리스도의 편을 들며 침묵에 전념하는 사람은 하나님을 사랑합니다. 그는 자기의 내면에 있는 거룩한 형상을 지키며 하나님을 닮은 모양을 풍성하게 하며, 하나님으로부터 성령의 도움을 받습니다. 그는 마귀들의 거처가 아니라 하나님의 거처가 됩니다. 또 그는 하나님 앞에서 의롭게 행동합니다. 세상을 깨끗이 제거하고 육체의 더러움에서 자유하며 "티나 주름

잡힌 것"(엡 5:27)을 갖지 않은 영혼은 의의 면류관을 얻으며 덕의 아름다움으로 빛날 것입니다.

"'그러나 만일 당신이 포기의 길을 출발할 때에, 마음에 슬픔이 없고, 끝없는 형벌에 대한 기억이나 영적인 눈물이 없고, 참된 침묵이나 지속적인 기도가 없고, 성경 묵상이나 시편 찬송이 없다면; 만일 이런 것들 중 어느 것이 습관적인 것이 되어 당신이 원하든 원하지 않든 간에 지성의 부단한 인내에 의해서 강요되지 않는다면; 또 만일 하나님에 대한 경외심이 당신의 내면에서 자라지 않는다면, 당신은 여전히 세상에 애착하고 있으며 기도할 때에 당신의 지성이 순수할 수 없을 것입니다. 하나님에 대한 참된 헌신과 경외는 영혼에게서 정념들을 깨끗이 제거해 주며, 지성을 자유롭게 해 주어 자연적인 관상으로 인도해 주며, 신학에 적합하게 해 줍니다. 지성은 이것을 축복의 형태로 경험하며, 그것에 동참하는 사람들로 하여금 예비되어 있는 축복을 미리 맛보게 해 주고 영혼을 평정의 상태에 거하게 해 줍니다.

"'그러므로 우리는 덕을 계발하기 위해 할 수 있는 모든 일을 해야 합니다. 그럼으로써 우리는 참된 헌신, 즉 자연적이고 신학적인 관상이라는 열매를 소유하는 정신적인 순수함을 획득할 것입니다. 어느 위대한 신학자가 말했듯이, 우리는 덕의 실천에 의해서 관상으로 올라갑니다. 이런 까닭에 만일 우리가 덕의 실천을 소홀히 하면, 지혜가 부족할 것입니다. 비록 우리가 덕의 정상에 도달한다고 해도, 몸의 무절제한 충동들을 억제하며 생각을 경계하기 위해서는 여전히 수덕적인 노력이 필요할 것입니다. 그렇게 함으로써 그리스도께서 겨우 우리 안에 거하실 것입니다. 우리의 의가 성장하면 영적 용기도 성장합니다. 완전해진 지성은 완전히 하나님과 연합하며 거룩한 빛의 조명을 받으며 은밀한 신비들이 지성에게 계시됩니다. 그때에 지성은 지혜와 힘이 어디에 있는지를 깨닫고 "장수의 비결이 어디 있는지 눈을 밝게 하는 빛과 평화가 어디서 오는지를 깨닫습니다"(바룩 3:14). 지성이 정념과 싸우는 동안에는 이런 일들을 누릴 수 없습니다. 왜냐하면 덕과 악덕이 지성의 눈을 멀게 하기 때문입니다. 악덕은 지성으로 하여금 덕을 보지 못하게 하며, 덕은 악덕을 보지 못하게 합니다. 그러나 전쟁이 끝나고 지성이 영적 은사를 받기에 합당하게 되면, 지성은 지극히 명석해지고 은혜에 의해 활력을 얻으며 영적 실체들에 대한 관상 안에 뿌리를 내립니다. 내면에서 이런 일이 발생하는 사람은 이 세상 일에 애착하지 않고 사망에서 생명으로 이동합니다.

"'따라서 영성생활을 추구하며 하나님께 가까이 가는 사람은 정결한 마음과 깨끗한 혀를 가지고 있어 깨끗한 그의 말은 하나님을 찬양하기에 합당합니다. 하나님께 굳게 매달리는 영혼은 끊임없이 하나님과 교제합니다.

"'형제들이여, 그리므로 우리의 갈망은 세속적이며 정념에 애착하지 않고 덕의 정상이 이르러야 합니다. 하나님께 가까이 가고 거룩한 빛에 참여하며 그것을 향한 갈망으로 인해 상처를 입은 채 영적 전투에 임했던 사람은 주님 안에서 말할 수 없는 영적 즐거움을 누립니다. 시편 기자는 다음과 같이 말합니다: "여호와를 기뻐하라 저가 네 마음의 소원을 이루어 주시리로다…네 의를 빛같이 나타내시며 네 공의를 정오의 빛같이 하시리로다"(시 37:4, 6). 모든 악을 깨끗이 벗어버리고 성실하게 "내가 사랑하므로 병이 났다"(아 5:8)고 외치는 영혼의 갈망은 참을 수 없이 강력합니다. 신적인 아름다움의 광채는 말로 표현할 수 없습니다. 그것은 말로 묘사할 수 없고 귀로 듣고 이해할 수 없습니다. 이 참 빛을 샛별의 빛이나 낮의 밝음이나 태양의 빛으로 비유하지만, 그 영광을 제대로 묘사할 수는 없으며, 마치 달이 없는 칠흑 같은 밤을 정오의 밝음으로 비유하는 것만큼이나 부적절합니다. 이것이 위대한 스승이신 바질이 경험으로 터득하여 우리에게 가르치신 것입니다.' [1]

사부 필레몬과 함께 사는 형제는 이것 외에 다른 여러 가지를 이야기했습니다. 사부 필레몬이 오랫동안 장로로 지냈으며 그 행동과 지식이 거룩한 것이었음에도 불구하고 사제의 직무를 행하지 않았으며 여러 해 동안 영적 싸움을 하면서 제단에 가까이 가는 데에도 동의하지 않았음은 그의 겸손함을 보여 주는 놀라운 증거입니다. 또 그분은 엄격한 생활을 했음에도 불구하고, 비록 세속적인 말을 전혀 하지 않고 질문한 사람들을 돕기 위한 말만 했어도 사람들과 대화를 한 후에는 성찬을 받으려 하지 않았습니다. 그는 성찬을 받으러 나아갈 때에는 기도하고 찬송하고 죄를 고백하면서 하나님께 간구했습니다. 성찬식을 거행할 때에 사제가 성찬을 봉헌하는 말을 할 때에 그분은 두려움으로 가득했습니다. 그분은 그럴 때에 교회 전체에 거룩한 천사들이 가득하고, 천군들의 왕이 보이지 않게 찬양하시면서 우리 마음속에서 몸과 피로 변화되신다고 말씀하시곤 했습니다. 그 때문에 그분은 우리가 순결하고 깨끗한 상태에 있을 때에만 그리스도의 몸과 피를 받아야 한다고 말씀하셨습니다. 그리하면 우리는 성찬에서 오는 조명에 참여할 것입니다. 많은 거룩한 교부들은 천사들이 성찬

---

1) Longer Rules ii, I (909C), trans. W. K. L. Clarke, *The Ascetic Works of Saint Basil* (London, 1925), p. 154.

을 지켜보는 것을 보았으며, 그렇기 때문에 사람들과 대화하지 않고 침묵을 지켰습니다.

그 형제의 말에 의하면, 또 사부 필레몬이 손으로 만든 물건을 팔 때에는 말을 하거나 질문에 대답하다가 거짓말을 하거나 맹세를 하거나 잡담을 하거나 기타 다른 죄에 빠질까 염려하여 바보인 체 했습니다. 참으로 지혜로운 사람이었던 필레몬 사부는 작은 바구니를 만들어 팔면서, 아무런 말도 하지 않고 주는 대로 감사하게 받고 팔았습니다.

성 테오그노스토스

St Theognostos

성 니코데모스는 다음의 본문의 연대를 밝히는 데 대해서는 망설이지만 그 글을 알렉산드리아의 테오그노스토스(3세기)의 것이라고 여기려 한다. 그러나 저자가 다메섹의 요한을 인용하고 있으므로 8세기 후반 이전의 것일 수 없음을 고려하면 이 글은 테오그노스토스의 것일 수가 없다. 아마 저자는 14세기의 인물일 것이다. 이 글의 독창성은 사제직과 성찬에 대한 논평에서 발견된다. 테오그코스토스 자신도 사제였으며, 거룩한 전례를 날마다 거행하는 것을 꿈꾸었던 것 같다. 카르파토스의 요한의 글은 후대에 삽입된 듯하다.

덕의 실천, 관상, 사제직에 관하여

≈ 1 ≈

당신이 모든 세상의 것들로부터 완전히 이탈할 때, 그리고 항상 마음으로 현세의 삶을 떠나 주님과 거할 준비가 되어 있을 때, 당신은 자신이 참된 덕을 획득했음을 깨달을 것입니다. 만일 당신이 하나님에게 알려지기를 원한다면, 사람들에게 알려지지 않은 상태에 머물기 위해서 최선을 다하십시오.

≈ 2 ≈

몸에서 비롯되는 모든 불필요한 욕구를 경계하고 무시하십시오. 그렇지 않으면, 당신이 무정념의 상태를 얻기 전에 그것들로 인하여 노력을 게을리하게 될 것입니다. 육욕적인 쾌락의 결핍을 안타까워하지 말고, 그러한 쾌락에 빠진 결과로서 고귀한 것을 획득하지 못한 것을 안타까워하십시오.

≈ 3 ≈

당신 자신을 개미나 벌레로 여기십시오. 그리하면 당신은 하나님에 의해 형성된 인간이 될 수 있습니다. 당신 자신을 개미나 벌레로 여기지 못하면, 당신은 하나님에 의해 만들어진 사람이 될 수 없습니다. 당신이 자신을 낮출수록 그만큼 더 높이 올라갈 수 있습니다. 그리고 시편 기자처럼 여호와 앞에서 당신 자신을 무가치한 존재로 여길 때에, 당신은 크게 성장할 것입니다. 자신이 아무것도 소유하지 못하고 있으며 아무것도 알지 못한다는 것을 의식하기 시작할 때에, 당신은 덕의 실천과 영적 지식을 통해서 주님 안에서 부유해지기 시작할 것입니다.

4

"악인의 팔을 꺾으소서"(시 10:15)란 모든 악덕의 근원인 악과 육욕적인 쾌락을 의미합니다. 겸손에서 생겨나는 순진함과 절제를 통해서 그것을 꺾으십시오. 그리하면 당신의 행동들이 평가되고 심판을 받을 때에, 아무리 엄격하게 살펴보아도 당신 안에서 죄가 발견되지 않을 것입니다. 죄의 원인이 되는 것들을 미워하고 대적하여 싸우며 궁극적으로 승리하면, 우리의 모든 죄가 제거됩니다.

5

순수한 기도보다 더 좋은 것은 없습니다. 그러한 기도에서는 마치 샘에서 솟아나듯이 여러 가지 덕 – 명철과 온유, 사랑과 절제, 그리고 눈물에 대한 보상으로 하나님이 주시는 지원과 격려 – 이 솟아납니다. 우리의 정신이 오직 지성적인 실체들의 영역에 거하며 거룩한 것을 얻고자 하는 우리의 갈망이 끝없이 지속될 때에 순수한 기도의 아름다움이 분명히 드러납니다. 그때에 피조물에 대한 관상을 통해서 그 주인을 추적하고 볼 수 없는 분을 발견하여 보기를 갈망하거나 그분의 은밀한 장소인 어두움을 관상하는 지성은 얼마 동안 지성의 유익을 위해 계시된 이상에 만족하고 힘을 얻어 자신에게로 물러갑니다. 그러나 그때에 지성은 거울로 보듯이 불분명하게 보이는 그림자 같은 환상과 외관에서 해방되어 쉬지 않고 얼굴을 대면하여 보는 것이 허락될 때에는 그 갈망의 대상에게 도착할 것이라는 희망으로 가득합니다.

6

완전한 무정념을 얻기 전에 고등한 형태의 관상을 시도하지 말며, 능력이 닿지 않는 것을 추구하지 마십시오. 만일 당신이 신학자와 관상자가 되기를 원한다면, 수덕적 수련의 길을 따라 올라가며, 자기 정화를 통해서 순수한 것을 획득하십시오. 당신의 현재의 성장 상태를 초월하여 신학을 추구하지 마십시오. 아직 덕의 젖을 먹고 있으면서 신학의 고지를 향해 날아 오르려 하는 것은 옳지 못합니다. 만일 그렇게 하려 한다면, 우리 안에서 영적 지식의 꿀 때문에 아무리 큰 갈망이 일어나도 우리는 병아리처럼 버둥거릴 것입니다. 그러나 절제와 눈물에 의해 정화된 후에는, 구름 속으로 들려 올라갈 순간을 기다리며 엘리야나 하박국처럼 세상을 벗어나 올라갈 것입니다(살전 4:17). 그리고 분심되지 않은 순수한 관상 기도에 의해서 감각의 세상을 초월할 때에 우리는 하나님을 찾으면서 신학의 초보에 접근하게 될 것입니다.

7

만일 당신이 정신적으로 거룩한 것을 보기를 원한다면, 먼저 평온하고 고요한 생활을 하며 당신 자신과 하나님에 대한 지식을 획득하기 위해 노력해야 합니다. 그렇게 하여 정념 때문에 요동하지 않는 순수한 상태를 획득하면, 당신의 지성은 그 무엇의 방해도 받지 않은 상태에서 보이지 않는 분을 감지할 것이며, 그분은 자신에 대해 한층 분명한 지식을 통해서 구원의 복된 소식을 가져다 주실 것입니다.

~ 8 ~

번개가 천둥의 전조인 것처럼, 하나님의 용서를 받은 뒤에는 정념들이 잠잠해지고, 그 다음에는 우리를 위해 예비되어 있는 복을 미리 맛봅니다. 창조주보다 이 세상을 더 사랑하며 눈에 보이는 것들에게 애착하고 육체의 즐거움과 쾌락에만 매달리는 영혼에게는 무정념의 소망이나 하나님의 자비가 주어지지 않습니다.

~ 9 ~

지성으로 더불어 하나님이 누구이며 어디에 계신지 알아 내려 하지 마십시오. 하나님은 모든 것을 초월하시므로, 존재를 초월하시며 장소에 의존하지 않습니다. 될 수 있으면 로고스이신 하나님만 관상하십시오. 그분은 비록 제한적이기는 하지만 신적 본성으로 빛을 발하시며, 비록 특정 장소에서 발견되기는 하지만 그 신격의 무한하신 본성 때문에 모든 곳에 편재하십니다. 당신이 크게 정화될수록, 그에 비례하여 더 많은 하나님의 조명이 주어질 것입니다.

~ 10 ~

만일 당신이 참된 지식과 분명한 구원의 확신을 간절히 원한다면, 먼저 영혼과 몸의 정욕적인 관계를 부수는 방법을 연구하십시오. 그 다음에는 물질에 대한 애착을 완전히 벗어버리고 깊은 겸손의 자리로 내려가십시오. 그곳에서 당신은 거룩한 지식의 껍질 속에 감추어져 있는 구원이라는 값 비싼 진주를 발견할 것입니다. 이것이 하나님 나라의 광휘의 보증이 될 것입니다.

～ 11 ～

내적인 자기 부인을 획득하고 육을 영에게 복종시킨 사람은 사람들에게 복종할 필요가 없습니다. 그런 사람은 감사하는 종처럼 하나님의 말씀과 법에 복종합니다. 그러나 우리는 아직도 몸과 영혼의 싸움에 연루되어 있으므로 다른 사람에게 복종해야 합니다. 우리가 영적인 원수들에 의해 멸망하거나 미숙함 때문에 정념의 바다 속에 빠지지 않으려면 솜씨 좋게 우리를 지도하고 인도해 줄 사령관과 키잡이가 있어야 합니다.

～ 12 ～

만일 당신의 어떤 정념에 의해서도 동요하지 않는다면, 만일 당신의 마음이 점점 더 하나님을 동경한다면, 만일 당신이 사망을 두려워하지 않으며 그것을 하나의 꿈으로 간주하여 그것들로부터 해방되기를 갈망한다면, 당신은 이미 구원의 보증을 얻었으며 무한히 기뻐하며 내면에 천국을 소유합니다.

～ 13 ～

당신이 거룩한 제사장 직분에 합당한 사람이 되려면 정념과 육욕적인 쾌락에 대해 자신을 죽여야 합니다. 그런 후에 두려운 산 제물에 접근해야 합니다. 그렇지 않으면 하나님의 불이 마치 마른 나무를 태우듯이 당신을 태워 없앨 것입니다. 스랍 천사가 화저가 없으면 단에서 취한 숯을 만질 수 없었을진대(사 6:6), 당신이 무정념을 획득하지 못하고서 어찌 그런 일을 할 수 있겠습니까? 당신은 무정념을 통해서 거룩하게 된 혀와 정화된 입술과 순결한 영혼과 몸을 가져야 합니다. 그리고 불 같고 초본질적인 제물을 다루는 대행자인 당신의 손은 금보다 더 빛나야 합니다.

∽ 14 ∾

내 말의 요지를 완전히 이해하려면, 당신이 날마다 하나님의 구원을 바라보고 있음을 기억하십시오. 장로 시므온은 하나님의 구원을 보고서 크게 놀라고 두려워하며 자기의 구원을 위해 기도했습니다(눅 2:29). 혹시 당신이 천사들과 동등하며 하나님과 인간 사이의 중재자라고 성령께서 확증해 주셨다고 해도, 주제넘게 거룩한 성찬을 집례하려 하지 마십시오. 천사들도 그것을 경배하며 많은 성인들도 그 깨끗함을 경외하여 뒤로 물러섭니다. 만일 그렇게 하지 않으면 당신은 거룩하다고 주장한 것 때문에 죽임을 당할 것입니다.

∽ 15 ∾

성경은 "너희는 삼가 그 목소리를 청종하라"고 말합니다(출 23:21). 언제나 우선적으로 당신 자신의 죄를 위해 제물을 바치십시오. 그렇게 하면, 거룩한 불이 당신의 연약함 때문에 당신의 내면에 존재하거나 들어오는 더러움을 태워 버릴 것입니다. 그리하여 택함을 합당하고 깨끗한 그릇으로서, 당신이 하나님과 친밀하게 교제하고 하나님이 당신의 기도를 들어 주신다면, 당신은 나무나 질그릇을 금이나 은으로 변화시킬 능력을 소유하게 될 것입니다. 하나님께서 듣고 응답하실 때에는 아무것도 변화를 방해하지 못합니다.

16

당신이 얼마나 천사 같은 존경을 받게 되었는지 깊이 생각하며, 당신이 어떤 지위로 부름을 받았든지 간에 자신을 더럽히지 않기 위해서 덕과 순결함으로 노력하십시오. 루시퍼가 교만함 때문에 높은 곳에서부터 떨어졌음을 당신은 압니다. 당신 자신을 높이지 마십시오. 그렇지 않으면 당신도 동일한 운명에 처할 것입니다. 당신 자신을 먼지와 재로(창 18:27), 쓰레기로, 또는 짐승으로 여기십시오. 그리고 끊임없이 슬퍼하십시오. 당신이 두려운 성찬을 거행하면서 거룩한 것들을 다루며 하나님과의 교제와 혈연 관계로 부름을 받은 것은 말로 표현할 수 없는 하나님의 자비와 긍휼하심 때문입니다.

17

제사장은 정념이 없이 깨끗해야 하며, 특히 음란과 원한을 품지 말아야 합니다. 그리고 그의 상상도 정념에 물들지 않게 해야 합니다. 그렇지 않으면, 그는 왕의 몸에 손을 대는 더러운 문둥병자인 듯이 혐오스럽게 여겨져 거부될 것입니다.

18

눈물로 당신이 눈보다 희게 씻겨지고 당신의 양심이 흠없이 깨끗할 때, 또 당신의 흰 옷이 영혼의 내적 아름다움을 드러낼 때에만, 당신은 거룩한 것을 만질 수 있을 것입니다. 거룩한 성찬을 거행하면서 인간의 전통을 의지하지 말며, 하나님의 은혜로 내적으로 보이지 않게 보다 높은 것들에 대한 지식으로 당신이 채워져야 합니다.

~ 19 ~

썩지 않음과 불멸을 원한다면, 믿음을 가지고 경배하면서 생명을 주며 멸망하지 않는 것을 구하십시오. 믿음으로 말미암아 완전해진 사람으로서 이 세상을 떠날 것을 갈망하십시오. 만일 당신이 아직도 죽음을 두려워한다면, 당신은 아직 사랑을 통해서 그리스도와 연합하지 못한 사람입니다. 만일 당신이 사랑 안에서 그리스도와 연결되었다면, 더 이상 이 세상이나 육체에 대해 염려하지 않으며 서둘러 그분과 결합하려 할 것입니다.

~ 20 ~

거룩한 성찬을 통해서 하나님의 육체를 제물로 바치고 나누는 사람은 그분의 죽음을 본받아 죽음으로써 그분과 연합되어야 합니다(롬 6:5). 사도 바울의 말처럼(갈 2:20), 당신 자신을 위해서 살지 말고, 당신을 위해 십자가에 달려 죽으신 분을 위해 살아야 합니다. 만일 당신이 정욕의 지배를 받아 육과 세상을 위해 산다면, 죽기 전에 자발적으로 제사장직을 사임하지 않는 한 죽음을 통해서 영원한 형벌을 받을 준비를 해야 합니다. 많은 자격이 없는 제사장들이 갑자기 죽어 심판대 앞에 섰습니다.

~ 21 ~

어느 사제가 내면적으로는 더럽고 방탕함에도 불구하고 표면적인 행동 때문에 사람들로부터 존경을 받고 경건하다는 명성을 얻었습니다. 어느 날 그가 거룩한 전례를 집례하면서 항상 하던 대로 성찬상 앞에서 기도문을 읽다가 갑자기 죽었습니다.

∽ 22 ∾

참된 사고력과 영적 지식만큼 중요한 것은 없습니다. 그것들은 하나님에 대한 경외심과 갈망을 만들어 내기 때문입니다. 하나님에 대한 경외심은 외경과 자기 비하를 통해서 우리를 정화합니다. 하나님에 대한 갈망은 분별과 내적 조명을 통해서 우리를 완전함으로 인도하며, 우리의 지성을 관상의 고지로 들어올려 줍니다. 경외함이 없이는 거룩한 것을 향한 열렬한 사랑을 얻을 수 없으며, 날개를 펴고 갈망하는 곳에서 안식처를 발견할 수 없습니다.

∽ 23 ∾

당신은 열렬히 진지하게 구원을 갈망하고 있습니다. 서두르고, 끈질기게 찾으며, 쉬지 말고 구하고, 참을성 있게 두드리며, 목표에 도착할 때까지 계속하십시오. 견고한 믿음과 겸손의 기초를 확립하십시오. 당신의 죄가 사함을 받을 때뿐만 아니라, 당신이 두려움이 없이 즐거운 마음으로 육을 버리며 정념의 자극을 받거나 두려워하지 않을 때에, 당신은 원하는 것을 얻을 것입니다.

∽ 24 ∾

눈물을 흘리면서 구원의 확신을 달라고 요청하십시오. 그러나 죽음이 아직 멀었을 때에 그것을 요청하지 마십시오. 그렇지 않으면 당신은 태만하고 무관심해질 것입니다. 죽음이 임박했을 때에 그것을 얻게 해달라고 요청하십시오. 당신이 주제넘게도 그러한 확신을 소유하고 있다고 생각하다가 임종할 때에 그것을 얻지 못했음을 발견하지 않으려면, 진지하게 그것을 요청하십시오. 임종할 때에 성령께서 주신 구원의 확신을 빼앗긴 사람은 어디로 가겠습니까?

25

당신이 거룩하게 해 주는 무정념을 간절히 원한다면, 우선 겸손과 순종을 통해서 그것을 발견하십시오. 그렇지 않고 다른 길을 걸어가면, 결국 곤경에 처할 것입니다. 무정념을 획득한 사람은 때로는 정념들의 방해를 받지 않고 어떤 때는 평온하게 안식하지만, 항상 무정념을 향유하며 정념이 내면에 존재할 때에도 그 정념을 일으킨 사물의 영향을 받지 않습니다. 무엇보다도 그는 정념들이 일으키는 심상들의 영향을 받지 않습니다.

26

영혼이 육신을 떠날 때에, 원수는 영혼을 공격하며 무섭게 욕을 하고, 거칠고 두렵게 영혼의 죄를 고발합니다. 그러나 경건한 영혼은 비록 과거에는 종종 죄로 인해 상처를 받았지만 원수의 공격이나 위협을 받아도 두려워하지 않습니다. 그러한 영혼은 여호와로 말미암아 힘을 얻고, 기쁨의 날개를 날며, 인도해 주는 거룩한 천사들이 주는 용기로 가득하고, 믿음의 빛의 보호를 받기 때문에 담대하게 원수에게 대꾸합니다: "하늘로부터 도망한 악한 종아, 네가 나와 무슨 상관이 있느냐? 너는 나에게 군림할 권위를 가지고 있지 않다. 하나님의 아들이신 그리스도가 나와 만물을 다스릴 권위를 가지고 계시다. 나는 그분에게 범죄했으며, 그분 앞에 서서 심판을 받을 것이며, 그분의 귀중한 십자가를 나를 향한 구원의 사랑의 보증으로 가지고 있다. 파괴자여, 내게서 떠나거라! 너는 그리스도의 종들과 아무런 상관이 없다." 영혼이 담대하게 이렇게 말하면, 마귀는 그리스도의 이름에 저항할 수 없어 큰 소리로 우르렁 거리면서 도망칩니다. 그때에 영혼은 높은 곳에서 마귀를 급습하며, 마치 매가 까마귀를 덮치는 것처럼 공격합니다. 그 후에 거룩한 천사들이 그 영혼을 그의 내면 상태에 따라 정해진 장소로 데려갑니다.

~ 27 ~

당신이 하늘나라의 일에 정신을 집중한다면, 무상한 것들을 향한 갈망이 당신을 세상으로 끌어가지 못할 것입니다. 그러나 세상것에 대한 애착의 구속을 받을 때에는 덫에 걸린 독수리처럼 날지 못합니다. 보다 좋은 것들을 바라며, 당신이 소유한 모든 것을 쓰레기로 여기십시오. 때가 되면 당신의 몸조차 벗어버리며, 당신을 인도할 하나님의 천사를 따라가십시오.

~ 28 ~

왕의 형상이 새겨지지 않은 주화를 다른 화폐들과 함께 왕의 금고에 넣을 수 없듯이, 참된 영적 지식과 무정념이 없으면 거룩한 복을 미리 맛볼 수 없으며, 다음 세상에서 택함을 받은 자들 가운데 있는 당신의 자리를 차지하기 위해서 확신을 가지고 용감하게 이 세상을 떠날 수 없습니다. 영적 지식이란 지혜를 의미하는 것이 아니라 과거의 경험의 도움을 받아 하나님과 거룩한 실체들을 확실히 이해하는 것입니다. 정념에 휘둘리지 않는 경건한 사람은 이것들을 통해서 성령의 은혜에 의해 신적인 상태로 들려 올라갑니다.

~ 29 ~

당신이 모든 덕을 실천했다고 해도, 무정념을 획득했으므로 걱정 없이 세상에 거할 수 있다고 생각해서는 안 됩니다. 왜냐하면 당신의 영혼의 내면에 아직도 정념들의 흔적이 새겨져 있어, 당신이 임종할 때에 어려움을 겪을 수도 있기 때문입니다. 항상 두려움의 인도함을 받으며, 당신의 변덕스러운 본성을 주의 깊게 지켜보며, 정념을 일으키는 원인들을 피하십시오. 가장 고귀한 형태의 변함이 없는 무정념은 완전한 사랑을 획득했으며 지속적인 관상을 통해서 감각적인 것들을 초월했으며 겸손을 통해서 육신을 초월한 사람들에게서만 발견됩니다. 정념의 불길은 더 이상 그런 사람들을 건드리지 못합니다. 그러한 사람들의 본성은 이미 썩지 않는 것으로 변화되었기 때문에, 여호와의 소리가 그 불길을 가릅니다(시 29:7).

∽ 30 ∽

성급하게 무정념을 얻으려 하지 마십시오. 그러면 아담이 너무 일찍 영적 지식의 나무의 열매를 먹었기 때문에 겪은 일을 당신은 겪지 않을 것입니다(창 3:6). 모든 일에 절제하며 끊임없이 간청하면서 인내하며 계속 노력하십시오. 만일 자책과 큰 겸손에 의해서 당신이 얻은 땅을 보존한다면, 때맞춰 무정념의 은혜를 받게 될 것입니다. 많은 폭풍우와 싸운 후에야 안식의 항구에 도착할 수 있습니다. 그리고 만일 때가 되기 전까지 하나님께서 무정념의 문을 닫아두신다 해도, 진리의 길을 걷는 사람들을 불공정하게 대하시는 것이 아닙니다.

∽ 31 ∽

우리는 게으르고 미숙하므로 "개미에게로 가야" 합니다(잠 6:6). 개미의 단순함과 미천함을 모방하며, 자족하시며 지극히 풍성하신 하나님은 우리의 덕을 필요로 하지 않으신다는 것을 알아야 합니다. 오히려 하나님은 우리에게 풍부한 은사를 주시며, 감사하는 사람들을 은혜로 구원해 주시고, 긍휼하셔서 우리가 할 수 있는 모든 일을 받아 주십니다. 그러므로 당신이 이미 받은 축복 때문에 하나님에게 빚진 사람으로서 수고하는 것은 옳은 일이며, 하나님의 자비가 당신에게 가까이 임합니다. 그러나 당신이 행했다고 생각하는 선한 일들 때문에 하나님이 당신에게 빚을 지고 있다고 생각하는 것은 매우 잘못된 생각입니다. 선물을 주시는 분이 어떻게 채무자가 될 수 있습니까? 고용된 종처럼 한 걸음씩 나아가면서 일하십시오. 그러면 하나님의 자비하심으로 말미암아 당신이 구하는 것을 얻게 될 것입니다.

~ 32 ~

구원 또는 무정념에 이르는 또 다른 길을 보여 드릴까요? 당신의 목적이 실패하지 않게 해달라고 하나님께 간청하십시오. 모든 천사 같은 권세들과 성도들, 그리고 가장 순결한 하나님의 모친을 하나님 앞에 중재자로 세우십시오. 당신은 무정념의 은사를 받을 자격이 없으므로 그것을 요청하지 말고, 끈질기게 구원을 요청하십시오. 그렇게 하면 무정념도 함께 받을 것입니다. 전자는 은과 같고 후자는 순금과 같습니다. 특히 하나님께 대한 내적 묵상을 당신의 하녀로 삼으며, 하나님에 관한 은밀한 비밀들에게 주의를 집중하십시오. 이러한 비밀들의 원리가 당신을 신화시켜 줄 것이며, 하나님은 그것들을 즐거워하십니다.

~ 33 ~

마음에 확실하고 분명한 구원의 보증을 받기 위해 노력하십시오. 그리하면 임종할 때에 괴로워하거나 예기치 않게 두려워하지 않을 것입니다. 당신의 마음이 당신의 허물을 책망하지 않으며 당신이 발작적으로 화를 낸 것 때문에 양심이 당신을 꾸짖지 않는다면, 하나님의 은혜로 말미암아 당신의 짐승 같은 정념들이 길들여졌다면, 당신이 위로의 눈물을 흘리며 당신의 지성이 분심하지 않고 순수하게 기도한다면, 또 대부분의 사람들이 두려워하고 도망치려 하는 죽음을 기꺼이 평온하게 기다린다면, 당신은 이미 그러한 보증을 받은 것입니다.

∾ 34 ∾

로고스이신 하나님이 소유하시는 영생의 말씀은 그분이 지으신 만물의 내적 본질입니다. 그러므로 순결함 때문에 이러한 내적 본질들의 신비 안에 들어간 사람은 이미 영생, 즉 성령의 보증과 구원에 대한 확실한 기대를 획득한 사람입니다. 영혼보다 육체를 소중히 여기며 세상적인 것에 애착하는 사람은 그러한 은사를 받을 자격이 없는 사람입니다.

∾ 35 ∾

지성적인 사람이란 단순히 연설하는 능력을 가진 사람이 아닙니다. 이러한 능력은 누구나 가지고 있습니다. 지성적인 사람이란 자신의 사고력을 가지고 하나님을 희구하는 사람입니다. 그러나 그는 존재를 초월하시는 하나님의 본질은 결코 발견하지 못할 것입니다. 왜냐하면 이것은 모든 피조된 본성의 범위를 초월하기 때문입니다. 건축물 안에서 건축자를 찾아볼 수 있듯이, 살아 있는 것들 안에 내재하는 창조적 지혜 및 그것들을 섭리적으로 돌보시고 다스리시고 인도하시고 보존하심 안에서 조물주를 보고 감지해야 합니다.

～ 36 ～

무정념이 없으면 완전한 가난의 상태를 얻을 수 없고, 사랑이 없으면 무정념의 상태를 얻을 수 없고, 하나님을 경외함과 순수한 기도가 없으면 사랑을 얻을 수 없고, 믿음과 이탈이 없으면 하나님에 대한 경외와 순수한 기도를 얻을 수 없습니다. 지성은 믿음과 이탈이라는 날개를 달았을 때에 모든 저급한 염려를 초월하며 여호와를 찾아 위로 날아오릅니다.

～ 37 ～

순결을 눈동자처럼 소중히 여기십시오. 그리하면 당신은 하나님의 성전이요 소중히 여기시는 거처가 될 것입니다. 자제함이 없으면 하나님과 함께 살 수 없습니다. 하나님을 향한 갈망이 세상에 대한 부인과 이탈과 결합될 때에, 거기에서 순결과 자제가 생겨납니다. 그것들은 겸손, 절제, 중단 없는 기도, 영적 관상, 성냄으로부터의 자유, 많은 눈물 등에 의해 보존됩니다. 그러나 무정념이 없으면, 분별의 미를 얻을 수 없습니다.

～ 38 ～

형제여, 누구에게도 미혹되지 마십시오. 사도가 말한 것처럼 거룩함이 없으면 아무도 하나님을 볼 수 없습니다(히 12:14). 지극히 거룩하시며 깨끗하신 주님은 더러운 사람에게는 나타나지 않으실 것입니다. 아비나 어미나 아들이나 딸을 주님보다 더 사랑하는 사람이 주님께 합당치 아니하듯이(마 10:37), 덧없는 물질을 사랑하는 사람도 주님께 합당치 못합니다. 주님을 사랑하기보다 더럽고 악취 나는 죄를 선택하는 사람은 한층 더 주님께 합당치 못합니다. 하나님은 모든 더러운 것을 거부하지 않는 사람을 거부하십시오: "썩은 것은 썩지 아니한 것을 유업으로 받지 못하느니라"(고전 15:50).

39

영적 지식을 소유하지 않으면 거룩한 사랑을 받을 자격이 없을 것이며, 믿음을 소유하지 않으면 영적 지식을 받을 자격이 없을 것입니다. 여기서 믿음이란 이론적인 믿음을 의미하는 것이 아니라 덕을 실천한 결과로서 획득하는 것을 의미합니다. 절제와 철야, 기도와 겸손을 통해서 육체와 일치하는 육욕적인 쾌락을 향한 성향을 죽이며 그리스도와 함께 십자가에 달리며(갈 2:19-20), 정욕적인 삶을 살지 않고 하늘나라의 영광에 대한 소망으로 가득하여 성령 안에서 살 때에, 당신은 참된 후회를 획득할 것입니다.

40

하나님께 이렇게 외치십시오: "나의 원수가 승리치 못하므로 주께서 나를 기뻐하시는 줄을 내가 아니이다"(시 41:11). 원수는 정념들을 통해서 끝까지 나를 괴롭히며 좌지우지 하지 못할 것입니다. 내가 죽기 전에 당신께서 나를 원수의 수중에서 낚아채시며, 당신의 뜻에 따라서 성령 안의 생명을 주시며, 거룩한 죽음을 통해서 구원받은 나를 당신의 심판대 앞에 데려가실 것입니다. 그곳에서 당신의 자비로 말미암아 나는 의심할 수 없는 확신과 구원의 보증을 받을 것입니다. 그러므로 나는 세상을 떠날 때에 괴로워하지 않을 것이며, 시련이 사형선고나 고문보다 더 괴롭거나 견딜 수 없게 여겨지지도 않을 것입니다."

◈ 41 ◈

믿음과 소망은 우연한 것이거나 이론적인 것이 아닙니다. 믿음은 확고부동한 영혼을 필요로 하며, 소망은 확고한 의지와 정직한 마음을 필요로 합니다. 은혜가 없으면 어떻게 보이지 않는 것을 쉽게 믿을 수 있겠습니까? 고결함으로 말미암아 주님의 은사를 어느 정도 경험하지 않고서, 어찌 예비되어 있는 감추어진 것들에 관한 소망을 가질 수 있겠습니까? 이러한 은혜의 은사들은 예비되어 있는 축복들의 표준입니다. 그것들은 그것을 현재의 실체로서 나타냅니다. 그러므로 믿음과 소망은 인간의 덕과 하나님의 감화와 도움을 필요로 합니다. 그 두 가지가 없으면, 우리의 수고는 헛된 것이 됩니다.

◈ 42 ◈

참된 덕의 결과는 영적 지식이나 무정념 또는 두 가지 모두입니다. 우리가 그것들을 획득하지 못한다면, 우리의 수고는 헛된 것이 되며, 겉으로 나타나는 덕은 참된 덕이 되지 못합니다. 만일 그것이 참된 덕이라면 잎사귀뿐만 아니라 열매도 맺었을 것입니다. 그러나 실제로 그것은 하나님의 축복을 누리는 것이 아니라, 일종의 자기 만족, 사람들의 존경을 얻기 위한 거짓된 것, 또는 하나님의 뜻과 일치하지 않는 다른 동기에서 비롯된 거짓된 것을 즐깁니다. 그러나 만일 우리가 자신의 동기를 바로잡는다면, 때에 따라 적절한 분량으로 영적 지식과 무정념을 주시는 하나님의 은혜를 분명히 받을 것입니다.

◈ 43 ◈

은혜의 빛을 사용하여 원수의 간계를 분별하며, 하나님 앞에 눈물을 흘리면서 엎드려 당신의 연약함을 고백하며, 미혹자가 당신을 어떻게 설득하든지 간에 자신을 무가치하게 여기십시오. 당신의 구원에 기여하며 당신이 겸손히 머무는 데 도움이 되지 않는다면, 영적 지식을 달라고 요청하지 마십시오. 당신으로 하여금 자만하게 하지 않고 당신을 하나님에 대한 지식으로 인도해 주는 지식을 구하십시오. 죽기 전에 정념들의 폭정에서 놓여 나며, 무정념의 상태나 사람들의 죄를 긍휼히 여기는 상태에서 이 세상을 떠나게 해달라고 기도하십시오.

∽ 44 ∽

날개가 없으면 날 수 없듯이, 현세에서 확실한 보증을 받지 않고서는 바라는 축복을 얻을 수 없습니다. 하나님과 화해한 사람들, 그리고 화해와 정화의 분량에 비례하여 다소 완전한 무정념을 소유한 사람들에게는 그들의 큰 겸손 때문에, 또는 성령의 은혜로 말미암아 그러한 확신이 주어집니다. 이러한 확신을 얻기 전에 육신을 떠나는 사람은 덕을 행하지 않은 상태에서 죽어 시련과 심판을 받습니다.

∽ 45 ∽

구원은 값 없이 주는 선물로서 당신에게 임하므로 구세주이신 하나님께 감사하십시오. 만일 하나님께 선물을 드리고 싶다면, 과부가 된 당신의 영혼으로부터 두 개의 동전, 즉 겸손과 사랑을 드리십시오. 하나님께서는 다른 사람들이 쌓아둔 많은 덕목보다 더 기쁘게 그것을 받아 구원의 보고에 넣어 두실 것입니다(막 12:41-43). 정념들로 말미암아 죽은 나사로처럼 살아나기를 기도하며, 겸손과 사랑이라는 두 자매를 하나님께 보내어 중재하게 하십시오. 그리하면 분명히 당신의 목표를 달성할 것입니다.

~ 46 ~

덕의 실천만으로 깨끗하고 분심함이 없이 기도할 수 있게 해 주는 무정념의 상태에 이를 수는 없습니다. 영적 관상은 당신의 지성에게 피조물에 대해 분명히 밝혀 주는 지식과 이해를 수여해 줍니다. 그리하여 조명된 지성은 참된 기도의 사랑에 도취되며, 영적인 세계의 빛 속으로 들려올라 갑니다. 그곳에서 지성은 궁극적인 빛, 지극히 거룩하신 삼위일체의 빛을 향하게 됩니다.

~ 47 ~

우리가 범죄했기 때문에 장래에 벌을 받거나 정죄함을 받지는 않을 것입니다. 왜냐하면 우리에게는 안정되지 못하고 변덕스러운 본성이 주어졌기 때문입니다. 그러나 만일 범죄한 뒤에 회개하여 악한 길을 버리고 주님께 돌아오지 않는다면, 우리는 벌을 받을 것입니다. 왜냐하면 우리에게는 회개할 시간과 능력이 주어졌기 때문입니다. 우리는 회개를 통해서만 하나님의 자비를 받을 것입니다. 하나님은 우리에게 대해 노하시는 것이 아니라 악에 대해 노하십니다. 비록 우리는 하나님의 자비가 거울처럼 우리의 행동과 성향을 반영하며, 우리 각 사람에게 합당한 것을 주신다고 말하지만, 그것은 정념과 복수를 초월합니다.

~ 48 ~

고결한 상태에서 떨어졌을 때에 두려워 떨지 마십시오. 그리고 회한, 비탄, 엄격한 자제, 상한 심령으로 흘리는 눈물 등을 통해서 당신의 잘못을 고치고 재빨리 이전의 상태로 돌아오십시오. 넘어진 뒤에 다시 일어나면서, 당신은 구원의 즐거운 골짜기로 들어갈 것이며, 다시 당신의 심판주 하나님을 노하게 하지 않으려고 조심하며, 장래에는 구속의 눈물과 슬픔이 필요하지 않게 하려고 노력할 것입니다. 만일 당신이 현세에서 그러한 회개를 하지 않는다면, 다음 세대에 분명히 벌을 받을 것입니다.

49

다시 사제직에 대해 이야기하겠습니다. 사제직은 거룩한 직제이기 때문에, 거룩한 정화 그리고 과거의 삶에서보다 훨씬 큰 분별과 자제를 요구합니다. 더러워진 것은 어느 정도 깨끗해질 수 있습니다. 깨끗한 것이 더러워지는 것이 훨씬 더 좋지 못한 일입니다. 만일 우리가 빛과 어두움, 향기와 악취를 혼합한다면, 아나니아와 삽비라처럼 하나님을 모독한 죄 때문에 재앙과 멸망을 초래할 것입니다.

50

비록 당신이 무익하고 버림을 받았어도, 피상적으로 자신을 정화한 후에 거룩한 사제가 되어 주님의 쓰심에 합당한 택함을 받은 그릇이 되기로 결심한다면(딤후 2:21; 행 9:15), 그 직분을 더럽히지 말고 유지하며, 거룩한 은사를 눈동자처럼 지켜야 합니다. 그렇지 않고 형식적으로 맡은 역할을 수행한다면, 당신은 높은 곳에서부터 깊은 심연으로 던져질 것이며, 다시는 그곳에서 빠져 나오기 힘들 것입니다.

51

하나님께서 죄 없다 하신 것을 사람이 정죄할 수 없다는 것을 명심하십시오(롬 8:33-34). 만일 당신이 제사장직이라는 초현세적인 은혜를 받으라는 부름을 받았다면, 비록 어느 정도 더럽혀졌다고 해도 과

거의 생활에 대해서 염려하지 마십시오. 당신 자신이 잘못을 고침으로써, 그리고 하나님에 의해서 그 삶이 깨끗하게 되었기 때문입니다. 그러나 제사장이 된 후에는 은혜가 쇠퇴하지 않도록 부지런히 경계하십시오. 혹 누군가가 어리석게도 당신의 과거 때문에 당신을 비방한다면, 하늘로부터 "하나님께서 깨끗게 하신 것을 네가 속되다 하지 말라"는 음성이 들려올 것입니다(행 10:15).

∽ 52 ∾

제대로 수행하기만 하면, 그리고 성령의 은혜가 경매에 부쳐지지만 않으면, 제사장의 직무는 가볍고 그 멍에는 쉽습니다(마 11:30). 무한히 귀한 것이 인간적인 편의라는 이름으로 썩어질 선물과 교환될 때, 그리고 소명이 하나님으로부터 온 것이 아닐 때, 짐은 무거워집니다. 왜냐하면 자격이 없는 사람, 능력이 부족한 사람이 짐을 지기 때문입니다. 그때에 멍에는 무척 거친 것이 되어 멍에를 맨 사람의 목을 쓰라리게 하고 지치게 만듭니다. 만일 멍에를 그에게서 제거하지 않으면, 그는 완전히 기진맥진하여 쓰러질 것입니다.

∽ 53 ∾

담대하게 제사장의 멍에를 멘 사람은 행실을 고치며 진리를 바르게 해석함으로써 두렵고 떨림으로 구원을 이뤄야 합니다. 왜냐하면 "우리 하나님은 소멸하는 불"(히 12:29)이시기 때문입니다. 만일 당신이 금이나 은이라면, 바벨론에서 세 소년이 불을 두려워하지 않았듯이, 이 불에 닿아도 두려워할 필요가 없습니다(단 3:17). 그러나 만일 당신이 풀이나 갈대 또는 세상적인 생각의 결과로서 타기 쉬운 물질이라면, 거룩한 불에 타서 재가 될 것을 염려해야 합니다. 그리고 제사장직을 떠남으로써 하나님의 진노를 피해야 합니다. 그러나 연약함의 결과인 가벼운 허물들은 성찬예배를 거행하는 동안에 거룩한 불에 의해 소멸되지만 당신 자신은 광야의 떨기나무처럼 타지도 않고 상하지도 않을 것입니다(출 3:2).

∽ 54 ∽

정념에 물든 상태가 고질적인 것이 되었기 때문에, 당신이 임질에 걸린 사람처럼 그 상태를 돌파할 힘이 부족하다면, 천사들도 만질 수 없는 것을 어찌 당신같이 비천한 사람이 만질 수 있겠습니까? 두려워 떨며 거룩한 사역을 부인함으로써 하나님을 달래거나, 완고하고 고집스럽게 행하여 살아 계신 하나님의 손에서 그 진노를 경험하기를 기대해야 할 것입니다. 더러워진 영혼과 옷을 입어 왕의 혼인 잔치에 들어올 자격이 없는 사람이 잔치에 참석하려 한다면, 하나님은 그를 불쌍히 여겨 용서해 주시는 것이 아니라 무자비하게 벌하실 것입니다(마 22:12).

∽ 55 ∽

나는 음란이라는 정념에 굴복하여 자격이 없는 사람이 합당치 않게 거룩한 성찬을 집례하려 한 사제를 알고 있습니다. 그는 치료할 수 없는 무서운 병에 걸려 거의 죽을 지경에 이르렀습니다. 그는 병을 치료하기 위해서 백방으로 애썼지만 효과가 없었습니다. 오히려 병은 더 악화되었습니다. 이윽고 그는 자신이 합당치 못하게 성찬을 집례했기 때문에 죽을 병에 걸렸음을 깨닫기 시작했습니다. 그는 즉시 성찬을 집례하지 않겠다고 서원했습니다. 그 즉시 그의 병은 씻은 듯이 나았습니다.

~ 56 ~

사제의 권위도 그 복장과 마찬가지로 그 내면으로부터 영혼의 순결함의 조명을 받는 한 광채가 가득합니다. 그러나 주의를 소홀히 하여 그것이 수치스럽게 되며, 양심의 항의에 주의를 기울이지 않으면, 빛은 영원한 어두움과 영원한 불의 전조인 어두움이 됩니다. 그런 경우에 우리가 할 수 있는 일은 그 위험한 길을 버리고 덕과 겸손에 의해서 안전하게 하나님의 나라로 인도해 줄 길을 취하는 것입니다.

~ 57 ~

구원은 사제직의 영화를 통해서 얻는 것이 아니라 덕과 단순함을 통해서 얻는 것입니다. 사제직은 천사 같은 거룩한 생활을 요구합니다. 그때에 우리는 세상과 육체보다 우월한 생각과 목적을 가지고 천사처럼 무정념하게 되어 하늘나라로 가는 사다리를 올라가거나, 또는 자신의 연약함 때문에 실족하여 사제직에 합당치 못하다고 입증될 경우를 두려워하여 그 직분을 피해야 합니다. 평신도들의 삶의 형태를 선택하십시오. 그것은 사제직만큼이나 우리를 하나님 가까이로 인도해 줍니다. 게다가 만일 당신이 그러한 삶을 추구하다가 실족하더라도, 하나님의 자비와 은혜로 말미암아 회개함으로써 쉽게 다시 일어설 것입니다.

~ 58 ~

"혈과 육은 하나님 나라를 유업으로 받을 수 없느니라"(고전 15:50). 그렇다면 하나님의 몸과 피를 먹고 마시는 당신이 하나님과 한 몸이 되며 그의 피를 통해서 그분과 섞이지 않는 것은 어찌 된 영문입니까? 하늘 나라가 당신의 내면에 있음에도 불구하고, 당신은 여전히 혈과 육에 속한 정념들의 공격을 받고 있습니까? 당신의 신령하지 못한 상태 안에 하나님의 성령이 머물지 않으며, 심판날에 당신에게 매우 엄격한 선고가 내려지지 않을까 염려됩니다. 또 당신이 그러한 은혜를 받을 자격이 없기 때문에 사제직을 당신에게서 거두어 가시며, 당신에게 영원한 형벌이 임하지 않을까 두렵습니다.

∽ 59 ∾

당신이 하나님을 경외하지 않는다면, 합당치 않게 성찬 예배를 집례하는 것을 사소한 일로 생각할 것입니다. 왜냐하면 당신은 이기심에 때문에 하나님께서 당신에게 자비를 베푸실 것이라고 생각할 것이기 때문입니다. 오래 전에 다단과 아비람도 같은 생각을 하다가 땅에 삼킨 바 되었습니다(민 16:25-33). 경외받으실 분 앞에 진실로 경외하고 두려워하면서 서서 성찬 예배를 집례하는 것이 얼마나 중요한 일인지 생각하십시오. 그리고 합당하고 깨끗하게 사제직에 종사하든지, 아니면 지혜롭게 그 두려운 사역을 떠나십시오. 그렇지 않고 당신의 직무를 등한히 하며, 양심이 당신을 책망할 때에 허울좋은 논거들을 늘어놓는다면, 모든 일이 판단되어 바로잡히는 날에 정죄를 받을 때에 당신은 고민하면서 이렇게 말할 것입니다: "나의 두려워하는 그것이 내게 임하고 나의 무서워하는 그것이 내 몸에 미쳤구나"(욥 3:25).

∽ 60 ∾

우선 당신 자신의 죄를 속죄하기 위해서 통회하고 눈물을 흘리면서 주의 깊게 부지런히 세상을 구원하는 거룩한 제물을 바쳐야 합니다. 당신이 죽은 후에 누가 그와 같은 관심을 가지고서 당신을 위해 제물을 드려 주겠습니까? 지혜롭게 장래를 내다 보십시오: 당신 자신을 매장하고 미리 자신을 기념하십시오. 당신의 구원을 위한 수단으로서 거룩한 식탁 위에 하나님께 드리는 거룩한 선물을 바치며, 하나님이 인간을 사랑하셔서 당하신 자발적인 죽음이 그 식탁에 임재하게 하십시오.

~ 61 ~

구원을 확신하고서 마치 옷을 벗듯이 육체를 버리고 떠나는 영혼의 기쁨은 말로 표현할 수 없습니다. 이제 영혼은 바라는 것을 얻게 되었으므로, 고통이 없이 몸을 벗어버리고 자기를 맞으러 내려오는 천사를 만나기 위해 평화롭게 떠나며, 악한 영들에 의해 해를 입지 않고 그와 함께 공중을 여행할 것입니다. 영혼은 기뻐하고 감사하면서 용감하게 올라가 창조주 앞에 가며, 자기와 비슷하며 동일한 덕의 수준에 있는 영혼들 사이에 보편적인 부활 때까지 거합니다.

~ 62 ~

내 말을 이상하다고 생각하여 놀라지 마십시오. 만일 당신을 지배하는 성질들 때문에 무정념의 상태를 획득하지 못하여 임종할 때에 크게 겸손하면, 무정념한 상태에 있는 사람 못지 않게 구름 위로 들려 올라갈 것입니다. 비록 무정념한 사람의 보물은 온갖 종류의 덕으로 이루어지지만, 겸손이라는 보석은 그것들 모두보다 귀중한 것이기 때문입니다. 그것은 창조주와 화목하게 해 줄 뿐만 아니라 택함을 받은 자들과 함께 하나님 나라의 혼인잔치에 참여하게 해 줍니다.

~ 63 ~

하나님께서 당신의 죄를 사하여 주셨으므로 오래 참으시고 용서하시는 하나님을 찬양하며, 고의적인 죄를 피하기 위해 노력하십시오. 당신의 죄가 죽을 때까지 날마다 사함을 받는다 해도, 자신이 무슨 일을 하는지 분명히 알면서도 죄를 범하는 것은 어리석은 일일 것입니다. 그럼에도 불구하고 만일 당신이 희망을 가지고 절망을 몰아내며 끈질기고 담대하게 기도한다면, 당신의 많은 죄가 사함을 받을 것입니다. 그리하여 다음 세상에서도 당신은 빚진 자로서 지극히 선하시고 당신을 긍휼히 여기시는 하나님을 사랑하게 될 것입니다.

~ 64 ~

하나님의 은혜로 힘을 얻어 하나님 앞에서 눈물로 기도할 때에는, 땅바닥에 십자가 형태로 팔을 펴고 누워, 이마로 땅을 치면서, 썩어짐과 시련과 유혹으로부터의 해방으로서 이 세상에서 구원해 주실 것을 요청하십시오. 그러나 당신의 소원대로 마시고 하나님의 뜻대로 이루어달라고 기도하십시오. 당신이 눈물을 흘리며 겸손하게 하나님 앞에 선다면 뜨거운 갈망과 기도 안에 견고하고 확실히 설 것을 바라면서, 이제 세상을 떠나기를 동경해야 합니다. 그러나 하나님께서 당신에게 유익하다고 생각하시면, 당신의 죽음이 연기될 수도 있음을 받아들여야 합니다. 모든 말과 행동과 뜻으로 삶 전체를 하나님께 바치고, 하나님으로부터 떨어지지 않기 위해서 가능한 모든 수단을 추구하면서 강력하게 목표를 추구하십시오.

~ 65 ~

육체 안에 있는 동안에는 당신의 영혼의 지적 능력이 지적으로 이해되는 실체들에게 이끌린다고 해도 그러한 실체들의 내면의 깊은 곳을 측량하려 하지 마십시오. 지금은 호흡과 피와 섞여 있는 인간의 형태가 없는 부분이 유형성으로부터 풀려나 지성적인 실체들의 세계로 들어가지 않는 한, 이러한 실체들을 제대로 파악할 수 없습니다. 그러므로 어두운 어머니의 자궁에서 나와 사망을 통과하여 우리의 소망이 성취되는 곳으로 인도해 주시는 분을 찬양하면서 영적이고 빛나는 세계로 들어가듯이, 이 물질 세계를 벗어날 준비를 해야 합니다. 우리를 둘러싸고 있는 마귀들은 항상 우리를 부끄럽게 만들 계획을 세우며 우리를 따라잡기 위해서 목숨이 끊어질 때까지 우리를 지켜보고 있기 때문에 항상 경계해야 합니다.

그러므로 장차 어떤 일이 임할 것인지 확실히 알 수 없으므로, 죽을 때까지 두렵고 떨린 마음으로 나아가야 합니다. 비록 당신에게는 자유 의지가 주어졌지만, 당신은 변화되고 동요되는 본성을 가지고 피조되었기 때문입니다.

─ 66 ─

우리 영혼이 덕의 고지로 올라가기를 갈망하고 있음을 감지한 원수는 사납고 무섭게 유혹하며 우리를 공격합니다. 우리는 이것을 주님의 기도, 그리고 육과 감각적인 사물이라는 물질적인 이원성을 초월하여 올라가려는 우리 자신의 시도를 통해서 알게 됩니다. 인류를 미워하는 마귀는 큰 적의를 품고 우리를 다루기 때문에 우리는 목숨까지도 단념합니다. 물론 그는 경솔하게도 자신이 우리의 인내를 시험하고 우리를 위해 찬란한 화환을 만들면서 많은 축복을 수여한다는 것을 깨닫지 못합니다.

~ 67 ~

자제와 동정을 위한 싸움보다 더 큰 싸움은 없습니다. 독신생활을 존중하는 사람은 천사들에게서도 칭찬을 받으며, 운동 선수들처럼 면류관을 받습니다. 혈과 육을 가진 그가 순결을 통해서 천사들의 영적인 본성을 본받으려면 무서운 싸움을 해야 합니다. 또 그 싸움에서 승리한다면, 그는 실질적으로 불가능하며 우리의 본성을 초월하는 듯이 보이는 큰 업적을 거둘 것입니다. 실제로 만일 하나님께서 위로부터 우리를 도우시며 우리의 본성의 연약함을 지원해 주시고 썩은 것을 고쳐 주시며, 거룩한 사랑과 우리를 위해 예비된 선물들을 향한 소망을 통해서 우리를 들어올려 주신다면, 그것은 불가능하지 않을 것입니다.

~ 68 ~

지나치게 많이 마시고 지나치게 잠을 많이 자서 무기력해진 육체는 자제에 큰 장애물이 됩니다. 참된 자제는 잠자는 동안에 생기는 환상의 영향도 받지 않습니다. 만일 지성이 이러한 환상들을 추구한다면, 그것은 지성이 내면 깊은 곳에 정념들이라는 질병을 품고 있음을 가리킵니다. 그러나 만일 은혜로 말미암아 지성이 잠자는 동안에 몸을 벗어나 하나님과 교제할 수 있다면, 지성은 환상들의 영향을 받지 않으며 영혼과 육체의 불침번 역할을 할 것입니다. 그때에 지성은 교활한 늑대가 양을 약탈하지 못하게 지키는 개와 같습니다.

~ 69 ~

내가 이상한 말을 해도 놀라지 마십시오. 완전한 순결과 사랑과 믿음이라는 높은 목초지에서 영혼과 하나님 사이에 은밀하게 신비가 이루어집니다. 하나님과 완전히 화목하게 된 사람은 쉬지 않고 드리는 기도와 관상을 통해서 하나님과 연합됩니다. 하늘을 닫아 가뭄을 초래하고(왕상 17:1), 하늘에서 내려온 불로 제물을 불태운(왕상 18:36-38) 엘리야의 상태가 이러한 상태였습니다. 모세는 이러한 상태에서 홍해를 가르고(출 14:21), 두 팔을 뻗음으로써 아말렉 족속을 물리쳤습니다(출 17:11-13). 요나는 그러한 상태에서 큰 고기 뱃속에서 구원을 받았습니다(욘 2:1-10). 이러한 신비를 받을 자격이 있는 사람은 지극히 사랑이 많으신 하나님을 강권하여 자신이 원하는 것을 행하게 만듭니다. 그는 육체 안에 있으면서도 썩어짐과 죽음의 한계를 초월하며, 죽음이 자신이 바라는 것을 성취하게 해 줄 것으로 여겨 기다립니다.

～ 70 ～

우리 주님의 고난, 우리를 위해 자기를 비우신 거룩한 로고스, 특히 생명을 주기 위해 몸과 피를 흘리신 주님을 경배하십시오. 우리는 주님의 몸과 피를 먹고 마실 수 있게 되었습니다. 모든 사람을 당신보다 낮게 여기며 도살될 양처럼 자신을 낮추십시오. 그리고 까닭없이 사람들의 양심에 상처를 주지 마십시오. 깨끗하지 못한 상태에서 거룩한 성찬을 만지지 마십시오. 자칫하면 거룩한 불이 내려와 당신을 풀처럼 태우며 밀랍처럼 녹여 없앨 것입니다.

～ 71 ～

당신이 양심에 꺼리는 것이 전혀 없이 올바르게 거룩하고 두려운 성찬을 집례한다면, 구원을 소망할 수도 있을 것입니다. 여기서 얻는 유익이 어떤 행위나 관상에서 얻는 유익보다 클 것입니다. 그러나 만일 당신이 제대로 성찬예배를 집례할 수 없다면, 불완전하고 불순하게 제사장의 사역을 행하지 말고, 당신 자신의 연약함을 인정하고 사제직을 그만두는 편이 낫다는 것을 깨달아야 합니다.

～ 72 ～

태양이 별들보다 우월하듯이 사제의 예배와 중재와 기원은 시편과 기도를 능가합니다. 사제들은 죄인을 위해 죽으신 독생자의 중보를 통해서 제물을 드립니다. 우리의 양심이 더럽혀지지 않았다면, 우리는 죄사함뿐만 아니라 기도로써 구하는 것과 우리에게 유익한 모든 것을 받게 됩니다. 하나님과 연합된 것은 죄라는 나뭇가지를 태워 없애며, 믿음으로 나아가는 사람들의 마음을 비추어 줍니다. 마찬가지로 거룩하고 귀한 피는 최대한의 정결함과 거룩함으로 그것을 받으려 하는 사람들의 내면에 있는 모든 더러움과 얼룩을 제거하고 깨끗이 씻어줍니다.

～ 73 ～

어느 성인이 말한 것처럼 하늘로부터 내려와 제물이 된 것은 승천하신 로고스 하나님의 몸이 아닙니다. 그것은 거룩한 제사장이 되기에 합당한 사람들이 믿음과 두려움과 갈망을 가지고 집례하는 의식을 통해서 그리스도의 몸과 피로 변화된 떡과 포도주입니다. 이 상호교환은 성령의 활동과 임재를 통해서 발생합니다. 떡과 포도주는 그리스도의 몸이 되는 것이 아니라 그리스도의 몸으로 변화됩니다. 그러므로 거룩한 몸을 만지는 제사장에게 깨끗함과 거룩함이 요구되는 것입니다. 지극히 거룩한 하나님의 어머니, 모든 거룩한 세력들, 그리고 모든 세대의 성도들을 공동의 중재자로 소유하며 하나님과 인간 사이를 중재하는 제사장은 담대해야 합니다. 그는 거룩하고 천사 같은 직무를 수행하므로 천사와 같고 대천사와 같아야 합니다.

∽ 74 ∽

축성을 기다리는 성찬은 그것을 바치는 사람을 위해 소리 없이 하나님께 드리는 간구가 있어야 하기 때문에 덮개를 덮지 않고 제단에 놓는다는 것을 알아야 합니다. 하나님은 그것들을 덮지 않은 것을 보시고서 이 간구를 간과하거나 무시하지 않습니다. 왜냐하면 하나님은 우리 죄인들을 위한 자신의 자발적인 자기 비움, 말할 수 없이 자기를 낮추심과 죽음을 기억하시기 때문입니다. 우리에게 자격이 있기 때문에 하나님이 수난을 통해서 우리를 대속하시고 구원하신 것이 아닙니다. 복되고 인내하시는 하나님이시기 때문에 우리를 불쌍히 여기셨으며 범죄한 우리를 회복시켜 주셨습니다.

∽ 75 ∽

비록 영적인 지성과 하나님을 영적으로 결합시키는 순수한 기도를 드림으로써 당신이 성령의 보증을 받고 내세에 당신을 기다리고 있는 축복을 거울로 보듯이 본다 해도, 그리고 당신이 내면에서 천국을 완전하고 의식적으로 경험한다 해도, 자신의 죽음에 대해 미리 알지 못한 상태에서 육체로부터 해방되는 것을 허락하지 마십시오. 이 지식을 얻기 위해서 부단히 기도하며, 당신에게 유익한 일이라면 죽음이 임박했을 때에 그것을 주시리라는 소망을 가지십시오. 항상 죽음을 준비하며, 두려움을 완전히 버리십시오. 그리하면 당신은 악한 영들로부터 도망하여 담대하게 천국에 들어갈 것입니다. 그리고 거룩한 천사들과 어깨를 나란히 하며, 의인들과 택함을 받은 사람들과 함께 하나님을 볼 것입니다. 당신은 아버지와 성령과 함께 모든 성도들과 천군들의 예배로 찬양을 받으시며 빛을 비추시는 하나님의 로고스 및 그분에게서 오는 축복들을 감지할 것입니다. 아멘.